CAMARADAS CARETAS
Drogas e esquerda no Brasil

CONSELHO EDITORIAL

Ana paula Torres Megiani
Eunice Ostrensky
Haroldo Ceravolo Sereza
Joana Monteleone
Maria Luiza Ferreira de Oliveira
Ruy Braga

CAMARADAS CARETAS
Drogas e esquerda no Brasil

Júlio Delmanto

Copyright © 2015 Júlio Delmanto

Grafia atualizada segundo o Acordo Ortográfico da Língua Portuguesa de 1990, que entrou em vigor no Brasil em 2009.

Edição: Haroldo Ceravolo Sereza
Editora assistente: Camila Hama
Assistente acadêmica: Bruna Marques
Projeto gráfico, diagramação e capa: Gabriel Siqueira
Revisão: Julia Barreto
Imagens da capa: <freepik.com> e <ihateflash.com>
　　　　Fotógrafo: Marcelo Paixão

ESTE LIVRO FOI PUBLICADO COM O APOIO DA FAPESP.

CIP-BRASIL. CATALOGAÇÃO NA PUBLICAÇÃO
SINDICATO NACIONAL DOS EDITORES DE LIVROS, RJ
D418c

Delmanto, Júlio
CAMARADAS CARETAS: DROGAS E ESQUERDA NO BRASIL
Júlio Delmanto. - 1. ed.
São Paulo: Alameda, 2015.
420 P.: IL. ; 23 CM.

Inclui bibliografia
ISBN 978-85-7939-346-4

1. História social - Brasil. 2. Brasil - Política e governo - Séc. XX. 3. Drogas - Abuso - Aspectos sociais. 4. Tóxicos - Legislação - Brasil. I. Título.

15-26238　　　　　　CDD: 362.29
　　　　　　　　　　CDU: 613.83

ALAMEDA CASA EDITORIAL
Rua Treze de Maio, 353 – Bela Vista
CEP 01327-000 – São Paulo – SP
Tel. (11) 3012-2403
www.alamedaeditorial.com.br

À Gabi, a mulher em milhares

"Así que fumaré, amaré, lloraré, justo cuando me dé la gana"
Mefe

"Se correr o guarda prende, se ficar o banco toma
Brasileiros pós ditadura ainda se encontram em estado de
coma semiprofundo
E um dos sintomas mais visíveis é a falta de percepção:
Acariciam o lobo achando que é seu animal de estimação
Não conseguem diferenciar banqueiros de bancários
Megatraficantes de meros funcionários
E assim permanecem estagnados
Quando não regredindo
Enquanto o Comando Delta tem cada vez mais motivos
Pra permanecer sorrindo"
BNegão

SUMÁRIO

Prefácio 13

Apresentação 17

O PROIBICIONISMO 25

Origens e histórico do proibicionismo 27

Da política externa estadunidense para o interior dos Estados Unidos, e daí para o mundo: breve histórico do proibicionismo 30

Produção de moral e proteção do indivíduo contra si mesmo 35

A Lei Seca como marco no fortalecimento do proibicionismo e do crime 39

Proibição da maconha 47

New Deal à Convenção de 1961 na ONU 51

Nixon declara "guerra às drogas" 53

As quatro fases da guerra às drogas a partir do ocaso da Guerra Fria 57

A guerra da cocaína 62

O nascimento da estratégia de redução de danos 65

A proibição das drogas no Brasil 68

Apontamentos sobre consequências políticas, econômicas e sociais do proibicionismo 81

O duplo enfoque repressivo 81

Punir os pobres 84

No Brasil, dependência entre desigualdade e violência 89

Delinquência útil e controle diferencial das ilegalidades 92

Mercadorias políticas 95

A exceção é a regra: ditadura e guerra civil na normalidade constitucional 98

Indeterminação e exceção no Brasil	103
Uma ordem que ri de si mesma	105
Drogas ilícitas no centro do financiamento dos conflitos pós Guerra Fria	107
O imperialismo como estágio do capitalismo e a funcionalidade das políticas antidrogas	109
Crimes em defesa da Ordem	113
O Plano Colômbia	115
O fetiche da "droga" como ocultamento de problemas sociais complexos	117
DROGAS E ESQUERDA NO BRASIL APÓS 1961	**121**
Esquerda armada (e disciplinada)	**123**
Nova Esquerda: "reino do empirismo"	125
Disciplina militar e sacrifício militante	130
Pequeno-burguês, o grande vilão	138
Moral guerrilheira e necessidades humanas	145
Heroísmo versus alienação ou caretice versus liberação? Entre a luta armada e o desbunde	150
"Escapismo cabotino que só interessa à Ditadura"	163
Prioridades das organizações armadas no período	167
Prioridades da esquerda não armada	170
Da "esquerda armada" à "esquerda alternativa"	**175**
Feminismo	182
Jornais Brasil Mulher e Nós Mulheres	183
Feminismo e antiproibicionismo: próximos na teoria, distantes na prática	188
Movimento negro	191
Movimento homossexual	196
Fim dos 1970: novos personagens entram em cena	206

O PT e as drogas	211
Prioridades e bandeiras do PT no momento de sua fundação	211
Surge o movimento antiproibicionista	217
Candidaturas petistas antiproibicionistas em 1982	226
Convergência proibicionista	233
OSI: expulsões e sanções para garantir que não se "puxasse fumo"	242
Rompimento de Henrique Carneiro com a Convergência e eleições de 1986	250
Referências a drogas nos documentos oficiais do PT	255
As posições de Lula e seus programas de governo	266
Prefeitura petista em Santos foi precursora em redução de danos	275
"O PT, as polícias, as prisões"	281
Menções à questão das drogas na Revista Teoria e Debate	282
Marcos Rolim e Paulo Teixeira: deputados federais antiproibicionistas	291
Drogas no Jornal e na Revista Sem Terra, do MST	297
Revista Sem terra	309
Anos 2000 – tempo de mudança?	313
Floresce a Marcha da Maconha	318
Eleições presidenciais 2010	333
PT: debate restrito à juventude	342
PSOL: a favor, contra, mais ou menos	354
Proibicionismo ecoa também entre movimentos sociais e grupos "autônomos"	370
Considerações finais: Mobilizar para a revolução as energias da embriaguez	379
Bibliografia	403
Abragradecimentos	417

Prefácio

Durante muito tempo, eram quase inexistentes discussões colocando em questão o viés proibicionista da legislação brasileira sobre drogas ilícitas e, quando ocorriam, as vozes que se levantavam com posições opositoras ao status quo eram sistematicamente desqualificadas, acusadas de favorecer os narcotraficantes, erigidos em perigosíssimos inimigos públicos e perpetradores de crime hediondo. Qualquer tentativa de organização em nível popular visando promover manifestações públicas contra a legislação existente sobre o assunto era criminalizado como apoio ou incentivo ao crime. Ocorriam inúmeros casos de arbitrariedade policial e um frequente uso do argumento da "guerra contra as drogas" como pretexto para reprimir determinadas categorias sociais vistas como ameaçadoras ao sistema vigente, tais como os jovens estudantes e boêmios de classe média, na década de 1970, ou os jovens pobres ou negros, habitantes das áreas periféricas e populares das nossas cidades, nas últimas décadas. Apesar disso, até as vozes da esquerda mais crítica do momento mantinham-se caladas. Mesmo quando denunciavam os métodos violentos e arbitrários da repressão policial, não se dispunham a ir mais adiante em suas análises dos usos perversos a que se prestavam a legislação e a política oficial "anti-drogas".

O presente livro, do meu querido e admirado amigo Júlio Delmanto, vem preencher uma séria lacuna e nos ajudar a compreender melhor essa situação. Partindo da sua pesquisa para uma dissertação de mestrado em história na USP sob a cuidadosa orientação do Prof. Henrique Carneiro, não deixa porém de ser escrito em um estilo de agradável leitura. Conforme argumenta Júlio, na esquerda, a discussão da questão das drogas está pouco evoluída e considerada de pouca importância. Quando abordada, é apreendida a partir de conceitos do tempo da Guerra Fria. Assim, ele se propõe a examinar porque ainda permanecem na esquerda conceitos e práticas tão avessos à discussão sobre o consumo e políticas de drogas quanto os presentes nos grupos de militantes, armados, disciplinados e hierarquizados, dos anos 1960. Constata que, embora atualmente a antiga divisão rígida entre grupos de guerrilheiros politizados e "desbundados alienados" esteja sendo superada e as divergências transferidas para discussões no interior das organizações, ainda persistem aqueles que manifestam posições veementemente proibicionistas.

Para enfrentar essa espinhosa situação, Júlio começa por uma apresentação do histórico do proibicionismo e seus efeitos políticos e sociais, valendo-se de uma base bibliográfica composta de autores e textos que já se tornaram clássicos nessas discussões, sem deixar de lado outros mais voltados para questões sociais e filosóficas de cunho mais genérico. Constrói assim, um quadro teórico capaz de dialogar com as referências classicamente usadas nas diatribes esquerdistas mais estereotipadas sobre a questão das drogas, articulando uma boa versão alternativa. Apesar do seu apreço crítico pela literatura de esquerda, afirma que evitou relacionar imperialismo e políticas proibicionistas no sentido daqueles que entendem o imperialismo apenas como uma política dos EUA. Nosso autor supõe outras formas de imbricação entre o imperialismo (ou o capital-imperialismo) visto como estágio do desenvolvimento capitalista, e as intervenções antidrogas em escala global.

Mas, o cerne do livro consiste na descrição cuidadosa que faz das maneiras como diferentes grupos esquerdistas trataram a questão do uso de drogas a partir de 1961. Aqui ele traz a necessária contextualização, ressaltando o ethos militante formado a partir da necessidade da clandestinidade para a realização dos projetos políticos que se pretendiam revolucionários. Afinal, a opção pela luta armada implicava na adoção ou reforço de valores baseados na disciplina militar, o ideal de sacrifício e a dedicação integral à ação política, subordinando ou anulando a vida pessoal frente à prática política.

Mas, no final dos anos 1960 e início da década seguinte, passa a existir uma cisão entre esses militantes políticos de esquerda e os adeptos das manifestações culturais que vinham ocorrendo nos EUA e na Europa, onde se destacavam reivindicações de liberdade sexual e de alteração de consciência via drogas e misticismo. Nessa época a atenção da juventude brasileira vinha sendo atraída por movimentos musicais como o Tropicalismo e a Jovem Guarda que, cada um a seu modo, propunham também significativas mudanças comportamentais e de valores. Criava-se uma forte dicotomia entre a estoica guerrilha e a "piração", com sua cultura das drogas e sexo (relativamente) livre.

A derrota da luta armada, ocorrida nos primeiros anos da década de 1970, levou a grandes mudanças nas perspectivas e até nos conceitos vanguardistas da esquerda militante. Desbaratadas as organizações armadas, passa-se a valorizar mais as liberdades civis e democráticas, entendendo-se que reformas e revoluções não se fariam sem solido embasamento político e social, especialmente entre os trabalhadores e despossuídos em geral. Entre aqueles que ainda se posicionavam contra o sistema, formando uma esquerda alternativa, desenvolvia-se uma valorização do cotidiano, do indivíduo, das relações pessoais e da esfera do íntimo e do privado, a politização dos sentimentos e emoções, a ênfase numa democracia direta, participativa e sem intermediários e desconfiança de organizações rígidas e hierárquicas.

Creio ter sido esse o momento em que começou a se construir, entre nós, um novo quadro cultural, em que a valorização do mundo interior e existencial de cada um prepondera sobre as clássicas questões de política econômica e de sindicalismo, até então proclamado pelos jovens militantes contra o sistema ditatorial vigente. Como nos mostra Júlio, na nova agenda política passavam a ter destaque questões como as de gênero, orientação sexual, raça, etnia. Embora ainda na década de 1970 já se discutisse também a descriminalização da maconha, o movimento antiproibicionista ainda era incipiente e enfrentava uma oposição generalizada tanto por parte das autoridades quanto do público em geral. Durante muito tempo continuou sendo muito difícil levantar a questão da descriminalização das drogas sem ser desqualificado como frívolo ou defensor dos traficantes, isso apesar do uso generalizado na sociedade de substancias psicoativas ilícitas, especialmente entre a juventude contestadora.

Um dos aspectos mais inovadores do trabalho do Júlio é justamente a sua reconstrução do surgimento do movimento antiproibicionista que só agora começa a ser levado mais a sério. Segue diversas tentativas de levantar o tema ainda na década de setenta e início da de oitenta, resgatando as importantes e corajosas atuações políticas nesse sentido realizadas por Henrique Carneiro além de fazer um apanhado da história do movimento de redução de danos e das tentativas iniciais de Fábio Mesquita de distribuir agulhas e seringas entre usuários santistas, assim como das corajosas atuações dos deputados Marcos Rolim e Paulo Teixeira nesse âmbito. Nesse sentido, é iluminador o capítulo em que se trata da maneira em o PT vem lidando com a questão das drogas e como, apesar de seus esforços para estabelecer um diálogo com os grupos alternativos, reconhecendo a justeza de certas demandas das minorias, ainda revela relutâncias em entrar no mérito das demandas antiproibicionistas, com pequenas exceções como no caso da fracassada candidatura de Caterina Koltai em São Paulo.

A atuação recente de Júlio em grupos antiproibicionistas, como o DAR e a Marcha da Maconha, nos assegura de que suas principais preocupações permanecem voltadas para a militância das ruas. Essas experiências embasam o último capítulo, onde tratando dos anos 2000 até o atual momento, mostra como a militância antiproibicionsta se apresenta cada vez mais declarada e em processo de ganhar o status de movimento de massas, apesar da ambiguidade persistente dos partidos políticos de esquerda ao lidar com a questão.

Acredito que este livro, com a sua original abordagem política da questão das drogas, seja indicativo da nova importância que vem sendo dada ao tema no momento. Certamente dará importante contribuição para o reforço da relevância acadêmica do tema entre os historiadores e outros estudiosos, além de trazer importantes referências para aqueles mais voltados para a militância. Dignas de nota são as considerações finais do livro que constituem um verdadeiro *tour de force*, de pensamento instigante e original, em que o autor propõe o resgate das energias da embriaguez para a revolução.

Assim, só nos resta agradecer a Júlio por sua cuidadosa e iluminadora contribuição para o debate em curso.

Edward MacRae[1]
Salvador, outubro 2014.

---

1 Professor do departamento de Antropologia e Etnologia da UFBA e pesquisador do CETAD - Centro de Estudos e Terapia do Abuso de Drogas. Membro-fundador do NEIP - Núcleo de Estudos Interdisciplinares sobre Psicoativos e da ABESUP - Associação Brasileira de Estudos Sociais sobre Usos de Psicoativos.

Apresentação

Em 3 de fevereiro de 2012, publiquei no site do jornal *Brasil de Fato* um artigo intitulado "Os respingos da razão entorpecida na esquerda" (Delmanto, 2012). O texto era uma resposta a outro escrito por Roberta Traspadini (2012), economista, educadora popular e integrante da Consulta Popular/ES. Com o nome de "Drogas: consumo (in)consciente", Traspadini partia da definição de droga como um amplo leque de diferentes substâncias, legais e ilegais, mas não desenvolvia tal pressuposto nem questionava por que só algumas delas são proibidas, concluindo com a mesma bandeira propagada de Ronald Reagan e Richard Nixon no início da guerra às drogas: a busca por um mundo sem esses temidos alteradores de consciência.

"A mercadoria droga exige que mentes e corpos dos sujeitos envolvidos, via consumo, sejam anestesiados ao longo do tempo, saqueados na sua capacidade reflexiva, re(a)tiva, enquanto poder ser, poder popular", apontava Traspadini, que vê "a droga" como conduzida pelo capital, classificado pela autora como "erva daninha", "sobre as veias abertas de nosso povo, como classe". Na sequência, ela relaciona capital e droga, e propõe o combate a ambos:

> Uma opção clara de classe exige tomar partido por um mundo sem drogas daninhas. Para isto, temos que redefinir o conceito de droga, e incluir nesta definição a ação do ser humano sobre os demais seres humanos, sobre a natureza, sobre os demais seres, em sua capacidade histórica de se refazer enquanto sujeito político.

Em minha resposta, ressalto que, esquecendo-se de que o convívio humano com alteradores de consciência é imemorial e data das próprias origens da vida em sociedade, tendo sido ilegalizado somente no século XX, Traspadini relaciona equivocadamente consumo com dependência, e também consumo com capitalismo. Estaria duplamente incorreta, portanto, a seguinte afirmação da autora:

"Ao conduzir a droga sobre as veias abertas do nosso povo, como classe, o capital, erva daninha a ser combatida em suas raízes, apodera-se das instâncias formais da política e executa um poder que pretende aniquilar a voz, o corpo, os sentidos da nossa trajetória popular".

> Qualquer pesquisa minimamente séria indica que o índice de abuso no uso de drogas, legais ou ilegais, é minoritário (mesmo no caso do demonizado crack, no qual o índice não chega a 25%), comprovando o que qualquer consumidor de vinho sabe: os efeitos das substâncias dependem de seu uso, não sendo benéficos ou maléficos a priori. Desta forma, "nosso povo" faz sim uso problemático de drogas, assim como faz usos medicinais, culturais e contraculturais, religiosos, científicos, filosóficos, pragmáticos e recreacionais destas substâncias que são parte do patrimônio cultural e histórico deste mesmo povo. (DELMANTO, 2012)

Além disso, tendo em vista exatamente essa história e tradição, é absolutamente questionável afirmar que é o capital quem "conduz a droga" para o povo, tendo em vista este ser um anseio muito anterior ao capitalismo, argumentei. Obviamente, dentro dos marcos do sistema atual, tais substâncias são convertidas em mercadoria – e sobrevalorizadas exatamente pelo risco e pela corrupção inerentes a um mercado ilegal – mas sequer no interior de tal ordem esse cenário é exclusivo, com outras formas de produção permeando a lógica de produção e consumo. Por exemplo, cultivadores de maconha ou coca que plantam para seu próprio usufruto, utilização da *ayahuasca* ou do *peyote* em cerimônias religiosas, cooperativas de cultivo de canábis na Espanha etc.

"É necessário entender como funciona a cadeia produtiva, a exploração do trabalho, e a realização de enormes lucros, oriundos dessa gigante e internacional cadeia produtiva das drogas", defendeu a economista, e quanto a isso manifestei meu acordo. Mas por um lado ressalvei que, exceto pela ilegalidade do mercado, esta cadeia atua de forma semelhante ao setor de alimentos ou da cultura, por exemplo, "e não vejo alguém cogitar a defesa de um mundo sem alimento ou sem cultura – obviamente que movimentos como a Consulta Popular querem é a ressignificação da produção de tais necessidades". Por outro, propus como fundamental a necessidade do entendimento do efeito, não das drogas, mas de sua proibição sobre a população pobre brasileira e apontei: "este aspecto infelizmente segue sendo negligenciado não só por Traspadini mas por boa parte de uma esquerda ainda muito apegada ao moralismo e ao ideal do sacrifício militante, sem falar do autoritarismo que insiste em dizer às pessoas o que devem fazer com seus próprios corpos e o que é e o que não é 'consciente'".

O posicionamento de Traspadini não chega a surpreender. Militante de um grupo com forte ligação com o Movimento dos Trabalhadores Rurais Sem Terra (MST), tendo este por sua vez conexões históricas com formas e entendimentos políticos advindos da chamada teologia da libertação e da moral cristã, a economista reproduziu em seu texto argumentos antigos no interior da esquerda brasileira e internacional a respeito da temática das drogas, vista invariavelmente apenas pelo viés do consumo problemático encarado como majoritário, e distante de um entendimento sobre os efeitos sociais do proibicionismo.

O que me intrigou mais naquele momento foram os comentários feitos na internet e dirigidos a mim e a meu artigo. Um dos mecanismos mais interessantes dos debates virtuais certamente é a possibilidade de interlocução imediata com pessoas de diversas partes do mundo, e sites e blogs têm estimulado isso abrindo cada vez mais espaço para a participação de seus leitores. No caso do *Brasil de Fato*, publicação impulsionada e dirigida pelo MST mas que tem público e temáticas mais amplos no campo da esquerda, o que pude observar foi a permanência de concepções proibicionistas, refratárias sequer à discussão sobre outras formas das drogas, sobretudo as ilícitas, serem encaradas socialmente. Vejamos alguns comentários sobre meu texto.

"A legalização deixaria as drogas mais acessíveis a esta mesma população pobre e levaria o caos em termos de criminalidade e saúde pública", aponta um leitor, que avalia que "crer que uma droga como o crack pode ser de uso 'recreativo', é o cúmulo da ingenuidade e desconhecimento dela". "Vejo este tema como um grave sinal que esta esquerda (que não tem trabalhador em suas direções), cada vez mais degenerada e cada vez mais distante dos trabalhadores, embora recorram a eles para sustentar suas direções parasitárias e pequeno-burguesas, enganando-os e surrupiando sua mais- valia", continua o cidadão, que critica essa "esquerda degenerada" por, em vez de apoiar as lutas dos trabalhadores sem terra e ocupações de fábricas, estar "nas marchas da maconha e micaretas politicamente corretas como a parada gay". Assim como o "cripto stalinismo morreu, esta esquerda "tosca e troska" deve morrer", sentencia, mostrando sua grande disposição para o intercâmbio de ideias.

"Companheiras e companheiros do nosso jornal *Brasil de Fato*, vamos ter mais cuidado ao abrir espaço para 'respostas'", alerta outro seguidor da publicação. "Mesmo existindo no texto da Roberta alguns limites, como em todo texto há, eles não podem ser rebatidos de forma arrogante e imbuídos de elementos pós-modernos e 'liberalistas' como é o argumento desse rapaz chamado Júlio", critica, num estilo de argumentação infelizmente bastante comum de tentativa de desqualificação do oponente – feita neste caso com base nos autores citados, não no conteúdo abordado.

"O debate em torno da descriminalização e legalização das 'dogras', se não vinculados a uma lógica classista e popular tende a se esvair numa perspectiva estritamente pequeno-burguesa ou academicista como são grande parte dos 'movimentos' e entidades que pautam mais diretamente essas questões", finaliza o comentarista em questão, sem mais desenvolvimentos. Seu comentário foi seguido de outro nos mesmos moldes, mas mais direto, que dizia: "Esquerdismo, doença infantil do comunismo... Mobiliza-se toda uma salada de autores pós-modernos para impedir o que de fato interessa: a consciência de classe".

A pessoa que comentou logo abaixo repetiu o comentário anterior, "Esquerdismo, doença infantil do comunismo... Mobiliza-se toda uma salada de autores pós-modernos para impedir o que de fato interessa: a consciência de classe", complementando: "Duas linhas, uma síntese que responde a toda essa baboseira relativista escrita acima!".

Houve ainda outro leitor que apontou: "Não é uma questão de preconceito! Endossar a legalização das drogas ilícitas é tão ingênuo e infantil quanto à aprovação do uso indeliberado do álcool como mercadoria por um cidadão que não está apto ao consumo". "Liberdade adquire-se com circunspecção, então cabe ao Estado reprimir sim, enquanto os níveis da consciência humana permanecerem em estágios primitivos", continuou o crítico, para quem "esse discurso de legalização é meramente capitalista, e este debate sobrepõe a relevância do pressuposto ideológico ao bem estar coletivo e social".

Mais do que o posicionamento de Traspadini, com quem divergi mas pude estabelecer um diálogo fraterno e produtivo, o que chama atenção é o conteúdo dos comentários, feitos em uma publicação importante da esquerda brasileira, lida por pessoas de diferentes grupos políticos. Eles mostram não só um rol de argumentos que permanece praticamente o mesmo dos tempos de Guerra Fria, como veremos durante este trabalho, mas revelam também uma enorme dificuldade em se discutir o assunto, mesmo que de um ponto de vista discordante. Os pontos abordados em meu artigo são ignorados praticamente em sua totalidade, não sendo considerados dignos sequer de serem rebatidos pelos leitores, que preferem pedir ao jornal "mais cuidado" na abertura de espaço para colaborações.

Por que pessoas preocupadas com opressão, injustiça, exploração e desigualdade reagem de forma tão intolerante diante de um debate apresentado como conectado a esses aspectos? Por que permanecem na esquerda brasileira conceitos, opiniões e práticas tão avessos à discussão sobre consumo e políticas de drogas quanto os presentes nos grupos armados, disciplinados e hierarquizados dos anos 1960? Se, ao menos no discurso, o pensamento contestador avançou consideravelmente em relação às bandeiras feminista, negra e LGBT, por que o mesmo não aconteceu em relação aos psicoativos, mesmo com sua proibição acarretando efeitos tão evidentemente nefastos? Por que em geral a esquerda brasileira sempre tolerou a religiosidade, encarada sim, como possivelmente conformista, mas também como possivelmente libertadora, ou seja, com suas possibilidades dependendo de seu uso, e as drogas sempre foram fetichizadas como contendo seus efeitos (negativos) já em si, e não como parte possível de nosso "barômetro espiritual" (BAUDELAIRE, 2007, p.11)? Estas são algumas das perguntas que, se voltaram a me intrigar quando publiquei este artigo, estavam presentes em minhas reflexões desde que meu projeto de mestrado foi aprovado, no início de 2010.

De lá pra cá, muita coisa mudou – e felizmente continuará mudando desde que este trabalho foi escrito, em janeiro de 2013. A Marcha da Maconha, da qual faço parte, de proibida até de se expressar passou a um dos mais importantes movimentos jovens do país, tendo marchado em mais de quarenta cidades em 2013 e fincado de vez o pé na agenda política nacional. O Coletivo Desentorpecendo a Razão (DAR), que ajudei a fundar em 2009, em São Paulo, também ocupou espaço importante e tornou-se referência no cenário nesses anos, ampliando o enfoque da discussão para além dos direitos individuais dos usuários e da defesa da legalização da maconha e conseguindo bons resultados no convencimento e na articulação de setores contestadores à causa antiproibicionista. O Núcleo de Estudos Interdisciplinares sobre Psicoativos (NEIP), iniciativa pioneira na articulação de acadêmicos antiproibicionistas, já está em sua segunda década, articulando-se agora à Associação Brasileira de Estudos Sociais sobre Usos de Psicoativos (Abesup), e a todo momento surgem novas iniciativas no campo questionador da proibição das drogas, como a Frente Nacional Drogas e Direitos Humanos, a Rede Nacional de Coletivos e Ativistas pela Legalização da Maconha (Renca) e a Rede Pense Livre. Além disso, novos atores e movimentações nos âmbitos nacional e internacional consolidaram de vez a discussão sobre outras políticas de drogas na ordem do dia.

Isso certamente impactou a esquerda, sobretudo entre seus componentes mais jovens. Se nos anos 1960 e 1970, durante a resistência à ditadura militar e a luta pelo socialismo propagandeado pelas organizações armadas, observava-se uma dicotomia entre os guerrilheiros e os "desbundados", defensores das liberdades individuais, sendo encarados como não fazendo parte do espectro de esquerda, os anos 2000 veem a divergência ser transferida para o interior das próprias organizações, algumas delas já convertidas ao antiproibicionismo, outras em processo.

Por outro lado, há ainda os que resistem a uma mudança de mentalidade que parece inevitável a médio prazo, dada a evidente comprovação do absoluto fracasso do proibicionismo em suas premissas de garantia da saúde pública e a também evidente constatação de seu absoluto sucesso como máquina de guerra, controle, segregação, encarceramento, desinformação e discriminação. Há grupos que permanecem veementemente proibicionistas, encarando como "desvio pequeno-burguês" ou sintoma de "alienação" qualquer discussão em torno da alteração de consciência e das políticas que visam impedi-la, e há também aqueles que, se não se opõem de forma intensa, seguem tratando a questão com desleixo, sem nenhuma prioridade ou atenção, relegando-a a um lugar no mínimo secundário entre suas preocupações e ações.

Com o crescimento das marchas da maconha e a alta penetração da discussão antiproibicionista nas redes sociais e na mídia tradicional, hoje se tornou difícil para a esquerda manter uma postura refratária a uma questão que passou a mobilizar tanta gente. Mas isso não significa necessariamente que o antiproibicionismo tenha sido plenamente aceito, como os comentários citados já demonstram e os capítulos da segunda parte deste trabalho irão abordar e desenvolver. Além disso, se atualmente o cenário é nebuloso, dúbio, marcado por avanços e permanências, entre as décadas de 1960 e 1980, as mais importantes para a trajetória recente da esquerda brasileira, ele foi notadamente difícil para os contestadores da proibição das drogas, que sempre tiveram pouquíssima oportunidade de debatê--la no interior dos grupos políticos organizados, tendo de fazê-lo muitas vezes em oposição a eles.

Para analisar este processo, este trabalho está dividido em duas partes. A primeira, "O proibicionismo", tem dois capítulos e busca apresentar o problema e explicar por que defendemos, nas ruas e na academia, sua grande importância. Através do histórico da proibição das drogas e de comentários sobre seus efeitos políticos e sociais, fica desenhado o pano de fundo para abordarmos a questão central deste trabalho, desenvolvida na segunda parte, "Drogas e esquerda no Brasil". Nela, são abordadas as conexões entre a discussão sobre drogas e os setores políticos críticos ao capitalismo entre 1961 e os anos 2000, incluídas aí análises sobre a esquerda armada, surgida em oposição ao PCB, a "esquerda alternativa" nascida da tentativa de superação à armada, os grupos que se reuniram no PT, a imprensa oficial do MST e os partidos políticos atuantes nos anos 2000, como PSOL, PSTU e PCB. Para tal, recorri tanto a pesquisa documental quanto a fontes orais.

Neste ínterim, contextualiza-se também: o nascimento do antiproibicionismo no início dos anos 1980, processo interessante uma vez que surgido com referência e inspiração dos grupos da esquerda alternativa – como os movimentos negro, feminista e homossexual – mas também de forma crítica a esse setor, que, mesmo tendo assimilado parte dos ideais contraculturais de valorização da liberdade e do corpo, pouco atentou para a discussão específica sobre consumo e sobretudo políticas de drogas; e as origens da Marcha da Maconha, movimento que, nos anos 2000, representou a consolidação e a difusão do antiproibicionismo no Brasil, além de ser o principal responsável pela razoável aceitação que ele hoje recebe no interior da esquerda.

O objeto é extenso, tanto temporalmente quanto em número de organizações, o que tornou a tarefa de analisá-lo de forma séria e aprofundada muitas vezes angustiante. Não é meu objetivo aqui escamotear ou justificar nenhuma das limitações presentes neste trabalho, ocasionadas tanto pelas árduas rotinas de jornalista e de ativista, que muitas vezes se sobrepuseram ao trabalho acadêmico, quanto por minhas incapacidades e inexperiências. Não pude dar conta de incluir na análise aqui apresentada grupos que a meu ver são tão de esquerda quanto os partidos e organizações tradicionalmente enquadrados neste rótulo, como os anarquistas e a imprensa alternativa, por exemplo, e nem tive condições de me dedicar tanto quanto gostaria à busca por entrevistas. Há também uma evidente lacuna em relação ao movimento sindical, tão amplo quanto os movimentos feminista, negro e LGBT, sobre os quais pude fazer no máximo alguns apontamentos ligeiros e inconclusivos.

Conclusões que, aliás, surgirão muito mais durante o texto do que em minhas "Considerações finais", que são, propositalmente, bastante inconclusivas. Preferi utilizar o espaço para apontar questões que considerei importante durante estes anos de pesquisa e não encontraram espaço na narrativa que escolhi para o restante do trabalho, deixando ao leitor a tarefa de amarrar a seu gosto o que aqui está assinalado.

Ainda em relação às limitações, de uma delas eu não pude abrir mão: a parcialidade, a possível desvantagem de se falar de questões que lhe dizem respeito pessoalmente. É mais do que clichê ressaltar a inexistência de imparcialidade e objetividade, e mesmo que não isso constitua necessariamente um problema, cabe aqui ressaltar que falo *sobre* o antiproibicionismo a partir de um olhar *de dentro* dele, assumindo as consequências que isso pode ter – igualmente busco falar sobre o proibicionismo a partir de fora, da visão de quem busca aboli-lo. Em relação à esquerda, mesmo não mais fazendo parte de instituições tradicionalmente encaradas como pertencentes a este campo, como já fiz ao passar quatro anos como militante do PSOL, sigo me encarando também como pertencente a esta visão de mundo e, sobretudo, a este compromisso prático e cotidiano com a busca por um mundo melhor. Se a escolha do título não deixa de ter um componente de provocação aos companheiros que buscam mudar o mundo sem questionar sua "caretice", tampouco me esqueci de tratá-los como "camaradas", afinal há ainda ideias e projetos a serem compartilhados, mesmo que com diferenças evidentes quanto a meios e fins.

Se, por motivos de estilo e forma, a terceira pessoa ou a indefinição do sujeito passarão a dar o tom do restante do texto, não tenho a intenção de diluir nesse estratagema minha trajetória nem minhas opiniões, o que nem sequer seria possível. Sem buscar disfarçar minha "observação participante" e mesmo minha "participação observante" (MacRae, 1990) em parte dessa história, optei por deixar que sejam as vozes dos envolvidos a falar o máximo possível. Espero que o resultado seja satisfatório e dê conta, ao menos em parte, da grande angústia sentida por qualquer antiproibicionista diante do histórico "silêncio sorridente" da esquerda frente a uma questão de tamanha seriedade como a proibição das drogas e seus efeitos – certamente muito mais prejudiciais socialmente do que qualquer consumo problemático possível.

Júlio Delmanto, São Paulo, 2015
juliodelmanto@hotmail.com

PRIMEIRA PARTE:
O PROIBICIONISMO

Capítulo 1
Origens e histórico do proibicionismo

> "Ah! Como o cordão umbilical da moralidade está bem atado neles! Desde a saída do ventre materno – não é? – jamais pecaram. São apóstolos, descendentes de sacerdotes: só falta saber como se abastecem da sua indignação, quanto levam nessa, o que ganham com isso." Antonin Artaud (1983)

O termo droga tem origem na palavra "droog" (do holandês antigo), que significa folha seca – isso porque antigamente a maioria dos medicamentos era feita à base de folhas. A medicina define como droga "qualquer substância capaz de modificar a função dos organismos vivos, resultando em mudanças fisiológicas ou de comportamento" (Cebrid). Ou seja, são drogas tanto medicamentos quanto o tabaco, o álcool e drogas ilícitas como cocaína, maconha, heroína etc. Segundo relatório anual da ONU publicado em 2010 (UNODC, 2010), entre 150 e 250 milhões de pessoas consomem drogas ilícitas no mundo, ou seja, somente a cifra oficial (estimativa calculada com base nas apreensões feitas pelas polícias locais e portanto sem qualquer condições de medir o consumo total) aponta que o consumo pode chegar a 5,7% da população adulta mundial.

Na América do Sul, os primeiros indícios do uso de plantas alucinógenas datam de, aproximadamente, 11 mil anos (CARNEIRO, 1994, p 14). Tanto no mundo greco-romano quanto nas civilizações egípcias há também registros de vasto conhecimento farmacológico, incluídos aí não apenas o uso frequente do vinho e de ervas medicinais, mas também de ópio e plantas alteradoras de consciência.

É apenas com o crescimento do poder do cristianismo (herdeiro direto do judaísmo na tradição da contenção dos prazeres da carne) que se inicia a primeira onda de condenação do uso de drogas. Na primeira fase medieval, a moral cristã desencadeia forte perseguição às plantas psicoativas, transformando a ideia do ascetismo grego, que era fundamentado numa questão de combate contra si mesmo, numa disputa entre deus e o demônio – nesse caso representado pelas tentações da comida, do sexo e das drogas. Eram condenados os analgésicos, os eutanásicos, os afrodisíacos e os alucinógenos.

O Novo Testamento sacramentou o vinho como única droga admitida pelo cristianismo, havendo para os católicos inclusive a encarnação do próprio Deus em tal bebida. Durante a colonização da América, as plantas sagradas indígenas foram duramente atacadas, e o álcool destilado foi o grande instrumento aculturador. Segundo Henrique Carneiro, "álcool, doenças e a Bíblia eram o cartão de visitas do colonialismo para os índios que sobreviviam do extermínio direto" (Carneiro, 1994, p 35).

Na Europa do século XVI intensifica-se o uso de drogas, na mesma medida em que cresce o fornecimento de especiarias asiáticas e decresce o poder da Igreja, sendo a Reforma o momento sintomático de tal decadência. A Contrarreforma e a Inquisição, com a chamada caça às bruxas, foram as formas de reação católica, com o uso de certas plantas sendo considerado bruxaria e punido com a morte. Com o tempo, o que era uma disputa entre deus e o diabo passou à esfera de enfrentamento entre o legal e o ilegal. Por trás da condenação moral estavam os intentos controladores da Igreja; com o advento do capitalismo é a outros interesses que a proibição irá servir, mesmo que ainda revestida do mesmo verniz moralista.

Desde a pré-história diferentes substâncias psicoativas são usadas com distintos usos e finalidades, que se estendem do "emprego lúdico, com fins estritamente prazerosos, até o desencadeamento de estados de êxtase místico/religioso. De grande importância também tem sido seu uso para fins curativos, seja no bojo de práticas religiosas tradicionais, seja no contexto médico-científico da atualidade" (MacRae, 2007). Segundo MacRae, foi somente no final do século XIX, "no esteio da implantação de uma nova ordem médica" que estas substâncias tiveram seu controle deslocado da esfera religiosa para a da biomedicina, inicialmente nos grandes centros urbanos dos países mais desenvolvidos do Ocidente. Ainda MacRae:

> De forma análoga ao que havia ocorrido durante a Idade Média, a certas drogas foram atribuídas naturezas intrinsecamente nefastas, mudando-se somente o rótulo, ao invés de serem concebidas como

demoníacas passaram a ser vistas como criadoras de dependência. Em ambas as situações observamos um processo de atribuição a essas substâncias de certos poderes de enfeitiçamento quase impossíveis de resistir pelo indivíduo. Isso se acentuou de tal maneira que logo outras variáveis como as de natureza sócio-cultural foram obscurecidas e sua importância muitas vezes negada.

São do começo do século XX as raízes da atual conjuntura proibicionista. Interessada no aproveitamento máximo da força de trabalho, a coerção industrial estabeleceu como principais alvos o sexo e as drogas, inclusive o álcool. É daí que vêm as proibições estadunidenses contra a venda e consumo de ópio (1909), cocaína e heroína (1914) e finalmente das bebidas alcoólicas, com a famosa Lei Seca de 1919. Além da questão econômica, em tal onda proibicionista havia indisfarçável conotação racista, iniciada com o Decreto de Expulsão de Chineses em 1882, e a consequente estigmatização do ópio como agente agressor da cultura e da moral estadunidense. O álcool era associado à população negra, e a fusão dos dois (álcool + negros) também seria um grande risco a ser combatido. Mesmo com o fracasso da Lei Seca, revogada em 1933 por sua completa inexequibilidade, pouco depois a maconha foi proibida nos EUA. Após a Segunda Guerra, expande-se a lista das substâncias proibidas internacionalmente pela ONU. No Brasil, já em 1921 o comércio de substância de "qualidade entorpecente" era proibido, apesar do usuário ainda não ser penalizado, o que só ocorre a partir de 1932 (sendo que entre 1968 e 1976 – coincidentemente o período mais duro da ditadura militar no Brasil – não havia diferença de pena entre usuário e traficante) (Toron, 1986).

Os anos 1960 trazem consigo um aumento da demanda de maconha, haxixe e cocaína nos Estados Unidos e na Europa, estimulando a formação de cartéis mafiosos na Colômbia, no Peru e na Bolívia – e posteriormente no México, o que deu início ao ciclo contemporâneo da história da droga (Arbex Jr., 2005, p. 20). Segundo Thiago Rodrigues, há uma simbiose entre os interesses distintos do Estado e do narcotráfico, sendo que para as organizações comerciantes a manutenção da proibição e da repressão ineficientes maximiza os lucros do negócio, "ao tempo em que a facilidade com que conseguem influência nas instituições públicas garante que os canais estatais se abram" a seus objetivos. Por outro lado, a proibição oferece ao Estado uma importante justificativa para intervir na sociedade, através de uma repressão que em verdade incide apenas sobre os usuários e traficantes varejistas, geralmente proveninentes das classes mais baixas.

> A guerra às drogas é ineficiente para desbaratar os setores oligopólicos, mas é extremamente operacional como uma estratégia política de controle social. A simbiose se dá, portanto, não só na penetração do aparelho estatal por envolvidos com tráfico de drogas, como na perpetuação de um modelo repressivo vantajoso para "perseguidor" (Estado) e "perseguido" (narcotráfico). (RODRIGUES, 2003)

A violência concentra-se no setor do varejo, onde os grupos criminosos disputam território e clientes e onde age a polícia. A repressão não chega nem perto dos grandes oligopólios do narcotráfico, dominadores de todas as etapas do tráfico e os que realmente lucram com a proibição das drogas. Como sintetiza MacRae (2007), trata-se de uma profecia que cumpre a si mesma:

> na falta de um debate público e com a repetição de ideias falseadas, autoritárias e preconceituosas, tem-se operado uma desqualificação e demonização do usuário e do "traficante" (também tratado de maneira pouco matizada). O reducionismo dessa estereotipação ao encobrir alguns dos reais problemas estruturais da sociedade criando um inimigo imaginário, que tem sua utilidade na manutenção do status quo, acaba por aumentar a marginalização dos usuários assim como leva à cristalização uma "subcultura da droga" de pouca permeabilidade a agentes de saúde ou a representantes de qualquer tipo de discurso oficial. E, como uma profecia que cumpre a si mesma, isso leva à criação de novas ameaças à ordem e à saúde nessa sociedade.

Da política externa estadunidense para o interior dos Estados Unidos, e daí para o mundo: breve histórico do proibicionismo

Em *Política e drogas nas Américas*, Thiago Rodrigues (2004, p. 41) traça um detalhado histórico do proibicionismo, que inicia com a importante ressalva de que a passagem das drogas de uma questão íntima para um problema de Estado é fruto não de um, mas de um conjunto de fatores políticos, sociais, religiosos, econômicos e morais, resultantes "de forças internas estadunidenses, mas que não deixam de sofrer influência do ambiente internacional, sobretudo da emergência dos próprios Estados Unidos como potência mundial".

Se a proibição se efetiva internacionalmente sem sequer haver debate parlamentar nos Estados signatários das primeiras convenções antidrogas[1] (LUCA DE TENA, 2000, p. 39), um olhar sobre as origens do moderno proibicionismo não pode, portanto, deixar de se ater à América do Norte e aos fatores que engendram e difundem a alternativa repressiva como alternativa global para o trato político de certas substâncias doravante consideradas ilícitas. Nas palavras de Belén Luca de Tena (2000, p. 34), as políticas de drogas são resultado de um processo histórico paralelo à criação e consolidação da própria nação dos Estados Unidos como potência mundial, que "se inicia com a independência política das Treze colônias, se desenvolve graças a um eficiente sistema de segurança/diplomacia que garante o comércio ultramarino e se consolida mediante o controle social e cultura de uma população variada e multirracial".[2]

Desde a fundação das colônias norte-americanas até a Guerra Civil dos Estados Unidos, o plantio de maconha teve grande importância na economia deste país, produzindo matéria-prima necessária para telas, roupas e cordame à base de cânhamo. Era frequente entre os colonos o plantio de maconha, planta cultivada inclusive por George Washington (SZASZ, 2001, p. 23; ROBINSON, 1999, p. 81). Apesar disso, Thomas Szasz (2001, p. 72) lembra como um "fervor puritano" permeava a mentalidade dos colonos e sua aprovação a leis que proibiam a "excessiva indulgência" com "prazeres frívolos" como o jogo.

Luca de Tena (2000, p. 35) ressalta que entre os chamados fundadores da nação estadunidense havia um importante elemento religioso e moralista em seu

---

1 "A racionalidade puritana e os preconceitos raciais em uma sociedade multirracial determinaram o controle internacional de narcóticos (comércio e produção), promovendo-se uma Conferência Internacional em Haia, que foi assinada por algus poucos países em 1912 e é o precedente do que tem sido característico em toda a história da proibição das drogas: a adaptação automática dos acordos internacionais às legislações nacionais sem o desenvolvimento de debates nos parlamentos nacionais acerca dos conteúdos das medidas proibicionistas e de seu alcance", – Luca de Tena (2000, p. 39). ("La racionalidad puritana y los prejuicios raciales en una sociedad multirracial determinaron el control internacional de narcóticos (comercio y producción), promoviéndose una Conferencia Internacional em La Haya, que firmada por unos pocos países em 1912, es el precedente de lo que ha sido caracteristico en toda la historia de la prohibición de las drogas: la adaptación automática a las legislaciones nacionales de acuerdos adquiridos em conferencias internacionales sin el desarollo de debates en los parlamentos nacionales acerca de los contenidos de las medidas prohibicionistas y su alcance")

2 "Se inicia con la independencia política das Trece colonias, se desarolla gracias a un eficiente sistema de seguridad/diplomacia que garantiza el comercio ultramarino y se consolida mediante el control social y cultural de una población variada y multirracial".

"acervo psicológico", que se articulava com um projeto histórico baseado em capitalismo, democracia e ética do trabalho. "O elemento religioso se configura como o mais importante elemento cultural: o moralismo puritano é a expressão cultural básica da sociedade protestante que rege a nação desde seu começo até nossos dias".[3]

"Não faz muito tempo que a América [Estados Unidos] vivia em paz com as drogas", aponta Szasz (2001, p. 76): "antes de 1907 todas as drogas podiam ser compradas e vendidas como qualquer bem de consumo" (*Idem*, p. 81). O comércio destas substâncias não estava regulamentado e o bode expiatório preferido do país em finais do século XIX era outro: a pornografia. Szasz identifica na perseguição à pornografia – que ele chama de "guerra contra a obscenidade" – parte das origens da moderna guerra às drogas. Apesar de não proibirem posse ou produção de material considerado obsceno, leis impediam a distribuição destes produtos por correio.

A primeira regulamentação importante sobre drogas e alimentos nos Estados Unidos data de 1906 e é conhecida como *Food and Drugs Act*. A lei tinha como objetivo proteger os consumidores de alimentos e medicamentos alterados, e obrigava os fabricantes a apresentarem a composição deles e a procederem de acordo com certas normas de segurança. Neste momento os produtos psicoativos preferidos dos estadunidenses eram o álcool, os hipnóticos e os sedativos (Szasz, 2001, p. 82). No entanto, o poder político dos ideais puritanos já ganhava força desde o século anterior. Como aponta Rodrigues (2004, p. 42), "o século XIX comportou tanto um grande desenvolvimento da química, propiciadora da sintetização de princípios ativos de inúmeras drogas, quanto o surgimento de grupos abstêmios radicais". Durante a segunda metade do século, surgem e fortalecem-se grupos religiosos puritanos que "visavam combater tudo o que aviltasse a moral protestante". Excetuando-se o café, as outras drogas eram identificadas como "agressoras da América".

O alvo principal destes movimentos era o álcool, associado à luxúria e ao pecado. Foram fundados diversos partidos e associações moralistas e proibicionistas, como o Prohibition Party, de 1869, a Sociedade para a Supressão do Vício, de 1873 e a Anti-Saloon League, de 1893 (Rodrigues, 2004, p. 43), grupo que não tardou a se difundir por diversas regiões do país. Foi a Anti-Saloon League quem

---

3 "El elemento religioso se configura como el más importante elemento cultural: el moralismo puritano es la expressión cultural básica de la sociedad protestante que rige la nación desde sus comienzos hasta nuestros días".

lançou em 1913 uma campanha pela proibição do álcool através de emenda constitucional. Com a vitória na Guerra Hispano-Americana, de 1898, os Estados Unidos expandem seu território passando a ocupar Filipinas e Porto Rico e instaurando um protetorado sobre Cuba. Para Luca de Tena (2000, p. 37), o movimento puritano da temperança e a pressão dos missioneiros estadunidenses para que se proíbisse o uso não médico do ópio explicam a posterior evolução dos acontecimentos e da rede de leis, tratados e convenções internacionais que inauguram o novo século.

> Roosevelt reformulara, com o Corolário de 1904, a Doutrina Monroe (1823), adaptando o discurso da defesa nacional às necessidades de um país que já dispunha de condições materiais para começar a cumprir seu "destino manifesto" de grande potência. A política do big stick, lançada por Roosevelt, consistia na intervenção direta das Forças Armadas norte-americanas sobre qualquer ponto dos países sob sua órbita, no momento em que isso fosse necessário. (...) O corolário Roosevelt inaugurou a adaptação da internacionalização da segurança nacional".
> (RODRIGUES, 2004, p. 43).

O ambiente interno de puritanismo nos Estados Unidos rechaçava progressivamente qualquer tipo de ebriedade e dependência. Com crescente força política e midiática, os grupos proibicionistas levam a um paulatino rechaço de todas as substâncias utilizadas sem fins médicos (LUCA DE TENA, 2000, p. 37), o que explica o progressivo controle da importação de ópio e opiáceos e a retirada de álcool e cocaína de diversos medicamentos. Expandem-se e popularizam-se neste momento os ambientes "livres de drogas" – chamados de *soda fountaines* – e a Coca-Cola, já sem presença de cocaína em sua fórmula, torna-se uma das bebidas mais populares do país e também uma das principais empresas promotoras e defensoras de leis proibicionistas.[4]

---

4 Citando a obra *Dios, pátria y Coca-Cola: la historia no autorizada de la bebida más famosa del mundo*, de Mark Pendergast, Luca de Tena (2000, p. 38) aponta que a Coca-Cola incluía em sua fórmula secreta folhas de coca e noz africana de cola, mescla conhecida popularmente como "dope" (em inglês, droga). Em 1903, com o senso-comum contrário às drogas aliando-se à reação adversa da imprensa e uma série de processos judiciais, a Coca-Cola elimina a cocaína de seu extrato, mantendo os demais alcalóides da folha de coca e substituindo esta por cafeína. "A hábil política empresarial de retirar voluntariamente a cocaína antes da primeira lei sobe drogas e alimentos (...) que obrigava a etiquetar os produtos informando sobre conteúdo em opiáceos, cocaína, cannabis, álcool e outros ingredientes psicoativos – e as dúvidas que este tônico seguia

É em resposta a este clima que o presidente Theodore Roosevelt proíbe o uso não medicamentoso do ópio nas Filipinas, em 1903, o que afetou a numerosa colônia chinesa filipina e também o território estadunidense. Os chineses constituíam então uma importante parcela da mão de obra barata empregada na construção de estradas de ferro nos Estados Unidos, e a ruptura do fluxo de ópio causou distúrbios em Nova Iorque e São Francisco, resultando em uma lei que excluía a mão de obra chinesa. Em contrapartida, os chineses se articulam para um embargo aos bens estadunidenses em seu país, e a crise diplomática leva os Estados Unidos a buscar aliados da recente estratégia sobre drogas, chamando uma conferência internacional sobre o assunto para ajudar a China em sua "batalha contra o ópio" (LUCA DE TENA, 2000, p. 30) e para legitimar sua própria posição. Convocada em 1906, a Conferência de Xangai aconteceu no ano de 1909 e contou com a presença de 13 países, produzindo apenas recomendações sem poder legal.

Também em 1906 é aprovado o já mencionado Food and Drug Act, primeira regulamentação de drogas dentro dos Estados Unidos. Proclamado sob a justificativa de controlar produtos que poderiam oferecer risco à saúde da população, o ato não tem caráter proibitório: "Por um lado protege os consumidores de drogas, pois obriga o fornecimento de informações sobre pureza, mas, por outro, inaugura uma postura intervencionista inédita na vida estadunidense" (RODRIGUES, 2004, p. 45). A lei recebe cinco emendas posteriores (1912, 1913, 1923, 1930 e 1934), e no princípio sequer distinguia "drogas" de "medicamentos", e "insere o Estado interventor na conduta individual" (*Ibidem*, p.46).

Se a Conferência de Xangai não trouxe resultados políticos efetivos no sentido de implementação de legislações restritivas nos países participantes, Rodrigues ressalta que ela marca o início da tomada de liderança dos Estados Unidos na agenda internacional referente ao controle de drogas, assim como lançava dois conceitos importantes para a diplomacia e a política externa estadunidenses, que perpassariam esses setores durante todo o século XX: primeiro o de "uso legíti-

---

exercendo entre os setores mais puritanos levaram a uma entusiasta defesa da lei para acabar com a concorrência". ("La hábil política empresarial de retirar voluntariamente la cocaína antes de la primeira ley sobre drogas y alimentos (...), que obligaba a etiquetar los productos informando sobre contenido em opiáceos, cocaína, cannabis, alcohol y otros ingredientes psicoativos – y las dudas que este tónico seguia ejerciendo entre los sectores más puritanos, llevaron a una entusiasta defensa de la ley para acabar con la competencia"). Posteriormente, uma fundação filantrópica da empresa utilizou como estratégia política e comercial a doação de importantes somas financeiras às agências antinarcóticos.

mo", ditando que todo consumo que não estivesse relacionado a propósitos médicos e científicos deveria ser considerado ilícito e o que "carregava de importância o controle à fonte de oferta, enfim, o combate às drogas nas áreas de produção".

O ópio era elemento central na política chinesa desde a primeira Guerra do Ópio, iniciada em 1838 e que colocou o país em conflito com a Grã-Bretanha exatamente por conta de uma tentativa de proibir o ingresso desta substância trazida pelos ingleses. Além de agradar aos grupos proibicionistas estadunidenses, o combate ao ópio não trazia prejuízos a essa economia. Mesmo que os estados europeus tenham mostrado "desinteresse" (RODRIGUES, 2004, p. 48) pela questão, os Estados Unidos pressionam e promovem outra conferência em dezembro de 1911, desta vez realizada em Haia, na Holanda. O objetivo era a aprovação de um tratado internacional que controlasse o comércio e o uso não medicinal de drogas. As potências coloniais europeias defenderam controles limitados, que não restringissem completamente o uso de ópio e derivados, e pressões de países com indústrias farmacêuticas fortes, como Holanda e Alemanha, bloquearam tentativas mais incisivas de controle aos derivados industriais desta substância.

Produção de moral e proteção do indivíduo contra si mesmo

> "Osmose é como classifico
> Quase que de vez em sempre
> O comportamento humano
> O que quase todos fazem é o certo
> O resto é pura viagem"
> "Prioridades" – B Negão

Se não obtiveram grandes impactos no cenário global, as resoluções da Conferência de Haia serviram de instrumento de pressão dentro dos Estados Unidos. Cada vez mais fortes no Congresso, os grupos proibicionistas atuaram no sentido de adaptar a legislação doméstica às recomendações das conferências recém-realizadas – as "obrigações internacionais" assumidas pelo país deveriam refletir-se em uma legislação interna mais dura e controladora. A Convenção de Haia foi aprovada pelo Senado em 1913, o que abriu caminho para a aprovação do Harrison Narcotic Act em junho de 1914, lei que "inaugurava formalmente o poder terapêutico do Estado ao instaurar medidas claras de regulação sobre a produção e o comércio de drogas" (RODRIGUES, 2004, p. 50).

Para Thomas Szasz (2001, p. 83), uma importante particularidade da lei é que através dela o governo oferece ao cidadão proteção não contra uma agressão externa de outro indivíduo, mas proteção contra ele mesmo, o que seria um dos motivos do "fracasso inerente à proibição":

> ainda que inicialmente as leis sobre drogas se dirigiram a proteger as pessoas das drogas que outros desejavam vender, esse objetivo prontamente foi substituído por proteger-lhes dos "abusos" de drogas que elas mesmo desejavam comprar. O governo nos despojou assim com êxito não só de nosso direito básico a ingerir qualquer coisa que escolhamos, mas também de nosso direito a cultivar, fabricar, vender e comprar produtos agrícolas utilizados pelo homem desde a antiguidade.[5]

A Lei Harrison restringia o uso de ópio, morfina, cocaína e heroína às finalidades medicinais, e exigia registro das pessoas que trabalhassem com ópio ou folhas de coca, estabelecendo as primeiras restrições penais. Segundo Rodrigues (2004, p. 51), sua aprovação não foi fruto de "uma grande agitação popular" mas sim reflexo de um bom uso estratégico que partidos e movimentos proibicionistas teriam feito de um "vazio participativo" na política estadunidense durante a primeira década do século XX – o percentual de eleitores regularizados participantes dos pleitos baixou de 80% em 1900 para 59% em 1912. "O clima de histeria contra os vícios sociais (as drogas, o jogo, a prostituição) nutria-se do ambiente moral puritano, matriz também dos grupos proibicionistas, mas não existia de modo organizado" (*Ibidem*). Diagnosticando a existência de uma "sociedade doente", os proibicionistas defendiam cuidados na parte moral (levados a cabo pela Igreja e seus valores) e sanitário-jurídica (papel do Estado).

Em sua *Historia general de las drogas*, Antonio Escohotado contrapõe as concepções "maligna" e "benigna" com as quais historicamente se analisou as chamadas drogas. De um lado, a perspectiva da "bendição" (2008, p. 13), lado no qual estão os inumeráveis usos terapêuticos e lúdicos e também os progressos no conhecimento, "que potenciam dinâmicas de aprendizagem e contribuem para controlar

---

[5] "Aunque inicialmente las leyes sobre drogas se dirigieran a proteger a las personas de las drogas que otros deseaban venderles, ese objetivo quedó pronto reemplazado por protegerles del 'abuso' de drogas que ellas mismas deseaban comprar. El gobierno nos despojó así con éxito no sólo de nuestro derecho básico a ingerir cualquier cosa que elijamos, sino tanbién de nuestro derecho a cultivar, fabricar, vender y comprar productos agrícolas utilizados por el hombre desde la antiguedad."

emoções indesejáveis". O horizonte seria uma exploração do "espaço interior" que abriga um psiquismo como o humano, supostamente desenvolvido apenas em uma pequena proporção de suas capacidades.

Por outro lado, estaria a visão da "maldição", o rechaço da concepção acima descrita somado a dois "inconvenientes" mais precisos e determinados: o risco individual de intoxicações agudas e crônicas e o perigo "de grupos que fujam dos estímulos e da doutrinação comum, formando contraculturas ou focos simplesmente desviados com respeito ao uso do tempo e valores promovidos pelos poderes vigentes".[6] Estaria aí, segundo Escohotado, formulada a dicotomia presente no debate sobre essas substâncias, que, ao mesmo tempo, prometeriam um "salto adiante e um passo atrás na condição humana".

O critério dos neurólogos a partir do século XIX estaria fundado de forma unânime em uma crença de que a química farmacológica oferece possibilidades superiores para a eliminação da dor em duas diversas formas. Não menos unânime, ainda segundo Escohotado, seria o critério dos que gestionam o controle social e que entendem, por definição, qualquer substância psicotrópica como "uma armadilha para as regras do jogo limpo; lesiona à força a constituição psicossomática do usuário, prejudica necessariamente aos demais e trai as esperanças éticas depositadas nos seus cidadãos pelos Estados",[7] que teriam assim direito a exigir sobriedade de seus cidadãos.

Estariam contrapostas assim, no esquema do historiador espanhol, duas concepções ideais de sociedade: uma livre de drogas e outra onde existiria um mercado "tão aberto" quanto das publicações ou de espetáculos. Apoiado o primeiro esquema pelos aparatos legais e repressivos de Estado a partir desse momento chave da política estadunidense e internacional, segundo Escohotado "a maioria dos cidadãos parece ter feito sua as consignas do Estado, ainda que minorias numericamente consideráveis pratiquem uma resistência passiva de modo tenaz, alimentando um mercado negro em que muios governos e quase todas as polícias especializadas participam de modo sub-reptício."[8]

---

6   "De grupos que esquiven los estímulos y la indoctrinación común, formando contraculturas o focos simplemente desviados con respecto a uso del tiempo y valores promovidos por los poderes vigentes."

7   "Una trampa a las reglas del juego limpio; lesiona por fuerza la constituición psicosomática del usuario, perjudica necesariamente a los demás y traiciona las esperanzas éticas depositas en sus ciudadanos por los Estados."

8   "La mayoría de los ciudadanos parece haber hecho suyas las consignas del Estado, aunque minorias numéricamente considerables practican una resistencia pasiva de modo tenaz, ali-

Seguindo o mesmo raciocínio de Szasz, Escohotado vê nas leis de proibição das drogas a consumação de um direito que tem como orientação proteger o sujeito de si mesmo. Diferente de atos considerados delituosos, como homicidio, roubo, estupro etc., onde existe um dano preciso e uma vítima que denuncia o crime, a dimensão política do crime relacionado a drogas se mostraria em sua tipificação penal como um delito de puro risco ou como "consumação antecipada" que se cumpre sem necessidade de se provar que houve prejuízo concreto para alguém determinado. Como tal delito de risco não admite graduação de responsabilidade que diferencia autores, cúmplices e encobridores, nem entre ato consumado, tentativa e frustração, os que infrinjam as normas que começam a se estabelecer no início do século XX nos Estados Unidos passariam a ser encarados sempre como autores de um delito consumado, não importando as cirunstâncias precisas do caso.

Escohotado prossegue supondo que a delinquência ligada, direta ou indiretamente, às drogas tornadas ilícitas constitui o que qualifica como o capítulo penal singular mais importante em grande parte dos países do mundo (ESCOHOTADO, 2008, p. 16): "No século XVIII e no XIX o equivalente a essa proporção de crimes relacionados com a dissidência farmacológica correspondia a dissidências políticas, e entre os XIV e XVII a dissidência religiosa",[9] pondera. Quando um delito previamente desconhecido ou inexistente se eleva à fonte principal de condenações, como passaria a ser com o combate à produção e consumo de tais substâncias, crescendo também a repressão, Escohotado aponta que cabe suspeitar se ele não está encobrindo um processo de reorganização da moral vigente, um tempo de mutação. Isso resultaria num processo em que a diferença rechaçada por razões morais ao mesmo tempo atue como uma produção de moral:

> Aos desviados e àqueles a quem se encomenda o controle – com o resto da população como público passivo do espetáculo – corresponde se atualizar o sistema de valores, que entrou em crise por um complexo de motivos, ainda que isole essa questão concreta como paradigma do conflito. Definitivamente, mudança social e mudança de moralidade são aqui uma mesma coisa. Apear da formidável estrutura de interesses econômicos que a Proibição suscitou, o assunto é e seguirá sendo

---

mentando un mercado negro en el que muchos gobiernos y casi todas las policías especializadas participan de modo subrepticio."

9   "En el siglo XVIII y XIX lo equivalente a esta proporción de crímenes relacionados con disidencia farmacológica correspondia a disidencia política, y del XIV al XVII a disidencia religiosa."

um assunto de consciência, similar em mais de um sentido ao dilema que suscitou o descobrimento da imprensa. Tal como o achado de Gutemberg ameaçava semear no povo inumeráveis erros, que poriam em questão muitos princípios considerados intocáveis, os progressos da química orgânica ameaçam difundir costumes e atitudes indesejadas, que poderiam transtornar a distribuição de trabalho e passatempo programada para o corpo social.[10]

Articuladas em torno a um "mecanismo de integração coletiva" que o historiador qualifica como "bode expiatório", este tipo de visão levaria a histerias que ativariam a dualidade pureza-impureza, decorrendo daí o vislumbre de que condutas de determinadas pessoas carregam riscos para toda a sociedade. As substâncias consideradas perigosas e inaceitáveis socialmente são vistas como "venenos espirituais", que podem desencadear processos contagiosos que poem em risco a convivência social como tal, e por isso devem ser extinguidas, mesmo que nesse processo pessoas também devam ser exterminadas e combatidas.

A Lei Seca como marco no fortalecimento do proibicionismo e do crime

Se a aprovação da Harrison Narcotic Act marca o início das legislações proibicionistas estadunidenses, no âmbito global a hegemonia das estratégias repressivas às drogas teria de esperar o final da Primeira Guerra Mundial para começar a se consolidar. É apenas com o final do conflito e a inclusão das resoluções da Conferência de Haia no Tratado de Versalhes que o restante do planeta começa a aplicar o método estadunidense de combate às drogas. Com isso, Alemanha e Turquia, países perdedores do conflito, eram obrigados a aceitar um acordo que não haviam ratificado em 1912.

---

10 "A los desviados y a aquellos a quienes se encomienda el control – con el resto de la población como público pasivo del espetáculo – corresponde se actualizar el sistema de valores, que ha entrado en crisis por un complejo de motivos, aunque aisla esa concreta cuestión como paradigma del conflicto. En definitiva, cambio social y cambio en la moralidad son aquí una misma cosa. A pesar de la formidable estructura de intereses económicos que ha suscitado la Prohibición, el asunto es y seguirá siendo un asunto de conciencia, similar en más de un sentido al dilema que suscitó el descubrimiento de la imprenta. Tal como el hallazgo de Gutemberg amenazaba con sembrar en el pueblo inumerables errores, que pondrían en cuestión muchos principios considerados intocables, los progresos de la química orgániza amenazan difundir costumbres y actitudes indeseables, que podrían trastornar la distribución de labor y pasatiempo programada para el cuerpo social."

Novamente, esse avanço proibicionista internacional impulsionou outras medidas dentro dos Estados Unidos, possibilitando a concretização de uma antiga demanda puritana: a proibição de comércio, venda e produção de álcool, consolidada na emenda constitucional apresentada pelo senador Andrew Volstead e aprovada em 1919. O Volstead Act, popularmente conhecido como Lei Seca, passou a vigorar em 1920 e, segundo Rodrigues (2004, p. 53), "inaugurou o crime organizado nos Estados Unidos":

> A ilegalidade tornou possível o fortalecimento e a prosperidade das máfias. A exploração da produção e da venda clandestina de álcool dinamizou exponencialmente os negócios das "famílias" criminosas judias, irlandesas e italianas, bem como potencializou as funções do Estado, já que departamentos e agências foram criados ou ampliados para que a fiscalização e a coerção fossem devidamente aplicadas. O Volstead Act proporcionou a proliferação de quadrilhas, prisões, armas, de mortes, de agentes federais, de juízes, promotores e de viaturas policiais. Enfim, havia boas oportunidades de lucro e emprego para os lados legal e ilegal da economia.

Burgierman (2011, p. 28) lembra que, além de um "valor cristão" – uma das quatro "virtudes cardeais", ao lado de justiça, sabedoria e coragem – identificado com "moderação e autocontrole", temperança também "é o nome de um movimento que foi muito influente no final do século XIX em vários países, inclusive no Brasil". As ligas de temperança eram, segundo o jornalista, formadas tipicamente por "senhoras da sociedade e por sacerdotes", e sua principal bandeira era o combate ao álcool, com um discurso marcado pela influência religiosa. Burgierman cita um sermão do evangelista cristão estadunidense Billy Sunday, falecido em 1935, que saudou a proibição do álcool no país da seguinte forma: "O reino das lágrimas está terminado. Os cortiços em breve serão apenas uma memória. Transformemos nossas prisões em fábricas e nossas cadeias em armazéns e celeiros", pregou Sunday, concluindo que a partir de então "os homens andarão eretos, as mulheres sorrirão e as crianças rirão. O Inferno será colocado para alugar".

"O que aconteceu não poderia ter sido mais diferente disso", aponta Burgierman: logo que a proibição foi decretada, começaram a "pipocar" pelas cidades estadunidenses bares clandestinos chamados de "speakeasies", algo como "fale baixo", onde eram vendidos sobretudo destilados com alto teor de álcool, já que a cerveja "ocupa muito espaço e é difícil de esconder". "A repressão então aumentou e o trabalho de fornecer bebida ficou mais perigoso, mas também mais lucrativo, por causa de uma regra básica da economia: o mercado remunera o risco", avalia o jornalista.

Henrique Carneiro vê este ascenso proibicionista, com centralidade nos Estados Unidos, como decorrência de um movimento que começa a emergir com força na virada dos séculos XVII para o XVIII e que identifica o vício, a adição, como doença a ser extirpada, sendo drogas como álcool e ópio qualificadas simultaneamente como sinônimos de dependência e enfermidade. Até então, a medicina ocidental tratara as bebidas alcoólicas, especialmente o vinho, como "meios terapêuticos" (CARNEIRO, 2010, p. 178), embora reconhecesse, de uma forma ou de outra, os riscos de um consumo excessivo. Ele relata como a partir deste momento a embriaguez começa a ocupar o lugar de "vício mais abominável", e lembra que foi o metodista John Wesley um dos primeiros a propor a proibição legal da fabricação de bebidas alcoólicas, em pedido feito ao parlamento londrino em 1780. "Em oposição ao álcool, também surge, a partir do século XVIII, uma exaltação do café e do chá como drogas sóbrias, intelectuais e produtivistas, típicas de uma nova classe burguesa e industriosa em ascensão", aponta o historiador.

"O uso do álcool e das demais drogas sempre foi um assunto médico", explica o historiador, mas é apenas na época moderna que surge uma nosologia do vício, "uma descrição sintomatológica de práticas consideradas como abusivas devido a sua insistência, repetitividade ou compulsão" (CARNEIRO, 2010, p. 180). Essa inserção do consumo de drogas no âmbito da nosografia e da terapêutica coloca-o, inicialmente, junto a outras perturbações psíquicas próximas ao que genericamente se conhecia como loucura. Se a concepção da embriaguez como doença pode ser datada de 1804, de acordo com Henrique Carneiro – após o escocês Thomas Trotter ter publicado tese considerada marco na descoberta desta enfermidade chamada "doença da mente", – o vício apontado como doença estrita é, no entanto, construção do século XIX. Antes disso, Benjamin Rush, médico e participante ativo da independência dos Estados Unidos, tornou-se famoso por suas campanhas de reforma moral, nas quais combatia o alcoolismo e o consumo de tabaco. Rush relacionava alcoolismo e masturbação como "transtornos da vontade", e buscava desencadear contra ambos uma campanha médica e psiquiátrica.

Carneiro (2010, p. 184) situa em 1849 o reconhecimento do alcoolismo como doença autêntica, descrita com esse nome pelo médico sueco Magnus Huss, que identificava duas formas de envenenamento por álcool, a crônica e a aguda. Benédict

Augustin Morel, seria o responsável pela síntese do pensamento médico de sua época ao "definir a adição alcoólica dentro de uma teoria da degeneração hereditária que considerava os defeitos ou fraquezas de caráter como geneticamente transmissíveis". O alcoolismo passava a ser visto como uma das três pragas que ameaçavam a saúde pública, juntamente com a sífilis e a tuberculose. Nem todos os médicos, no entanto, concordavam com o caráter hereditário da adição em álcool.

É no final do século XIX que a toxicomania é constituída e isolada como entidade clínica autônoma. Como descreve Carneiro (2010, p. 187),

> O uso do ópio já havia sido identificado desde a Antiguidade como um hábito cuja supressão súbita poderia causar a morte. Contudo, o conceito teórico de dependência era desconhecido, o que levou a opinião pública ocidental a não considerar imoral a imposição do comércio de ópio na China durante as guerras do ópio, em meados do século XIX. O ópio, consumido especialmente na forma de láudano (misturado com cânfora), era um remédio onipresente nas sociedades ocidentais. A habituação ou tolerância, ou seja, o aumento das doses para se manter o mesmo efeito, não era um comportamento comum entre os consumidores de ópio nem da época antiga nem da sociedade oitocentista. A forma tradicional de consumo por ingestão talvez explique esta pouca tendência à habituação, pois o método de fumar o ópio e depois, ainda mais fortemente, o uso da seringa para injetar-se morfina é que provocam os quadros de dependência mais típicos e violentos e eles só se tornaram comuns na segunda metade do século XIX.

Na década de 1870 começa a se apontar também o potencial aditivo da morfina, e em todo este período Carneiro vê uma escalada crescente na disciplinarização dos corpos e na medicalização das populações. Assim como tinha-se como meta a erradicação das doenças contagiosas, com métodos como quarentenas forçadas e internação compulsória dos doentes, planejavam-se campanhas de aniquilação do vício, o que levou ao fortalecimento dos ditos movimentos pró-temperança nos Estados Unidos, que propunha o controle de um comportamento infeccioso como o alcoolismo.

Citando sua colega Virgínia Berridge, o historiador aponta que "a novidade no século XIX não são os conceitos de vício, dependência ou embriaguez, já existentes, mas 'a conjunção de forças políticas, culturais e sociais que deu hegemonia a esses conceitos'". O termo adição deriva da palavra latina que designava, na Roma antiga, o cidadão livre que fora reduzido à escravidão por conta de dívidas não pagas, e é a partir deste momento que ganham força os discursos políticos que buscam exatamente construir esta perigosa entidade da adição e suas vítimas, os doentes que sofrem dessa dependência que os priva da liberdade e da razão. A "doença da vontade", como definiu o escocês Willian Colins, também citado por Carneiro, exatamente em 1919, ano de aprovação da Lei Seca.

"A ideia da proibição das bebidas alcoólicas e sua erradicação total da cultura como algo viável e desejável pareceu então, em alguns momentos das primeiras décadas do século XX, como uma força em crescimento e em vias de impor seus objetivos, se não em todo mundo, como almejado, ao menos nos Estados Unidos", descreve Carneiro (2010, p. 196), que identifica na pregação abstêmia uma convergência de interesses do clero e do patronato industrial emergente do século XIX, consolidando um ambiente no qual a atividade sexual também era condenada. Metodistas, presbiterianos e batistas pregavam a abstinência total de álcool, e por isso defendiam a proibição de todas as bebidas. Esse movimento passou a ser conhecido como o movimento pela "temperança", o que levou inclusive à criação da Associação pela Verdadeira Temperança na Inglaterra, numa disputa simbólica pelo afastamento da noção de abstinência do conceito de temperança. Carneiro cita o escritor Gilbert Keith Chesterton como expoente desta tendência, para quem "o desejo de beber é um instinto para ser guiado e não extinto".

Ao traçar uma descrição da classe burguesa no século XIX, Eric Hobsbawm (1996, p. 328) afirma que, "de forma mais geral, a civilização apoiava-se na repressão das urgências sexuais". O historiador marxista pergunta-se por que esse aspecto, tão contrastante com ideais de moderação e temperança, difundiu-se e também atingiu as classes médias, concluindo que "nos degraus mais baixos das aspirações da classe média a resposta é fácil": somente "esforços heróicos" poderiam levar aos membros das camadas médias à ascensão social, e, principalmente, à respeitabilidade que era necessária para ali se manterem, definindo suas posições. Assim, faz a conexão com a condenação ao álcool, lembrando que neste aspecto também não havia "solução de compromisso": ou tudo ou nada, ou abstinência total ou "colapso completo", ideia que acaba sendo difundindo das classes privilegiadas para as mais pobres:

> De fato, o movimento pela total abstinência do álcool, que floresceu nessa época nos países protestantes e puritanos, ilustra a questão de forma clara.

> Não era efetivamente um movimento para abolir ou mesmo para limiar o alcoolismo de massa, mas para definir e separar a classe dos indivíduos que tivessem demonstrado, pela força pessoal de seu caráter, que eram distintos dos pobres não-respeitáveis. O puritanismo sexual preenchia a mesma função. Mas esse era um fenômeno "burguês" apenas na medida em que refletia a hegemonia da respeitabilidade burguesa. Como as leituras de Samuel Smiles ou a prática de outras formas de "auto-ajuda" e "melhoria de si", aquilo substituía o sucesso burguês, ao invés de preparar para ele. No nível do artesão ou funcionário "respeitável", a abstinência era frequentemente a única gratificação. Em termos materiais dava apenas compensações modestas. (HOBSBAWM, 2000, p. 328)

Em *Americanismo e fordismo*, Antonio Gramsci (2008, p. 32) aponta que o proibicionismo nos Estados Unidos era "uma condição necessária" para o desenvolvimento de um novo tipo de trabalhador "em conformidade com uma indústria fordizada". Além das drogas, a sexualidade também seria alvo dos industriais estadunidenses do período na visão do marxista italiano, que define como "revelador" o fato de burgueses como Ford terem se interessado bastante "pelas relações sexuais de seus empregados e em geral pela ampla sistematização das suas famílias" (GRAMSCI, 2008, p. 48). "A aparência puritana que assumiu, como no caso do proibicionismo, não deve induzir ao erro", salienta, "a verdade é que não se pode desenvolver o novo tipo de homem demandado pela racionalização da produção e do trabalho até que o instinto sexual esteja totalmente regulado, até que ele tenha sido também racionalizado".

Para Gramsci (2008, p. 64), "as mutações dos modos de ser e viver" que ocorrem socialmente acontecem por meio de "coerção brutal, através do domínio de um grupo social sobre todas as forças produtivas da sociedade", e quando a pressão coercitiva é exercida "sobre todo um complexo social" desenvolvem-se "ideologias puritanas que dão a forma exterior da persuasão e do consenso ao intrínseco uso da força". Novos métodos de trabalho, como o taylorismo e "racionalização em geral", demandariam uma "rígida disciplina dos instintos sexuais (do sistema nervoso)" e um "reforço da família no sentido amplo", formando o que o italiano caracterizou como "hipocrisia social totalitária": "quem a prega, não a observa, apesar de lhe render homenagem verbal".

O autor prossegue (GRAMSCI, 2008, p. 69) apontando que nos Estados Unidos racionalização e proibicionismo estão "indubitavelmente conectados":

As investigações dos industriais sobre a vida íntima dos operários, os serviços de inspeção criados em algumas empresas para controlar a moralidade dos operários, são necessidades do novo método de trabalho. Quem menosprezasse estas iniciativas (mesmo que tenham fracassado!), e visse nelas só uma manifestação hipócrita do puritanismo, negaria qualquer possibilidade de entender a importância, o significado e a meta objetiva do fenômeno americano, que é também o maior esforço coletivo conferido até agora para criar, com extraordinária rapidez e com a consciência da finalidade nunca vista na história, um novo tipo de trabalhador e de homem. (...) As iniciativas puritanas têm como fim a conservação, fora do trabalho, de um certo equilíbrio psicofísico que impeça o colapso fisiológico do trabalhador, premido pelo novo método de produção. Este equilíbrio não pode ser senão puramente exterior e mecânico, mas poderá se tornar interior se proposto pelo próprio trabalhador e não imposto, numa nova forma de sociedade, com meios apropriados e originais.

"Parece claro que o novo industrialismo quer a monogamia, quer que o homem-trabalhador não desperdice suas energias na procura desordenada e excitante da satisfação sexual ocasional", afirma Gramsci (2008, p. 73). "Operário que vai ao trabalho depois de uma noite de extravagância não é um bom trabalhador, e a exaltação passional não está de acordo com os movimentos cronometrados dos gestos produtivos dos mais perfeitos automatismos", conclui.

Neste momento de formulação das primeiras políticas duramente proibicionistas, focadas no combate ao consumo de álcool, Belen Luca de Tena (2000, p. 46) vislumbra o nascimento de outro viés presente nas políticas de combate às drogas durante o restante do século XX na política externa estadunidense: o enfoque no combate à oferta. O controle internacional dos ditos narcóticos passa a ser veiculado como solução dos problemas internos de consumo nos Estados Unidos, que acusavam as nações estrangeiras como responsáveis por seu alto consumo interno devido aos supostos altos envios de drogas ilícitas: "cada região ou continente são perigosos por alguma droga específica, América do Sul, cocaína; Europa, morfina e heroína; Ásia, ópio; África, haxixe",[11] avalia a autora espanhola.

---

11 "Cada región o continente son peligrosos por alguna droga en concreto, América del Sur, cocaína; Europa, morfina y heroína; Asia, opio; Afria, hachís."

Para uma nação autossuficiente e em projeção como os Estados Unidos, era muito mais fácil imputar os problemas da dependência ou do uso problemático de drogas a supostos inimigos externos do que olhar para as tensões internas próprias de uma sociedade multicultural, aponta Luca de Tena, que vê desde o início da estratégia contra-ofertista uma tendência "eminentemente reacionária" ao vincular o consumo de drogas às minorias étnicas e raciais. Segundo ela, o fato de em 1923, em pleno vigor da Lei Seca, o Congresso dos Estados Unidos ter proclamado que a única forma de se controlar a adição em drogas era o controle da produção das mesmas apontaria uma incapacidade do governo em questão de controlar sua corrupção doméstica, ligada aos mercados negros de álcool e drogas – assim, sua única solução seria o controle da origem dessas substâncias.

Como ressalva Edmund Atwill Wasson (citado por OTT, 2000, p. 21), mais difícil do que criar uma lei é produzir a força necessária para garantir seu cumprimento. Quando uma lei é bastante impopular, como foi a Lei Seca, a sociedade se mobiliza para derrubá-la, afirma Ott, e foi isto que começou a acontecer nos Estados Unidos após 1919. "A proibição do álcool nos Estados Unidos é um caso excepcional de lei promovida por minorias ativas e fanáticas, que conduziu ao acosso e repressão de uma maioria", aponta Ott (2000, p. 22). Segundo Burgierman (2011, p. 31) nem as altas penas nem os crescentes investimentos governamentais serviram para coibir o mercado de bebidas ilegais: em 1929 as penas para os envolvidos neste comércio eram dez vezes mais rigorosas do que em 1920.

> Quem vendesse um único drinque poderia pegar cinco anos de cadeia e pagar uma multa de 10 mil dólares. Os custos da proibição, que eram de 2,2 milhões de dólares em 1920, pularam para 12 milhões em 1929. A população das prisões americanas subiu de 3 mil para 12 mil entre 1920 e 1932. Mas nada disso diminuía a oferta de bebidas. Prender donos de speakeasies era como enxugar gelo: para cada sujeito preso, outro recrutado.

Além da impopularidade de uma lei que combateu uma conduta tão difundida, Carneiro (2010, p. 206) cita outro elemento importante na decadência da Lei Seca: a crise econômica que a partir de 1929 assolou os Estados Unidos – deslocando as preocupações políticas para outras questões e também colocando os impostos como importantes para uma recuperação do orçamento estatal. Em 1932, Frank Murphy, prefeito de Detroit, liderou uma marcha que reuniu 50 mil pessoas que gritavam "nós queremos cerveja".

Em 5 de dezembro de 1933 é aprovada uma nova emenda constitucional, que permite novamente o consumo de álcool no país. José Arbex Jr. (2003, p. 20) vê o fim da proibição como decorrência da desmoralização de uma lei incapaz de cumprir seus próprios termos. "O proibicionismo do álcool, que parecia uma tendência irreversível no começo do século XX, retrocedeu na maioria dos países, com exceção de alguns islâmicos", aponta Carneiro, que complementa lembrando que as bebidas alcoólicas adquiriram um caráter de ilicitude, de símbolo festivo e de mercadoria nacional e regional emblemática a partir de então.

Como aponta Thiago Rodrigues (2003, p. 33), até sua revogação em 1933, a Lei Seca "foi responsável pelo fortalecimento do crime nos Estados Unidos e pelo agigantamento das agências e da burocracia estatal". O consumo não diminuiu, os estadunidenses foram submetidos a bebidas muito mais nocivas à saúde por conta exatamente da ilegalidade do mercado e "a ênfase no álcool cederá terreno ao controle diversificado e multidirecionado que o governo do New Deal colocará em movimento" (Rodrigues, 2004, p. 54). Segundo Burgierman (2011, p. 32), após o fim da Lei Seca, o índice de homicídios nos Estados Unidos caiu por onze anos consecutivos.

Proibição da maconha

Depois da Conferência de Haia, de 1912, já haviam ocorrido outros dois encontros internacionais sobre drogas, em 1925 e 1931, "nos quais a delegação estadunidense defendeu com veemência sua postura proibicionista" (Rodrigues, 2003, p. 34). O controle do álcool foi acompanhado de propostas que tinham como objetivo endurecer a regulamentação da cocaína e dos opiáceos. No Tratado resultante do encontro de 1931, a pressão dos Estados Unidos levou à inclusão de uma cláusula que obrigava os Estados signatários a criarem departamentos de repressão ao comércio de psicoativos nos moldes dos instaurados pelos EUA na década de 1920, durante a repressão ao álcool. "Tratava-se, dessa maneira, da aceitação internacional do modelo de repressão estadunidense como o mais adequado para enfrentar a produção e o comércio ilícito de drogas psicoativas", aponta Rodrigues (*Ibidem*).

A extensão e o fortalecimento do crime e da corrupção que vieram no bojo da proibição do álcool se agravaram com a crise econômica iniciada em 1929, que levou os Estados Unidos a um estado de profunda repressão e instabilidade social, com 14 milhões de desempregados. A escassez de trabalho teria levado a um processo de crescente indisposição contra a mão de obra mais barata e desqualificada do momento, os trabalhadores mexicanos. Belén Luca de Tena (2000, p. 49) identifica neste contexto de "rechaço étnico e cultural" o impulso decisivo para a proibição da maconha, substância propositalmente identificada com esta população de mexicanos.

Em 1936, os Estados Unidos tentam implementar na Liga das Nações uma legislação internacional que possibilitasse o controle do cultivo de maconha e de papoula, e, ao não poder consegui-lo, desenvolvem uma legislação doméstica baseada em restrições fiscais. O Marijuana Tax Act, lei editada pelo governo de Franklin Roosevelt em 1937, "proibia o cultivo e comercializações das variações de cannabis em solo estadunidense. O psicoativo, já sob a mira dos grupos proibicionistas há décadas, recebia a primeira restrição de forte peso legal que teve como parceira um grande esforço de propaganda oficial" (Rodrigues, 2003, p. 36).

Como aponta Luiz Mott (1986, p. 119), a origem do uso de maconha confunde-se com os próprios "primórdios da civilização", com a planta tendo sido um dos primeiros vegetais domesticados pelo homem. Supõe-se que o cânhamo seja nativo da Ásia Central, uma vez que até hoje segue nascendo de forma espontânea nas encostas do Himalaia. É usado na fabricação de tecidos há milhares de anos na China, e como remédio ao menos desde o ano 2700 a.C., tendo sido inclusive mencionado por Heródoto como empregado em rituais às margens do Rio Negro.[12] Sua chegada à África do Norte data dos primeiros séculos da Era Cristã.

Segundo Robinson (1999, p. 64), provas obtidas em sepulturas e outros sítios arqueológicos em diferentes partes da China mostram o "cultivo contínuo de cânhamo asiático desde tempos pré-históricos. Um sítio do período neolítico, com 12 mil anos de idade, escavado em Yuan-shan (no que hoje é o Taiwan) incluía resquícios de cerâmica tosca, arenosa, com marcas de corda de cânhamo

---

12 Robinson (1999, p. 72) cita diversas menções literárias ao cânhamo por autores gregos e romanos antigos: "Uma amostra dessa lista impressionante inclui Leo Africanus, que escreve A história e a descrição da África sobre a porção de Lhasis na Tunísia; Aulus Gellus, que escreve em *Noctes atticae*; Caio Plínio, o Velho, em *História natural*; Galeno em *De facultatibus alimentorum*; Catão em *De re rustica*; Caio Cattulo em *Codex vereonesis*; Heródoto em *Histórias*; Lúcio Columela em Res rustica; Pedânio Dioscórides em *De materia medica*; Plutarco em *Dos nomes das montanhas e dos rios*. Teofrasto escreveu sobre a dendromalache, "a árvore da erva". Entre outros escritores clássicos que se referiram ao cânhamo estão Aécio, Demócrito, Cinégio, Hesíquio, Lucillo, Mosco, Pausânias, Estrabão e Tito Lívio".

cobrindo-lhe a superfície". Um sítio do neolítico tardio (cerca de 4 mil a.C.) na província de Zheijaing fornece indícios de vários artigos têxteis feitos de cânhamo e de seda, de acordo com o mesmo autor. "Remanescentes de uma indústria de tecelagem de cânhamo emergiram da escavação de um sítio da cultura Shang (1400-1100 a.C.) na aldeia de Taixi, província de Hebei, que revelou alguns fragmentos de tecidos de cânhamo queimado e um role de treze peças".

Livros antigos apontariam que no vale de Henan o povo chegou a pagar com cânhamo tributos a seus governantes, e que "os exércitos dos déspotas trajavam armadura tecida com corda de cânhamo e do cânhamo se faziam cordas para arcos tão superior às fibras de bambu que substituídos decidiram muitas batalhas". A planta seria cultivada "em torno do castelo da cada senhor para assegurar seu poderio militar" (Robinson, 1999, p. 65) e figura também na história da medicina chinesa, tendo sido utilizada como anestésico durante cirurgias realizadas por exemplo pelo médico Hua Tuo (141-208 d.C.).

Para Robinson, "os chineses podem ter sido os primeiros a usar a fibra do cânhamo, mas foi na Índia que as qualidades mais elevadas da planta foram plenamente apreciadas pela primeira vez". A planta tornou-se "a tal ponto integrante da religião hindu que bangue [maconha] e Shiva tornaram-se inseparáveis. Segundo a mitologia indiana, o cânhamo estava presente com Shiva no início do mundo". Além do contexto religioso, a erva era usada para acalmar e também medicar. Bangue e haxixe figuram também em várias narrativas das *Mil e uma noites*, coletânea de histórias árabes compiladas entre os séculos XI e XVIII.

Os citas são indicados por Robinson (1999, p. 71) como responsáveis pela introdução do cânhamo na Europa, trazido da Ásia e semeado primeiramente na Grécia e na Rússia. Hesíquio relatou que as mulheres da Trácia faziam lençóis com a planta, e Mosco deixou o registro do uso de cordas de cânhamo pelo tirano Hieron II, que equipou naus com cordas feitas de cannabis cultivada no vale do rio Ródano.

O Império Romano consumia grandes quantidades de fibra de cânhamo, em grande parte importada da cidade de Sura, na Babilônia. Robinson vê Pausânias como provavelmente o primeiro escritor a mencionar a planta, no século II a.C., e atribui aos romanos sua disseminação pela Europa. "Um túmulo do século VI a.C. em Wilmersdorf (Brademburgo) revelou uma urna que continha areia e uma variedade de fragmentos de plantas, entre os quais sementes e pericarpos de cânhamo ao ser escavado pelo arqueólogo alemão Herman Busse em 1826" (Robinson, 1999,

p. 72). Pedaços de corda de cânhamo encontrados no poço de um forte romano indicariam que os romanos introduziram a cannabis nas ilhas britânicas pelo menos por volta de 180 d.C., e os saxões que ocuparam a Britânia por volta de 600 d.C. também cultivavam a planta e a incorporaram à sua literatura. No século XV, o cânhamo teve papel fundamental na conquista dos mares e nas expedições europeias de "descobrimento" de outros continentes, servindo de material para velas, cordas e outros materiais que necessitavam de resistência para as longas viagens.

Como observa Labrousse (2010, p. 86), outro fator que comprova a antiguíssima relação da humanidade com derivados da cannabis está nas origens do termo "assassino". O autor francês lembra que as relações entre expedições militares, conflitos e drogas são tão antigas quanto a utilização de substâncias alteradoras de consciência, exemplificando que "um tipo de droga foi associada à palavra que antecipou em sete séculos à de terrorista, que nos foi legada pela Revolução Francesa". Do século XI ao XIII, membros de uma seita religiosa fundamentalista estabelecida entre o Irã, o Iraque e a Síria atuais, "que combatiam o poder de Bagdá, bem como os cruzados vindos do Ocidente, foram chamados de hachicihyyin (consumidores de haxixe), que por sua vez originou a denominação de assassinos, pois, indiscriminadamente, eram lhes imputados crimes sob a influência desta droga".

Rodrigues (2004, p. 59) aponta que a década de 1930 "assistiu ao agigantamento dos Estados Unidos na questão do controle mundial de drogas, considerando-se que a questão mesma da regulação dos narcóticos terminava de se institucionalizar" com a incorporação das primeiras convenções ao Tratado de Versalhes e com os encontros internacionais de 1925 e 1931. O controle de substâncias psicoativas "havia completado a migração do ambiente civil-religioso, em que nascera no começo do século XX, para a estatização mais completa, relegando os movimentos proibicionistas ao papel de legitimadores morais das ações estatais domésticas e diplomáticas", define Rodrigues.

No plano interno, o país rapidamente consolidou a efetivação da proibição da maconha, sustentada pelo ódio racial frente aos imigrantes mexicanos. Em 1936, 48 estados já haviam aprovado medidas para restringir e coibir a plantação de cannabis, e um ano depois a proibição chegou a esfera estatal, na já mencionada Marijuana Tax Act. De acordo com Rodrigues (2004, p. 62), o "Ato de 1937 consagrava não só a institucionalização da reação racista embutida no uso dessa erva, como abria um novo flanco para a Proibição, já que a lei foi aprovada por unanimidade na esfera legislativa, a despeito de alguns protestos isolados que denunciavam o exagero na ligação do uso da cannabis com crimes graves".

Becker (2008, p. 141) supõe que o consumo de maconha chegou aos Estados Unidos através do México, por meio dos estados do sudoeste, Arizona, Novo México e Texas, todos com considerável população hispano-falante. O sociólogo vê três valores como fornecedores de legitimidade para as tentativas de "evitar o uso de tóxicos e narcóticos" no país: autocontrole, "desaprovação de ações empreendidas no único intuito de alcançar estados de êxtase" e um "humanitarismo" que levava os reformadores a acreditarem "que as pessoas escravizadas pelo uso de álcool e ópio se beneficiariam de leis que tornassem impossível para elas ceder à sua fraqueza".

Embora justificado constitucionalmente como uma medida fiscal, o Harrison Act era, na visão de Becker, "de fato uma medida policial", significando a aplicação dos mesmos valores que levaram à proibição do álcool e do ópio no caso da maconha. Lembrando do papel da Agência Federal de Narcóticos, que teria fornecido "a maior parte do empreendimento que produziu a consciência pública do problema e coordenou a ação por parte de outras organizações de imposição", o autor salienta um aspecto importante na gestação de legislações e mesmo de "regras de um tipo mais informal": a existência do que ele chama de empreendimento moral, que executa a "criação de um novo fragmento da constituição moral da sociedade, seu código de certo e errado"."Onde quer que regras sejam criadas e aplicadas, deveríamos esperar encontrar pessoas que tentam arregimentar o apoio de grupos assemelhados e usam os meios de comunicação disponíveis para desenvolver um clima de opinião favorável", aponta Becker, que conclui que "onde eles não desenvolvam esse apoio, podemos esperar o fracasso do empreendimento".

Do New Deal à Convenção de 1961 na ONU

Após a Convenção Internacional sobre o Ópio, realizada em Genebra no ano de 1925, a cidade suíça recebeu outros dois encontros em 1931 e 1935. Como produto do primeiro, evento denominado como Conferência sobre a Limitação da Manufatura de Drogas Narcóticas, foi assinado um tratado que tinha, entre seus pontos principais, um artigo que convocava todos os países a adotarem agências antidrogas nos moldes do modelo estadunidense então implementado pelo Federal Bureau of Narcotics" (FBN), antecessor da DEA. A Conferência criou também medidas mais rígidas para o comércio de drogas legais e estabeleceu critérios para produção e comércio de psicoativos com finalidade medicinal. A fim de fiscalizar as medidas acordadas em Genebra, foi criado um Comitê Central Permanente locado na Liga das Nações, ao qual foram atribuídos poderes executivos no combate às drogas em âmbito internacional. "O Comitê significou o gérmen dos organismos destinados ao controle e à prevenção do comércio e do uso de drogas vinculados à ONU, a partir de 1946. (RODRIGUES, 2004, p. 57)

Dentro dos Estados Unidos, as medidas repressivas sedimentavam-se desde o final da década de 1920. O presidente Hebert Hoover criou em 1927 o "Food, Drug and Insecticide Administration" (FDIA), que seria responsável pela aplicação das normas previstas no "Food and Drug Act" de 1906 e três anos depois seria transformado no Food and Drug Administration (FDA), com o controle dos inseticidas passando para o Departamento de Agricultura. Hoover também foi o criador do FBN, que passou a ser dirigido por Harry J. Anslinger, comissário de polícia durante a Lei Seca e um dos bastiões do proibicionismo moralista estadunidense a partir de então. A ação executiva combinada entre FDA e FBN dialogava com iniciativas legislativas que tinham como eixo recrudescer o combate às drogas ilícitas. O fim da Lei Seca não representou mudança neste processo, uma vez que a "relegalização do álcool foi compensada com a inauguração da grande guerra estatal contra uma variedade muito maior de drogas. Se a campanha contra o álcool mobilizou amplos setores da sociedade, a luta contra outras drogas ilegais partirá preferencialmente de iniciativas estatais", aponta Rodrigues (2004, p. 62).

O "Food, Drug and Cosmetic Act", de 1938, consolida este caminho, conferindo aos membros da FDA a liberdade de determinar o que poderia ser definido como uso médico ou terapêutico e o uso ilegítimo. "A guerra às drogas é, a partir daí, a soma das medidas criminais, médicas e sanitárias com a exploração dos valores puritanos profundamente arraigados, acrescidos da crença, cientificamente escorada, na sabedoria governamental." (*Ibidem*)

Com o fim da Segunda Guerra Mundial, em 1945, extingue-se a Liga das Nações, da qual os Estados Unidos não faziam parte e mesmo assim sediavam alguns de seus órgãos antidrogas, e a Organização das Nações Unidas (ONU) surge, desta vez com protagonismo estadunidense. Como não poderia deixar de ser, os órgãos burocráticos que diziam respeito ao combate internacional de drogas seguiram sediados em Nova Iorque. Inicia-se aí o período conhecido como Guerra Fria, no qual Estados Unidos e União Soviética enfrentam-se política, diplomática e economicamente no sentido de garantirem seus projetos de organização social em nível global. Em 12 de março de 1947 o presidente Henry Truman enuncia o que passaria a ser conhecido como Doutrina Truman: os Estados Unidos eram os responsáveis pela defesa do "mundo livre" frente à expansão soviética, e fariam tal missão a partir da conjunção de intervenções econômicas, militares e ideológicas. O "perigo vermelho" é justificativa tanto para ações internas, em que o furor "macartista" é o principal exemplo, quanto externas, no sentido de "proteger" o país das ameaças que vinham do Leste Europeu e seu Estado socialista.

> Durante todo esse período no qual o Estado norte-americano identifica inimigos e se equipa material e ideologicamente para combatê-los, a questão do controle das drogas vai, em paralelo, trilhando seus próprios caminhos no cenário internacional. Mesmo sendo um tema importante da agenda política estadunidense, o controle internacional de drogas não trafega na linha de frente da retórica da segurança nacional, mas cruza em diversos momentos o feixe principal das ações geopolíticas norte-americanas no período da Guerra Fria. As drogas ilegais, neste contexto, são utilizadas pelo Estado como "agravantes" à ameaça principal, que é o comunismo. (RODRIGUES, 2004, p. 242)

De acordo com Belén Luca de Tena (2000, p. 51), a radicalização das posturas antidrogas se explica pelo clima de "alerta vermelho" próprio do pós-guerra dentro dos Estados Unidos, "Estabelecendo-se um paralelismo entre a conspiração política de comunistas e socialistas e a conspiração moral daqueles que traicionavam a nação com um consumo imoral de drogas".[13]

Nixon declara "guerra às drogas"

Presidente dos Estados Unidos entre 1969 e 1974, ano em que foi derrubado por conta dos escândalos de corrupção e abuso de poder conhecidos como "Watergate", Richard Nixon foi o primeiro comandante da Casa Branca a priorizar explicitamente a política de "guerra às drogas". Suas concepções já estavam claras por exemplo em 1967, quando escrevera: "O país deveria parar de procurar por causas dos crimes e colocar seu dinheiro em aumentar o número de policiais"[14] (DAVENPORT-HINES, 2002, p. 420). Nixon dizia odiar o hedonismo e a gratificação sem esforço, ideais supostamente preconizados pelo movimento contra-

---

13 "Estabeleciéndose un paralelismo entre la conspiración política de comunistas y socialistas y la conspiración moral de aquellos que traicionaban a la nación con un consumo inmoral de drogas"

14 "The country should stop looking for root causes of crime and put its money in instead into increasing the number of police"

cultural que ascendia nos Estados Unidos. O festival de Woodstock, realizado em 1969, irritou-o particularmente, sendo utilizado como gancho para a proposição de uma "guerra total contra as drogas" para contra-atacar seus efeitos libertários: "Para apagar com o legado repugnante de Woodstock, nós precisamos de uma guerra total contra as drogas. Guerra total significa guerra em todas as frentes contra um inimigo de muitas faces.[15] O presidente defendia a guerra às drogas como "nossa segunda Guerra civil" (DAVENPORT-HINES, 2002, p. 421).

Em julho de 1969, sete meses após assumir a presidência, Nixon anunciou uma campanha global contra as drogas ilícitas e seus comerciantes. A primeira manifestação deste enfoque foi a "Operation Intercepted", lançada em setembro deste ano ao longo de 2500 milhas da fronteira México-EUA. Em três semanas, 418.161 indivíduos e 105.563 carros foram revistados, mas a erradicação do tráfico na fronteira, que era publicizada, obviamente não foi atingida. O efeito mais claro de tal operação foi o crescimento subsequente do plantio de maconha dentro dos Estados Unidos, de forma a suprir parte da demanda local.

Em 17 de junho de 1971, Nixon renovou seus votos contra as drogas em uma transmissão nacional por televisão, na qual declarou que as substâncias ilícitas destruiriam o país caso providências enérgicas não fossem tomadas. Neste momento era marcante a contradição entre o discurso governamental estadunidense e a prática dentro da instituição mais importante do país naquele momento, o Exército, envolvido na Guerra do Vietnã desde 1965. Segundo Davenport-Hines, no começo dos anos 1970 80% dos soldados que chegavam ao país asiático recebiam oferta de heroína na primeira semana de presença ali. Dados de 1971 estimam que mais de 10% dos 25 mil homens em serviço no Vietnã eram consumidores de heroína.

Este crescimento no número de usuários de heroína teria constituído importante motivação para Nixon declarar que as drogas seriam o "problema interno número um" dos Estados Unidos em 1971. Nesse pronunciamento, o então presidente chegou a dizer que usuários de heroína seriam responsáveis por dois bilhões de dólares em danos causados por crimes anualmente – número considerado falso por Davenport-Hines, que aponta em 1971 um total de danos com a cifra de 1,3 bilhão de dólares.

---

15 "To erase grim legacy of Woodstock, we need a total war against drugs. Total war means war on all fronts against an enemy with many faces"

Mais contraditório do que um exército de um país em guerra contra as drogas só se manter graças ao uso de drogas por suas extenuadas tropas é o constante apoio por parte dos Estados Unidos a organizações produtoras e vendedoras de substâncias ilícitas. Já nos anos 1950 o país apoiou nacionalistas anticomunistas que sustentavam suas organizações através do comércio de ópio no sudeste asiático, fato que alavancou o suprimento de heroína posteriormente na região. Depois da saída dos EUA da Guerra do Vietnã, em 1973, laboratórios do Laos e região eram responsáveis por um terço da heroína vendida nas ruas da terra de Nixon.

A administração Nixon foi marcada também pelo agigantamento da burocracia estatal de combate às drogas. Em 1972 ele funda o Office of Drug Abuse and Law Enforcement (ODALE), que se fundiria no ano seguinte com o Buerau of Narcotics and Dangerous Drugs (BNDD), dando origem a Drug Enforcement Administration (DEA). Durante os mandatos de Nixon e Reagan, os dois mais célebres presidentes antidrogas dos Estados Unidos, foram criados também outros aparatos burocráticos, cada um dotado de considerável orçamento e pessoal: Office for National Narcotic Intelligence (1972), Regional Information Sharing System (1980), Organised Crime Drug Enforcement Task Force (1983), Narcotic Drug Control Policy Board (1984) e Office of National Drug Control Policy (1988) surgiram no período. A DEA tinha 1900 agentes especiais em 1980, número que passou para 2800 em 1989 e chegou a 3400 em 1998; as verbas federais alocadas neste âmbito tampouco pararam de crescer: dos U$ 3 bilhões gastos em 1986 aumentou-se o valor para U$ 8 bilhões em 1990 e U$ 15 bilhões em 1997.

O mandato de Nixon representa também impulso ao já crescente e anterior processo de internacionalização da atuação dos aparatos burocráticos e militares antidrogas estadunidenses. O primeiro escritório internacional do Federal Buereau of Narcotics foi aberto em 1951, em Roma, seguido de unidades em Paris (1960), Marselha (1961), Bangkok, Cidade do México e Monterrey (1962-63), e posteriormente Hong Kong, Singapura, Coreia do Sul e Manila. Em 1993 a DEA tinha 293 agentes em 73 escritórios estrangeiros, e no ano 2000 a agência contava com 9132 empregados, incluindo 4561 agentes especiais, com um orçamento anual de U$ 1,5 milhão para gastos exteriores de manutenção de pessoal (DAVENPORT-HINES, 2002, p. 429).

Com a saída de Nixon e a entrada de Jimmy Carter houve algumas sinalizações de que o cenário poderia mudar neste aspecto. Carter defendeu em 1977 a abolição das penalizações federais para posse de pequenas quantidades de maconha, afirmando que "Penalidades contra a posse de drogas não deveriam ser mais danosas para um indivíduo que o uso de drogas em si"[16] (DAVENPORT-HINES, 2002, p. 428). No entanto, além de não apresentar mudanças de fato nas políticas, sua administração também foi marcada pelo apoio da CIA a organizações guerrilheiras que recorriam ao comércio de drogas no Afeganistão.

Presidente entre 1981 e 1989, Ronald Reagan conseguiu ser ainda mais incisivo nas políticas repressoras do que Richard Nixon, nomeando como seu primeiro "czar das drogas" Carleton Turner, que declarara em 1985 apoio à pena de morte para traficantes: "Nós temos que começar focando nos usuários e fazendo-os pagar o preço, e temos que ter pena de morte para os traficantes de drogas"[17] (DAVENPORT-HINES, 2002, p. 436). Luca de Tena (2000, p. 191) ressalta que apesar do problema do narcotráfico ser um produto direto das políticas proibicionistas implementadas desde o início do século XX, é durante a administração de Reagan e o ocaso do socialismo (e consequentemente da Guerra Fria) que a luta contra drogas assume papel predominante na política dos Estados Unidos para o resto do planeta. "A opção conervadora se erige assim em slavadora da pátria: a 'revolução' defendida por Reagan começa a conformar a retórica de guerra às drogas como um elemento emblemático da recuperação moral e política da nação americana, como o receituário conservador para a crise dos 70."[18]

A chegada de Reagan à Casa Branca anunciava assim um programa reacionário "sob um apelativo revolucionário: a revolução conservadora reestabeleceria os valores tradicionais, a confiança na iniciativa individual e a recomposição da grandeza estadunidense no mundo",[19] ressalta a autora espanhola, que lembra que o momento era de "crise estrutural" não só da dicotomia entre socialismo soviético e capitalismo norte-americano, mas do próprio sistema de dominação dos Estados Unidos frente aos crescentes apelos anti-guerra e contraculturais de sua própria juventude. Neste contexto, a substituição do inimigo comunista pelo inimigo

---

16 "Penalties against possession of a drug should not be more damiging to an individual than the use of the drug itself

17 "We have to start focusing on the users and make them pay the price, and we ought to have the death penalty for drug dealers."

18 "La opción conservadora se erige así en salvadora de la pátria: la 'revolución' planteada por Reagan empieza a conformar la retórica de guerra a las drogas como un elemento emblemático de la recuperación moral y política de la nación americana, como el recetario conservador a la crisis de los 70."

19 "Bajo el apelativo revolucionário: la revolución conservadora restabelecería los valores tradicionales, la confianza en la iniciativa individual y la recomposición de la grandeza estadunidense en el mundo"

indefinido e indefinível das drogas responde tanto a necessidades econômicas e geopolíticas quanto ideológicas.

O sociólogo francês Loic Wacquant (2007, p. 114) observa que a "guerra às drogas", novamente enfatizada por Reagan, foi um importante motor por trás do crescimento do sistema carcerário nos Estados Unidos, e contesta inclusive a terminologia dessa expressão, defendendo que essa política na verdade representa "uma guerra de guerrilha e perseguição penal aos traficantes das calçadas e aos consumidores pobres". Segundo o autor, tal guerra estaria dirigida primordialmente contra "os jovens das áreas urbanas decadentes", para quem o comércio de substâncias ilícitas no varejo era a fonte mais acessível e confiável de emprego na esteira do recuo do mercado de trabalho e do Estado de bem-estar social. Comparando a declaração de guerra às drogas com a declaração de guerra da Argentina à Alemanha nazista em março de 1945 – "que ocorreu tardiamente e fora do ponto" –, Wacquant aponta que

> trata-se de uma "guerra" que as autoridades não tinham razão alguma em declarar em 1983, considerando que o uso da maconha e da cocaína estava em declínio progressivo desde 1977-79 e que a abordagem utilizada nas campanhas antidroga, voltada para a redução da oferta, tinha uma longa e bem conhecida história de fracasso nos Estados Unidos. Era completamente previsível que essa política atingiria de forma desproporcional os afro-americanos das classes inferiores, visto que foi apontada diretamente para os bairros despossuídos do centro urbano decadente.

As quatro fases da guerra às drogas a partir do ocaso da Guerra Fria

Na verdade, Luca de Tena localiza a escalada e consolidação da guerra às drogas no segundo mandato de Ronald Reagan, uma vez que em sua primeira administração este ambiente se configura ainda de forma subordinada às políticas da Guerra Fria. Para a autora, somente a partir da segunda administração e com as mudanças no mundo socialista é que inicia um verdadeiro corpo político da guerra às drogas, que seria não apenas a expressão de um profundo tradicionalismo mas também uma opção estratégica de grande valor.

A pesquisadora espanhola divide essa "cruzada" contra as drogas em quatro fases a partir do início dos anos 1980: retórica, configuração, substituição e universalização. A fase retórica tem o recorte temporal entre 1980 e 1984, coincidindo com o primeiro mandato de Reagan, e seria marcada pelo pensamento neoconservador que estabelece os primeiros conceitos de "cruzada". Neste momento a extensão do consumo interno e a rebeldia da cultura "beat" seriam os alvos principais do ataque moral conservador, que focava no fim das drogas o horizonte de sua "revolução" e batalha moral. O discurso era defensivo e de reação frente aos avanços de concepções que estariam em contradição com os valores estadunidenses. No entanto, a autora rotula tal momento como "guerra retórica", pois não havia ainda uma figura que unificasse as dispersas políticas antidrogas.

A segunda fase é denominada de "configuração da cruzada", e situada entre 1984 e 1988. A negativa dos conservadores em aceitarem a existência de problemas estruturais fez com que caminhassem no sentido da "exteriorização" (LUCA DE TENA, 2000, p. 200) do problema, buscando as causas do crescimento do consumo em outros países latino-americanos, os supostos países produtores (de cocaína). Como se verá adiante, um procedimento típico do discurso legitimador da proibição de certas substâncias é sua fetichização, transformadas em bodes expiatórios que camuflam a complexidade dos problemas envolvidos. Assim, substâncias e setores sociais são colocados como causa de problemas dos quais, no máximo, participam como consequência. Nesse caso, nota-se essa mentalidade direcionada para outros países que não os Estados Unidos. A forma de resolver o problema das drogas seria atacar a fonte, acabar com a oferta e com a produção, consolidando-se o modelo vigente ainda na entrada do século XXI de combate à oferta e, consequentemente, de combate em terras estrangeiras. Prosseguindo com Luca de Tena:

> Ante a existência de conexões circunstanciais entre narcotráfico e guerrilha, e ante a necessidade de apresentar uma frente comum que reunisse os mais diversos setores sociais da nação trabalhando coletivamente pela reconstrução nacional, configurou-se a "cruzada contra as drogas" como amálgama de variados conceitos (segurança nacional, invasão criminal latina, movimento comunista internacional, recuperação moral, etc.). Assim, o problema das drogas, em vez de ser colocado como um sintoma de desajuste social, se apresenta como um mal exterior que deve ser extirpado pela raiz.[20]

---

20 "Ante la existencia de conexiones circunstanciales entre narcotráfico y guerrilla, y ante la necesidad de presentar un frente común que reuniese a los más diversos sectores de la nación en la labor colectiva de la reconstrucción nacional, se haya configurado la 'cruzada contra las drogas' como amalgama

A luta contra as drogas, principalmente contra a cocaína, se configura como luta ideológica, calcada nos esquemas de pensamento provenientes da Guerra Fria. O desenvolvimento do conceito de "narcoterrorismo" – movimentos subversivos ligados a produção e tráfico de drogas – conecta a ideia do comunismo internacional e do tráfico internacional como ameaças à sociedade estadunidense. O conceito também serve para alinhar o exército dos Estados Unidos com os diferentes exércitos latino-americanos apoiados por Washington, numa crescente intervenção militar "contrainsurgente".

É durante essa fase que se instauram importantes dispositivos legais dentro dos Estados Unidos, o que obviamente traz consequências para a política em nível continental e global. No ano de 1982 é aprovado o "Defense Autorization Act", que permite o exército federal participar da luta antidrogas através da modificação de uma lei de 1878 que impedia aos militares interviram em questões civis. Em abril de 1986 é instituída a "National Security Decision Directive", que declara o tráfico de drogas uma ameaça "letal" para a segurança nacional dos Estados Unidos, atualizando a doutrina de segurança nacional dos tempos de Kennedy. A partir de então, ganha força o discurso que ao imbricar narcotráfico e terrorismo, passa a justificar as ações de contrainsurgência, sobretudo na América Latina, por conta do suposto combate ao também suposto "narcoterrorismo".

É estabelecido também em 1986, que o Congresso dos Estados Unidos avaliaria todos os anos, no mês de março, as políticas e estratégias de combate ao tráfico de drogas nos países que recebiam ajuda econômica de Washington, fornecendo certificações àqueles considerados alinhados nesta cruzada e ameaçando de cortes e sanções os que fossem reprovados. São fundadas aí as bases para o Plano Colômbia, que abordaremos mais adiante.

Luca de Tena aponta que até o final dos anos 1980 o Exército estadunidense tinha grande relutância em engajar-se diretamente em assuntos internos como o combate às drogas – situação que só se modifica de fato com o final da Guerra Fria. Antes disso, a autora observa que partiam do Executivo e do Legislativo as iniciativas para a militarização da questão e para a ingerência direta em políticas de outros países. Para a autora, com a desaparição do "Império soviético", o Pentágono e a economia estadunidense em si precisavam de um novo estímulo

---

de muy variados conceptos (seguridad nacional, invasión criminal latina, movimiento comunista internacional, recuperación moral, etc.). Así, el problema de las drogas, en vez de ser planteado como un síntoma de desajuste social, se plantea como um mal exterior que debe ser extirpado de raíz."

que garantisse a continuação de sua poderosa indústria armamentista (LUCA DE TENA, 2000, p. 208).

A intensificação da guerra e a incorporação plena do Exército à cruzada antidrogas se dão em 1989, com o "National Defense Authorization Act", que designa o Departamento de Defesa como única agência responsável por trabalhos de monitoramento de trânsito aéreo e marítimo em busca de drogas em países estrangeiros. DEA e CIA se integram crescentemente, com esta passando a dedicar, a partir de 1989, 25% dos seus recursos em ações antidrogas na América Latina, que passam a ser definidas como sua nova prioridade.

Estava assim inaugurada a terceira fase da classificação proposta pela autora espanhola, a fase da cruzada que substitui a Guerra Fria, e que é delimitada entre os anos de 1988 e 1990. A lógica de contenção do narcotráfico se adaptaria a uma continuidade dos mesmos esquemas implantados no combate ao comunismo, fundados no consenso bipartidário. Forma-se assim um bloco ideológico e moral, nas palavras de Luca de Tena, que é responsável por dar coesão às estratégias internas de combate às drogas por parte do governo estadunidense, o que inevitavelmente produz implicações em todo o planeta. Isso permite também que o Congresso amplie consideravelmente sua influência em assuntos de política externa.

A quarta fase delimitada é chamada de "consolidação e universialização da cruzada", e tem seu início identificado na administração de George Bush pai, com o caminho sendo seguido posteriormente por Bill Clinton. A partir de então identifica-se, segundo a autora, o completo engajamento da ONU em tal cruzada.

Apesar das estratégias militarizadas, a DEA estimou em 1981 que entre 36 e 66 toneladas de cocaína foram utilizadas por estadunidenses, número que subiu para entre 61 e 84 toneladas em 1984, mesmo com as grandes operações levadas a cabo por Reagan. A cada dia de 1986, 5 mil estadunidenses experimentaram cocaína pela primeira vez, com o número de 22 milhões de cidadãos dos Estados Unidos utilizando a cocaína recreativamente naquela época. Identificado no país desde o início dos anos 1980, o crack também recebeu atenção de Reagan, que ordenou em 1986 a realização de testes antidrogas em empregados públicos federais e passou a exigir exames de urina para novas contratações. No ano final da presidência do ex-ator, 1988, estimava-se que os Estados Unidos contavam com entre 20 e 25 milhões de usuários de maconha, 5,8 milhões de usuários de cocaína e cerca de 500 mil adeptos da heroína, o que movimentaria um mercado de ao menos 150 bilhões de dólares anualmente. O preço do grama da cocaína nas ruas de Nova Iorque cai de U$ 70-100 em 1986 para U$50-90 em 1991.

Com o fim da Guerra Fria, em 1989, intensifica-se a atenção estadunidense para o caráter geopolítico da cruzada antidrogas, como aponta Daventport-Hines (2002, p. 432):

> A luta contra as drogas substituiu a luta contra o Comunismo como o principal imperativo moral da política exterior dos Estados Unidos. Como resultado, os políticos estadunidenses promoveram táticas antidrogas que são necolonialistas. A Guerra às Drogas tem escalado a um nível sem precedentes, envolvendo o uso das forças armadas, incluindo os Boinas Verdes, para atacar traficantes em países como Peru e Colômbia.[21]

Segundo Vera Malaguti Batista (2004), a partir dos anos 1980 os governos estadunidenses utilizam o combate às drogas como eixo central de sua política na América Latina. "Passam a difundir termos como 'narcoguerrilha' e 'narcoterrorismo', numa clara simbiose dos seus 'inimigos externos'". As drogas passam a ser o eixo das políticas de segurança nacional também nos países atrelados a Washington, "ao mesmo tempo em que o capital financeiro e a nova divisão internacional do trabalho os obriga a serem os produtores da valiosa mercadoria. Os países andinos se transformam em campo de batalha e nossas cidades se transformam em mercados brutalizados para o varejo residual das drogas ilícitas", resume.

Como lembra Isacson (2005, p. 38), o colapso da União Soviética deixou poucas missões ou pretextos que justificassem o inchaço das forças armadas e dos aparelhos burocráticos de segurança dos Estados Unidos, principalmente no que diz respeito à atuação na América Latina. Depois de boa parte do século passada com relações muito estreitas com os exércitos da região, "O Comando Sul e outras burocracias estadunidenses responsáveis pela segurança na América Latina teriam que se adaptar e buscar novas justificativas para os atuais níveis orçamentários, ou submeterem-se a uma profunda redução de seu tamanho e influência".[22]

---

21 "The fight against drugs has replaced the figh against Communists as the principal moral imperative of US foreign policy. As a result, US policy-makers have promoted anti-drugs tatics that are neo-colonialist. The War on Drugs has been escalated to an unprecedent pitch, involving the use of armed forces, including the Green Berets, to attack the traffickers' strongholds in such countries as Peru and Colombia."

22 "El Comando Sur y otras burocracias estadounidenses responsables de la seguridad en América Latina tendrían que adaptarse y buscar nuevas justificaciones para los actuales niveles presupuestarios, o someterse a una profunda reducción de su tamaño e influencia"

A guerra da cocaína

Entre as décadas de 1920 e 1960 o consumo de cocaína era pequeno em escala mundial. Segundo o Federal Bureau of Narcotics, em 1939 havia mais usuários desta substância em Paris do que nos Estados Unidos. Na Inglaterra sua popularidade teria aumentado a partir dos anos 1950, quando era utilizada juntamente com heroína, mas Davenport-Hines (2002, p. 433) identifica o crescimento de sua utilização com o começo das restrições feitas às anfetaminas a partir do final dos 1960, proibições consolidadas internacionalmente em 1971.

O entendimento é igual ao de Escohotado (1997, p. 30), que aponta que "até meados dos anos 1960 ainda era fácil obter nas farmácias variantes tão ativas – ou mesmo muito mais – quanto os fármacos controlados, a vigência de um regime semelhante produziu um pequeno mercado negro (...) não só de álcool e de outras drogas vendidas em supermercados, como também de anfetaminas, barbitúricos, opiáceos sintéticos, meprobomato, benzodiazepinas, etc".

A concepção era a de que alguns compostos químicos possuíam um uso desaconselhável e outros não, cabendo aos médicos e cientistas os diferenciarem quanto ao mal uso levado a cabo pelos "toxicômanos". A partir da Convenção Única de 1961 e da ampliação de substâncias proibidas em nível mundial, a questão muda de figura, com a definição do status destas substâncias passando ao âmbito definido por Escohotado como "estritamente ético-legal", "refletido num sistema de Listas que marcavam a transição do simples controle prévio à proibição ulterior". Consolida-se nesse momento não só a concepção de que cabe aos Estados zelarem pela saúde de seus cidadãos – cabendo-lhes também o controle sobre as substâncias que causam efeitos ao sistema nervoso – como também a potência econômica do mercado ilegal dessas substâncias, doravante sem substitutas ou semelhantes disponíveis no mercado legal.

Também as estratégias governamentais, sobretudo estadunidenses, de combate ao tráfico acabaram por estimular que este priorizasse os investimentos no comércio de cocaína, substância mais lucrativa tanto por seu preço quanto por requerer quantidades menores no momento do uso. Davenport-Hines identifica já na "Operation Intercept", de Nixon, em 1969, uma movimentação que ao atacar os traficantes de maconha acabou deslocando-os para o mercado da cocaína.

Após o golpe que colocou Augusto Pinochet no comando do Chile, em 1973, o país andino estabeleceu políticas de cooperação com os Estados Unidos no combate ao tráfico, inclusive deportando seus cidadãos para prisões na América do

Norte, o que resultou na migração do refino da cocaína para a Colômbia, país cujas organizações comerciantes de drogas ilícitas passaram a dominar depois também o plantio de coca no Peru e na Bolívia.

Vera Malaguti Batista (2003, p. 41) observa um paralelismo entre o crescimento do consumo mundial de cocaína e o fortalecimento do que se convém chamar de neoliberalismo. "Importante do ponto de vista cultural, high-tech e narcísica, a cocaína movimenta um mercado paralelo milionário, cujos circuitos de comercialização e produção são controlados pelos países centrais", afirma, lembrando que num mundo onde a lei maior é a da oferta e a da demanda seria impossível que a substância não se transformasse em algo altamente valorizado. "O sistema convite com seu uso social, sua alta lucratividade, mas desenvolve um discurso moral esquizofrênico que demoniza a parcela da população atirada à sua venda pelo mercado de trabalho excludente e recessivo", continua.

Batista (2003, p. 84) ressalta também que a compreensão do impacto da cocaína nos anos 1970 nos Estados Unidos e inclusive da formação da grande indústria na América Latina na década seguinte está relacionada à "crise de superprodução da economia mundial a partir de 1967 e o modelo recessivo que se segue até 1982", com aumento da inflação e do desemprego, o que leva a uma reestruturação da economia mundial. "A cocaína, mercadoria de alta rentabilidade, passa a contar com um sistema de divisão internacional do de trabalho; algumas regiões da América Latina se especializam na produção das folhas, outras no fabrico da pasta, outras na comercialização, etc."

No caso específico do Rio de Janeiro observa-se uma transição da centralidade da cocaína nas chamadas "bocas de fumo" nos anos 1970, como aponta Michel Misse (1999, p. 319) num exemplo que provavelmente pode ser entendido a outras regiões urbanas do país na mesma época:

> O mercado de drogas (inicialmente a maconha) existe desde o início do século nas áreas de pobreza urbana do Rio. Era, no entanto, muito limitado e dirigido principalmente a consumidores locais. As "bocas de fumo" sobreviveram nessa escala até que o consumo se espalhou pela juventude de classe média no final dos anos sessenta. A acumulação proporcionada pelo aumento da venda de maconha, nessa época, o início da onda de assaltos a bancos e residências a partir do final dos anos sessenta e durante toda a década de 70, a oferta (e a nova demanda) de cocaína a partir de meados dos anos 1970 e a organização de pre-

sidiários, que se estrutura na Ilha Grande ("Falange Vermelha", depois "Comando Vermelho") e na Penitenciária da Frei Caneca ("Falange do Jacaré"), marcam a transição da "boca de fumo" baseada no comércio da maconha para o "movimento", baseado no comércio de cocaína. Mas a estrutura da divisão de territórios em "bocas" se mantêm, embora cada boca tenha ganhado uma complexificação ocupacional compatível com a maior demanda, a maior repressão e a maior taxa de lucratividade.

Mais do que a importância do consumo de cocaína em nível global, Luca de Tena (2000, p. 231) defende que a guerra às drogas se transformou na "guerra da cocaína" por fatores geopolíticos e econômicos, determinados por interesses da política externa dos Estados Unidos sobre a América Latina.

> Com a cocaina, os países andinos só contribuem com 17% do mercado mundial de drogas psicoativas de origem natural enquanto que maconha e haxixe representam 35% das vendas mundiais, e heroína 48%. Apesar de ser baixa a participação dos países andinos, a enorme propaganda e a guerra desatada para contralar a cocaína nos convencem da internacionalidade política e estratégica dessa luta, porque 100% da cocaína procede da América do Sul e seu tráfico ilícito penetra em todos os países do hemisfério: por isso que a atual guerra às drogas é na verdade a guerra da cocaína.[23]

A autora espanhola observa que, esgotada a justificativa de combate ao comunismo como unificadora de esforços militares estadunidenses, nota-se posteriormente, de forma paulatina, a utilidade da guerra às drogas em paralelo à extensão da corrupção e do narcotráfico por conta da aplicação da própria guerra, em um duplo ou triplo processo de realimentação que conforma um sistema de comportamento adaptativo. Já que o consumo de drogas da sociedade se autorregula adaptativamente, o próprio sistema social, econômico e político conforma um segundo subsistema autorregulado que se adapta constantemente ao primeiro.

---

23 "Con la cocaína, los países andinos sólo contribuyen em um 17/100 al mercado mundial de drogas psicoactivas de origen natural, mientras que la marihuana y el hachís representan el 35/100 de las ventas mundiales, y la heroína, el 48/100. A pesar de ser baja la participación de los países andinos, la enorme propaganda y la guerra desatada para controlar la cocaína nos convencen de la internacionalidad política y estratégica de esta lucha, porque el 100/100 de la cocaína procede de América del Sur y su tráfico ilícito penetra em todos los países del hemisferio; por lo que la actual guerra de las drogas es realmente la guerra de la cocaína."

Os Estados Unidos conseguiriam assim, com a guerra da cocaína, o controle hemisférico desde "pressupostos hegemônicos", o que segundo Luca de Tena não havia sido conseguido com a cruzada anticomunista de Reagan e sua Aliança para o Progresso. Resumindo, para a autora espanhola a guerra da cocaína consiste fundamentalmente na tripla aproximação – militar, econômica e social – que facilita o consenso, que precisa ser sempre igual ou superior ao domínio para que se deem as condições de hegemonia.

O nascimento da estratégia de redução de danos

Apesar de ter se consolidado e ganhado projeção como estratégia de tratamento a dependência e uso abusivo de drogas durante o ascenso da AIDS nos anos 1980, práticas hoje enquadradas sob o conceito de "Redução de Danos" (RD) têm suas origens na Inglaterra no início do século XX. Marcelo Sodelli (2006) identifica o nascimento da RD em 1926, quando um relatório interministerial do governo inglês estabeleceu o direito de os médicos ingleses prescreverem suprimentos regulares de opiáceos a dependentes dessas drogas, nas seguintes condições: como manejo da síndrome de abstinência, em tratamentos com o objetivo de cura; quando ficasse demonstrado que, após prolongadas tentativas de cura, o uso da droga não poderia ser seguramente descontinuado; e quando ficasse provado que o paciente apenas seria capaz de levar uma vida normal e produtiva se uma dose mínima de droga fosse administrada regularmente, mas que ficasse incapaz disso, quando a droga fosse inteiramente descontinuada. Esse ato médico era entendido como um tratamento e não como uma "gratificação da adição".

Citando T.M. Andrade, Pollo-Araújo e Moreira (2008) sintetizam a Redução de Danos como "uma política de saúde que se propõe a reduzir os prejuízos de natureza biológica, social e econômica do uso de drogas, pautada no respeito ao indivíduo e no seu direito de consumir drogas". As autoras citam também o Medical Subject Headings, que definem o termo como "ampliação de métodos projetados para reduzir o dano associado a certos comportamentos sem diminuição na frequência daqueles comportamentos".

Embora tenham origens anteriores, foi somente nos anos 1980 que essas práticas se estabelecem em programas públicos, especialmente através da distribuição de agulhas e seringas para usuários de drogas injetáveis, numa estratégia de prevenção da transmissão do vírus da AIDS. Sodelli (2006) identifica na Holanda esses primeiros programas, quando uma associação de usuários de drogas lança uma proposta de troca de seringas para combate a uma epidemia de hepatite B entre usuários de drogas intravenosas. "Logo em seguida, o sistema de saúde holandês adotou esse programa e começou a distribuir seringas, para evitar que elas fossem compartilhadas e, assim, diminuir a transmissão da doença", aponta Sodelli.

Ainda nos anos 1980, com a crescente comoção gerada pela difusão da AIDS, a estratégia começa a ganhar força em países europeus, como Inglaterra, Alemanha e Espanha, que "enfrentavam problemas sérios com farmacodependentes, comunidades protestando, rede de atendimento inadequada e sensação de impotência e ineficácia da força policial. A RD, com seu foco no pragmatismo, pareceu ser a estratégia mais lógica a ser seguida" (POLLO-ARAÚJO E MOREIRA, 2008).

Segundo Dartiu Xavier da Silveira (2008), a epidemia de AIDS acabou por gerar uma "contribuição muito importante" na medida em que fez com que a população por ela atingida saísse da invisibilidade frente às políticas públicas. "A contaminação pelo vírus HIV entre usuários de drogas injetáveis e a propagação entre seus parceiros fez com que se tornasse imperativo parar de falar de grupos de risco e que se passasse a cuidar dos comportamentos de risco ou atitudes de vulnerabilidade, exigindo que ações concretas fossem tomadas", aponta Silveira, que resume:

> Surge então a redução de danos como estratégia inteligente e eficiente para minimizar as consequências adversas do uso indevido de drogas. Parte-se de uma realidade que se impõe (dependentes são dependentes), sem tentar negá-la ou modificá-la por discursos impositivos, morais ou éticos. Ao tratar o dependente como um igual, abre-se uma porta e os profissionais de saúde logo descobrem que, através do vínculo, é possível despertar no outro o desejo de se cuidar. Trata-se de uma atitude que respeita o indivíduo e oferece meios acessíveis de melhorar sua qualidade de vida, principalmente no que se refere à saúde.

Partindo das categorias propostas pelos cientistas sociais franceses Robert Castel e Anne Copel, MacRae (2007) lembra da existência de diversos níveis sociais de controle e regulamentação do uso de psicoativos, para além dos estatais, invariavelmente encarados como solução única. Os franceses em questão dividiam três instâncias de regulação: heterocontroles, que seriam leis, instituições de saúde e aparatos estatais diversos; controle societários, que seriam as pressões informais de pares e vizinhos; e por fim os autocontroles, que seriam levados a cabo pelos próprios usuários, sendo algumas vezes inclusive interiorizações dos outros tipos de controle elencados.

Ressaltando portanto que o respeito ao indivíduo e suas escolhas de uso não significa necessariamente uma completa ausência de controle ou regulação nestes comportamentos, MacRae defende que uma política de drogas de maior eficácia deve basear-se nos dois últimos tipos de controle descritos, pois seriam mais capazes de garantir regulação adequada para essas práticas sem auxílio de leis específicas. Os heterocontroles delegam seu poder regulador a agentes especialistas como médicos e policiais, e, segundo o autor, "embora possam ter legitimidade, não são capazes de controlar, nem tangencialmente, o conjunto dos problemas relacionados ao consumo de psicoativos. Pois são controles parciais ou abstratos, enquanto que as práticas de uso de drogas são multidimensionais e não somente relacionadas à delinquência e à patologia".

> Constatando a constância da utilização de substâncias psicoativas pela humanidade através de sua história e o fracasso da política proibicionista em relação às ilícitas, parece sensato aceitar a necessidade de conviver com elas da melhor maneira possível, ao invés de preconizar utópicas políticas de "tolerância zero" ou de sua erradicação definitiva. Porém isso não precisa significar uma renúncia a qualquer medida de controle. O que se pode fazer é levar em conta os controles já existentes e seus campos de aplicação, assim como outros recursos, de vários tipos, que poderiam ser mobilizados para seu aperfeiçoamento. Assim como preconizam os adeptos das políticas de redução de danos relacionados ao uso de drogas, pode-se atentar para as estratégias já empregadas pelos consumidores e tentar limitar os efeitos indesejáveis através de uma múltipla abordagem, reservando um papel importante para a mobilização das suas próprias redes de sociabilidade, tal como em vários países vem se fazendo em relação a drogas lícitas como o álcool e o tabaco.

Embora mostre que existem tendências dentro do campo da Redução de Danos que colocam a abstinência como objetivo final, Sodelli lembra que há outro entendimento que defende este tipo de política, que ele denomina de "abordagem libertadora":

> como uma estratégia para reduzir danos decorrentes do uso nocivo de drogas e não tem, de forma alguma, o objetivo de alcançar a abstinên-

cia entre os usuários. (...) Um exemplo deste tipo de abordagem é da Rede Brasileira de Redução de Danos que tem como fundamento de trabalho, conforme rege seu estatuto: implementar medidas amplas para prevenir e tratar o consumo nocivo de drogas; não perseguir o consumidor de drogas, mas sim, buscar formas de regulação que sejam social e culturalmente aceitas pelos diferentes segmentos sociais. Na prática, tem como objetivo a aproximação com os usuários de drogas, para que, num futuro próximo, seja possível a criação de um vínculo de confiança, uma abertura. Instaurado, o vínculo funciona como uma base sólida para inserir-se a discussão a respeito das possibilidades de redução de danos à saúde do usuário, entre elas: a discussão do uso nocivo, a inclusão destes usuários nos programas da rede pública de saúde e até, se o usuário desejar, possibilitar tratamento ao uso nocivo de drogas, etc.

A proibição das drogas no Brasil

Quando se aponta hoje um suposto papel das ditas drogas como desagregadoras sociais ou mesmo de ameaçadoras à civilização esquece-se que a busca por essas substâncias é um dos fatores que levou à própria constituição do mundo "civilizado" como tal. Algumas das principais riquezas buscadas no Oriente e na América durante as grandes navegações dos séculos XVI e XVII eram drogas (CARNEIRO, 2005, p. 11). Especiarias das Índias orientais, como pimenta, canela e noz moscada, e das Índias ocidentais, como pau-brasil, açúcar e tabaco eram "denominadas de drogas pelos homens do período", lembra Carneiro, apontando que o fato das mais caras mercadorias da época moderna terem origem oriental foi o motivador das expedições portuguesas para contornar o sul da África, destacando também que no Brasil as duas drogas mais importantes dos dois primeiros séculos da colônia foram o pau-brasil e o açúcar.

Antes de designar produtos vegetais, animais ou minerais usados como medicamentos, "a palavra droga representou, no contexto colonial, um conjunto de riquezas exóticas, produtos de luxo destinados ao consumo, ao uso médico e também como 'adubo' da alimentação, termo pelo qual se definiam o que hoje chamamos de especiarias". O historiador ressalta também que a época colonial pode ser incluída entre "as sociedades que não fazem uma distinção precisa entre droga e comida", equiparando-se assim a muitas culturas que também não diferenciam alimento de remédio, prosseguindo:

Desde o século XVI, a relação da Europa cristã revestiu-se de um esforço, em relação ao mundo colonial, de extirpação dos usos indígenas de drogas sagradas em prol de uma cosmovisão onde o vinho ocupava espaço privilegiado. O surgimento do sistema moderno de mercantilismo e dos estados absolutistas deu lugar preponderante ao grande comércio de álcool destilado, ao mesmo tempo que reprimia o uso de certas drogas nativas, especialmente as alucinógenas.

Segundo Moreira da Silva (2011), a primeira legislação criminal a punir o uso e comércio de "substâncias tóxicas" no Brasil vinha contemplada nas Ordenações Filipinas, que tiveram vigência no Brasil de 1603 até 1830, quando entrou em vigor o Código Penal Brasileiro do Império. Em seu livro V, Título LXXXIX, o texto dizia: "Que ninguém tenha em sua casa rosalgar, nem o venda nem outro material venenoso":

> Nenhuma pessoa tenha em sua caza para vender rosalgar branco, nem vermelho, nem amarello, nem solimao, nem água delle, nem escamonéa, nem ópio, salvo se for Boticario examinado, e que tenha licença para ter Botica, e usar do Officio. E qualquer outra pessoa que tiver em sua caza algumas das ditas cousas para vender, perca toda sua fazenda, a metade para nossa Camera, e a outra para quem o accusar, e seja degredado para Africa até nossa mercê. E a mesma pena terá quem as ditas cousas trouxer de fora, e as vender a pessoas, que não forem Boticarios.

No entanto, no Código Penal de 1830 não havia nenhuma menção a substâncias psicoativas, tendo vigorado desse período até 1890 apenas restrições regionais. Não houve grandes preocupações por parte do Estado ou da opinião pública quanto ao controle do uso e comércio de substâncias psicoativas no país até o século XIX. Maurício Fiore (2007, p. 26) salienta a proibição da maconha no Rio de Janeiro, na década de 1830, como primeira forma de controle legal sobre alguma droga no país. No entanto, "uma análise mais profunda do momento em que esse ato legal se insere revela a sua ligação fundamental com a pressão crescente por controle social num contexto social potencialmente explosivo na capital do Primeiro Império". Controlar as práticas associadas ao crescente contingente de população negra e miscigenada era a principal motivação para tal proibição.

MacRae e Simões (2003, p. 20) identificam na medida imposta pela Câmara Municipal do Rio de Janeiro em 1830 "o primeiro ato legal de proibição da venda e uso da maconha no mundo ocidental", mas ressaltam que é só no Código Penal de 1890 que a proibição do "comércio de coisas venenosas" é mencionada, mesmo que as substâncias em questão não sejam especificadas.

A proibição em nível nacional começa a se consolidar nesse Código, que em seu artigo 159 definia como crime passível de multa "expor à venda, ou ministrar, substâncias venenosas sem legítima autorização e sem as formalidades prescritas nos regulamentos sanitários". "A proibição era destinada aos boticários, para prevenir o uso de veneno para fins criminosos. Nada pronunciava a respeito dos usuários", relata Moreira da Silva (2011). Este quadro mudaria apenas com as convenções internacionais impulsionadas pelos Estados Unidos no século XX.

O consumo de maconha já era, desde o século XIX, associado às classes baixas, aos negros, aos "mulatos" e à "bandidagem" em geral. Fiore lembra que a associação entre uso de maconha e cultura negra pode ser interpretada como um dos motivos que levaram à proibição definitiva da substância no Brasil, um século depois, e ressalta que "não era para as propriedades da planta que o Estado imperial parecia estar voltado no século XIX, e sim contra a propagação de práticas específicas de classe e/ou raça que, de alguma maneira, eram vistas como perigosas".

Esse período era marcado pela recente dissolução das relações escravistas, a partir do que "vão-se criando nas cidades brasileiras grandes contingentes de homens negros, escravos e libertos". "A constituição do mercado de trabalho a partir do fim da escravidão é razão de duplo medo", define Vera Malaguti Batista (2003, p. 39): tanto das massas negras quanto do movimento operário internacional. A Corte vivia momentos de agitação, para o qual Batista lembra da definição de Sidney Challhoub: havia um temor dessa mobilidade contínua chamado de "medo branco de almas negras".

> Esta população de escravos e libertos, entre 1830 e 1870, institui o processo de formação da cidade-negra. No censo de 1849, o Rio de Janeiro tem a maior população escrava negra das Américas. A preocupação com a segurança se traduz em todos os níveis. O medo branco faz com que o temor à insurreição seja mais sólido que a própria perspectiva de insurreição. (...) Deixa de existir a cidade escravista e disciplinada e se confundem os escravos, os livres e os libertos. As elites contrapõem às redes de solidariedade tecidas na cidade negra as estratégias de suspeição generalizada.

Sérgio Trad (2009) avalia que a participação da medicina foi decisiva na construção do problema das drogas a partir da proclamação da República. "O pensamento da Medicina e da Psiquiatria tinha como referência o comportamento urbano civilizado e as relações de trabalho. A Psiquiatria, por exemplo, delimitava seu campo de atuação munida de conceitos como civilização, raça, alcoolismo, delinquência e criminalidade". Na prática, tais saberes constituíam-se como métodos identificadores de "desvios" psíquicos, "observando os hábitos e comportamentos da população pobre, em contraste com o mundo urbano industrial". Como consequência "desse ideal civilizatório", decalcado sempre de teorizações europeias, proibiam-se "práticas culturais específicas da população afro-descendente, como o samba, a capoeira, o candomblé e o uso da maconha, sob a argumentação de que eram comportamentos primitivos a serem extintos".

Se foi reprimida somente no decorrer do século XX, a presença da maconha no Brasil data desde os tempos da colônia, tendo sido introduzida no país provavelmente por escravos africanos durante o período de domínio da metrópole portuguesa. A presença entre grupos indígenas do Nordeste é documentada (Henman, 1986), assim como nota-se a existência de diversas referências à planta em rituais religiosos afro-brasileiros (MACRAE; SIMÕES, 2004, p. 19). Luiz Mott (1986, p. 123) define como "pista assas interessante" o fato de uma "enorme quantidade" de palavras de origem africana ser utilizada como sinônimo para a cannabis na língua portuguesa, como aliamba, bongo, diamba, ganja, liamba, maconha, maruamba, riamba etc. Segundo Rodrigues Dória, um dos precursores do estudo da cannabis no Brasil e citado por Mott, a denominação "fumo-de-angola" seria outra comprovação da origem africana da utilização de maconha no país. "A própria maneira, outrora mais comum, de seu fumar a maconha através de um cachimbo feito de coco ou cabaça com água obrigando a fumaça a se resfriar antes de chegar à boca do consumidor para ser igualmente prática africana", aponta Mott.

O autor situa a referência mais antiga ao uso de maconha em casas de culto no Brasil como sendo de 1777, quando se enviou à Inquisição de Lisboa uma denúncia de que em Itapecerica da Serra a "padra Brígida Maria e seu amásio, Roque, natural de Angola, faziam danças chamadas 'calundus', tangendo viola e pandeiro, 'fazendo muitos trejeitos e mudanças, dando a cheirar a todos os circunstantes certo ingrediente que tinham em uma folha de flandres e que ficavam absortos e fora de si'".

Ainda segundo Mott, Jayme de Atavilla e Câmara Cascudo postulam que em algumas áreas os nordestinos chamavam a cannabis de "macumba", "confundindo-se num só termo bundo, a religião e o próprio fumo". Gilberto Freyre também teria associado tradições religiosas e "diamba" como elementos culturais negros que resistem profundamente à "desafricanização" em terras brasileiras. Mott cita também Edson Carneiro, que afirma que até no Quilombo de Palmares fumava-se maconha: "Nos momentos de tristeza, de banzo, de saudade da África, os negros tinham ali à mão a liamba, de cuja inflorescência retiravam a maconha que pitavam por um canudo de taquari atravessando uma cabaça de água onde o fumo se esfriava. Os holandeses diziam que esses cachimbos eram feitos com os cocos das palmeiras. Era o fumo de Angola, a planta que dava sonhos maravilhosos".

Passetti (1991, p. 19) sustenta que o "vício elegante" do ópio também se fazia presente entre as altas classes brasileiras desde o princípio do século XX. "Os festeiros preferiam a cocaína, enquanto os depressivos escolhiam a morfina", aponta, lembrando também do consumo de éter, retratado já por Pagu em *Parque Industrial*, obra de 1933. "A repressão da maconha, por sua vez, somente aparecerá no início da década de 1930", prossegue Passetti: "Esse 'ópio dos pobres', como era conhecido no nordeste brasileiro, usado por pescadores e pequenos agricultores, foi reprimido pelos médicos, que tomaram a dianteira no combate".

Substâncias como a cocaína, a morfina e o ópio também foram alvos de denúncia nesse período. Dessa vez, eram os meios de comunicação a se preocuparem com os 'venenos elegantes', bastante populares nas classes altas e nos prostíbulos", descreve Sérgio Trad, que cita Beatriz Carneiro, autora da dissertação de mestrado *A vertigem dos venenos elegantes*, para mostrar como a imprensa da época "apostava no 'sensacionalismo' das reportagens que tivessem ingredientes como jovens da elite, prostituição e drogas associadas à modernidade, como a cocaína e a morfina". Tal interesse da imprensa pelos "vícios elegantes" expressaria, ainda, "uma preocupação das elites conservadoras e tradicionalistas com os novos costumes da modernidade. Mesmo assim, tanto a imprensa quanto a classe médica não tinham, como finalidade maior, a proibição total das drogas, mas um controle mais rígido do Estado sobre a sua dispensação", salienta Trad.

Em 1912 o Brasil subscreve o protocolo suplementar de assinaturas da Conferência Internacional do Ópio, realizada em Haia. Com o Decreto 2.861, de 08 de julho de 1914, é sancionada a Resolução do Congresso Nacional que aprovara a adesão, e decreto subsequente, de 10 de fevereiro de 1915, menciona "o abuso crescente do ópio, da morfina e seus derivados, bem como da cocaína", com o Presidente Wenceslau Braz determinando a observância da Convenção.

> A partir daí, a política criminal brasileira começou a adquirir uma configuração definida, que Nilo Batista chamou de "modelo sanitário", caracterizado pelo aproveitamento dos saberes e técnicas higienistas, com as autoridades policiais, jurídicas e sanitárias exercendo funções contínuas, às vezes fungivelmente. O viciado era tratado como doente, com técnicas similares às do contagio e infecção da febre amarela e varíola e não era criminalizado, mas objeto de notificações compulsórias para internação com decisão judicial informada com parecer médico. O próprio tráfico se alimentava do desvio da droga de seu fluxo autorizado, feito por boticários, práticos, funcionários da alfândega, etc. O consumo de drogas não era massivo, mas ligado a grupos exóticos, a um universo misterioso, sem significação econômica. (MOREIRA DA SILVA, 2011)

Na sequência, mais dois decretos são promulgados em 1921, tratando da internação dos dependentes e do controle dos entorpecentes nas alfândegas e farmácias – prevendo a responsabilização não só do farmacêutico como também dos particulares que participassem, de qualquer forma, na venda ou prescrição de tais substâncias, o que se tratava de crime comum. O Brasil seguiu sendo signatários de convenções posteriores, que ganharam força com o fim da Segunda Guerra, a criação da ONU e a consolidação definitiva dos Estados Unidos como potência global.

A lei de 1921 criminaliza o vendedor ilegal mas não o usuário, considerado "vítima de seu próprio vício" (Rodrigues, 2004, p. 136). Nessa época, grande parte dos usuários era oriundo das altas classes, deixando com as baixas classes o estigma maior de criminosos. No entanto, uma mudança em 1932 modifica o tratamento da lei para com os usuários, estabelecendo para eles pena de nove meses de prisão mais multa. Novo decreto, em 1936, cria a Comissão Permanente de Fiscalização de Entorpecentes, órgão inspirado na Comissão Permanente da Liga das Nações.

Se estas últimas mudanças já foram elaboradas no governo de Getúlio Vargas, empossado em 1930, um novo alinhamento na política de drogas seria produzido em outro patamar de autoritarismo no país, uma vez que o ano de 1937 foi marcado pelo fechamento do Congresso em novembro e o início de um novo regime político no país, o Estado Novo, ainda liderado por Vargas.

Sem congresso, é o poder Executivo que impõe, em novembro de 1938, um novo Decreto-Lei sobre drogas. De acordo com Rodrigues (2004, p. 141), o texto visa adequar o ordenamento interno às disposições internacionais. Portar qualquer substância considerada ilegal sem a posse de uma autorização médica dá pena de um a quatro anos de detenção, mais multa. Ainda segundo Rodrigues, o decreto "funda a relação legal que criminaliza de modos distintos 'toxicômanos' e traficantes":

> Nesse texto, cristalizam-se duas formas de raciocínio legal, que, por sua vez, resultam em duas economias das penas: a primeira dessas relações fixa-se o usuário (toxicômano) como doente, que, portanto, necessita de reabilitação por meio de internação em clínica médico-psiquiátrica; a segunda delimita o traficante como criminoso, o qual, por isso, deve ser submetido à reabilitação social através do encarceramento. A punição pela via tradicional do aprisionamento não se restringe àquele que comercializa sem estar autorizado a fazê-lo, mas abrange também o profissional da saúde que faz, na interpretação da lei, mal uso de suas prerrogativas, receitando entorpecentes em quantidades não indicadas para o tratamento médico.

Outro aspecto curioso da lei em questão era que ela, em seu artigo 2º, parágrafo 2º, resguardava ao Estado a possibilidade de produzir e cultivar as substâncias ilícitas caso avaliasse necessário. Em seguida advém o Código Penal de 1940, e a questão passa a ser tratada no capítulo de crimes contra a saúde pública. "Foram equiparados tráfico e porte para uso próprio (§1º, inciso III), descriminalizou-se o consumo e reduziu-se o número de verbos. De resto, apenas distribuiu entre parágrafos e incisos as disposições incriminadoras do Decreto-Lei 891/38", aponta Moreira da Silva.

Com o fim do Estado Novo, Moreira da Silva sugere que "a questão das drogas foi sendo relegada a segundo plano, com estatísticas irrisórias sobre o tráfico e o consumo abusivo, que não chegavam a chamar atenção de juristas, criminólogos e legisladores. Contudo, a transformação em mercadoria aventava o quão lucrativo seria esse negócio no futuro, além de contribuir para tirar dos operadores sanitários o papel principal no comércio".

Em 27 de agosto de 1964, já sob a vigência da ditadura militar comandada então pelo general Castelo Branco, um decreto promulga a Convenção Única sobre Entorpecentes de 1961, incorporando o acordo ao ordenamento interno brasileiro. Rodrigues (2004, p. 150) define a Convenção Única como "modelo universal de classificação e combate aos entorpecentes, sintetizava todos os textos internacionais celebrados desde a Conferência de Haia, em 1912, incrementando a lista de drogas controladas e proibidas e reafirmando o compromisso global da luta estatal contra o tráfico e consumo ilícitos dessas substâncias".

Com a ratificação do Brasil à Convenção, novo decreto é editado, em fevereiro de 1967, a partir do qual novas substâncias, como barbitúricos e anfetaminas, são acionadas à lista oficial de psicoativos controlados desde 1938. Em dezembro de 1968, logo após a instauração do AI-5, período mais repressivo da ditadura militar, é lançado novo decreto, estabelecendo a mesma sanção penal para traficante e usuários ao modificar o artigo 281 do Código Penal. Para ambos era prevista pena de encarceramento. Sérgio Trad vê nesse período mudanças no entendimento geral do papel das chamadas drogas na sociedade. Se seu uso antes era predominantemente associado à prostituição, criminalidade e loucura, "com a contestação dos jovens, novos significados foram incorporados ao imaginário social, como a delinqüência juvenil e a alienação político-social". Ao mesmo tempo, a contracultura disseminou esses usos sob novas bases, contribuindo para conferir outros significados a essas substâncias, "como o enaltecimento do prazer, instituindo, assim, uma nova era, nesse campo". Como apontam MacRae e Simões (2003),

> subsequentemente, nos anos 1970, durante o regime militar, quando as origens africanas do uso da maconha já estavam quase completamente esquecidas (embora negros pobres continuassem a ser automaticamente suspeitos), houve uma nova onda de alarme social associando-o dessa vez à juventude de classe média. Nos anos 1970, este setor da população apresentava-se como uma nova "classe perigosa" não só devido ao movimento guerrilheiro, mas também devido à resistência cultural que se disseminou largamente entre esses jovens depois da derrota da luta armada. A ameaça que representavam advinha do fato de ser entre eles que se tornavam mais evidentes as conseqüências das portentosas mudanças sociais pelas quais passava a nação. Eram os jovens que mais levantavam questões sobre temas relacionados à educação, emprego, sexualidade, etc.

Não deixa assim de ser emblemático que esta tradição jurídica brasileira de diferenciação entre tráfico e consumo tenha sido rompida exatamente no período de maior acirramento da repressão militar da ditadura, comandada agora por Costa e Silva. Em determinado momento talvez tenha havido certo deslocamento de alvos internos, que passam a ser não só os pobres e negros de sempre mas os jovens de classes mais altas, que através de práticas culturais e políticas distintas e contestadoras ameaçam a ordem instaurada a partir de 1964.

Este ordenamento efetuado a partir de 1968 foi alterado em 1971, mas o nivelamento penal entre traficante e usuário foi mantido, sendo alterado somente em 1976. Para Rodrigues, seguia valendo a lógica da recuperação ou reabilitação do desviado, do marginal, mas surge uma nova categoria, a do "infrator doente", cujo crime seria motivado por vício e deveria, portanto, ser curado através de tratamento. O crime de tráfico é considerado no texto da lei como "infração contra a segurança nacional, a ordem política ou social e a economia popular". Segundo Batista (2003, p. 88), esta lei "transpôs para o campo penal as cores sombrias da Lei de Segurança Nacional e a repressão sem limites que era imposta aos brasileiros no período mais agudo da ditadura militar":

> Esta lei sintetiza o espírito das primeiras campanhas de "lei e ordem" em que a droga era tratada como inimigo interno. A construção do estereótipo (sempre com o auxílio luxuoso da imprensa) se observa no tratamento dado aos jovens estudantes envolvidos com drogas: a suposição de que portem drogas para uso ou tráfico determina o cancelamento da matrícula escolar e os professores, os diretores e todas as pessoas físicas e jurídicas são incentivadas a deletar os "inimigos". No artigo 24 lê-se: "considera-se serviço relevante a colaboração prestado por pessoas físicas ou jurídicas no combate ao tráfico e uso de substância entorpecente ou que determine dependência física ou psíquica". Esta lei é assinada por Emílio Garrastazu Médici, então Presidente da República.

Como aponta Toron (1986, p. 142), a lei de 1971 "além de continuar mantendo a equiparação entre traficante e usuário, trouxe profundas alterações na conceituação dos delitos, no rito processual e no sistema de tratamento e recuperação dos dependentes". Ele situa como principal crítica à lei "o fato de permitir o oferecimento de denúncia sem a existência de um laudo toxicológico, que positiva a materialidade do delito, isto é, a existência ou não de substância entorpecente capaz de causar dependência física ou psíquica".

Em 1976 a lei que passaria a ser conhecida como Lei de Tóxicos revoga o pareamento entre usuário e traficante, mas aumenta o tamanho das penas para tráfico. O texto aponta um "mal psíquico, físico, social e moral" a ser freado pela intervenção pública. Cinco anos haviam se passado desde a Convenção sobre Substâncias Psicotrópicas, realizada em Viena em 1971, onde novas substâncias foram acrescentadas às listas de dez anos antes.

A lei de 1976 permaneceu inalterada até 2002, quando aspectos marginais da lei foram alterados com a lei 10.409. Assim, nova mudança foi efetivada quatro anos depois, já com Lula na presidência, quando foi aprovada a lei 11.343 de 2006, ordenamento jurídico que retirou a pena privativa de liberdade daqueles considerados usuários de drogas e passou a prever de forma mais clara a legalidade de iniciativas de redução de danos. No entanto, no processo de discussão congressual de tal lei, negociações com setores conservadores fizeram com que a pena mínima para tráfico aumentasse de três para cinco anos de reclusão.

Segundo Maria Lúcia Karam (2008), esta lei de 2006 não significou "qualquer alteração substancial, até porque, como suas antecessoras, suas novas ou repetidas regras naturalmente seguem as diretrizes dadas pelas proibicionistas convenções internacionais de que o Brasil, como quase todos os demais Estados nacionais, é signatário". A ex-juíza acredita que tal mudança traz em si violações à Constituição brasileira de 1988 e aumenta o "desmedido rigor penal voltado contra os produtores e distribuidores das substâncias e matérias primas proibidas". Além disso, frisa que "com a ampliação do já extenso rol de qualificadoras, as penas previstas para aqueles tipos básicos quase sempre ainda sofrerão o aumento decorrente da qualificação".

Repetindo dispositivos da lei de 1976, a 11.343/2006 reafirma "a antecipação do momento criminalizador da produção e da distribuição" das substâncias qualificadas como ilícitas, já que não traça fronteiras entre tentativa e consumação do ato criminoso e tipifica condutas denominadas por Karam como "atos preparatórios", como plantio ou simples posse, como ilícitos. "A criminalização antecipada viola o princípio da lesividade da conduta proibida, assim violando a cláusula do devido processo legal, de cujo aspecto de garantia material se extrai o princípio da proporcionalidade expressado no princípio da lesividade", resume.

A ex-juíza vê nessa lei presentes também violações ao princípio da proporcionalidade. Isso se revelaria tanto nas penas "delirantemente altas", que acabam sendo superiores às definidas para homicídios, quanto vedando o indulto, a suspensão condicional da execução da pena privativa de liberdade ou sua conversão em pena restritiva de direitos.

> A Lei 11.343/2006 repete a Lei 6.368/1976 ao prever a "associação" específica para o "tráfico" de drogas qualificadas de ilícitas e traz como inovação a tipificação, como figuras autônomas, do financiamento ou custeio do "tráfico". A violação ao princípio da proporcionalidade aqui se revela

> não apenas na figura da associação, que, como todos os tradicionais tipos de crimes de conspiração, quadrilha e outros assemelhados, criminalizam meros atos preparatórios, mas também, sob outro aspecto, na previsão como tipos autônomos do financiamento ou do custeio, que, inseridos no âmbito do próprio tipo do "tráfico", poderiam, no máximo, funcionar como circunstâncias agravantes da pena àquele cominada.

Antes de lembrar que o ordenamento proibicionista é também prejudicial à saúde pública que diz zelar, já que impede o controle da qualidade das substâncias entregues ao consumo, impõe obstáculos ao uso medicinal, dificulta a informação e a assistência e "cria a necessidade de aproveitamento de circunstâncias que permitam um consumo que não seja descoberto", aumentando o risco nestes procedimentos, Karam lembra ainda outros princípios do direito feridos pela lei de 2006, o da isonomia e o da individuação.

> O tratamento diferenciado para apontados autores de "tráfico", a partir tão somente da consideração desta espécie abstrata de crime, sem qualquer relação com a finalidade e os fundamentos dos institutos considerados, conflita com o princípio da isonomia. Igualmente viola o princípio da individualização, que repele generalizações fundadas na espécie abstrata do crime, exigindo, ao contrário, em tudo que diz respeito à aplicação e à execução da pena, a consideração da situação fática da infração concretamente praticada e da pessoa de seu autor. A extração de efeitos gravosos da reincidência para vedar o livramento condicional aos "reincidentes específicos" conflita também com o princípio da culpabilidade pelo ato realizado, violando ainda a garantia da vedação de dupla punição pelo mesmo fato.

Assim como o discurso proibicionista ganha peso com o fim da Guerra Fria e a necessidade de justificação do aparato militar estadunidense no âmbito interno e externo, especialmente na América Latina, no Brasil a figura do "traficante" de drogas também é funcional ao cenário de transição surgido com o final da ditadura militar. Como pontua Batista (2003, p. 40), durante a transição da ditadura para a abertura democrática (1978-1988) "houve uma transferência do 'inimigo interno' do terrorista para o traficante. Todo o sistema de controle social (incluindo aí suas instituições ideológicas, como os meios de comunicação de massa) convergiu para a confecção do novo estereótipo".

O inimigo, antes circunscrito a um pequeno grupo de militantes de esquerda, se multiplicou nos bairros pobres com a demonização da figura do traficante, cenário que Malaguti descreve com ênfase no Rio de Janeiro mas que certamente pode ser ampliado para a análise de outras grandes concentrações urbanas brasileiras:

> Este jovem traficante, vítima do desemprego e da destruição do Estado pelo aprofundamento do modelo neoliberal, é recrutado pelo poderoso mercado de drogas. Com a consolidação da cocaína no mercado internacional, o sistema absorve o seu uso mas criminaliza o seu tráfico, efetuado no varejo pela juventude pobre da periferia carioca. A convivência cotidiana com um exército de jovens queimados como carvão humano na consolidação do mercado interno de drogas no Rio de Janeiro, a aceitação do consumo social e da cultura das drogas paralela à demonização do tráfico efetuado por jovens negros e pobres das favelas, tudo me remetia à gênese do problema que hoje vivemos.

Capítulo 2
Apontamentos sobre consequências políticas, econômicas e sociais do proibicionismo

> "Portugueses escravizaram e mataram nosso irmão
> Militares torturaram e não foram pra prisão
> Eu fumo minha erva e me chamam de ladrão!
> Os negros já fumavam erva antes da África deixar
> Mas os senhores proibiram por não querer nos libertar
> E os senhores de hoje em dia estão proibindo também
> Se o pobre começa a pensar
> Parece que incomoda alguém"
> "A culpa é de quem?" – Planet Hemp

O duplo enfoque repressivo

Se no capítulo anterior foi exposto o histórico do moderno e contemporâneo proibicionismo, cabe ainda esboçar algumas considerações que podem contribuir para a localização do objeto deste trabalho, para que depois este seja situado em relação à trajetória das esquerdas brasileiras. Se é importante entender as determinações sociais que engendraram e difundiram o ideário proibicionista, consolidando-o nas políticas globais sobre drogas, parece fundamental também considerar suas consequências políticas, econômicas e sociais.

A política de interdição de produção e consumo de drogas como estratégia global é recente historicamente, e coincide com a "partilha moral entre drogas de uso ilícito e drogas de uso livre, tolerado ou controlado" (VARGAS, 2008, p. 54). Há cerca de um século, praticamente nenhuma droga, de uso medicamentoso ou não, era sequer objeto de controle, quanto mais de criminalização, o que se deu "em conjunção com a invasão farmacêutica e com o crescimento da importância social das atividades biomédicas". A partir de então, as políticas de repressão passam a conter um enfoque duplo: médico e jurídico.

> A Proibição emerge como um recurso potente acionado no quadro maior das estratégias de governamentalidade. De um lado, milhares de usuários são localizados como anormais, situação que os torna excrescências morais e antígenos à segurança sanitária geral. De outro, os indivíduos responsáveis pelo gerenciamento da economia ilegal das drogas, se transformam em agentes do vício e da degradação pessoal e social. Consumidores e traficantes formam, desse modo, um par indissolúvel, ambos visados pelos aparatos de segurança e pela ojeriza social. (RODRIGUES, 2004)

O Estado passa a ter como uma de suas premissas a garantia da saúde do conjunto da população, naquilo que Foucault (1982) definiu como o "imperativo da saúde: dever de cada um e objetivo geral". O bem-estar físico da população passa a ser um dos objetivos essenciais do poder político, inclusive no sentido de tornar a pobreza "útil", aliviando seu "peso" para o resto da sociedade. Além de garantir a paz e empreender a guerra, de zelar pela manutenção da ordem e assegurar o enriquecimento, o poder estatal deve zelar pelo bem-estar físico, pela saúde e pela longevidade da população – agora o Estado pode, e deve, legislar sobre as "tecnologias de si", que permitem aos indivíduos efetuarem "um certo número de operações em seus próprios corpos, almas, pensamentos, conduta e modo de ser, de modo a transformá-los com o objetivo de alcançar um certo estado de felicidade, pureza, sabedoria, perfeição ou imortalidade" (FOUCAULT, 2004).

Carneiro (2008, p. 66) reflete que se na antiguidade clássica a filosofia ocidental nasce a partir de um postulado de autoconhecimento – o lema délfico "conhece-te a ti mesmo" – esta atitude torna-se posteriormente, na época alexandrina, "um princípio de gestão de si por meio de diversas técnicas que definiriam a noção de um 'cuidado de si', onde um modelo médico, de cuidados permanentes consigo, substitui o modelo pedagógico socrático anterior". Posteriormente, com o advento do cristianismo, caminha-se para uma "apropriação clerical dessas técnicas de matriz estóica", tornando-as públicas, por meio da confissão e da penitência, «e baseando-as totalmente no princípio da obediência a um outro (um mestre ou diretor de consciência), o que significou, portanto, a emergência de um modelo de renúncia de si como ideal ético e moral" (*Ibidem*). Do cuidado de si passa-se para o sacrifício de si.

O modelo cristão da renúncia de si acompanhar-se-á de um modelo da saúde como salvação da alma, onde o uso de fármacos é condenado, no lugar dos quais, se prescreverá, além da confissão e da penitência, o uso de recursos pios: orações, relíquias, peregrinações etc., e o conhecimento de si passa a ser a obrigação de dizer a verdade sobre si não mais para si mesmo, mas para um outro, um confessor ou diretor.

> A arte (technê) de conhecer a si deixa de ser a "meditação terapêutica" e passa a ser o combate contra si mesmo como ascese, abstinência e autovigilância. O cuidado de si torna-se, assim, o sacrifício de si. O próprio eu constitui-se, através da obediência, como uma submissão em que se conhecer é abdicar de si mesmo.

Mais do que a preservação, manutenção e conservação da força de trabalho, o que está em jogo são os efeitos econômico-políticos da acumulação dos homens (FOUCAULT, 1982), é o controle das populações. "Os traços biológicos de uma população se tornam elementos pertinentes para uma gestão econômica e é necessário organizar em volta deles um dispositivo que assegure não apenas a sua sujeição mas o aumento constante de sua utilidade", sintetiza o filósofo francês (*Ibidem*, p. 198).

Concomitantemente com o crescimento do poder da medicina social, fortalece-se a concepção penal iluminista de uma nova estratégia que se "resume na criação da delinquência enquanto ilegalidade isolada e fechada através do sistema carcerário" (ZACCONE, 2007, p. 67). Dá-se então um jogo de força, que conduz indivíduos ao poder ou à prisão de acordo com sua classe (FOUCAULT, 2000): a justiça penal não se destina a punir todas as práticas ilegais, tão somente operando "um controle diferencial das ilegalidades, utilizando-se da polícia como auxiliar e da prisão como instrumento punitivo" (ZACCONE, 2007, p. 69). Para além de tutelar a integridade dos indivíduos, o sistema punitivo opera como reprodutor das relações de poder e de propriedade existentes.

Punir os pobres

Em artigo no qual comenta o livro *O colapso da modernização*, de Robert Kurz, Roberto Schwarz (1993) define a modernização como a utilização empresarial de trabalho abstrato, e aponta que ela "toca o seu limite e entra em colapso quando prospera até o ponto de perder a capacidade de ser uma perspectiva praticável para fatias crescentes da atividade econômica mundial derrubadas e expulsas pela competição, a que não têm como voltar". A análise desse processo é fundamental se queremos partir do entendimento do proibicionismo, e principalmente da "guerra às drogas", como instrumentos de contenção social de populações duplamente expulsas pela marcha do capitalismo global: expulsas de suas terras e também do próprio mercado de trabalho.

Schwarz prossegue apontando que, com o novo patamar das forças produtivas, nações que se haviam lançado à industrialização tardia perdem "as condições de coesão", tornando-se "sociedades pós-catastróficas", nas quais "o desmantelamento já ocorreu e a normalidade é um verniz".

> Para estes países, a reprodução coerente no espaço da concorrência global deixou de ser um horizonte efetivo, e predomina a tendência à desagregação. Noutras palavras, a generalização do salariato e da cidadania está mais distante. Assim, o desenvolvimentismo liberou e arrancou as populações de seu enquadramento antigo, para as reenquadrar num esforço de industrialização nacional, que a certa altura, impossibilitado de prosseguir competindo, as abandona sem terem para onde voltar, na qualidade de sujeitos monetários sem dinheiro, ou de ex-proletários virtuais, agora disponíveis para a criminalidade e os fanatismos nacionalistas ou religiosos. À parte a verossimilhança, estas caracterizações de classe têm o mérito da historicidade: capital e trabalho determinam-se reciprocamente na sua feição contemporânea, distante daquela prevista nos manuais. Noutro pólo da sociedade segmentada está o conglomerado daqueles a quem a modernização, ou seja, a inserção no mercado global continua a reservar vantagens, a despeito da dificuldade de conviver com os excluídos.

Transformados em "sujeitos monetários" pelo desenvolvimento do capitalismo e pelo esforço de industrialização das economias tardias, amplos setores populacionais acabam ficando "pelo meio do caminho" nesse processo e configurando-se nos "sujeitos monetários sem dinheiro" que Schwarz aguçadamente aponta. Nas palavras de Bauman (2005, p. 53), são "os consumidores falhos": "pessoas carentes do dinheiro que lhes permitiria ampliar a capacidade do mercado consumidor, e que criam um novo tipo de demanda a que a indústria de consumo, orientada para o lucro, não pode responder nem 'colonizar' de maneira lucrativa". Para o sociólogo polonês, os consumidores são o principal ativo da sociedade de consumo, enquanto "os consumidores falhos são os seus passivos mais irritantes e custosos".

Forma-se assim uma "população excedente", "mais uma variedade de refugo humano" (Ib*idem*),[1] que para Bauman é constituída não por "alvos legítimos" excluídos da proteção da lei por ordem do soberano, mas sim "baixas colaterais", não intencionais e não planejadas, do progresso econômico. Como pontua Schwarz,

> basta adotar o prisma global para ver que os atuais desenvolvimentos da produtividade, com a sua integração superior e investimento, organização e ciência, trazem como contrapartida a desqualificação histórica das populações que não têm como os acompanhar. Governado pela forma mercantil, o progresso vem adquirindo destrutividade mais virulenta, agora manifestada nas desindustrializações da América Latina e do ex-bloco socialista, na desativação de economias africanas, etc.

Para Mészáros (2006, p. 31), o desenvolvimento capitalista atingiu uma fase em que o desemprego é sua característica dominante. Nessa nova configuração, o sistema capitalista constitui-se por "uma rede fechada de inter-relações e de indeterminações por meio da qual agora é impossível encontrar paliativos e soluções parciais ao desemprego em áreas limitadas", em contraste com o período desenvolvi-

---

1   "Quando se trata de projetar as formas do convívio humano, o refugo são os seres humanos. Alguns não se ajustam à forma projetada nem podem ser ajustados a ela, ou sua pureza é adulterada, e sua transparência, turva: os monstros e mutantes de Kafka, como o indefinível Odradek ou o cruzamento de gato com ovelha – singularidades, vilões, híbridos que desmascaram categorias supostamente inclusivas/exclusivas. Nódoas numa paisagem sob outros aspectos elegante e serena. Seres inválidos, cuja ausência ou obliteração só poderia beneficiar a forma projetada, tornando-a mais uniforme, mais harmoniosa, mais segura e ao mesmo tempo mais em paz consigo mesma."(BAUMAN, 2005, p. 42)

mentista do pós-guerra, em que ainda era possível a afirmação, por parte de políticos de países ricos, da possibilidade de pleno emprego.

O pensador húngaro segue pontuando que, ironicamente, o desenvolvimento daquele que é "o mais dinâmico sistema produtivo da história" culmina por proporcionar "um número cada vez maior de seres humanos supérfluos para o seu mecanismo de produção, embora – de acordo com o caráter incorrigivelmente contraditório do sistema – estejam longe de ser supérfluos como consumidores".

Loic Wacquant (2008, p. 93) vê como resultante dessas transformações, postas em marcha pela mutação do trabalho assalariado e pela "reversão da balança de poder, tanto na relação entre as classes como na luta dos grupos pelo controle do emprego e do Estado", um processo amplo de reconfiguração também do papel do próprio Estado, empreendedor progressivo de políticas de "penalização da pobreza".

Neste contexto, associado pelo sociólogo francês ao advento do neoliberalismo, "o capital transnacional e as frações 'modernizadoras' da burguesia e de altos escalões do Estado, aliados sob a bandeira do neoliberalismo, ganharam poder e empreenderam uma vasta campanha visando à reconstituição da autoridade pública". Assim, desregulamentação social, trabalho assalariado precário e retorno "de um velho estilo de Estado punitivo" caminhariam de mãos dadas no sentido da consolidação deste cenário de contenção da pobreza através de estratégias repressoras. Ainda de acordo com Wacquant,

> A "mão invisível" do mercado de trabalho precarizado conseguiu seu complemento institucional "no punho de ferro" do Estado, que tem sido empregado para controlar desordens geradas pela difusão da insegurança social. A regulação da classe operária pelo que Pierre Bordieu chama de a "mão esquerda" do Estado, simbolizada pelos sistemas públicos de educação, saúde, seguridade e habitação foi substituída – nos Estados Unidos – ou suplementada – na Europa ocidental – por regulações a partir de sua "mão direita", ou seja, a polícia, as cortes e o sistema prisional, que estão se tornando cada vez mais ativos e intrusivos nas zonas inferiores do espaço social.

Para Wacquant, a implementação da "ideologia neoliberal" resultou em três transformações – intimamente interligadas – na esfera do Estado: remoção do Estado econômico, desmantelamento do Estado social e fortalecimento do Estado penal, conformando um novo "governo da insegurança social", assentado por um lado no disciplinamento do mercado de trabalho desqualificado e desregulado, e, por outro, em um "aparato intrusivo e onipresente". "A mão invisível do mercado e o punho de ferro do Estado, combinando-se e contemplando-se, fazem as classes baixas aceitarem o trabalho assalariado dessocializado e a instabilidade social que ele traz em seu bojo", complementa o autor de *Punir os pobres*.

O recrudescimento do aparato punitivo estatal reflete-se claramente nas políticas de drogas, elemento importante no crescimento do encarceramento dos setores pobres das populações nacionais ao redor do planeta. Como lembra Foucault (1981), no processo posterior à Revolução Francesa a burguesia dispunha primordialmente de três elementos de controle da "plebe não proletarizada": exército, colônia e prisão. Com o fim das intervenções abertamente coloniais por parte dos países europeus e com o exército sendo opção apenas num número restrito de países, perdura hoje a prisão como elemento primordial nesse tripé de contenção social.

Vendo o enorme aumento do encarceramento nos Estados Unidos entre os anos de 1975 e 1995, Wacquant (2007, p. 222) ressalta que a quadriplicação da população carcerária no país num período de vinte anos explica-se "não pela escalada da criminalidade violenta, mas sim pela extensão do recurso de aprisionamento de uma gama de delitos e crimes de rua que, até então, não acarretava, como condenação, a privação de liberdade".

> A partir de meados da década de 1970, e mais ainda após 1983, ano em que o governo federal [dos Estados Unidos] declarou a "guerra às drogas", o encarceramento foi aplicado com uma frequência e uma severidade cada vez maiores ao conjunto dos contraventores, quer fossem eles criminosos profissionais ou infratores de ocasião, grandes bandidos ou pequenos ladrões, violentos ou não-violentos. A exceção foram os delitos e os crimes econômicos (...), objeto de uma "mansidão" que contrastava mais com o clima de severidade penal prevalecente por toda a parte.

Sem deixar de levar em conta as especificidades históricas e políticas da conjuntura estadunidense em questão, como por exemplo o interesse econômico explícito de empresas privadas de gestão penitenciária no aumento do encarceramento, é interessante notar a conexão direta entre a política de "guerra às drogas" e o aprisionamento em massa de setores específicos da população, num período que "vê os pequenos traficantes e os consumidores de drogas dos bairros pobres serem jogados na prisão aos milhares".

O sociólogo francês destaca ainda as mudanças estruturais na economia estadunidense como determinantes das políticas de encarceramento, explicitando quem são seus alvos quando aponta:

> Reforçada pelo viés de classe e de casta do sistema policial e judiciário, a austeridade penal visa e atinge as categorias mais afetadas pela austeridade econômica e social que se instaurou em reação à "estagnação" dos anos 1970. Vale dizer que o aprisionamento em massa nos Estados Unidos não diz respeito tanto às "classes perigosas" quanto às classes precárias em seu conjunto. Reencontrando a missão que era sua em suas origens históricas, a instituição carcerária serve, doravante, como principal instrumento de gestão da miséria na América.

De acordo com Wacquant (2007, p. 229), o perfil do "prisioneiro típico" de cadeias estaduais 69 estadunidenses na década de 1990 era: um homem afro-americano, com menos de 35 anos, sem diploma de conclusão da educação secundária, condenado por um delito ou crime não violento em mais de sete entre cada dez casos. Posse ou tráfico de entorpecentes eram os índices que estavam no topo entre as infrações cometidas, com 29% de incidência, seguidos de roubo e receptação (19%) e arrombamento (15%). O número de condenados por crimes violentos aumentou 86% entre 1985 e 1995, enquanto os presos por violações da legislação sobre entorpecentes cresceu 478%. No caso das prisões federais estadunidenses, a participação dos condenados por este tipo de infração era de 60% entre o total de condenados em 1995, sendo que os infratores da legislação sobre drogas correspondiam a 71% do crescimento da população detida nestes estabelecimentos.

Esta tendência de predominância de encarcerados condenados por crimes relativos a drogas ilícitas se repete em diversas partes do planeta. No Brasil, por exemplo, o número de presos por tráfico de drogas entre 2006 e 2010 aumentou 153%, chegando à cifra de 100.648 detidos em 2010, o que representa cerca de um quinto dos encarcerados brasileiros neste momento, cujo número total era de 496.251 pessoas. Os dados, fornecidos pelo Departamento Penitenciário Nacional do Ministério da Justiça do Brasil a uma reportagem do portal de internet mexicano Terra,[2] colocam o país na terceira posição mundial em matéria de população carcerária, atrás apenas dos Estados Unidos (2.297.400) e da China (1.620.000).

---

2 "Sobrepueblan las prisiones de Brasil". Alberto Almendáriz. *Terra México*, 13 de agosto de 2011. Disponível em: <http://www.terra.com.mx/deportes/articulo/1181975/Sobrepueblan+las+prisiones+de+Brasil.htm>.

No Brasil, dependência entre desigualdade e violência

> "Amanhã ou depois se eu viro bicho
> Me chamam bandido, marginal, caso perdido
> Fruto do seu próprio umbigo, Babilônia,
> Abra seus olhos para isso!
> Só depois de um injustificável encarceramento
> Nos julgam, nos classificam,
> Encarceram e condenam
> E têm pronto nosso veredicto"
> "Abra seus olhos" - Aliança

Analisando as mudanças ocorridas nas periferias brasileiras, em especial as paulistanas, Gabriel Feltran (2010) ajuda a esclarecer como, e em que contexto, esse processo retratado por Wacquant reverbera no Brasil. Feltran lembra que o regime militar – no que se conhece como "milagre econômico" – atraiu milhões de imigrantes de todo o país para as periferias urbanas através do processo de "modernização e pleno emprego industrial daquele período". O perfil da população que ocupou essas periferias teria sido majoritariamente migrante e centrado na família extensa, cuja expectativa era "melhorar de vida" na cidade. A coesão social dessa população se ancorava nos valores católicos e no projeto de mobilidade social ascendente pelo trabalho industrial. A "promessa pública" era a de que "a modernização do país inscreveria essas 'classes trabalhadoras' na dinâmica salarial, e que a contrapartida social do assalariamento, o acesso a direitos sociais, geraria melhoria objetiva nas condições de vida das famílias".

Passadas mais de três décadas, esses parâmetros mudaram "substancialmente" de acordo com Feltran. Do ponto de vista político, estabelece-se um regime formalmente democrático e, sob o prisma da dinâmica social, o autor identifica um câmbio geracional que "demonstrou uma mudança expressiva nos pilares da vida social desses territórios": "quem reside hoje nas fronteiras da cidade não é mais migrante, é 'paulistano'", e a organização de suas famílias, mais tipicamente urbanas, também respondeu à tendência de transformação intensa. No plano religioso, milhões de católicos transitaram à teologia neopentecostal, e "a capacidade de consumo, já não diretamente vinculada à renda pela expansão do crédito popular, aumentou muito mesmo nas favelas". Complementando o processo, "novas tecnologias de informação favoreceram a conexão dos moradores jovens das periferias a espaços de construção identitária renovados, e acesso a universos inimagináveis há alguns anos".

Feltran define como "pano de fundo" dessas transformações "o deslocamento no centro de gravitação do projeto operário", representado pelo trabalho industrial, radicalmente modificado pelo que se convencionou chamar de "reestruturação produtiva". A longa citação se justifica pela definição precisa do quadro que conecta este panorama ao nosso objeto em questão, as drogas e seu comércio:

> Crises severas do emprego, sobretudo nos anos 1990, e a estabilização do desemprego estrutural forçaram mudanças significativas do mercado de trabalho popular. Se em 1970 era fácil conseguir um emprego fabril, em 2010 esse emprego é escasso e exige alta escolaridade, além de especialização e flexibilidade; ainda assim, quem chega a ele em geral ocupa postos terceirizados e pouco estáveis. O espaço da fábrica que antes, pela sindicalização crescente, favorecia a construção de identidades e ações coletivas, se traduz nos anos 2000 em espaço competitivo por incentivos seletivos. A promessa de mobilidade social operária se traduziu, já em época toyotista, no sucesso de uma pequena elite das periferias que apostou no sobretrabalho e na formação escolar dos filhos como alavancas de ascensão à classe média. Para a grande maioria dos filhos de operários fordistas que encontro em pesquisa, entretanto, a contrapartida social do assalariamento nunca chegou. Diversas investigações recentes entre jovens moradores das periferias encontram mais frequentemente trajetórias de inserção ocupacional instável, sobretudo no setor de serviços ou em empregos terceirizados. Nas franjas desse mercado de trabalho, aparecem os trabalhos liminares entre o formal, o informal e o ilícito. Sobretudo entre os moradores de favela, os mercados que se expandem são não apenas desprotegidos, caso da terceirização industrial a domicílio ou da catação de materiais recicláveis, como frequentemente ilegais, caso do varejo de drogas ilícitas. Nesse cenário, o "mundo do crime", antes considerado o oposto diametral dos "trabalhadores", surge recentemente como a atividade melhor remunerada e com alta disponibilidade de "postos de trabalho" para jovens de favela. Além disso, "o crime" passa a ser legitimado progressivamente como instância normativa e fiscal das regras de convívio.

Como demonstra Vera Malaguti Batista (2003, p. 22), a dependência recíproca entre desigualdade e violência e entre "exclusão social e seletividade do sistema repressivo" se apresenta "em estado puro" no Brasil, sendo a droga "a última ocasião com a qual o sistema punitivo da sociedade moderna realiza a sua história, que á mesma no Brasil e no resto do mundo. É a história das relações entre duas nações que, como descrevia Disraeli, compõem os povos: os ricos e os pobres".

Neste contexto, a droga ocuparia, segundo Batista, o cerne da diferenciação do controle (médico ou penal), da distribuição de segurança baseada no poder aquisitivo, do privilégio e "da exclusão social através da aplicação dos estereótipos positivos e dos negativos, criminais e periculosistas", de modo que, para enfrentar os custos sociais da proibição e da criminalização, o sistema os "externaliza", "fazendo a sociedade e seus grupos mais vulneráveis – aqueles que fornecem mão-de-obra a preço baixo e com alto risco – pagar pelos mesmos, imunizando dos efeitos secundários, e portanto da criminalização, os consumidores e traficantes que provém dos grupos mais fortes".

Para Batista (2003, p. 25), além de elemento de legitimação do sistema criminal, a economia da droga é elemento da economia política do poder:

> Para compensar os custos materiais e simbólicos enfrentados pela justiça criminal, o sistema droga se vale de meios de comunicação internos e externos. Neste ponto, acontece uma troca de serviços entre o sistema droga e o sistema da justiça criminal, vantajosa para ambos. A criminalização, como já vimos, é a essência específica do mercado das drogas; os processos de comunicação de massa e de estigmatização social que a acompanham garantem, então, que a sua concentração e a dos outros custos sociais nos grupos mais vulneráveis obtenha um vasto consenso na opinião pública. Por outro lado, a centralidade da droga na formação do estereótipo da criminalidade faz desta um alimento formidável para o alarde social e para as campanhas de lei e ordem; e o alarme das campanhas de lei e ordem são, por sua vez, um instrumento indispensável de legitimação do sistema de justiça criminal. São também um instrumento para a tecnocracia do poder e para o sucesso dos governos e dos políticos conservadores.

Delinquência útil e controle diferencial das ilegalidades

> "O vício tem dois lados
> Depende disso ou daquilo, ou não, tá tudo errado
> Eu não vou ficar do lado de ninguém
> Porque quem vende droga pra quem?
> Vem pra cá de avião ou pelo porto ou cais
> Não conheço pobre dono de aeroporto e mais
> Fico triste por saber e ver
> Que quem morre no dia a dia é igual a eu e a você"
> "Periferia é periferia" – Racionais MC's

Segundo Michel Foucault (1977, p. 244) enquanto a oposição jurídica ocorre entre ilegalidade e prática ilegal, a "oposição estratégica" em verdade se dá na diferenciação entre ilegalidades e delinquência, com esta última cumprindo papel de utilidade dentro do sistema de vigilância, normatização, disciplinamento, sujeição e punitividade implementado com a modernidade.

"Produzir o delinquente como sujeito patologizado" seria o sucesso da prisão e do aparato punitivo, num processo que dissociou as diferentes ilegalidades, geridas de forma seletiva e diferencial, e isolou delas a delinquência, que se torna controlável e suscetível de vigilância constante. Além disso, o pensador francês vê possibilidades de utilização direta da delinquência, que se torna instrumento para gerir e explorar as ilegalidades. Dentro desse escopo, obviamente encontra-se a repressão seletiva ao consumo e sobretudo ao comércio de psicoativos ilícitos:

> Na realidade a utilização da delinquência como meio ao mesmo tempo separado e manejável foi feita principalmente nas margens da legalidade. Ou seja, instalou-se também no século XIX uma espécie de ilegalidade subordinada, cuja docilidade é garantida por sua organização em delinquência, com todas as vigilâncias em que isto implica. A delinquência, ilegalidade dominada, é um agente para a ilegalidade dos grupos dominantes.

Foucault prossegue afirmando que a implantação das redes de prostituição no século XIX é característica exemplar a respeito: os controles de polícia e de saúde sobre as prostitutas, sua passagem constante pelas prisões, a "hierarquia cuidadosa que era mantida no meio da prostituição", são fatores que permitiam canalizar e recuperar "os enormes lucros sobre um prazer sexual que uma moralização cotidiana cada vez mais insistente votava a semiclandestinidade e tornava naturalmente dispendioso". Dessa forma, o meio delinquente era "cúmplice de um puritanismo interessado: um agente fiscal ilícito sobre práticas ilegais".

> Os tráficos de armas, os de álcool nos países de lei seca, ou mais recentemente os de droga mostrariam da mesma maneira esse funcionamento da "delinquência útil"; a existência de uma proibição legal cria em torno dela um campo de práticas ilegais, sobre o qual se chega a exercer controle e a tirar um lucro ilícito por meio de elementos ilegais, mas tornados manejáveis por sua organização em delinquência. Esta é um instrumento para gerir e explorar as ilegalidades.

Como apontado no capítulo anterior, no caso da América Latina houve o deslocamento do inimigo interno, com a transição da figura do militante comunista deixando de ser o alvo prioritário da repressão e sendo substituída pela do traficante de drogas, fator que por si só já caracterizaria a utilidade da criação desta forma de delinquência. Longe de ser "vítima" da penetração do crime organizado, nas palavras de Thiago Rodrigues (2004, p. 302), o Estado encontra na própria impossibilidade de "vencer" esta "guerra" a justificativa mais poderosa "para manter aparatos de violência cada vez mais equipados e ativos, que, se ineficazes para cumprir as tarefas a que foram criados, são instrumentos úteis para o controle segmentado da população" (*Ibidem*).

Porém, o que Foucault está apontando aqui é outro aspecto do processo, o que constitui "todo um funcionamento extralegal do poder", com a delinquência representando não só um mecanismo de contenção social mas também um "desvio de ilegalidade para os circuitos de lucro e de poder ilícitos da classe dominante". "O sistema do tráfico de drogas internacional não sucumbe às investidas policiais ou militares, mas todo o setor competitivo da economia da droga, formado pelo 'baixo escalão' do narcotráfico, fica exposto aos 'assaltos repressivos' do Estado", aponta Rodrigues (2004, p. 303). Processo que se conjuga com o "controle diferencial das ilegalidades":

> Não há uma justiça penal destinada a punir todas as práticas ilegais e que, para isso, utilizasse a polícia como auxiliar, e a prisão como instru-

> mento punitivo, podendo deixar no rastro de sua ação o resíduo inassimilável da "delinquência". Deve-se ver nessa justiça um instrumento para o controle diferencial das ilegalidades. Em relação a este, a justiça criminal desempenha o papel de caução legal e princípio de transmissão. Ela é um ponto de troca numa economia geral das ilegalidades, cujas outras peças são (não abaixo dela, mas a seu lado) a polícia, a prisão e a delinquência. A invasão da justiça pela polícia, a força de inércia que a instituição carcerária opõe à justiça, não é coisa nova, nem efeito de uma esclerose ou um progressivo deslocamento do poder; é um traço de estrutura que marca os mecanismos punitivos nas sociedades modernas. (FOUCAULT, 1977, p. 248)

Vera da Silva Telles (2010) parte destes conceitos de Foucault para abordar os ilegalismos, e sua gestão diferenciada no contexto urbano brasileiro presente, mirando principalmente vendedores ambulantes e comerciantes de drogas em uma análise que visa entender o processo a partir do ponto de vista dos executores desta delinquência útil apresentada por Foucault. Segundo a socióloga, essa repressão seletiva e diferenciada trata-se de um "jogo situado de escalas que se superpõem e se entrelaçam nas 'mobilidades laterais', para usar o termo cunhado por Ruggiero e Nigel, desse personagem urbano, cada vez mais comum em nossas cidades, a transitar nas fronteiras borradas entre o informal e o ilegal ao longo de percursos descontínuos entre o trabalho incerto e os expedientes de sobrevivência mobilizados conforme o momento e as circunstâncias".

Assim, estar-se-ia diante de uma figura contemporânea do trabalhador urbano marcada pelo lançar mão, de forma descontínua e intermitente, "das oportunidades legais e ilegais que coexistem e se superpõem nos mercados de trabalho, oscilando entre empregos mal pagos e atividades ilícitas, entre o desemprego e o pequeno tráfico de rua, negociando a cada situação e em cada contexto os critérios de aceitabilidade moral de suas escolhas".

> Nas suas formas mais violentas, explicita-se o que está inscrito nas suas modalidades mais corriqueiras e brandas, se é que se pode dizer assim. Aqui, nesse registro, nas suas formas mais violentas, não se trata propriamente de uma porosidade do legal-ilegal, não se trata de fronteiras incertas entre o informal, o ilegal, o ilícito. Mas da suspensão dessas fronteiras na própria medida em que fica anulada a diferença

entre a lei e a transgressão da lei. A lei é como que desativada. E isso significa dizer que é a própria diferença entre a lei e o crime que se embaralha e, no limite, é ela própria anulada.

Citando o sociólogo Michel Misse, Telles aponta tratar-se de uma expropriação ou apropriação privada da soberania de um Estado que nunca chegou a garantir o monopólio da violência legítima. "Em outra chave teórica, talvez se possa reformular a questão, pois se trata do modo como a soberania do Estado se efetiva pelo poder de suspender a própria lei", prossegue a autora em conexão com as formulações de Giorgio Agamben que apresentaremos proximamente.

Mercadorias políticas

E é justamente Michel Misse que traz outro importante elemento para a compreensão dos efeitos do mercado ilegal de drogas, criado pela proibição destas substâncias de alta demanda, e sua repressão seletiva, o de mercadorias políticas. Estudioso do que chama de "acúmulo social de violência" na cidade do Rio de Janeiro, o sociólogo vê como principais dimensões desse processo dois fatores: a acumulação de redes de venda à varejo de mercadorias ilícitas, "com base na sujeição criminal acumulada ao longo de décadas nas áreas pobres da cidade" (MISSE, 1999, p. 288) e o aumento da oferta de mercadorias políticas.

Esse primeiro mercado, de mercadorias ilícitas, é parasitado pelo segundo (MISSE, 2003), o de mercadorias políticas, definidas por Misse (1999) como

> conjunto de diferentes bens ou serviços compostos por recursos "políticos" (não necessariamente bens ou serviços políticos públicos ou de base estatal) que podem ser constituídos como objeto privado de apropriação para troca (livre ou compulsória, legal ou ilegal, criminal ou não) por outras mercadorias, utilidades ou dinheiro. O que tradicionalmente se chama de "corrupção" é um dos tipos principais de "mercadoria política" ilícita ou criminal. O "clientelismo" é, por sua vez, uma forma de poder baseada na troca de diferentes mercadorias (políticas e econômicas), geralmente legal ou tolerada, mas moralmente condenada por seu caráter hierárquico e sua estrutura.

Para o autor, esta sobreposição entre os diferentes tipos de mercadorias políticas com as ilegais é uma chave de entendimento para a questão da violência, muito mais do que a "relação estereotipada (e hoje universal) entre consumo de drogas e violência". Concordando com Vera da Silva Telles, Misse (1999, p. 292) lembra que as fronteiras entre mercados ilegais e regulados são "basicamente tênues e negociáveis", e que o que distingue cada mercado seria sua maior ou menor participação num conjunto de regulamentações estatais.

Como entre essas regulamentações está a regulamentação das mercadorias cuja oferta é criminalizada, o mercado criminalizado constitui-se como duplamente informal de acordo com o autor: "ele é necessariamente um mercado informal de trabalho, porque a criminalização das mercadorias que ele produz ou vende o alivia da possibilidade de qualquer regulamentação formal das relações de trabalho e das obrigações tributárias, além de ser um mercado de circulação de mercadorias ilícitas, cuja atividade é, em si mesmo, criminalizada".

Com a criminalização das substâncias e a manutenção da oferta por elas, o mercado torna-se regulado tanto pela violência entre os diferentes comerciantes das substâncias como por agenciamentos que variam entre confronto e entendimento com agentes legais de diferentes esferas e outros grupos que exercem controle violento de situações que produzem as mercadorias políticas. No caso desses acordos, dá-se o comércio dessas mercadorias políticas, num movimento que pode ser tanto de "privatização de uma autoridade publicamente regulada" como de empregos não legítimos e ilegais de violência dados sem a mediação de recursos estatais, como no caso da mercadoria "proteção" oferecida por máfias e similares. Como prossegue Misse,

> o que parece distinguir, aqui, esses dois tipos de mercadoria "política" não é, evidentemente, o fato de que se produzam sobre recursos políticos, mas que esses recursos (a violência, por exemplo) sejam ou não "expropriados" das prerrogativas estatais. Se em ambos os casos a força física (e suas extensões técnicas) é usada para fins econômicos privados, seja ela "roubada" do monopólio do Estado pelo funcionário, seja produzida por conta própria contra esse monopólio, ela igualmente se constitui numa "mercadoria política".

O sociólogo ressalta o papel da proibição e da criminalização de comércio e consumo das substâncias ilegais como fomentador desse mercado de mercadorias políticas, ao lembrar que a "tensão entre valores morais e a propulsão própria à lógica do mercado" tende a criminalizar mercadorias que poderiam "ter livre curso" social, "sem qualquer conflito com o princípio do mercado, já que não supõem necessariamente, da perspectiva do mercado, o recurso à violência". Além de favorecer a oferta de mercadorias políticas, Misse destaca que a criminalização, ao produzir a clandestinidade, diminui a possibilidade de regulamentação pública das transações, reforça a possibilidade de oligopólios e cartéis, diminui a concorrência e a proteção a consumidor e aumenta a desconfiança entre "os agentes da troca", conhecidos vulgarmente como traficante e usuário.

Misse atribui à alta lucratividade da droga ilícita o seu potencial de atração para um maior número de agentes interessados na oferta de mercadorias políticas. Por não terem direito à proteção estatal em suas transações econômicas, os agentes desse mercado precisam "desenvolver suas próprias agências de proteção", ou se colocarem sob a proteção da ação ilegal de agentes estatais como policiais, juízes, militares, políticos etc. Enquanto por um lado estão inseridos em condições de "relações de força e poder ilegais e arbitrárias e sob ameaça", sob o perigo e desconfiança próprios da sujeição criminal, os trabalhadores deste mercado por outro lado têm nessa sujeição uma possibilidade de alta lucratividade, o que atrai maior atenção por parte dos agentes que oferecem as mercadorias políticas.

O sociólogo resume o processo, apontando neste imbricamento entre mercadorias ilegais e políticas um dos principais fatores da acumulação social da violência no Rio de Janeiro, reflexão que certamente podemos estender para outros contextos urbanos brasileiros e mundiais:

> Tanto a apropriação privada dos meios de incriminação quanto a expropriação de recursos políticos monopolizados pelo Estado para a obtenção de vantagens econômicas constituem mercadorias políticas. A sobreposição desse mercado, que se alimenta da sujeição criminal, com o mercado ilegal das drogas, que depende da oferta tanto da mercadoria política "força de trabalho em condições de poder arbitrário e sujeição criminal" quanto da possibilidade de compra de bens políticos monopolizados pelo Estado, é um dos principais fatores da acumulação social da violência. A circulação de agentes entre os dois mercados, transformando policiais em traficantes de armas e drogas apreendidas, políticos e juízes em capitalistas políticos e traficantes em "donos" de um território, completa o processo através do qual a sobreposição inicial dá lugar a uma estruturação de redes cuja organização, maior ou menor, como no caso das organizações criminais de tipo mafioso

dependerá de que se alcance a oligopolização e o controle político dos principais operadores dessas redes e de seus territórios.

A consequência deste processo é o que Misse aponta quando reflete que a economia das "ligações perigosas" entre mercados informais de bens econômicos ilegais ou criminalizados e mercadorias políticas paradoxalmente alimenta-se das próprias políticas de criminalização que demarcam esses mercados. "Emanadas do Estado, em resposta à reação moral da sociedade (que demanda uma 'solução' para a violência), essas políticas permanecem presas à lógica do 'excesso de poder' de suas bases sociais de implementação, e não à lógica da violência legítima e legal", assinala. A "reificação comunitária do tráfico" facilitaria, segundo ele, a percepção de que essas áreas precisam ser invadidas pelo poder público, não se cogitando a utilização de instrumentos como investigação ou produção de provas de valor judicial, mas simplesmente em invasão militar. "O fantasma da sujeição criminal alarga-se, na representação social, ao ponto de compreender toda uma comunidade favelada, ou todo um conjunto habitacional ou áreas e bairros inteiros", conclui Misse.

A exceção é a regra: ditadura e guerra civil na normalidade constitucional

Citando Gore Vidal, que definiu a estratégia do governo de George W. Bush no Afeganistão como a "busca por uma paz perpétua através da guerra perpétua", Paulo Arantes (2007, p. 35) define o "novo estado de coisas" global como de "guerra segura e estado de sítio mundial". Em outro momento (ARANTES, 2004), o autor já havia pontuado como, após o 11 de setembro de 2001, os Estados Unidos haviam dilatado "o perímetro defensivo do país, que simplesmente passava a abarcar o mundo", nesta atuação onde "não se trata mais de conter ou dissuadir um inimigo territorialmente circunscrito", mas sim de garantir uma segurança interna supostamente ameaçada a partir de todo e qualquer expediente necessário.

Desse modo, a estratégia norteadora da política externa do país que é, e sempre foi o pilar de sustentação do proibicionismo, pauta-se nada menos do que pelo "estado de sítio planetário", visto por Arantes como "entrelaçamento ameaçador de normas e exceção na instituição da soberania moderna, tão logo reapareça o 'inimigo' interno, que nunca tarda em reemergir".

> Hoje interessa novamente saber quem afinal decide sobre a exceção – e não é pedir pouca coisa –, e se é verdade que o novo governo do mundo, na atual condição de caos sistêmico, se apresenta na forma de um estado de sítio generalizado. O fato de já não sabermos mais se estamos em guerra ou em paz talvez seja a evidência mais tangível e abrangente dessa indistinção entre a exceção e a regra que é o híbrido extremo em que se cristaliza a atual escalada de uma dominação a céu aberto.

Pode-se, neste sentido, identificar o intervencionismo externo estadunidense pós Guerra Fria justificado sob a bandeira da "guerra às drogas" como momento precursor deste tipo de procedimento de globalização da exceção, amplificado e consolidado após os atentados de 11 de setembro e as guerras "preventivas" levadas a cabo no Iraque e no Afeganistão. Por outro lado, não é só no seu aspecto exterior ou geopolítico que as políticas de drogas enquadram-se dentro deste ambiente de exceção, uma vez que esta indefinição entre norma e exceção pode ser identificada também nos procedimentos internos dos governos quando empreendem seu suposto combate às drogas, feito de forma a concretizar o que Foucault (1977, p. 82) definiu como "gestão diferencial das ilegalidades".

Walter Benjamin (1987) já refletia no início do século XX que "a tradição dos oprimidos nos ensina que o 'estado de exceção' em que vivemos é na verdade a regra geral". Como explica Löwy (2005, p. 83), Benjamin confrontava em sua oitava tese de *Sobre o conceito de história* duas concepções históricas: uma "progressista", "para a qual o progresso histórico, a evolução das sociedades no sentido de mais democracia, liberdade e paz, era norma", e outra situada "do ponto de vista da erradicação dos oprimidos, para a qual a norma, a regra da história é, ao contrário, a opressão, a barbárie, a violência dos vencedores".

Lembrando também essa citação de Benjamin, Giorgio Agamben (2004, p.18) aponta que esse estado de exceção, "que hoje temos claramente diante dos olhos", não só se apresenta muito mais como uma técnica de governo do que como medida excepcional como também "deixa aparecer sua natureza de paradigma constitutivo da ordem jurídica".

> O estado de exceção não é nem exterior nem interior ao ordenamento jurídico e o problema de sua definição diz respeito a um patamar, ou a uma zona de indiferença, em que dentro e fora não se excluem mas se indeterminam. A suspensão da norma não significa sua abolição e a zona

de anomia por ela instaurada não é (ou pelo menos não pretende ser) destituída de relação com a ordem jurídica. (AGAMBEN, 2004, p. 39)

Criado em 1791 durante os desdobramentos da Revolução Francesa, sob o nome de "estado de sítio" e como instrumento para responder a períodos de instabilidade do regime soberano, o estado de exceção não é, para Agamben (2004, p. 48), uma lacuna no direito público a qual o poder executivo seria obrigado a remediar. Não é uma carência no texto legislativo a ser reparada pelo juiz, "refere-se, antes, a uma suspensão do ordenamento vigente para garantir-lhe a existência". Assim, longe de responder a uma lacuna normativa, o filósofo italiano defende que o estado de exceção apresenta-se como "a abertura de uma lacuna fictícia no ordenamento com o objetivo de salvaguardar a existência da norma e sua aplicabilidade à situação normal".

A lacuna não seria interna à lei, na verdade dizendo respeito à sua relação com a realidade e à possibilidade de sua aplicação. "É como se o direito contivesse uma fratura essencial entre o estabelecimento da norma e sua aplicação e que, em caso extremo, só pudesse ser preenchida pelo estado de exceção, ou seja, criando-se uma área onde essa aplicação é suspensa, mas onde a lei, enquanto tal, permanece em vigor".

Agamben (2004, p. 27) identifica um processo de generalização dos dispositivos governamentais de exceção nos regimes democráticos, e assim "a declaração do estado de exceção é progressivamente substituída por uma generalização sem precedentes do paradigma da segurança como técnica normal de governo". Ainda de acordo com o filósofo italiano, torna-se portanto cada vez mais indistinguível a execução da lei de sua transgressão, cabendo ao poder executivo, que também progressivamente passa a comandar os outros poderes democráticos, a decisão sobre a aplicabilidade das leis.

Do ponto de vista técnico, prossegue Agamben (2004, p. 61), o aporte específico do estado de exceção não é tanto a confusão entre os poderes, seus papéis e atuações de fato, mas sobretudo "o isolamento da 'força-de-lei' em relação à lei. Ele define um 'estado da lei' em que, de um lado, a norma está em vigor, mas não se aplica (não tem 'força') e em que, de outro lado, atos que não têm valor de lei adquirem sua 'força'".

O que o poder contém, portanto, em seu centro é o estado de exceção, um espaço vazio "onde uma ação humana sem relação com o direito está diante de uma norma sem relação com a vida" (AGAMBEN, 200, p. 131):

Isso não significa que a máquina, com seu centro vazio, não seja eficaz; ao contrário, o que procuramos mostrar é, justamente, que ela continuou a funcionar quase sem interrupção a partir da Primeira Guerra Mundial, por meio do fascismo e do nacional-socialismo, até nossos dias. O estado de exceção, hoje, atingiu exatamente seu máximo desdobramento planetário. O aspecto normativo do direito pode ser, assim, impunemente eliminado e contestado por uma violência governamental que, ao ignorar no âmbito externo o direito internacional e produzir no âmbito interno um estado de exceção permanente, pretende, no entanto, ainda aplicar o direito.

Tais elementos nos parecem chave para entender também questões especificamente relacionadas à proibição das drogas. Tanto no que diz respeito a uma norma sem relação com a vida, com as condutas empreendidas por grande parte da população a despeito da normatização estatal, quanto na implementação de uma violência governamental sem controle e obediência a leis mas que busca, a todo tempo, sustentação nestas leis que infringe ou aplica de forma seletiva.

A consolidação do regime de exceção permanente permite por exemplo que o governo dos Estados Unidos ignore os tratados e leis internacionais que regulamentam as guerras para intervir em territórios, seja sob a justificativa da "guerra ao terror" ou de sua irmã, "guerra às drogas", assim como permite também a existência de um sistema em que as leis são seletivamente aplicadas de acordo com critérios de contenção social que se exercem para além de possíveis lacunas no texto dessas leis, como é o caso das políticas de drogas e seus alvos negros e pobres.

Como aponta Paulo Arantes (2007, p. 35), o atual "paradigma iluminista-cosmopolita de abolição de guerra por meio do Império da Lei paradoxalmente vai reintroduzindo a prática bárbara do 'direito à guerra'", numa volta ao conceito medieval de "guerra justa", calcada agora no discurso da lei e da justiça.

> A transferência metafórica de um discurso originário da arena doméstica dos sistemas legais instituídos para o plano da política mundial fez com que milhões de pessoas vissem a nova guerra cosmopolita que se estava inaugurando como uma questão judicial de crime e castigo, uma questão de polícia enfim (...). Desde então, expedições punitivas desse calibre passaram a ser vendidas por seus promotores como se não fossem guerras clausewitzianas de verdade, mas o desfecho incontornável de imperativos morais. (ARANTES, 2007, p. 39)

Com o estado de sítio sendo um momento onde as ações do soberano não podem ser limitadas por leis, Arantes ressalta que o estado de exceção não pode ser integralmente normatizado como um processo civil e penal, e que cabe atenção prioritária nesse caso ao questionamento de quem é o soberano, já que nada adianta proclamar que o povo é o soberano: o que de fato está em jogo é saber quem atua em nome do Estado nestes momentos e sob quais interesses. E daí vem o que o filósofo brasileiro classifica como "antítese chocante": "um governo constitucionalmente limitado repousa sobre o vulcão de uma autoridade ilimitada, a suspensão de toda a ordem vigente".

Alinhando-se ao objeto deste trabalho, Arantes (2007, p. 45) lembra que identificar um inimigo interno e combatê-lo como uma parcela fora-da-constituição nada mais é do que o próprio estado de sítio, para o qual convergem ditadura e guerra civil "enquanto verdade latente da normalidade constitucional". O estado de exceção não teria deixado de ser, a rigor, uma "guerra justa" travada pelo soberano na esfera nacional, "acrescido de tudo que ela implica, em termos igualmente discriminatórios, de proscrição e desamparo legal":

Será possível observar ao longo do tempo o seguinte contraponto: enquanto no plano interno a progressiva constitucionalização do estado de exceção aclimatava o sistema de anátemas e proscrições características de uma "guerra justa" civil, no plano internacional os mesmos poderes soberanos que decidiam internamente sobre a exceção trilhavam o caminho inverso, removendo qualquer reminiscência arcaizante que tendia a moralizar e, portanto, criminalizar, as guerras "modernas" que se fazem uns aos outros.

Para o autor, a abertura do mundo para o livre movimento do capital exige um "equivalente controle total de segurança dos fluxos de extração de mais-valia mundo afora, cuja gama disciplinar culmina no estado de guerra permanente" (ARANTES, 2007, p. 241).[3] Ele resume o momento presente como de guerra sem fim: "nada mais excepcional do que uma guerra; agora que virou a regra, nada descreve melhor a exceção em que passamos a viver".

---

3   Aspecto já delineado, em outros marcos, por Foucault (1999, p. 53) quando questionava: "A guerra pode passar por ponto de tensão máxima, pela nudez mesma das relações de força. A relação de poder será em seu fundo uma relação de enfrentamento, de luta de morte, de guerra? Sob a paz, a ordem, a riqueza, a autoridade, sob a ordem da calma das subordinações, sob o Estado, sob os aparelhos do Estado, sob as leis, etc., devemos entender e redescobrir uma espécie de guerra primitiva e permanente?".

Indeterminação e exceção no Brasil

> "Assustador é quando se descobre que
> tudo deu em nada
> e que só morre o pobre".
> "Fórmula mágica da paz" – Racionais MC's

Francisco de Oliveira (2007) parte da "financeirização" do capitalismo, forma específica do que François Chesnais chamou de "mundialização do capital", em lugar do termo "globalização", para identificar o momento contemporâneo brasileiro como uma "era de indeterminação". A combinação de trabalho barato com a financeirização do capital gerou, na opinião de Oliveira, o fenômeno da sobredeterminação do capital financeiro em relação ao capital produtivo, fenômeno importante para a compreensão dos dias atuais.

A era da indeterminação inicia-se assim sob os efeitos dessa financeirização, com a explosão da dívida interna e a perda da centralidade do trabalho, com a perda de importância da base de produção fordista e o consenso do "welfare state". O "trabalho sem forma" inclui maioria crescente da população, assim como crescem também os índices de desemprego e os cinturões de miséria nas periferias urbanas. Oliveira identifica essa situação sobretudo como determinada pelo aumento da produtividade do trabalho, "combinado com a privatização e a desnacionalização, sancionados semanticamente pela desqualificação dos atores".

> A desigualdade na distribuição da renda só piorou, em virtude de que as formas desorganizadas do trabalho não têm como acessar os mecanismos distributivos que no capitalismo estão ligados ao trabalho sob contrato formal. A sociabilidade centrada no trabalho não pôde resistir, e a vitória ideológica do capital transformou-se numa guerra de todos contra todos. Há, para voltar a Arendt, uma supressão ou esvaziamento da esfera pública, em que os atores podem escolher por reflexão e não apenas como massa, e a privatização da vida, visto que não há o que deliberar. Tal como na Colômbia, Bolívia e Peru, onde a produção agrícola não pode concorrer com as plantações de coca, nas periferias das grandes cidades o narcotráfico e o crime organizado nos padrões do capital são o escoadouro para o desemprego. Os pobres se matam entre si, e as classes médias andam de vidros levantadas em seus carros para toscamente se

defenderem dos assaltos à luz do dia, enquanto os grandes empresários trafegam de helicópteros dentro das cidades.

Diante deste cenário, Oliveira identifica não uma "hegemonia burguesa" que se alimentaria das "virtudes" cívicas do mercado, mas sim o requisito permanente à coerção estatal, sem a qual "todo o edifício desaba". Na fórmula gramsciana de consenso mais coerção, "a porção de coerção continua sendo a mais importante":

> Uma espécie de "exceção permanente" schimittiana que anula as possibilidades de virtú da sociedade civil, entendida esta no sentido de blocos de interesses organizados que se demarcam entre si e com relação ao Estado. Um movimento browniano incessante de acomodações e reacomodações, de deslocamentos e deslizamentos, de pesados ajustes de contas, que ultrapassa os limites do consenso da "política policial" e não chega a formar outro campo de conflito, em que exatamente a operação de um novo consenso possa ser "política". Trata-se de "ação anticomunicativa". De uma falta de formas, sem as quais a política não se faz.

Com a financeirização e o permanente "ad hoc" diante das incertezas colocadas de um mercado autonomizado e desregulado, requer-se a violência estatal de forma permanente, "a 'exceção permanente' que poderia sugerir que o monopólio legal da violência foi reconquistado pelo Estado", afirma Oliveira (2007, p. 37), que complementa lembrando que, longe disso, "a violência permanente significa dizer que o Estado também é ad hoc".

No artigo *Brasil contemporâneo: estado de exceção?*, Laymert Garcia dos Santos (2007, p. 298) retoma o ensaio *O ornitorrinco* de Oliveira para mostrar como o autor já havia se debruçado sobre a exceção brasileira também de forma mais ampla, relacionando-a ao contexto da divisão mundial de trabalho e poder e inserindo-a antes mesmo do advento da economia financeirizada. O "alcance do conceito amplia-se no espaço e o no tempo, a ponto da exceção tornar-se a própria forma da política no capitalismo periférico"; a exceção marcaria assim permanentemente a sociabilidade brasileira, tornando-se norma.

Santos vai além, pontuando que se a exceção é a norma subdesenvolvida, só o é na perspectiva dos países desenvolvidos. Entretanto, como o capitalismo é "desigual e combinado", incluindo subdesenvolvidos e desenvolvidos, "a exceção em que vivemos é o reverso da medalha da norma civilizada, vale dizer, o seu outro". Nas palavras de Oliveira (2003, p. 126):

O subdesenvolvimento viria a ser, portanto, a forma de exceção permanente do sistema capitalista na sua periferia. Como disse Walter Benjamin, os oprimidos sabem do que se trata. O subdesenvolvimento finalmente é a exceção sobre os oprimidos: o mutirão é a autoconstrução como exceção da cidade, o trabalho informal como exceção da mercadoria, o patrimonialismo como exceção da concorrência entre os capitalistas, a coerção estatal como exceção da acumulação privada, keynesianismo avant la lettre. De resto, esta última característica também esta presente nos "capitalismos tardios". O caráter internacional do subdesenvolvimento, na exceção, reafirma-se com a coerção estatal, utilizada não apenas nos "capitalismos tardios", mas de forma reiterada e estruturante no pós-depressão de 1930.

Uma ordem que ri de si mesma

Se confirmados portanto os parâmetros descritos, que apontam para a existência de um ordenamento no qual norma e contravenção indefinem-se e indeterminam-se, sendo executadas ou ignoradas de acordo com interesses econômicos, políticos e ou morais plasmados no Estado, configura-se o que Vladimir Safatle (2008) define como diagnóstico fundamental da época presente: o cinismo. Um momento em que o poder não se desnuda com sua crítica, pelo contrário, o poder pode rir de si mesmo, e lucrar com isso. Nas palavras de Slavoj Zizek, citado por Safatle, o poder aprendeu a desvendar os mecanismos de seu funcionamento e continuar funcionando como tal.

O cinismo seria portanto um regime peculiar de relação com a norma, no qual nem mesmo o mascaramento ideológico seria necessário para sua manutenção:

> A obsolescência do mascaramento ideológico é um fenômeno mais complexo do que a simples aceitação tácita de que a força prescinde de toda necessidade real de justificação. O recurso constante, em situações contemporâneas de afirmação da força, a critérios normativos e a valores partilhados, mesmo que feitos de maneira meramente retórica, demonstra como as aspirações de legalidade continuam sendo peças fundamentais da lógica interna do poder. A obsolescência do mascaramento ideológico apenas indica que, de uma certa forma, talvez da única forma "realmente" possível, as promessas de racionalização e de modernização da realidade social já foram realizadas pela

dinâmica do capitalismo. Foram realizadas de maneira cínica; o que significa que, de uma forma ou de outra, elas foram realizadas. (SA-FATLE, 2008, p. 69)

Slavoj Zizek (2011, p. 48) filia-se ao mesmo entendimento, apontando a "transgressão inerente" à própria ordem e os crimes que são cometidos em defesa da ordem. "O preço que pagamos por isso é que a Ordem que sobrevive é uma zombaria de si mesma, uma imitação blasfema da Ordem". Neste sentido, o filósofo esloveno defende que a ideologia não é portanto simplesmente uma operação de fechamento que divide incluído e excluído/proibido, "mas sim a regulação constante do não fechamento".

Ele cita o exemplo do casamento, caso em que por um lado a ideologia proibiria as relações extraconjugais, mas na mesma medida em que, por outro, tem como atividade fundamental regular essas "transgressões inevitáveis". "Dessa maneira, a ideologia sempre admite o fracasso do fechamento e depois segue regulando a permeabilidade da troca com seu exterior", assinala, ressaltando no entanto que, hoje, no mundo "pós-moderno", "essa dialética da Lei e de sua transgressão inerente sofre uma virada a mais: cada vez mais a transgressão é imposta diretamente pela própria Lei".

Caso indiscutível das políticas de drogas proibicionistas, não só pelo explícito de ser a lei a causadora do mercado ilegal, e portanto do crime, mas também de uma sociedade que estimula o consumo e o imperativo da felicidade individualista mas não o aceita quando feito em nome da alteração de consciência a partir de certas substâncias – permitindo e regulamentando o mercado de outras.

Além disso, um aspecto também marcante dessa ordem cínica, que zomba de si e convive bem com o explicitamento de suas contradições e inadequações, pode ser visto na análise dos crimes "em defesa da ordem" cometidos pelos serviços de inteligência estadunidenses. Ao mesmo tempo em que seguiam atuando como principal impulsionador das políticas antidrogas em escala global, os Estados Unidos estimularam, apoiaram e estabeleceram parcerias com diversas organizações ligadas ao comércio de drogas ilícitas durante o século XX, dentro de sua política de intervenção geopolítica que, como apontaremos a seguir, se enquadra e se determina pela etapa atual do capitalismo em sua fase imperialista ou capital-imperialista (FONTES, 2010).

Drogas ilícitas no centro do financiamento dos conflitos pós Guerra Fria

Como bem ressalta Thiago Rodrigues (2004 e 2003), o proibicionismo não pode ser resumido apenas pela chave explicativa dos interesses geopolíticos estadunidenses. Mesmo que ele tenha se propagado a partir de interesses puritanos, políticos e econômicos dentro do país dominante na política global durante o século XX, sua eficácia mundial não se explica senão pela conjugação destes interesses dos Estados Unidos com os das elites locais de cada nação.

Isso posto, é importante analisar as movimentações da política externa estadunidense para a compreensão dos efeitos do proibicionismo, objetivo deste capítulo. Se por um lado sua existência responde a interesses claramente identificáveis provenientes deste país em questão, por outro sua implementação é cheia de movimentações complexas e ambíguas por parte dos próprios Estados Unidos, que jamais hesitaram em violar sua "guerra às drogas" caso necessário para o sucesso de política externa, e também implica em efeitos diretos sobre diversos conflitos políticos mundiais, muitos deles sem envolvimento direto da Casa Branca.

Alain Labrousse (2010, p. 87) defende que na atualidade, as ligações entre drogas e conflitos políticos são, principalmente, de ordem econômica, "em consequência do valor agregado que a proibição confere a elas. Frequentemente são grupos rebeldes, guerrilhas ou organizações terroristas que recorrem ao dinheiro da droga para financiar suas atividades", aponta, complementando: "E não é raro que as forças que as combatem, em particular os serviços secretos dos Estados, estejam elas próprias imbricadas no seu tráfico".

O pesquisador francês localiza no final da Segunda Guerra o início da importância significativa da relação entre substâncias ilícitas e conflitos. O serviço secreto francês (SDECE) auxiliou montanheses na Indochina a venderem ópio para a French Conection em troca de apoio político ao exército francês. Após a partida dos franceses, a CIA constituiu um grande serviço secreto no Vietnã, cujo financiamento repousava principalmente nos lucros obtidos com o comércio de heroína e cocaína. Em seguida, a CIA teria "fechado os olhos" para os tráficos dirigidos por aliados vietnamitas. Quando o Congresso dos Estados Unidos vetou, entre 1984 e 1986, qualquer ajuda militar para os contra-revolucionários antissandinistas, o serviço secreto estadunidense deu proteção a traficantes de drogas a fim de obter armas para o conflito na Nicarágua. A CIA repetiria essa proteção no Afeganistão nos anos 1980.

Paradoxalmente, o fim da Guerra Fria trouxe o que se pode chamar de "democratização do uso das drogas ilícitas como meio de financiar conflitos", prossegue Labrousse. A partir da queda do Muro de Berlim, antagonismos étnicos, religiosos ou de nacionalidade "tiveram de encontrar nos tráficos de todos os tipos (o da droga era um deles) recursos alternativos" de financiamento.

Labrousse (2010, p. 89) faz uma lista de conflitos desenrolados durante a década de 1990, no interior dos quais a presença das drogas ilícitas, em diferentes níveis, pode ser verificada:

> América Latina: Colômbia, Peru, México, Haiti. Ásia: Afeganistão, Paquistão, Taijiquistão, Uzbequistão, Índia (Caxemira, Estado do Nordeste), Nepal, Sri Lanka, Mianmar, Filipinas, Azerbaijão-Armênia, Chechênia, Geórgia (Adjaria, Abquasia, Ossétia, região da Pakissi). Europa: Ex-Iugoslávia, Turquia, Irlanda, Espanha. África: Argélia, Egito, Sudão, Senegal (Casamansa), Nigéria (Estado do Delta), Guiné-Bissau, Libéria, Serra Leoa, República Democrática do Congo (RDC), Congo, Chade, Uganda, Ruand, Angola, Somália, Comores (Anjouan).

Labrousse elenca seis elementos e cenários da "relação dialética entre drogas e conflitos": 1) os beligerantes podem usar redes já existentes e ligadas a outros produtos lícitos e ilícitos para venderem drogas e se financiarem; 2) a droga pode constituir, a princípio, um dos pontos sensíveis da guerra; 3) durante o conflito a droga pode se tornar "uma questão relativa", quando o conflito é para controle de produção e/ ou comercialização, ou "absoluta", quando o conflito se dá pelos recursos oferecidos pela droga, excluindo qualquer outro motivo – este último caso é qualificado pelo francês como de "guerrilhas desvirtuadas"; 4) os conflitos não têm mais a droga como motor, mas como questão, tendo conflitos locais como terreno principal e disputas por produção e controle de zonas de escoamento das substâncias como secundário; 5) a droga pode ser elemento de prolongação do conflito, quando tropas regulares entram em confronto com rebeldes para controlar zonas de produções ilícitas; 6) no caso de uma solução para o conflito, o tráfico pode persistir com antigas milícias transformando-se em "gangues de traficantes".

A lista de conflitos apresentada e os diferentes cenários nos quais organizações políticas beligerantes podem recorrer ao comércio de drogas ilícitas como financiadoras de suas atividades mostram como o papel geopolítico deste mercado altamente lucrativo vai muito além dos interesses geopolíticos dos Estados Unidos, país mais frequentemente veiculado ao tema das drogas em escala global. No entanto, essa relação certamente não se dá de forma fortuita, como se verá a seguir.

O imperialismo como estágio do capitalismo e a funcionalidade das políticas antidrogas

No início do século XX, Lênin avaliou que a escala de acumulação atingida na virada do século alterara o teor do capitalismo, que passou a configurar-se como imperialismo. Essa análise justificava-se a partir da identificação de algumas características principais (Fontes, 2010, p. 107) desta nova etapa: a existência cada vez maior de monopólios; o advento do capital financeiro, originário da fusão entre capital industrial e bancário, sob a hegemonia deste; a concentração monopólica aumentou a separação entre a propriedade do capital e suas formas de gerência; o predomínio da exportação de capitais sobre a exportação de bens aprofundou o desenvolvimento desigual entre os países; a tendência à unificação nacional dos países dominantes, com forte teor nacionalista.

A partir destes elementos, o líder bolchevique concluía que o capitalismo estava em um novo estágio. Esses processos culminaram na modificação nas relações dos países, e os grupos capitalistas estabeleceram relações entre eles baseadas na partilha econômica do mundo, com os Estados, paralela e consequentemente, estabelecendo entre si relações baseadas na partilha territorial do mundo.

Como salienta Virgínia Fontes, esta é, portanto, uma análise que não reduz o imperialismo a um único aspecto, remetendo o conceito ao conjunto da vida social, uma vez que expressa uma nova dimensão da dinâmica capitalista. "Para ele, o imperialismo não envolvia apenas a partilha (e eventuais redivisões) do mundo, mas uma nova conexão entre ciência e processo produtivo, o crescimento da exportação de capitais (com uma subsequente capitalização desigual do mundo), uma nova correlação de forças entre a classe trabalhadora dos países imperialistas e 'suas' burguesias, a modificação das relações entre capital financeiro e Estado", resume Fontes.

A historiadora aponta (2010, p. 148) que durante o século XX o conceito de "imperialismo" foi usado de diversas maneiras, e destaca duas que considera equivocadas: a que, ao confundir impérios com imperialismo, diz que este sempre existiu, mesmo antes do capitalismo, e a que toma imperialismo como sinônimo da política externa dos Estados Unidos.

> Excessivamente dilatado ou restritivamente reduzido, o conceito perde a agudeza de sua definição, como patamar de expansão do capitalismo do qual foi um desdobramento. O imperialismo, na acepção leniana, incorporou a anterior dominação econômica capitalista numa nova dinâmica mais concentrada, e abrangendo o mundo, superpondo-se à forma concorrencial do capital. (...) A transmutação do conceito de imperialismo – inclusive pela sua enorme popularização, mas também em muitos casos por sua deformação – foi paulatinamente deixando na sombra o fato de que a expansão do capitalismo em outras partes do mundo, desde finais do século XIX, passou a ocorrer pela via do imperialismo, no sentido específico de uma extensão da extração de mais-valor interna e externa, estreitando os elos hierárquicos entre diferentes formações sociais, modificando-as e, simultaneamente, alterando-se o próprio teor dos países centrais.

Deste modo, se evitará aqui relacionar imperialismo e políticas proibicionistas de drogas no sentido de entender imperialismo apenas como uma política dos Estados Unidos. No entanto, deslocando nossa mirada, podemos supor outras formas de imbricação entre o imperialismo, ou o capital-imperialismo,[4] visto como estágio do desenvolvimento capitalista, e as intervenções antidrogas em escala global.

Se na virada do século XIX para o XX Lênin estava diante de um capitalismo marcado pela "união íntima" entre os capitais bancário e industrial, Fontes avalia que o processo caminhou para algo próximo da concentração do capital sob pura forma monetária ou "do predomínio da pura propriedade de recursos sociais de produção", uma vez que, com a diferenciação entre proprietários de capital e gestores, a concentração de propriedade supera a propriedade imediata dos meios de produção. Ainda segundo Fontes,

---

4 Fontes (2010, p. 149) acredita que também o imperialismo transformou-se com a evolução do capital, notadamente a partir do advento da Guerra Fria, e por isso propõe para o atual estágio social a denominação de capital- imperialismo: "Falar de capital-imperialismo é falar da expansão de uma forma de capitalismo já impregnada de imperialismo mas nascida sob o fantasma atômico e a Guerra Fria. Ela exacerbou a concentração concorrente de capitais, mas tendencialmente consorciando-os. Derivada do imperialismo, no capital-imperialismo a dominação interna do capital necessita e se complementa por sua expansão externa, não apenas de forma mercantil, ou através de exportações de bens ou de capitais, mas também impulsionando expropriações de populações inteiras das suas condições de produção (terra), de direitos e de suas próprias condições de existência ambiental e biológica".

o movimento dessa megaconcentração é triplo: tende a capturar todos os recursos disponíveis para convertê-los em capital; precisa promover a disponibilização de massas crescentes da população mundial, reduzidas a pura força de trabalho, e, enfim, transformar todas as atividades humanas em trabalho, isto é, em formas de produção/extração de mais-valor.

Assim, o capitalismo altamente financeirizado atual acirra a tendência sistêmica da expropriação, num processo permanente de lançamento das populações a condições críticas, de "intensa e exasperada disponibilidade no mercado" (Fontes, 2010, p. 60). As expropriações, antes concentradas sobretudo sobre meios de produção, ou seja, sobre a terra, agora se estendem a bens naturais e a direitos sociais, num processo caracterizado por David Harvey (2003) como de "acumulação por espoliação" ou por despossessão.

Estes movimentos de disponibilização aguda das populações ao mercado inevitavelmente geram os enormes contingentes de populações supérfluas, como apresentado anteriormente. Elas precisam ser contidas por políticas diversas, sendo as de suposto combate às drogas um eixo importante nesse processo, como também já foi salientado.

Para Harvey (2003), o capitalismo padeceu, desde os anos 1970, de um problema crônico de sobreacumulação. Ele interpreta a volatilidade do capitalismo internacional nos últimos anos como uma série de ajustes espaço-temporais que fracassaram em tratar os problemas da sobreacumulação. Se os Estados Unidos orquestravam tal volatilidade do sistema a fim de manter sua posição hegemônica no capitalismo mundial, atualmente estaríamos diante de uma mudança por parte dos estadunidenses no sentido de um imperialismo "abertamente respaldado pela força militar", o que poderia ser interpretado como um sinal de debilitamento dessa hegemonia ante a ameaça de uma recessão interna.

Buscando características das "novas formas de imperialismo", Harvey vê também que a impossibilidade de acumular mediante a expansão continuada da reprodução foi sido compensada com um incremento nas tentativas de acumular mediante a despossessão. Segundo o geógrafo marxista inglês, a sobreacumulação em um determinado território leva à busca por reajustes espaço-temporais, ou seja, excedentes de mão de obra e de capitais são tratados através de reorientações temporais no sentido de projetos de investimentos de longo prazo, e ou de redirecionamentos espaciais, mediante a abertura de novos mercados e o controle de recursos naturais.

Nesse sentido, a citação dos Estados Unidos não se dá por acaso, tendo em vista as incessantes empreitadas em busca de expansão de mercados e controle de bens naturais, algumas delas feitas sob a justificativa do controle da oferta por drogas ilícitas, como no caso do Plano Colômbia. Nas palavras de Arbex Jr. (2004), "o narcotráfico, do ponto de vista de Washington, deixou de ser assunto de polícia para se tornar tema de doutrina geopolítica".

Compactuando com a avaliação de Harvey acerca do declínio da hegemonia estadunidense, Eric Hobsbawm explica que esta maior intensidade da militarização estadunidense nas relações internacionais tem raiz na decadência econômica enfrentada recentemente pelo país. No período após o término da Segunda Guerra, os Estados Unidos exerceram sua influência através de instrumentos para além do uso exclusivo da força; nas palavras do historiador, "armas criam impérios, mas é preciso mais do que armas para mantê-los". Num período em que a persuasão militar estava limitada pelo "medo do suicídio nuclear",

> a hegemonia americana na segunda metade do século XX não se deveu às bombas, e sim à sua enorme riqueza e ao papel crucial que sua gigantesca economia desempenhou no mundo, especialmente nas décadas posteriores a 1945. Além disso, do ponto de vista político, ela se deveu a um consenso geral dos países ricos do norte no sentido de que as suas sociedades eram preferíveis às dos regimes comunistas. E onde esse consenso não existia, como na América Latina, resultou de uma aliança com as elites governantes e os exércitos locais, que temiam a revolução social. Do ponto de vista cultural, ela teve por base a atração exercida pela afluente sociedade do consumo, vivenciada e propagandeada pelos Estados Unidos, que foram seus pioneiros, e pelas conquistas mundiais de Hollywood.

Num contexto de decrescente hegemonia estadunidense no plano econômico, não é de estranhar um recrudescimento militar dos EUA em suas áreas de influência. Hobsbawm explica que é provavelmente a primeira vez na sua história que o país se vê praticamente isolado no cenário internacional, além de cada vez mais impopular frente à maior parte dos governos e povos.

> A força militar dá relevo à vulnerabilidade econômica do país, cujo enorme déficit comercial é compensado pelos investidores asiáticos, que têm, no entanto, interesse cada vez menor em apoiar um dólar enfraquecido. (...) Com efeito, não será a própria retórica agressiva, justificada por implausí-

veis "ameaças à América", que indica um sentimento básico de insegurança em relação ao futuro do país?

Crimes em defesa da Ordem

Essa insegurança estadunidense apresentada por Harvey e Hobsbawm se traduz numa bem espalhada atuação de suposta guerra ao tráfico ao redor do globo. Na Ásia Central, o crescimento do narcotráfico deu-se pela presença dos EUA, através das operações da CIA no Paquistão que tinham como objetivo armar guerrilheiros fundamentalistas islâmicos (Mujaidin) do Afeganistão contra a URSS, que invadira o país em 1979. Desde então, a fronteira Afeganistão-Paquistão transformou-se na zona de maior produção de heroína no mundo, abastecendo 60% da demanda estadunidense. Em 1979 o índice de paquistaneses consumidores de heroína era insignificante, tendo passado para 1,2 milhões de pessoas em 1985. Isso porque quando os Mujaidin ocupavam territórios no Afeganistão ordenavam aos camponeses que produzissem ópio.

O Afeganistão era o maior produtor de ópio no mundo, responsável por 75% de toda produção. Isso até o ano 2000, quando o Talebã tomou posse do governo afegão e decretou a proibição do cultivo de papoula (planta de onde se extrai os opiáceos), sob pena de morte.[5] Especula-se que este teria sido um fator preponderante para George W. Bush decidir bombardear e ocupar o Afeganistão em outubro de 2001, aproveitando-se do pretexto da "guerra ao terror" pós 11 de setembro.[6] Os EUA bombardearam o Afeganistão e destituíram o Talebã, substituindo-o por um governo de sua confiança, a Aliança do Norte – organização que controla o tráfico de ópio e arma no país. Junto com a "democracia" imposta militarmente, o país voltou a ser o maior produtor de ópio do planeta.

No Leste europeu, as imbições imperiais da potência norte-americana também participaram ativamente da "narcopolítica". Em 1999, o então presidente

---

[5] Os EUA são os maiores consumidores mundiais de morfina e heroína – provenientes do ópio. O que se explica também pelo grande número de guerras em que o país está ou esteve envolvido. O uso desse tipo de drogas se alastrou pelos Estados Unidos a partir da Guerra Civil, no século XIX. A morfina é uma droga muito querida nos campos de batalha, principalmente por amortecer o corpo, aliviar a dor e liberar a mente do tempo e espaço ordinário. Sendo assim, os militares precisam ser abastecidos com ópio nos locais de guerra, e no próprio EUA para sustentar o vício posterior.

[6] "Consta que, poucos dias depois do 11 de setembro, Condoleezza Rice teria pedido aos membros do Conselho de Segurança Nacional que pensassem rápido na melhor maneira de "capitalizar tamanha oportunidade".(ARANTES, 2004, p. 113)

Bill Clinton comandou uma invasão à Belgrado, na Iugoslávia, que culminou com a deposição do presidente sérvio Slobodan Milosevic, acusado de praticar e incentivar a "limpeza étnica" contra os albaneses do Kosovo. "O principal aliado dos EUA na guerra contra os iugoslavos foi o Exército de Libertação do Kosovo (ELK), um grupo dedicado ao narcotráfico e associado à máfia na Albânia, Turquia, União Europeia e Ásia Central. "Isso nunca foi segredo" (ARBEX JR., 2004, p. 36). Enquanto a Europol (polícia da União Europeia) preparava um relatório sobre as conexões do ELK com traficantes albaneses, a organização era apresentada pela mídia mundial como amplamente representativa dos albaneses do Kosovo.

Outro exemplo do uso que a Casa Branca faz de recursos obtidos com a venda de drogas ("narcodólares") para armar e financiar grupos em benefício de sua estratégia geopolítica globalmente definida é o caso Irã-Contras, denunciado pela mídia em 1986. Os "contras" eram guerrilheiros de direita que lutavam para depor o governo sandinista do presidente Daniel Ortega na Nicarágua. Um governo de esquerda em época de Guerra Fria. Com as restrições do Congresso à liberação de verba que financiasse os "contras", a CIA articulou-se com os mesmos cartéis colombianos de narcotráfico que supostamente combatia, obtendo assim os "narcodólares" que serviram para comprar as armas iranianas que foram enviadas aos "contras".

Em 1989, os Estados Unidos empreenderam a Operação Causa Justa, que, sob o pretexto de acusações de narcotráfico contra o presidente General Noriega, invadiu militarmente o Panamá. Essa foi a primeira operação militar de grande porte depois da queda do Muro de Berlim. Noriega foi deposto e condenado anos depois em Miami, e Guillermo Endara foi conduzido ao poder, sem que isso tenha representado modificação alguma no consumo e no tráfico de drogas no país. Segundo José Arbex Jr (2004, p. 44),

> A Operação Causa Justa não tinha como objetivo prioritário combater o narcotráfico, tal como alegava Bush, mas sim assegurar a permanência do controle de Washington sobre o Canal do Panamá. A invasão marcou um momento importante na política externa dos Estados Unidos, por ter demonstrado efetivamente o poder da superpotência vencedora da Guerra Fria e por ter introduzido a aplicação prática de algo novo na formulação doutrinária da política externa de Washington. O inimigo, agora, não era mais representado pela "ameaça comunista", mas sim pelo tráfico de drogas.

Em 1986, o então presidente dos EUA, Ronald Reagan, já anunciava a possibilidade de utilizar o exército de seu país contra narcotraficantes. Mas foi a invasão do Panamá que sedimentou o terreno de futuras ações estadunidenses nas Américas, como o Plano Colômbia, na medida em que afirmou na prática o direito dos EUA invadirem outro país com o pretexto de combater o narcotráfico.

O Plano Colômbia

Na década de 1960, surgem as Forças Armadas Revolucionárias da Colômbia (FARC) e o Exército de Libertação Nacional (ELN), no auge da caça aos comunistas implementada por John Kennedy através da Doutrina de Segurança Nacional, que incentivava a prática de torturas e assassinatos como forma de repressão aos "subversivos". Os grupos guerrilheiros nascem na esteira de uma guerra civil ocorrida na década de 1940 e num contexto de extrema pobreza na Colômbia, sob inspiração da Revolução Cubana.

Em 1968, Julio César Turbay, então presidente da Colômbia, emitiu um decreto que autorizava a formação de grupos civis armados para "ajudar o exército contra a guerrilha". Nasciam os "esquadrões da morte", financiados por latifundiários e pelos "barões da droga" e treinados nos EUA.

Em meados da década de 1990, como parte da política de combate ao tráfico, Bill Clinton implementou um projeto que concedia "certificados de boa conduta" aos países que empreendessem esforços no combate ao narcotráfico. Aqueles que não recebessem os tais certificados eram penalizados econômica e financeiramente pelo governo dos EUA. A Colômbia entrou na "lista negra" de países que não combatiam efetivamente o narcotráfico entre 1995 e 1998 e, por conta disso, novos empréstimos e a exportação de produtos para os EUA recebiam restrições que agravaram ainda mais as condições sociais do país. É nesse cenário que o governo colombiano solicita "voluntariamente" a ajuda dos Estados Unidos para combater o tráfico, em 1999, naquele que seria denominado Plano Colômbia – oficialmente implementado em 2000.

Dentro do projeto, está colocado o treinamento militar de estadunidenses nas selvas amazônicas, a inserção do exército dos EUA no exército colombiano através de táticas, armas e controle das fronteiras e o uso do Glifosato, o famoso gás verde. Essa substância é um fungo transgênico produzido pela Monsanto que frequentemente é jogado na fronteira da Colômbia com o Equador, a fim de desfolhar plantações de coca e expulsar indígenas, facilitando a ocupação militar.

As organizações guerrilheiras, que nos anos 2000 controlavam cerca de 40% do território colombiano, passaram a ser qualificadas pelo governo dos EUA como "narcoterroristas" e as operações militares iniciaram-se pela invasão do Departamento de Putamayo, coincidentemente uma região muito rica em petróleo.

Para José Arbex Jr (2004) há na Colômbia muitos interesses econômicos e geopolíticos escamoteados por trás da suposta repressão ao comércio de drogas:

> A Colômbia tem grande importância do ponto de vista dos estrategistas da Casa Branca. Mantém fronteiras terrestres com cinco Estados e marítimas com dez países (...). É também um dos países mais ricos em reservas naturais da Amazônia. Só perde para o Brasil, em termos de biodiversidade. Além disso, é uma magnífica fornecedora da preciosa água doce (questão-chave para o século XXI, principalmente quando se considera que os Estados Unidos são o seu principal consumidor mundial). (...) É a riqueza da Colômbia – e da Amazônia – que atrai os interesses da Casa Branca. O Plano Colômbia nunca teve nada a ver com o narcotráfico.

Posteriormente, o Plano Colômbia foi ampliado a toda "região andina", sendo rebatizado de Iniciativa Andina, e passando a abranger também Equador, Peru, Bolívia, Venezuela, Panamá e Bolívia. Desses países, é no Equador onde se concentram as ações mais explícitas dos Estados Unidos, sendo que no restante a atuação direta ainda é incipiente, difusa e mal documentada. No entanto, é mais do que evidente que o alvo principal estadunidense é a Venezuela de Hugo Chávez, e por motivos que obviamente vão muito além da repressão ao comércio de drogas. Citando artigo de James Petras, o jornalista uruguaio Raúl Zibechi (2008) aponta que

> a verdadeira preocupação do Comando Sul dos Estados Unidos, quem realmente desenha a política regional, é que os países vizinhos da Colômbia (Equador, Venezuela, Brasil e Panamá), que estão sofrendo os mesmos efeitos adversos das políticas neoliberais, se mobilizem politicamente contra a política militar e os interesses econômicos dos Estados Unidos.

Por isso a estratégia contemplada pelo Plano Colômbia não consiste tanto em ganhar a guerra interna, mas espalhá-la pelos países vizinhos como forma de neutralizar sua crescente autonomia em relação à Washington. Militarizar as relações inter-estados sempre é um bom negócio para quem apoia sua hegemonia na superioridade militar. Nesse sentido, a existência das FARC é funcional aos planos belicistas de Washington.

Além das questões políticas, Zibechi reitera a posição de Arbex, ressaltando que o controle da região andina é considerado chave para os Estados Unidos

> tanto por razões políticas como pela riqueza mineral que ela contém. Permite que as multinacionais estadunidenses recuperem o terreno perdido desde que na década de 1990 foram parcialmente substituídas pelas européias; asseguraria por outros meios o que se pretendia através da ALCA (Área de Livre Comércio das Américas); impede que outras potências emergentes (Brasil, China e Índia) se posicionem na região. Porém, existe também a vertente petróleo. Em 1973, os Estados Unidos importou 36% das suas necessidades petroleiras. Hoje em dia os Estados Unidos importa 56% do petróleo que consome. A Venezuela é o quarto provedor, que abastece 15% das suas necessidades, e a Colômbia o quinto provedor. Assegurar o fluxo do recurso energético requer um controle territorial de enclave com presença militar sobre o terreno.

O fetiche da "droga" como ocultamento de problemas sociais complexos

> "Porque o mal nunca entrou pela boca do homem.
> Porque o mal é o que sai da boca do homem".
> "Porque o mal é o que sai da boca do homem" – Pepeu Gomes

Como destaca Maria Rita Kehl (2004, p. 68), alienação e fetichismo são os dois conceitos comuns aos principais pensadores nascidos no século XIX, Karl Marx e Sigmund Freud. Se em Marx o fetichismo (da mercadoria) é utilizado como ferramenta descritiva do ocultamento das relações sociais, que passam a ser encaradas como relações entre coisas por conta da dinâmica imposta pelo Capital, em Freud o fetichismo é também ocultamento, mas da falta que nasce com a recusa em se admitir a diferença sexual entre homem e mulher. Em ambos os casos, o conceito é utilizado para descrever mecanismos de ocultamento de um problema, ocultamento este que leva a atenção a deslocar-se para um aspecto aparente e superficial.

Na atual conjuntura de uma sociedade já qualificada de "sociedade do consumo", a autonomia do indivíduo é apregoada e induzida no âmbito do consumo (FONTENELLE, 2010; SAFATLE, 2008; KEHL, 2009) mas essa liberdade é freada no que diz respeito à livre gestão desses indivíduos sobre seus corpos, na medida em que se busca interditar o acesso a algumas substâncias psicoativas – agrupadas sobre o generalizante guarda-chuva do termo "drogas" – tornadas ilícitas com a justificativa de se garantir a saúde pública. Sob uma razão entorpecida (KARAM, 2003) cujas raízes remontam a interesses econômicos, morais e políticos estadunidenses posteriormente difundidos em escala global, tais substâncias são eleitas como o grande responsável por mazelas sociais de causas múltiplas e complexas, e o combate à produção e ao consumo destas traz em si uma série de outros sérios problemas sociais.

Ao estudar o amplo conceito de "phármakon" na obra *Fedro*, de Platão, Derrida mostra como há muito se erigiu a concepção filosófica de que as substâncias psicoativas não são dotadas de propriedades próprias, tendo seus efeitos variáveis de acordo com a forma como são utilizadas: o phármakon consiste no "veneno-remédio" (DERRIDA, 1997), traz em si boas e más possibilidades de ser utilizado, não contendo em si nenhuma qualidade metafísica. Interessante também como outro conceito, o de "pharmacós", completa este diálogo: o "pharmacós" é o bode expiatório, a vítima sacrifical, o mal a ser expulso da cidade.

Sob a razão do proibicionismo das drogas, as potencialidades danosas do abuso de certas drogas são encaradas como inerentes à própria existência de tais substâncias, que devem ser erradicadas da face da Terra por serem ameaçadoras da existência humana em sociedade. A substância é eleita como bode expiatório, cuja extirpação salvaria uma sociedade ameaçada. Por trás de tal discurso fetichista se escondem não só discursos moralistas como também fortes interesses políticos e econômicos.

Para Freud, a descoberta da diferença sexual inaugura no menino uma experiência de angústia, advinda da constatação de que sua mãe não tem o mesmo órgão sexual que ele, o que o faz pensar que existe o risco de que em algum momento ele também possa vir a perder o seu. Algumas pessoas, diante deste momento de terror, conseguem criar uma forma de se defender desta angústia, segundo o pai da psicanálise: o objeto-fetiche, que desloca a atenção daquilo que ele "já viu, já sabe que viu, mas não quer saber" (KEHL, 2004, p. 70). Apontando para uma ligação com o pensamento de Marx, Maria Rita Kehl salienta que o objeto-fetiche funciona para ocultar algo que o sujeito já sabe, mas não quer saber, e é justamente o poder de produzir este ocultamento, de "guardar o segredo da diferença sexual", que "lhe confere um brilho especial, um lugar de destacamento na série infinita de objetos eróticos ou erotizáveis com os quais este fulano pode deparar pelo resto da vida". Esse objeto funciona como mediador das trocas eróticas deste sujeito com seus parceiros, e também organiza suas cenas masturbatórias.

Em Marx o conceito funciona para descrever o ocultamento que, sob a forma de equivalência entre as mercadorias, dilui as diferenças entre os homens e os processos que as produziram. A mercadoria oculta a expropriação do esforço investido por cada trabalhador em sua produção, levando Marx a definir uma "fantasia teológica do universo das mercadorias" (KEHL, 2004, p. 78). Transformadas em valor de troca, as mercadorias apagam o caráter útil dos trabalhos nela empregados, deixando como resto a "mesma objetividade fantasmagórica, uma simples gelatina de trabalho humano indiferenciado" (MARX, 1988, p. 47): a mercadoria é a cristalização do valor social do trabalho, e seu "mistério" consiste no fato de que

> ela reflete aos homens as características sociais de seu próprio trabalho como características objetivas dos próprios produtos de trabalho, como propriedades naturais destas coisas e, por isso, também reflete a relação social dos produtores com o trabalho total como uma relação social existente fora deles, entre objetos. (MARX, 1988, p. 71)

Assim como na análise de Freud, o objeto-fetiche ganha brilho maior exatamente pela função de ocultamento que desempenha; o corpo-mercadoria "espiritualizado" (ZIZEK, 2008) também tem a propriedade de ocultar aquilo que se sabe mas não se quer enfrentar: as coisas que são trocadas e com as quais todos se relacionam são produtos de trabalho humano expropriado.

Compactuando com Freud, para quem a modernidade não é desencantada como pode, e quer, parecer[7](SAFATLE, 2010), Walter Benjamin apontava

---

7 "Para Freud, nossa modernidade não é desencantada, mas, de uma maneira peculiar, continua fundamentalmente vinculada à secularização de uma certa visão religiosa de mundo. Vivemos em uma modernidade bloqueada porque os campos da política, da organização familiar, dos processos de constituição da subjetividade e da reprodução da vida material ainda se organizariam a partir de noções de autoridade, de culpabilidade, de providência, de soberania e de necessidade claramente geradas no interior de práticas e instituições próprias a uma visão religiosa de mundo. Ao falar, por exemplo, que a autoridade paterna na família burguesa fornece o quadro explicativo

a necessidade de vermos o capitalismo como uma religião (LÖWY, 2005), com seus aspectos de culto e de produção de culpa. Marx acredita que "o reflexo religioso do mundo real" somente pode desaparecer "quando as circunstâncias cotidianas da vida prática representarem para os homens relações transparentes e racionais entre si e com a natureza" (MARX, 1988, p. 76). No caso da proibição das drogas, e da forma fetichizada com o qual é tratado esse fenômeno na contemporaneidade, se está também diante de um encantamento que oculta os efeitos sociais desta proibição, legislando moral e religiosamente sobre condutas individuais num contexto de suposta laicidade do Estado e das decisões políticas. Sabe-se a profundidade dos problemas engendrados socialmente por séculos de desigualdade e opressões diversas, mas é preferível não saber, encontrando bodes expiatórios cujo combate pode representar a salvação da sociedade em risco.

---

para a compreensão das disposições de conduta presentes em práticas religiosas, Freud não quer simplesmente dizer que a religião não passa de projeção de conflitos familiares. Ele quer dizer que a família burguesa, pilar dos processos de socialização de sujeitos modernos desencantados, é estruturalmente dependente de configurações ético-religiosas. Ou seja, Freud quer insistir que nossas sociedades não são desencantadas, mas fundamentadas em uma estrutura teológico-política peculiar." (SAFATLE, 2010)

SEGUNDA PARTE:
DROGAS E ESQUERDA NO BRASIL APÓS 1961

Capítulo 1
Esquerda armada (e disciplinada)

Para analisar formulações e entendimentos da esquerda brasileira a respeito das drogas, o presente trabalho toma como marco inicial o ano de 1961, tanto por ser a data da Convenção da ONU que marcou uma nova etapa na proibição de certas drogas quanto pelos anos 1960 representarem o começo de um novo ciclo na história do comércio de substâncias ilícitas em escala internacional, após aumento na demanda mundial por psicoativos e recrudescimento das estratégias proibicionistas catapultadas pelos Estados Unidos em âmbito internacional. Além disso, 1961 representou o início das cisões no interior do PCB (exatamente no momento em que a sigla deixa de significar Partido Comunista do Brasil e passa a representar Partido Comunista Brasileiro), um momento representativo e fundamental na história da esquerda brasileira, com o chamado "Partidão" perdendo irremediavelmente o protagonismo que ocupara até então.

Segundo Jacob Gorender (1987, p. 20), entre 1946 e 1964 "o PCB representou a principal força da esquerda de inspiração marxista" no Brasil e dispunha de quadros "experientes e completamente dedicados ao trabalho partidário", com uma radicação "sólida" no movimento operário e contando com ramificações nos meios operários e estudantil, o que "servia de referencial a todas as organizações de esquerda".

Fundado em 1922, sob influência da Revolução Russa de 1917,[1] o Partido Comunista do Brasil aliou-se às estratégias da Internacional Comunista

---

1   "A idéia de organizar um partido proletário perseguiu muitos militantes de vanguarda, desde a revolução russa, ainda que não viessem a participar de eleições ou coisa parecida, a entrar no jogo político das classes dominantes, o que então significava verdadeiro opróbrio para a grande

(Komintern) desde o início, "tendo como objetivo conquistar o poder pelo proletariado e lutar pela transformação política e econômica da sociedade capitalista em comunista e, como primeira grande tarefa, a construção do partido sobre uma firme base operária", como aponta o texto das resoluções de seu XII Congresso. A organização tinha como tática a participação nos sindicatos, nas lutas operárias e em "ações de massa", e foi considerada ilegal desde seu primeiro ano, tendo tido somente pequenos períodos de livre atuação.

Após definição tomada pela Internacional em 1935, durante seu 7º Congresso, no Brasil o partido formula sua defesa da estratégia de "Frente Única", que abrangeria mais setores do que o operário no combate ao fascismo. Assim, em 1935 o PCB encampa a formação da Aliança Nacional Libertadora (ANL), que logo é tornada ilegal. Em novembro de 1935 a ANL, quase totalmente formada pelo PCB, tenta tomar de assalto o poder e fracassa, no que passaria a ser conhecido como "Intentona comunista". Com essa derrota, começa uma desarticulação do partido, o que se agrava com o Estado Novo de Getúlio Vargas, iniciado em 1937. A perseguição aos comunistas foi dura, e o PCB só volta a articular-se em 1942.

Em agosto de 1943, Luiz Carlos Prestes, que antes de se tornar comunista comandara a Coluna Prestes, é escolhido Secretário Geral do partido, mesmo estando preso. Nesse momento, o governo Vargas iniciava um processo de "redemocratização", e o PCB decide apoiá-lo. Em abril de 1945 o presidente Vargas decreta anistia aos presos políticos e, no mês seguinte, legaliza o partido. Derrubado o presidente, eleições gerais são convocadas. Iedo Fiúza, candidato dos comunistas à presidência, obtém 10% dos votos; Prestes é eleito senador, junto com outros catorze deputados do partido. Estes resultados credenciavam o PCB como terceira força eleitoral do país.

O partido seguia defendendo uma aliança com a burguesia para uma "revolução democrática", só que a partir de agora o âmbito para concretizar essa transformação seria o parlamento, que convocaria, de forma pacífica, uma Assembleia Nacional Constituinte. Em 1947 a esperança na institucionalidade sofre um baque, uma vez que o partido volta a ser decretado ilegal, tendo seus parlamentares cassados em janeiro de 1948. A partir daí, os comunistas encampam a propos-

---

maioria da esquerda. Compreendiam a necessidade de congregar os revolucionários e coordenar os esforços, para outra investida contra o Estado burguês, e sentiam a insuficiência das entidades de massa, as uniões de resistência e federações operárias com vistas à consecução do objetivo: preparar a insurreição. A revolução russa, que – sabiam – um partido dirigira, rasgou os horizontes". (BANDEIRA; MELO; ANDRADE, 1967, p. 284) ta de uma Frente Democrática de Libertação Nacional, inclusive com um braço operário armado, e obtém sucesso em algumas mobilizações, como na campanha "O Petróleo é nosso", durante o segundo governo Vargas. A revolução continuava sendo projetada para ter duas etapas: uma "anti-imperialista e antifeudal" e a seguinte sim socialista rumo ao comunismo. Segundo Leandro Konder (1980), de 1946 a 1952 o PCB passa de 200 mil militantes para apenas 20 mil.

Em 1956 acontece o XX Congresso do Partido Comunista da União Soviética, onde são denunciados alguns dos crimes cometidos por Stálin. Mesmo que tal evento tenha impactado fortemente os comunistas brasileiros, a estratégia da revolução por etapas e de aliança com a burguesia permanece intocada: nas palavras de Daniel Aarão Reis Filho (1989), "em nenhuma hipótese seria aconselhável romper a unidade com a burguesia nacional".

Após a fracassada tentativa de golpe da direita em 1961, o PCB formula uma avaliação extremamente positiva do movimento social, segundo Reis Filho. Assim, o partido não encarava o peso determinante das divisões das classes dominantes, que teria se refletido "na divisão das Forças Armadas", e, sobretudo, não dava muita atenção ao fato de que o movimento antigolpista de 1961 "se viabilizara na defesa do regime e da legalidade". Essa linha de confiança na concretização das reivindicações populares através das "reformas de base" do governo de João Goulart, foi mantida até 1964, quando o golpe finalmente triunfou. O "Partidão" nunca mais seria como antes. A onda de cisões que começou com a fundação da Política Operária (Polop), em 1961, e do PC do B, em 1962, se acentuaria durante os anos da repressão por parte da ditadura militar, quando surgem, a partir do PCB, diversas pequenas organizações que optam pela luta armada para combater o regime e instaurar o socialismo.

Nova Esquerda: "reino do empirismo"

Em História das tendências no Brasil, Antonio Ozaí da Silva (1987, p. 87) qualifica o período durante o governo parlamentarista de João Goulart como marco do nascimento de uma "nova esquerda", articulada na esteira de uma "radicalização dos movimentos de massa que se aprofunda e se generaliza". A mesma terminologia é empregada por Daniel Aarão Reis Filho na introdução ao compilado de documentos de organizações da luta armada brasileira que ele editou em conjunto com Jair Ferreira de Sá sob o título *Imagens da Revolução*, onde qualificam 1961 como "marco inicial da Nova Esquerda" (REIS FILHO E SÁ, 2006, p.

19), a partir do qual estaria quebrado "o monopólio de representação política que pretendia o PCB desde 1922".

Com a expressão "Nova Esquerda" pretendemos abranger as organizações e partidos políticos clandestinos que surgiram no país em oposição e como alternativa ao Partido Comunista Brasileiro (PCB) e que se propunham a dirigir as lutas sociais e políticas do povo brasileiro, encaminhando-as no sentido da liquidação da exploração social, da dominação do capital internacional e da construção de uma sociedade socialista. A expressão "nova" quer significar, nesse contexto, "diferente", e não deveria sugerir a impressão de que temos a intenção de caracterizar as forças políticas até então existentes como "velhas", na acepção pejorativa do termo, ou seja, ultrapassadas. (REIS FILHO E SÁ, 2006, p. 15)

Partindo da definição do auge do PCB sugerida por Gorender e apresentada acima, Maria Paula Nascimento Araújo (2000, p. 74) traçou quatro fases no desenvolvimento do partido entre o fim da ditadura de Getúlio Vargas e o golpe militar de 1964, periodização que pode ser útil para a compreensão do desenvolvimento do partido e seus rachas. A primeira fase, entre 1945 e 1948, é marcada por um "contexto de inusitada legalidade", na qual o partido obtém o êxito eleitoral já mencionado. Segundo Araújo, a "definição de sua linha política programática era, de certa forma, a mesma de 1935: realizar uma 'revolução democrático-burguesa, antifeudal e antiimperialista'. O que mudava era a adoção de uma linha pacífica para a realização dessa tarefa – que se expressava na proposta de 'união nacional'".

O período entre 1948 e 1954 teria início com a "privação de um debate aberto e amplo, a repressão e a clandestinidade", o que resultaria na "radicalização da tática revolucionária que o PCB viveu nesse período". No Programa do IV Congresso, de 1954, propunha-se a luta armada e a hegemonia da classe operária, mesmo que aliada a burguesia nacional em uma frente revolucionária. O segundo governo de Vargas era qualificado como "traição nacional", o que, segundo Gorender (1987, p. 22) teria levado o partido a uma "situação desgastante e embaraçosa".

Com o suicídio do presidente e a forte comoção popular, o partido muda "a linha de sua tática política, iniciando uma fase em que voltou a buscar uma inserção na sociedade. No ano seguinte engajou-se na campanha eleitoral e participou da candidatura de Juscelino Kubitscheck" (ARAÚJO, 2000, p. 76). Estaria iniciada a terceira fase, que duraria de 1954 a 1958 e que corresponderia a um período de "reaproximação da vida política brasileira, na qual o PCB buscou recuperar-se como partido de massas" (*Ibidem*). No entanto, a fase seria marcada também por uma crise interna decorrente da divulgação do Relatório Kruschev, que denunciava os crimes de Stálin. Araújo resume:

> A revisão da linha política que começara a se processar no final de 1954; a tentativa do partido de construir uma ação política legal, vinculada às massas; a autocrítica do stalinismo motivada no mundo inteiro pelo Relatório Kruschev começam a empurrar o PCB para uma autocrítica mais profunda de sua tática política. Havia, ainda, a necessidade de superar a tensão entre estratégia (etapa democrática) e tática (luta armada).

Em 1958 inicia-se a quarta etapa, que duraria até 1964, e que teria como marco inicial a Declaração de Março de 1958, documento que reafirmava a etapa democrático-burguesa, o caráter anti-imperialista e antifeudal da revolução brasileira e a aliança com a burguesia nacional, mas defendia o caminho pacífico para a revolução e apontava a necessidade de uma luta por "reformas estruturais". A partir de então o embate entre via pacífica versus luta armada e a respeito da tática de defesa das "reformas de base" definiria os rumos internos e as cisões que mudariam a história do PCB e da esquerda brasileira.

Segundo Marcelo Ridenti (2007, p. 106), as esquerdas armadas brasileiras tiveram origem histórica nos principais partidos e movimentos de esquerda em atividade antes do golpe de 1964: Partido Comunista Brasileiro (PCB), Partido Comunista do Brasil (PC do B), Ação Popular (AP), Organização Revolucionária Marxista – Política Operária (ORM-Polop), além dos movimentos nacionalistas ligados a setores de esquerda do Partido Trabalhista Brasileiro (PTB). "Do interior dessas organizações matrizes, surgiram cerca de vinte grupos dissidentes que realizariam ações armadas – acusando seus antecessores de não se prepararem adequadamente para a revolução brasileira e de não terem sido capazes de resistir ao golpe" (*Ibidem*).

Em *A revolução faltou ao encontro*, Reis Filho (1989) avalia que se "as lutas políticas no interior da esquerda comunista passaram quase desapercebidas socialmente" durante o período anterior ao golpe de 1964, "a surpresa da derrota, mais a surpresa que a derrota, foi uma experiência dolorosa e desagregadora": "Instaurou-se o desencanto com a discussão e a organização política, privilegiou-se a 'prática', ou seja, atos e ações que tivessem efeitos imediatos. O empirismo condicionou a emergência de grupos e organizações auto-suficientes em âmbito regional ou mesmo municipal. Argumentavam que 'a prática' ensinaria o caminho".

Em outro texto, Reis Filho (REIS FILHO e SÁ, 2006, p. 20) caracteriza as organizações da Nova Esquerda como originárias de cinco troncos principais. O primeiro é formado pela ORM-Polop e por grupos que surgem sob sua inspiração ou derivados de cisões.[2] Da Ação Popular (AP) surge outro tronco, que inclui o Partido Revolucionário dos Trabalhadores (PRT), e que se pulveriza com a conversão da organização em marxista-leninista, consumando-se com a fundação da Ação Popular Marxista Leninista (AP-ML). Logo após, boa parte dos quadros da AP se integraria ao PC do B.

PC do B que por sua vez constitui o terceiro dos troncos, segundo Reis Filho. Daí são provenientes a Ala Vermelha do PC do B (PC do B – AV), de onde por sua vez origina-se o Movimento Revolucionário Tiradentes (MRT) e o Partido Comunista Revolucionário (PCR). Outras divergências no interior do PCB, posteriores a 1964, provocam o surgimento de um novo tronco, que Reis Filho subdivide em duas "seções: as Dissidências e a Corrente". As Dissidências geraram várias organizações regionais,[3] e a Corrente daria origem ao Partido Comunista Brasileiro Revolucionário (PCBR) e à Ação Libertadora Nacional (ALN), de Carlos Marighella, da qual surge o Movimento de Liberação Popular – Molipo. O último tronco registrado é representado pela corrente que reivindicaria o legado teórico do trotskismo, cuja expressão organizada é o Movimento Estudantil 1º de Maio, mais tarde convertido em Organização Comunista 1º de Maio.[4]

Segundo Reis Filho, a "extrema fragmentação" se explica tanto pela ofensiva do regime militar a partir de dezembro de 1968 quanto por determinações políticas, das quais ele destaca o impacto da derrota de 1964, a partir do qual se privilegia "a então chamada 'prática'" e o "reino do empirismo", o impacto das expe-

---

2 O autor cita: Comandos de Libertação Nacional (Colina), Vanguarda Popular Revolucionária (VPR), Partido Operário Comunista (POC), Organização de Combate Marxista-Leninista – Política Operária (OCML-PO), Fração Bolchevique.

3 Reis Filho registra "as mais significativas": a Dissidência do Rio Grande do Sul se integraria à ORM-Polop para formar o POC; a de São Paulo ingressaria na ALN; a da Guanabara forma a Dissidência Comunista da Guanabara (DI-GB), que mais tarde assumiria o nome de Movimento Revolucionário 8 de Outubro (MR-8); a do Rio de Janeiro formaria o Movimento Revolucionário 8 de Outubro, liquidado pela repressão em 1969 e que teria seu nome retomado pela DI-GB.

4 Para completar a sopa de letrinhas, o autor menciona ainda, além desses cinco troncos, "as experiências do Movimento de Ação Revolucionária (MAR), formado por militantes provenientes do PCBR e do MNR e da Vanguarda Armada Revolucionária – Palmares (VAR-Palmares) resultante da fusão de organizações, grupos e militantes provenientes da ORM-Polop, MNR, AP e PCB.

riências internacionais[5] de luta armada, sobretudo em Cuba e China, e o "choque de gerações nas organizações da Nova Esquerda": com a derrota de 1964, carreiras políticas e projetos de vida foram interrompidos, e muitos dos que sobraram no país acabaram desistindo temporariamente da vida política. "Os que haviam começado em 1963, 1964, viram-se, subitamente, com responsabilidade de direção", aponta (REIS FILHO E SÁ, 2006, p. 23) concluindo: "Nas organizações e partidos da Nova Esquerda a média de idade beirava frequentemente os vinte, 22 anos. Os que tinham 25 anos eram considerados veteranos".[6]

Ridenti (2007, p. 107) também observa que a composição dos grupos armados era predominantemente jovem, e além disso masculina:[7]

> A composição social de cada um dos grupos armados era relativamente diversificada no que tange a ocupação profissional, idade e sexo. No conjunto, predominaram os integrantes que poderiam ser classificados como de camadas sociais intelectualizadas, que compunham 57% do total de 1.112 processados pela Justiça Militar por ligação com organizações armadas urbanas, cujos militantes eram jovens na maioria (51,8% até 25 anos idade) e do sexo masculino (81,7%).

Reis Filho traz ainda outros elementos importantes, ao notar por exemplo que a luta armada e o emprego da violência eram vistos como inevitáveis, e a inspiração cubana e chinesa completava-se com a admiração pela resistência vietnamita: "Uma nação pequena, mas coesa, enfrentava vitoriosamente a grande potência mundial. Os fatos pareciam indicar que tudo era possível, desde que

---

5 Essa esquerda dissidente que surgiu no Brasil, ao longo dos anos 1960, seguia de perto algumas das tendências das novas esquerdas internacionais: inclinação pela violência, radicalismo, culto da ação e do pragmatismo. Os mesmos ídolos, ativistas e pensadores que influenciavam um expressivo setor da juventude de esquerda em todo o mundo ocidental também eram referências importantes por aqui: Che Guevara, Mao, Ho Chi Mihn, Débray, Fanon. Seja na versão cubana ou chinesa, a luta armada era nessa época valorizada tanto aqui quanto em muitas partes da Europa e dos Estados Unidos. (ARAÚJO, 2000, p. 84)

6 "Se associarmos estes dados à atitude de negação das experiências passadas, provocada pelo horror à derrota de 1964, teremos um quadro de rejeição violenta das tradições, ou seja, a eliminação de um dos principais fatores de coesão em qualquer estrutura política organizada." (REIS FILHO E SÁ, 2006, p. 23)

7 "Seria impossível deixar de mencionar o fato de que os intelectuais de classe média – homens e brancos – representam a grande fonte de quadros dirigentes de todas as organizações e partidos clandestinos." (REIS FILHO E SÁ, 2006, p. 30)

houvesse disposição de luta". Mesmo que a Revolução Russa ainda fosse presente e reivindicada, passara a um "plano secundário" frente às experiências cubanas, chinesa e vietnamita, e Reis Filho (REIS FILHO E SÁ, 2006, p. 27) observa que, significativamente, essas "tinham pouco a transmitir do ponto de vista da participação da classe operária na revolução".

Por fim, e fundamental ao enfoque deste trabalho, a Nova Esquerda distinguia-se também pela afirmação de novos valores políticos, derivados da confiança na ação e na intervenção da vanguarda.

Na possibilidade de transformar a realidade social, inverter a correlação de forças, que deixavam de ser dados irretocáveis para se tornarem algo suscetível de modificação, de revolução. A ressurreição do quadro político profissional, dedicado 24 horas por dia à revolução. O igualitarismo entre dirigentes e dirigidos, a atenuação das hierarquias. O espírito de sacrifício do Che Guevara, o ascetismo dos revolucionários chineses. E sobretudo a moral de "ofensiva" retilínea, não sujeita a recuos. A luta poderia ser longa, difícil, perigosa, mas o caminho estava traçado e os revolucionários deveriam preparar-se não mais para morrer heroicamente nas masmorras do poder, mas para matar em busca da vitória. (*Ibidem*)

Disciplina militar e sacrifício militante

O desacordo com a linha política do PCB e o novo cenário de enfrentamento da ditadura acarretaram na conformação desta "Nova Esquerda", fortemente marcada pela opção de atuação militar. Como apontado anteriormente, a nova conjuntura trouxe consigo novos valores, dentre os quais a disciplina militar, o ideal de sacrifício e a dedicação integral à ação política, subordinando, ou mesmo anulando, a vida pessoal frente à prática pretensamente revolucionária. Como resume um documento de março de 1971, da Ação Popular – Marxista Leninista, "sejam quais forem suas formas, todos os trabalhos e todas as lutas devem servir, direta ou indiretamente, para criar as condições políticas e militares para o desencadeamento vitorioso da guerra popular em nosso país" (REIS FILHO E SÁ, 2006, p. 385).

O mesmo documento prossegue apontando que "os militantes da nova Ação Popular, que juram consagrar toda a sua vida à luta pelo comunismo, devem ser resolutos, não temer nenhum sacrifício e vencer todas as dificuldades para conquistar a vitória!" (*Ibidem*, p. 386). A Ação Popular – Marxista Leninista defendia ainda que todos seus organismos e militantes "perseverem no estilo proletário de trabalho duro e vida simples" (*Ibidem*, p. 372) e dizia que em uma sociedade comunista "todo povo terá uma cultura elevada, uma concepção científica da natureza e da história, elevadas qualidades morais comunistas e grande iniciativa e entusiasmo no trabalho" (*Ibidem*, p. 375).

A organização Colina foi ainda mais longe, ao defender, em documento de abril de 1968 intitulado "Concepção da luta armada", que "a guerrilha não é apenas o embrião do exército, mas do próprio governo, da própria sociedade nova" (*Ibidem*, p. 194), apontando que em seu processo de desenvolvimento a luta armada "transforma as próprias relações sociais". Compreendendo a tática de luta adotada como embrionária de novas formas de relações sociais, estas entendidas como desejáveis na formação de um novo horizonte social, a passagem indica como a forma organizativa eleita para aquele período trazia pouca diferenciação entre as condutas individuais dos militantes e as políticas das organizações, uma vez que as primeiras estavam determinadas e subordinadas às segundas.

Neste sentido, é importante ser avaliado o papel que a noção de sacrifício pessoal – ao estilo Guevara, como apontado anteriormente – tinha para os grupos da esquerda armada. Em texto de 1960, anterior portanto à fundação do PC do B, Maurício Grabois, futuro dirigente da organização, salientava como o ideal de sacrifício permeava o pensamento de esquerda naquele momento, ao ressaltar que "a negligência no trabalho ideológico e as posições oportunistas, resultantes da linha política, levam ao enfraquecimento do espírito de partido, à perda da combatividade, da capacidade de luta e de sacrifício dos militantes" (PC DO BRASIL, 2000, p. 20).

Em relação ao ideal de sacrifício, há ainda outro aspecto, que Reis Filho (1989) define como o "complexo da dívida": "a compreensão de que uma inferioridade medular marca o militante, em relação ao Partido", fazendo-o sentir-se sempre em dívida com a organização em que atua. "A figura do débito estará sempre estruturando a prática social dos comunistas: incorrendo em erros, terá faltado ao Partido, deverá acertos de contas, autocríticas. Nas vitórias, não terá senão cumprido o dever revolucionário e aplicado a linha do Partido". Diante do tamanho das exigências, do tempo que o debate interno consumia e do "massacre das tarefas" aos quais era submetido o militante de esquerda naquele momento, Reis Filho questiona se mantê-los sob tensão máxima e em permanente dívida não era uma estratégia organizativa funcional:

> Seria possível imaginar homens e mulheres encarnando tantas virtudes? E se a amplitude dos critérios tivesse a finalidade de assegurar a certeza do seu não cumprimento? A tentativa de alcançar um objetivo que está sempre se afastando, como uma miragem, aprofunda o complexo da dívida e garante um empenho redobrado. Deste empenho, nunca satisfeito, virá o desejado reforçamento da coesão das fileiras das organizações comunistas.

O historiador – ele mesmo também militante da luta armada naquele período – destaca também o culto às lideranças e à autoridade como importantes critérios de coesão no interior das organizações.

Se o PCB cultuava Luiz Carlos Prestes, algumas de suas cisões não procediam de forma diferente: ele cita os casos das figuras de João Amazonas para o PC do B, de Carlos Marighella para a ALN, de Apolônio de Carvalho para o PCBR e de Carlos Lamarca para a VPR. "A celebração da autoridade é uma das bases mais importantes da estratégia da tensão máxima. Assume um duplo caráter: a apologia do saber dos dirigentes e o culto da personalidade do chefe, apresentado como arquétipo que todos devem imitar".

"Por mais que desejasse, a Nova Esquerda não conseguiria estar imune às forças e tendências que haviam modelado o passado e dos quais ela própria surgira", aponta, em outro trabalho, Reis Filho (2006, p. 27), que prossegue: "a análise das práticas, das formulações e da organização interna da Nova Esquerda evidencia as continuidades, os traços de união entre suas experiências e o passado". Para o autor, "certas análises fundamentais apresentam íntimos pontos de contato com formulações que o PCB vinha fazendo desde os anos 1950".

Isso é explicitado no documento de julho de 1970, do PCBR, texto que, em seu capítulo IV, intitulado "Balanço político e ideológico do partido", afirma: "Desde as origens, sofremos as influências foquistas e gradualistas. Rompemos com o PCB e estes desvios foram contrabandeados para o Partido. O Partido formou-se à base de critérios de militância que mantinham, no fundamental, os velhos critérios, herdados do PCB". Avaliação parecida com a da VPR, que, em documento de abril de 1970 denominado "Balanço ideológico da revolução brasileira: 1º passo para a construção da vanguarda", aponta: "Do PCB herdamos erros dos quais ainda não nos livramos. Em sua experiência, ou melhor, na crítica a essa experiência, devemos buscar as lições para compreender como nos libertar de tais erros". Por mais que buscasse romper com erros que avaliavam na tradição de esquerda brasileira, sobretudo no PCB, as organizações da Nova Esquerda herdavam do "Partidão" muito de suas formulações e concepções, o que leva à conclusão de que o enfoque na disciplina partidária e no sacrifício pessoal não são meramente produtos da opção pela luta armada.

Como mostra Cavalcante (1986, p. 141) ao analisar os Estatutos do PCB nos anos 1940, havia "clara intenção de forjar a imagem do comunista pelos atributos morais". Destacavam-se "a participação ativa, o entusiasmo, a abnegação", somando-se a esses valores "o espírito de sacrifício e a noção de dever, de disciplina e de responsabilidade". A autora cita o texto O que é o nosso partido, de Carlos Marighella, no qual o futuro símbolo da luta armada brasileira defendia "ser uma disciplina de ferro o que faz a força do Partido", concepção semelhante à de Luiz Carlos Prestes, que, em artigo de 1946, definia a disciplina como "arma de vigilância de classe". Cavalcante traz ainda uma citação de Jorge Amado, que no texto Homens e coisas do Partido Comunista defende que a organização deveria reunir "homens de bem, de vida decente e limpa", "bons trabalhadores, bons esposos, bons pais e bons amigos".

> A extensão e a ampliação do universo de valores, abrangendo as esferas privada e pública, tal como transparece nos textos elaborados pelos comunistas, já nos eram familiares. No entanto, até a publicação de seus Estatutos, não se percebia o grau extremo a que os comunistas conduziram essa relação. Neles estabelece-se que o "primeiro dever de todo membro do Partido é enquadrar todos os atos de sua vida pública e privada dentro dos princípios e do programa do Partido" e que "nenhum membro do Partido pode manter relações pessoais, familiares ou políticas com trotskistas ou com outros inimigos reconhecidos da classe operária e do povo". (CAVALCANTE, 1986, p. 142)

Cavalcante cita Ronald Chilcote para apontar que nada existiria fora do partido, pois ele "não organiza apenas o trabalho, mas também os esportes, as diversões, o lazer e as atividades culturais". Assim, para Cavalcante, a vinculação ao Partido Comunista do Brasil subtraía aos seus militantes "a possibilidade de conservar as instâncias em que se manifestassem e tivessem livre curso preferências e decisões particulares independentes da intercessão das diretrizes fixadas pelo partido" – "o recalcamento das opções e escolhas individuais circunscrevia os limites à liberdade negativa, dado que inviabilizava as formas de existências independentes do controle partidário", resume.

Modificados em 1967, os Estatutos do PCB deixaram de mencionar explicitamente boa parte destas questões, mas em seu Artigo terceiro, que legisla sobre "deveres do membro do Partido", ainda havia um item que estabelecia: "contribuir para o respeito às normas de segurança e o constante exercício da vigilância partidária" (NOGUEIRA, 1980, p. 193).

A permanência nas organizações armadas dessas concepções que permeavam o PCB é evidente. Se Marighella falava em "disciplina de ferro", documento do PC do B (REIS FILHO E SÁ, 2006, p. 106) de junho de 1966 fala em "férrea disciplina partidária". O PCBR, em documento de 1968 (*Ibidem*, p. 228), defende a "disciplina revolucionária", e o grupo Colina, em texto do mesmo ano, define o revolucionário como "aquele que corresponde às aspirações de seu próprio povo em sua luta para libertar-se da exploração e da opressão, em cada minuto das vinte e quatro horas do dia"[8] (*Ibidem*, p. 173).

Assim como a ALN, que em 1969 defendia que "não há entre nós separação entre o político e o militar" (REIS FILHO E SÁ, 2006, p. 276), o texto *Condições da luta revolucionária*, do Colina, enfatiza não só a disciplina revolucionária como o caráter militar da mesma. Segundo o documento (*Ibidem*, p. 202), o guerrilheiro deve "conhecer profundamente" as condições de desenvolvimento político-militar do foco guerrilheiro, o que faria com que ele não só tivesse melhores condições teóricas sobre o trabalho a ser realizado como também

> faz com que compreenda que nenhum romantismo poderá subsistir na adversidade da vida guerrilheira, onde o trabalho de desmatar, arar, plantar, colher, transportar por léguas e léguas é a vida de todo dia, que a aristocracia guerrilheira do combatente é mais um sonho que realidade. A preparação militar é especial – a compreensão política do segredo militar, da natureza dos combatentes, da disciplina militar, dos prisioneiros, etc. – ao mesmo tempo que geral – o manejo das armas, de explosivos, de tática guerrilheira, treinamento físico, etc. Mas sobretudo convicção ideológica de que determinados fins devem ser alcançados por determinados meios. Compreensão profunda do significado da linha política.

---

8   Herbert Daniel (1982, p. 46) fala sobre sua atividade na clandestinidade, a partir de 1972, como marcada pela "frenética intensidade duma militância que deu pouco ou nenhum tempo à reflexão".

Com tamanha imbricação entre o político e o militar, a disciplina acabava transbordando também para o próprio pensamento político, com o comando militar buscando homogeneizá-lo em busca de maior efetividade de combate. Para a Ala Vermelha do PC do B, cisão deste partido efetivada em 1966, uma organização partidária marxista-leninista seria a responsável por garantir "a homogeneidade política e ideológica do contingente guerrilheiro": "como a luta armada é o fator determinante no processo revolucionário, a participação dos principais quadros da organização partidária nessa luta permitirá a subordinação de todas as outras tarefas à tarefa principal" (REIS FILHO E SÁ, 2006, p. 165).

O contexto de repressão concreta ou iminente fazia com que as organizações debatessem e analisassem longamente questões vistas como importantes para a segurança de seus componentes e do grupo como um todo. Exemplar neste aspecto é o Capítulo IX do documento de julho de 1970,[9] do PCBR, onde o partido apresenta seus debates sobre "Política de organização". Após expor os "princípios do partido marxista-leninista", apontado como "uma necessidade histórica, correspondente a toda a fase de transição do capitalismo ao comunismo", o texto define a estrutura e o funcionamento do partido como pautados por: centralismo democrático, direção coletiva, luta interna, planejamento e controle e crítica e autocrítica.

A partir de então, aborda os "critérios de militância" que os componentes da organização devem seguir, assunto que é desenvolvido da página quatro à 35 do documento, iniciando com a delimitação: "Recrutados a partir de um critério político-ideológico proletário (...), os militantes comunistas, no mais amplo sentido do termo, têm uma responsabilidade histórica com a revolução". Prosseguindo na análise do documento, podemos apreender algo do clima vigente na esquerda armada naquele momento:

> A opção pela ideologia proletária deve corresponder à substituição do individualismo pelo coletivismo, do autonomismo pelo centralismo, da dispersão pelo controle da atividade, da conciliação pela luta ideológica, do liberalismo pela crítica e autocrítica. A opção geral pela ideologia proletária tem que se traduzir na prática política, na vida orgânica e em toda a atividade individual do militante comunista.

---

9   Disponível para consulta no arquivo do Cedem-Unesp.

Na sequência, o documento aponta que "o militante deve estar preparado para aceitar qualquer tarefa que lhe for atribuída pelo partido", mostrando "disposição em colocar em segundo plano os seus problemas individuais de estudo, trabalho, família, etc". Para o PCBR, a função da "política de organização objetiva" era "formar o partido como instrumento de uma estratégia, dar ao Partido um funcionamento coerente com a teoria, com a nossa linha político-militar". Após dispor sobre centralidade, tarefas da direção e importância da teoria, o texto versa sobre o "problema da segurança no trabalho revolucionário", que seria derivado de "liberalismo e imediatismo" nas condutas cotidianas.[10]

A partir daí, o texto dispõe sobre o "quadro geral da segurança", onde são elencadas uma série de condutas necessárias para os militantes, divididas entre o contexto "normal" e o de "alerta". Somente no aspecto "individual (normal)" são vinte pontos, sendo que um versa inclusive sobre o consumo moderado de bebidas alcoólicas – não há nenhuma menção se esse conceito de temperança se estende a outras substâncias. A transcrição completa deles é longa, mas também significativa de uma série de aspectos aqui abordados:

a) Discrição sob todos os aspectos;

b) Uso obrigatório de nome de guerra;

c) Possuir documentação fria completa, quando queimado;

d) Pontualidade;

e) Vigilância constante;

f) Desconfiança constante;

g) Mobilidade constante;

h) Controle emocional;

i) Ter sempre uma estória simples e coerente para quando interpelado;

j) Sigilo absoluto sobre o que sabe;

k) Conhecer só do que participa;

l) Não conduzir endereços escritos ou escritos desnecessários, memorizar o máximo que puder;

m) Verificar sempre se está sendo paquerado ou seguido;

---

10 "As raízes do liberalismo e do imediatismo que se refletem na segurança podem ser localizados a partir dos seguintes dados: influência massista, espontaneísta e anárquica dos quadros formados no movimento estudantil; ilusões de classe, tendências a 'blefar' a repressão, ligados a concepções de direita; aventureirismo, imediatismo, inconsequência, ligados ou não a militarismo, expressando a influência pequeno-burguesa".

> n) Transmitir sempre ao órgão responsável ou órgão de segurança informações sobre quebra de segurança do próprio ou de outrem;
>
> o) Quem beber, fazê-lo de modo moderado;
>
> p) Evitar "papos" ou atitudes inconvenientes;
>
> q) Não conciliar nunca com o liberalismo;
>
> r) Impedir por todos os meios a seu alcance a quebra da estanquidade da compartimentação e da própria segurança do Partido;
>
> s) Não questiona nunca uma ordem em combate, pois insubordinação causa maior dano ao Partido do que uma ordem não muito correta no momento da ação;
>
> t) Evitar durante conversas ou reuniões pronunciar palavras tais como partido, ponto, aparelho, guerrilha, transbordo, ação, confisco, sequestro, etc., procurar usar sinônimos para substituí-las.

Analisando outros documentos do período, disponíveis para consulta no arquivo do Cedem-Unesp, assim como o anterior, observa-se que não era só o PCBR que estava preocupado com "liberalismos" nas condutas de seus membros. Em documento de uma página intitulado "A questão das férias", a Polop aponta a necessidade de uma "autoeducação rigorosa" no interior da organização – chamada de "O." – a fim de "eliminar definitivamente esses traços de amadorismo e liberalismo entre nós". O foco do texto é regulamentar a "concessão de licenças a militantes", uma vez que "até há pouco tempo atrás, devido ao liberalismo com que muitos encaravam a militância na O., era considerado normal o abandono de tarefas por militantes que, sem mais nem menos, saíam de férias". Os pedidos deviam ser encaminhados com antecedência e seriam concedidos, a partir de então, um máximo de sete dias de licença por semestre para cada militante. A explicação era a seguinte:

> 1. Para nós, a militância é uma profissão, não no sentido de tirarmos o nosso sustento dela, mas sim no sentido de que, enquanto indivíduo, nossa atividade fundamental, a mais importante para cada um de nós, deve ser a atividade revolucionária. O fato de eventualmente dependermos de uma atividade legal que garanta o nosso sustento não passa de uma circunstância acidental, não podendo, por ex., um emprego legal ser sobreposto à militância. De maneira geral, nossos atos individuais, inclusive nossa eventual saída de férias, devem estar sempre limitados e orientados pelas necessidades da O.

2. Como qualquer atividade complexa que deve ser exercida intensamente, a militância exige de cada um de nós um esforço individual considerável. É, portanto, razoável e até necessário que se descanse periodicamente por alguns dias, para manter o rendimento do trabalho. Em condições normais, esta é a única razão pela qual se pode pedir uma licença.

Pequeno-burguês, o grande vilão

Com as condições de segurança sendo uma preocupação fundamental dos grupos armados, ela servia de legitimadora da "vigilância" das condutas pessoais dos militantes. É o que Gabeira (1981, p. 82) critica quando diz que "pequenos grupos, quando desgarrados do conjunto, dificilmente discutem coisas como a lógica de um programa político, mas, muitas vezes, se voltam para o debate de seu próprio comportamento. Nesses momentos, o centralismo se torna uma arma de poder de uma pessoa sobre a outra, ou de um pequeno grupo sobre uma pessoa".

Exemplo marcante da ingerência da organização política sobre a vida pessoal de seus membros é trazido por Gabeira quando relata experiência vivida em Cuba, onde se exilou por um período após atuação na luta armada e seguiu tendo atuação política organizada. Ele namorava uma mulher de sua mesma organização, e conta que sempre que sair de Cuba era debatido como opção, ele e sua companheira ressaltavam que gostariam de poder fazê-lo sem se separarem. O relato é significativo para mostrar de que forma anseios pessoais chocavam-se com determinações políticas em organizações marcadas por este tipo de concepção:

> Dentro do grupo, havia uma pessoa que gostara de Márcia e, sistematicamente, fazia propostas que implicavam nossa separação. Mas eram propostas trabalhadas com cuidado, de maneira que não podiam ser desmontadas com facilidade. Nosso coletivo, num certo momento, foi de seis pessoas. Márcia e eu éramos dois votos, mas precisávamos conquistar mais um para escaparmos à separação. O curioso é que as categorias psicológicas não tinham o mínimo sentido no grupo, pois eles não admitiam seriamente a existência de algo como o ciúme, por exemplo. Era impossível dizer, por exemplo: esta pessoa foi abandonada por Márcia e está buscando uma retaliação. Se fizéssemos isto, perderíamos os votos e,

consequentemente, estaríamos forçados a nos separar. Era preciso argumentar dentro da lógica interna de cada proposta, discorrer longamente sobre as vantagens da ida de um outro companheiro, acentuar suas qualidades, para defender nosso amor ameaçado.

Gabeira prossegue dizendo que, em um momento em que "as coisas estavam complicadas", ele decidiu apelar a um companheiro mais próximo "abrindo o jogo, dentro dos limites", ao que a pessoa teria simplesmente respondido: "É tudo uma questão de centralismo. Se for aprovado por maioria, vou respeitar a decisão. O centralismo é um princípio mais importante do que pequenas injustiças que se cometam em seu nome".

Integrante de organizações como Polop, Colina, VPR e VAR-Palmares, Herbert Daniel (1982, p. 95) aponta que "todos os grupos nasceram num combate ferrenho contra as velhas organizações – acusadas de revisionismo e reformismo". A preocupação teórica desta nova esquerda seria, sobretudo, "municiar-se em bons argumentos contra as antigas formações marxistas. Aquela nova esquerda reivindicava o marxismo, precisava desta justificativa para crer que a revolução que propunha tinha possibilidade de vingar".

Por outro lado, dentro deste processo Daniel identifica o uso frequente de uma categoria de desqualificação, a de "pequeno-burguês": "a grande preocupação ideológica era menos provar que aquela era a revolução socialista em marcha do que provar que não era um movimento 'pequeno-burguês'", declara. "O epíteto pequeno-burguês passou a ser uma condenação brutal, mais forte em carga afetiva do que um 'filho da puta' lançado numa briga de bar". De acordo com Daniel, isso se explica pois "quase toda" esquerda armada tinha origens no movimento estudantil, e "sua própria revolta lhe parecia escandalosa e impertinente. Os estudantes sonhavam levantes operários", aponta.

Desta forma, buscando uma suposta moral proletária, contrastante com as origens pessoais de boa parte de sua militância, a esquerda armada acabava por ignorar ou minimizar as liberdades individuais. Herbert Daniel pode afirmar isso com propriedade, uma vez que era homossexual.

> Meus problemas pequeno-burgueses me preocupavam, como tantos empecilhos que eu tivesse para poder me tornar um bom revolucionário. Entre eles a sexualidade, mais explicitamente, a homossexualidade. Desde que eu comecei a militar, senti que tinha uma opção a fazer:

ou levava uma vida sexual regular – e transtornada, secreta e absurda, isto é, puramente "pequeno-burguesa", para não dizer "reacionária", ou então faria a revolução. Eu queria fazer a revolução. Conclusão: deveria "esquecer" minha sexualidade.

Buscando se integrar nas concepções homogêneas no momento, fugir do rótulo de "pequeno- burguês", Daniel "esquecia" seus anseios pessoais mais íntimos e prementes. Afinal, "ser pequeno- burguês era uma espécie de pecado original do qual era preciso se livrar para merecer a revolução". "Durante todos os anos de militância minha homossexualidade nunca foi problema (para os outros)", lembra, antes de resumir: "Talvez alguém tenha feito uma acusação: 'É bicha, sabia?' Porque 'ser bicha' era uma acusação. Crime cujo castigo está nele e no rótulo".

Também homossexual, o cineasta Luiz Carlos Lacerda, que nos anos 1960 era assistente de direção de Nelson Pereira dos Santos, diz ter passado por problemas muito semelhantes ao de Herbert Daniel. Em declaração dada a Lucy Dias (2003, p. 310), conta que sua orientação sexual não era segredo para seus amigos, "mas a coisa da atividade política criava um problema, dava um choque. Eu tinha que esconder em um certo sentido, porque eu queria militar, eu acreditava no socialismo e tal. Mas o partidão era muito preconceituoso. Então eu tinha que me segurar".

Antes mesmo do golpe de 1964, Bigode – apelido pelo qual era conhecido o cineasta – teve de abandonar o Partido Comunista, segundo Dias, "porque achava que podia ser ao mesmo tempo comunista, homossexual e consumidor de droga". Em depoimento à autora, conta que um dia chegou em sua casa e encontrou lá seu pai conversando com um amigo, militante do partido. Lacerda trazia consigo um livro de poemas prefaciado por Walmir Ayala, e o amigo do pai pediu para olhá-lo. Ao ver o autor do prefácio, homossexual declarado, teria feito um discurso homofóbico condenando a leitura. Nas palavras de Dias (2003, p. 312): "que todo cuidado fosse pouco com esses elementos dissolutos típicos do capitalismo decadente. Isso mesmo: o homossexualismo era uma doença da burguesia. Evidentemente, ele queria chamar a atenção do pai para as más companhias do jovem filho". Em um dos pontos da entrevista que fez com Lacerda, Dias transcreve a seguinte declaração dele:

> Eu não queria mentir para as pessoas e não aceitava o fato de não poder ter uma atuação política por ser homossexual. Pra mim, isso não era uma contradição interna minha. Eu não tinha essa divisão. Eu ti-

nha clareza de que o problema era deles. Mas era difícil enfrentar isso porque era um preconceito institucionalizado na esquerda. Ao mesmo tempo, eu ficava muito confuso porque a esquerda para mim era o que havia de mais libertário. Então como é que se é libertário se no nível da subjetividade tinha esse preconceito tão violento? A subjetividade era varrida do mapa, era completamente malvista. O que existia era a chamada realidade objetiva, e em nome disso todo o conceito pessoal era subjugado e desconsiderado. (DIAS, 2003, p. 310)

Em entrevista de 1979 (BUARQUE DE HOLLANDA e PEREIRA, 1980, p. 108), Caetano Veloso mostrou preocupação com estas questões ao lembrar-se de seu período de faculdade, nos anos 1960, quando "tinha colegas que faziam movimento político". Ao mesmo tempo em que admirava os militantes e se identificava com seus ideais de justiça social, o cantor diz que sentia "um pouco de grilo com o desprezo que se votava a coisas como sexo, religião, raça, relação homem-mulher". Questionado se eram questões tratadas como menores, responde que "não eram só menores não, elas eram inexistentes e até nocivas": "Tudo era considerado alienado, pequeno-burguês, embora todo mundo na universidade fosse na verdade pequeno-burguês. Quer dizer, sexo não dava, religião não dava, tudo não dava".

O cantor baiano relata que estas eram preocupações centrais em sua visão de mundo, e que ao expô-las a um "colega que fazia política" ouviu dele que "você não quer nada, você é vadio, irresponsável, não tem futuro", o que o leva posteriormente, na entrevista, a classificar esse tipo de pensamento como puritano. Nas palavras de Gabeira (1979, p. 53):

> Assim como nossas tias achavam que a civilização ocidental e cristã cairia por terra se continuássemos mexendo nossas bundas e pernas ao som do Rock and Roll, muitos acreditavam, solenemente, que o edifício marxista-leninista iria ruir, se, de repente, começássemos a esfregar os clitóris das mulheres.

Este rótulo não parece exagero se analisado diante do depoimento da cineasta Ana Carolina (BUARQUE DE HOLLANDA e PEREIRA, 1980, p. 171), que entrou na Faculdade de Medicina da USP no mesmo ano de 1963 que Caetano é admitido como graduando em Filosofia na Universidade Federal da Bahia. Relatando os percalços pelos quais passou para conseguir entrar no PCB – "tentei várias entradas nesse caminho e não consegui, eu não era considerada do 'pessoal' lá" – ela relata em seus círculos de então um clima próximo ao descrito por Veloso e Gabeira:

> O pessoal que trepava e que ia à festa era alienado... não que eu trepasse, mas eu estava dividida entre a teoria e... não era nem prazer, era mais conviver, viver sua idade. Eu me lembro que, nessa época, tinha, todo sábado à tarde, o 'mingau dançante' da Faculdade de Medicina onde os caras do PC ficavam na porta discutindo, de japona, fumando, nervosos... e dentro ficavam os alienados, dançando Ray Coniff... Uma babaquice, ficava dividido mesmo... isso era horrível... isso era um horror. Naquela época, cabaço era fundamental. Não se trepava! A esquerda teve que esperar dez anos pra trepar.

Fica prenunciado já nesse relato o que futuramente se consolidaria na divisão entre os militantes da luta armada e os "desbundados", que inclusive recorriam, segundo Ana Carolina, ao "engajamento pelas drogas", questão que será abordada mais adiante. Por ora, ressaltemos que, obviamente, o que valia para sexualidade valia para alteração de consciência através do uso de psicoativos. É o que avaliava Gabeira (BUARQUE DE HOLLANDA e PEREIRA, 1980, p. 192) também em entrevista de 1979:

> Na Europa existe uma discussão muito profunda na esquerda, pelo menos sobre três temas: sexo, drogas e rock and roll. Não sei se a esquerda brasileira refletiu sobre a política de drogas: se ela conseguiu encarar a droga de uma forma que não fosse a inversão simétrica da repressão da direita... até que ponto ela compreendeu, quer dizer, a dimensão progressista que a droga pode ter também no sentido de ampliar o campo do possível, as dimensões da sua imaginação, entende? Até que ponto ela compreendeu certos aspectos da droga como afirmação do teu direito individual de dispor do seu corpo como você quer... eu não sei até que ponto a esquerda vai bancar isso. (...) quando você fala: "drogas – a alienação – a aceitação do sistema – a contra-revolução", você está perdendo as nuances, os problemas que têm que ser discutidos nessa questão das drogas.

Em entrevista concedida para este trabalho, em março de 2012, Frei Betto comprova a ausência de preocupação com esta temática, ao apontar que "em anos de militância na Ação Católica, de 1959 a 1964, nunca surgiu o tema droga.

Naquela época isso era coisa de marginal. No máximo se cheirava lança-perfume no carnaval, mas nem isso inquietava a JEC ou a JUC".[11] Um dos principais nomes da Teologia da Libertação no continente, Betto declarou, em artigo publicado pelo Correio Braziliense,[12] pertencer a

> uma geração que, na década de 1960, tinha 20 anos. Geração que injetava utopia na veia e, portanto, não se ligava em drogas. Penso que quanto mais utopia, menos drogas. O que não é possível é viver sem sonho. Quem não sonha em mudar a realidade, anseia por modificar ao menos seu próprio estado de consciência diante da realidade que lhe parece pesada e absurda.

Ainda na entrevista, Betto apontou também nunca ter "feito parte" da contracultura, "pois fui para a resistência à ditadura militar brasileira" – como se fossem opções incontornavelmente opostas. "Depois fui para a cadeia, onde aí sim, vi muita droga, mas no universo dos presos comuns, sobretudo maconha. Nos meios estudantis combativos ninguém curtia droga. E mesmo os presos comuns oferecendo, jamais vi um preso político aceitar drogas".

Fábio Mesquita, que chegou a trabalhar na Secretaria de Saúde durante a prefeitura petista de Marta Suplicy em São Paulo, também concedeu entrevista para este trabalho em março de 2012, e corrobora a afirmação de Frei Betto sobre ninguém "curtir drogas" no meio "estudantil combativo", ao menos no tocante à sua convivência. Militante do PC do B nos anos 1970, quando cursava Medicina, respondeu o seguinte quando questionado a respeito da presença ou não de debates em relação a drogas em sua organização: "Então, não tinha muito isso. Assim... rolava, eu até acho que rolava bastante... sei lá, sexo, mas acho que drogas não tinha, nunca reparei, nunca deparei com isso e também não tinha nem a discussão, o assunto não estava na pauta".

Segundo Mesquita, não havia proibição, o assunto apenas não era abordado.

> Era uma coisa muito mais ignorante do que uma coisa de enfrentar o debate, de dizer "então, todos os jovens aqui estão proibidos de usar droga". Não tem nada disso, nunca foi tratado, nem pró, nem contra, nem muito pelo contrário.

---

11 Juventude Estudantil Católica e Juventude Universitária Católica, respectivamente.
12 "Do fundo do poço". Frei Betto. *Correio Braziliense*, 7 de outubro de 2011.

Militante da VPR, Alfredo Sirkis (1980, p. 145) relata em *Os carbonários* um raro momento de lazer em sua atribulada atividade política pós AI-5. Era 1970, dia de final da Copa do Mundo entre Brasil e Itália, e Sirkis declara ter vivido uma "licença da organização para descansar a cuca depois do rapto" do embaixador alemão Ehrenfried von Holleben. O futuro fundador do Partido Verde assistia ao jogo numa fazenda de um conhecido de seu pai, junto com companheiros seus, e o relato deste momento mostra como a questão das drogas era tabu para este tipo de ativista.

> Apesar dos companheiros ali presentes serem do que havia de mais aberto e menos moralista na organização, ainda eram, na época, à imagem da esquerda em geral, contrários à maconha. As meninas também. Sidnei[13] trouxe um fuminho de primeira e dois LSDs, provocando olhares de indulgente reprovação de Daniel e sarcasmos do Alex. Eu defendia nas conversas, mas nunca tinha queimado na frente de companheiros de organização. Naquele dia, porém, dei uns tapinhas com o Sidnei e saí oferecendo para os demais, que se recusaram. A erva era de primeira, e fiquei curtindo a natureza e as paisagens da infância. No dia seguinte, queimamos outro baseado antes do jogo e Sidnei tomou um dos ácidos.

Em depoimento organizado por Mouzar Benedito, o mineiro José Roberto Rezende, que atuou no Colina, na VPR e na VAR-Palmares resume uma postura bastante comum em relação às drogas por parte desses setores da esquerda: a alteração de consciência era uma "válvula de escape", "alternativa para uma participação política impossível". Seu testemunho mostra bem que a relação entre drogas e esquerda no período era de distanciamento: "Se a fuga da participação política podia levar à droga, os militantes das organizações de esquerda também tinham um certo medo de se relacionar com os usuários de drogas proibidas. Uma coisa não combinava com a outra" (BENEDITO e REZENDE, 2000, p. 88).

Rezende usa a segurança também como argumento, ao citar um caso de um suposto militante do MR-8, que teria sido parado em uma blitz policial, e tendo maconha em sua posse teria chamado atenção da polícia, que ao proceder numa revista aprofundada do carro em que ele estava acabou encontrando docu-

---

13 Segundo Sirkis, Sidnei, com "cabeleira afro, pulseiras e balangandãs", não pertencia à "organização", mas ajudava "em uma ou outra pequena coisa (não menos perigosa, naqueles tempos), mais por amizade do que por convicção política". Mais adiante no relato, ele é chamado de "hippie".

mentos confidenciais da organização. Tenha o caso acontecido ou não, o fato de militantes de outras organizações, como era o caso de José Roberto, conhecerem essa versão é um dado relevante. Ele prossegue:

> Além dessa questão de incompatibilidade, havia outro motivo importante para as organizações de esquerda recomendarem aos seus militantes que evitassem as drogas: a promiscuidade entre a polícia e o tráfico, que já corria solto naquela época. No Rio de Janeiro houve um grupo de policiais chamado "Os onze de Ouro" criado pelas autoridades, com carta branca para combater a criminalidade. Eram policiais muito bem treinados, e alguns deles acabaram se transformando em bandidos de renome, como Mariel Mariscot, que foi morto na disputa por bocas de fumo e pontos de jogo do bicho, depois de cumprir pena no presídio da Frei Caneca.

Moral guerrilheira e necessidades humanas

Tendo em vista o papel que o consumo de drogas cumpre ao aliviar o sofrimento da experiência carcerária até os dias atuais, um militante rejeitar sequer experimentar maconha mesmo preso, como relatou Frei Betto, provavelmente é resultado de valores morais bastante consolidados. Dois aspectos podem ajudar a refletir sobre isso: a moral guerrilheira e o debate em relação às necessidades humanas.

Como já foi apontado, os valores da esquerda brasileira das décadas de 1960 e 1970 estavam fortemente marcados, ou mesmo condicionados, pela tática de luta armada. Mesmo não sendo características exclusivas deste momento, o forte apego à disciplina e o ideal de sacrifício tinham notável influência da opção pelo combate armado como instrumento de enfrentamento da ditadura e implementação do socialismo. Se o número de organizações passou a ser grande por conta das cisões e rachas, suas concepções políticas e organizativas não poderiam apresentar a mesma diversidade que a das siglas, uma vez que, como também já demonstrado, as origens desses agrupamentos não eram muito heterogêneas.

Quem provavelmente formulou sobre esse aspecto moral com maior clareza, e sobre o radicalismo, foi o trotskista argentino Nahuel Moreno,[14] um dos fundadores da corrente internacional LIT (Liga Internacional dos Trabalhadores), da qual a Convergência Socialista e posteriormente o PSTU fariam parte. No texto

---
14 Pseudônimo de Hugo Miguel Bressano Capacete (1924-1987).

A moral e a atividade revolucionária (Moral bolche ou moral espontaneísta?), também conhecido como "Documento de moral" e escrito em 1969, Moreno esboça o que chama de "moral guerrilheira", conjunto de reflexões sobre os valores desejáveis a um guerrilheiro comunista que, mesmo abordados talvez de forma mais incisiva do que faziam as organizações brasileiras, nos ajudam a entender um pouco do que se pensava nessa época em relação aos aspectos de nosso interesse aqui.

Antes de apontar que a base da moral defendida por ele era a "revolução proletária", e que "tudo que a favoreça em nossa conduta é moral, entra dentro de nossos valores; tudo que a debilite ou vá diretamente contra a revolução é imoral", Moreno traça um retrato que merece ser transcrito, de como encara a moral da sociedade que busca transformar.

> Os companheiros que captamos, são, principalmente, estudantes, vêm de uma sociedade em falência, repugnante, com pais separados ou que traem um ao outro; com amigos ou conhecidos que relatam orgias sexuais reais ou imaginárias; com filmes que se divertem em descrever todas as variantes de perversão sexual, com a leitura diária sobre a quantidade de maconha ou ácido lisérgico que consome a juventude norte-americana ou européia; com filmes pornográficos japoneses ou suecos que superam tudo o produzido na pré-guerra pelos franceses ou alemães; com pederastas ou lésbicas; com crimes ou assaltos vários; com delinquentes públicos transformados em grandes personagens que gozam de todos os favores e prestígio social; com uma escala aristocrática onde as artistas de cinema e televisão, rodeadas de playboys, são supra sumo da moda, dos costumes, da moral; com uma frieza entre os sexos nos países avançados, onde se está produzindo a liberação da mulher, que preocupa aos sociólogos; com a pílula como elemento fundamental na liberação da mulher. Estes companheiros chegam ao partido vindos de uma sociedade totalmente corrompida, sem valores de nenhuma espécie, onde a família, a amizade e as relações entre os sexos estão totalmente em crise. Isto não pode menos que refletir-se nas próprias filas partidárias, já que não vivemos enlatados a vácuo, mas sim dentro dessa sociedade.

Já de início, o dirigente argentino expõe suas credenciais: vivia-se em uma "sociedade totalmente corrompida, sem valores de nenhuma espécie", posteriormente definida como "uma época de falta de moral ou de uma ética congelada", o que o preocupava tanto por uma crise de valores familiares, de amizade e entre os sexos, excluída portanto a possibilidade das relações homoafetivas, quanto pela possível influência que isto teria "nas próprias filas partidárias" – afinal, como diria mais adiante, o partido é "base, princípio e fim de toda nossa conduta, incluída a moral, em todos os níveis".

Para o autor, as normas sociais cumprem o "papel fundamental" de garantir que "o indivíduo, pressionado pelos valores e deveres de sua organização social, responda às necessidades desta": "estas normais morais se impõem por convencimentos dos indivíduos e por pressão moral e até física da organização sobre eles. O que caracteriza é a pressão moral, ou seja, de opinião coletiva da organização".

Depois de criticar dois tipos de moral identificados por ele como desprezíveis, a moral burguesa e a moral espontaneísta, esta ligada ao grande vilão representado pela "pequena-burguesia", Moreno apresenta "uma ética e consciência dos deveres que nos deve fazer meditar muitíssimo": a moral guerrilheira.

> A guerrilha não é uma luta esporádica, mas ao contrário, é uma guerra longa que exige uma disciplina e organização férreas. É a negação do espontaneísmo, justamente a máxima expressão do organizado, do antiespontâneo. É uma guerra com milhares de combatentes, como tal tem uma moral adequada a essas necessidades. Sua moral é tão severa como sua organização e tão sacrificada como sua luta. Todo o imediato, o sexual, a alimentação, como todas as necessidades culturais imediatas ou mediatas, são sacrificadas às necessidades da luta armada, o fator decisivo que restringe ou medeia tudo, inclusive a moral.

Como visto tanto nos trechos de documentos de organizações armadas quanto nos relatos trazidos, por exemplo, por Herbert Daniel e Luiz Carlos Lacerda, a defesa dessa subsunção "severa" de "todo o imediato", das "necessidades culturais imediatas ou mediatas" às necessidades da luta armada – vista como "o fator decisivo" que tudo "restringe ou medeia" – não era privilégio dos trotskistas argentinos. "Todos os desejos, necessidades, são subordinadas e inclusive adiadas pelas necessidades da luta guerrilheira", prossegue Moreno, que mais adiante aponta que

> Esta moral guerrilheira levou até os últimos extremos a liquidação ou castração do imediato e do cultural, em benefício do futuro, da luta, da guerri-

lha. Graças a este sentido do dever, como um de seus principais elementos, pode triunfar. Negou todas as necessidades humanas para impor a máxima necessidade, a da revolução e a guerra civil contra os exploradores.

"Toda nossa moral, tanto objetiva quando subjetiva, está condicionada por nossa condição de militante do partido", continua, antes de sintetizar: "Todos os sacrifícios são poucos: vivemos por e no partido, para o partido". Depois de fazer uma inusitada defesa da monogamia heterossexual, Moreno foca seus ataques na "imediatez biológica", vista como contrária a uma moral "mediada por nosso método e nossa militância". Para Moreno, a moral guerrilheira, que atende às necessidades da revolução, não pode ser a da busca do prazer e do gozo, e sim "uma moral implacável para derrotar a um inimigo não menos implacável, os exploradores e o imperialismo".

Poder-se-ia perguntar se o implacável aqui se dirige ao inimigo ou se tal moral é implacável em verdade com os próprios componentes do partido, mas isso talvez seja desnecessário diante do apontamento posterior de que o gozo naquele momento nada mais era do que "uma categoria, neste momento histórico, da própria sociedade neocapitalista".

> O espontaneísmo moral é a intenção, por setores juvenis, de gozar como indivíduos da sociedade neocapitalista, ou seja, da sociedade de consumo, sem ajustar-se aos fetiches e reflexos condicionados dessa mesma sociedade. Nós acreditamos justamente o contrário, que nossa moral não é a da opção, como os existencialistas, nem para o gozo como os espontaneístas, mas sim o da necessidade da revolução. (...) Quem não assimila esta moral não é apto, nem útil para a luta.

Além da defesa da submissão absoluta, da "castração", das vontades individuais dos militantes às demandas partidárias supostamente revolucionárias, está presente neste texto de Nahuel Moreno uma determinada conotação de necessidade humana. Em 1963, um documento da Ação Popular (REIS FILHO E SÁ, 2006, p. 54) também trabalha com este conceito ao apontar que

> O que interessa é garantir a liberdade de desenvolvimento das pessoas, a possibilidade da sua expressão e da expressão da sua vontade. Porém, liberdade com expressão da pessoa não é poder fazer tudo o que se

quer, mas poder fazer tudo que seja expressão de uma necessidade humana fundamental, tratada no nível da razão.

Sem definir com exatidão não só o que é ou não uma "necessidade humana fundamental" mas, sobretudo, quais os critérios para uma definição de tal ordem, o texto da Ação Popular flerta com a abordagem de Moreno, a de que só é cabível a um militante a satisfação de suas necessidades na medida em que isto sirva à revolução – abordagem que igualmente não define quais critérios adotados para essa decisão.

No artigo *As necessidades humanas e o proibicionismo das drogas no século XX*, Henrique Carneiro (2002) problematiza a utilização do conceito de necessidade como refutador do recurso à alteração de consciência por meio de substâncias psicoativas. Enfrentando o pensamento marxista "puritano", se seguida a classificação de Caetano Veloso trazida anteriormente, Carneiro fia-se exatamente na obra de Karl Marx para apontar que "a conotação de necessidade presente em Marx é aquela que, além do conceito lógico de necessidade objetiva, identifica nas necessidades subjetivas da humanidade dois tipos: as que são básicas, de sobrevivência física, e as derivadas". Prossegue:

> A busca da satisfação das necessidades é o que leva à produção dos meios para satisfazê-las, criando o que Marx designa como "primeiro ato histórico". Primeiro é preciso viver, ou seja, "comer, beber, ter habitação, vestir-se e algumas coisas mais", mas logo em seguida, acrescenta Marx, "satisfeita esta primeira necessidade, a ação de satisfazê-la e o instrumento de satisfação já adquirido conduzem a novas necessidades - e esta produção de novas necessidades é o primeiro ato histórico", e "as necessidades ampliadas engendram novas relações sociais e o acréscimo de população engendra novas necessidades".

Carneiro demonstra que Marx discute, em *O Capital*, a questão dos produtos das necessidades se imporem pelo "hábito" e não somente por uma suposta "necessidade fisiológica", sendo que o exemplo apresentado pelo pensador alemão seria exatamente o de uma droga, o tabaco. "Meios de consumo que entram no consumo da classe trabalhadora e – à medida que são meios de subsistência necessários, embora muitas vezes diferentes em qualidade e valor dos consumidos pelos trabalhadores – constituem também parte do consumo da classe capitalista", sustenta Marx, antes de concluir ser possível "colocar todo esse subdepartamento" "sob a rubrica: meios de consumo necessários", sendo "totalmente indiferente, nesse caso, que determinado produto, o fumo, por exemplo, seja ou não, do ponto de vista fisiológico, um meio de consumo necessário; basta que habitualmente o seja".

Posteriormente, ainda em *O Capital*, Marx trará uma seleção de distintas mercadorias – linho, Bíblias ou aguardente – que representam a satisfação de necessidades, cuja natureza, seja do "estômago ou da fantasia", não "altera nada na coisa". Carneiro cita ainda a repetição que Marx faz, numa nota de rodapé, de uma frase de Nicholas Barbon: "Desejo inclui necessidade, é o apetite do espírito e tão natural como a fome para o corpo (...) a maioria (das coisas) tem seu valor derivado da satisfação das necessidades do espírito". A partir disto, o historiador brasileiro conclui que a determinação do que sejam as necessidades básicas e do que sejam as carências particulares que constituem os diferentes "estilos de vida" ou "preferências pessoais" remete a um debate de definição do que seja o conceito de necessidade, da definição do lugar das drogas na pauta das necessidades humanas. "A natureza do conceito de necessidade revela uma chave essencial para a compreensão das visões de mundo que se constituíram no bojo da modernidade, época em que as necessidades ampliaram-se numa escala global", aponta Carneiro, após questionar o que seriam as necessidades: "Sob esta definição dividiram-se aqueles que viram um limite aos desejos humanos, que deveriam se saciar austeramente apenas com o necessário, ou seja, sem desejos outros que não os que permitam a vida sóbria, e aqueles que conceberam o desejo como uma espiral incessante que impulsiona a humanidade".

Heroísmo versus alienação ou caretice versus liberação? Entre a luta armada e o desbunde

Lançado em 1970, o filme Zabrieskie Point, dirigido pelo italiano Michelangelo Antonioni, é um dos mais famosos produtos e retratos da contracultura durante os anos 1960 nos Estados Unidos. Ao apresentar o encontro entre a jovem secretária "descolada" Daria – interpretada pela atriz Daria Halprin – e o jovem contestador *mezzo* ativista *mezzo* niilista Mark – interpretado por Mark Frechette –, o filme vai traçando um panorama fragmentário daquele período efervescente social e politicamente. A trilha sonora com Pink Floyd, Greateful Dead e Rolling Stones, e a fotografia da obra constituem uma camada psicodélica por onde se desenvolvem os pedaços da trama.

Quando Daria, dirigindo um carro dos anos 1950 durante uma viagem em busca de seu chefe, e Mark, que roubara um avião e fazia voos rasantes para impressionar a moça, se encontram pela primeira vez, eles estão no *Zabrieskie Point* que intitula a obra: ponto no meio da montanha de Amargosa, no deserto de Death Valley, estado da Califórnia. Antes de fazerem sexo no meio do deserto, em uma cena fortemente marcada pelo clima psicodélico da época, Mark e Daria conversam após a garota buscar um cigarro de maconha em sua bolsa, e o diálogo é bastante representativo do dilema vivido pelos jovens descontentes com o status quo naquele momento. Ao menos nesse diálogo, podemos encarar Mark como o representante do típico militante de esquerda, e Daria como a "desbundada": de um lado a disciplina, de outro a crítica a uma visão que resumia tudo na dicotomia que opunha proletários e burgueses, "heróis" e "vilões". "Você quer?", ela oferece, mas o rapaz nega: "Você está falando com um cara disciplinado".

> Daria – E o que seria isso?
> Mark – Nada sério, suponho. Mas este grupo em que estou tem regras sobre fumar, eles estão em uma "viagem à realidade".[15]
> Daria – Que chatice. Vamos para a sombra.
> Eles se sentam e ela acende o baseado.
> Daria – O que você quer dizer com "viagem à realidade"? Ah, sim, que eles não podem imaginar. Você está de acordo com esse grupo? Por que não sai?
> Mark – Eu não estava realmente no grupo, toda essa conversa me cansa. Mas quando as coisas endurecem, é preciso se escolher entre um lado e outro.
> Daria–- Existem milhares de lados, não só heróis e vilões.
> Mark – Mas ainda existem, certo? Qual seu nome?
> Daria – Daria.
> Mark – O ponto é que se você não identifica esses vilões, você não consegue se livrar deles.
> Daria – (apaga o cigarro) Você acha que se nos livrarmos dele teremos uma cena totalmente nova?
> Mark – Por que não? Consegue pensar alguma outra maneira para nós fazermos melhor?
> Daria – Nós, quem? Seu grupo?

---

15   "Reality trip" no original.

"Os companheiros desbundavam. Desbundar naquela época significava, no jargão da esquerda, abandonar. Fulano? Fulano des-bun-dou, dizíamos, com desprezo". A descrição feita por Sirkis (1980, p. 142) resume bem o principal embate vivido entre a juventude não conservadora entre os anos 1960 e 1970 no Brasil: luta armada ou desbunde. Como explica Alex Polari em entrevista de 1979 (BUARQUE DE HOLLANDA e PEREIRA, 1980, p. 238): "foi isso precisamente que a minha geração escolheu em 1969. Desbunde, piração, ou guerrilha, já que a militância ao nível do reformismo era negada".

> Foi mais ou menos por aí (em torno de 1969) que se deu essa estranha confluência, uma esquina da História, onde se abriram esses dois caminhos, cada vez mais inconciliáveis, menos por suas possibilidades reais de virem a fazer parte de uma coisa só do que pela maneira como evoluiu a própria dinâmica social, fechando portas e estreitando possibilidades. Para a minha geração, a opção foi exatamente essa: ou pirar, viajar nas drogas, ou entrar na luta armada. Heroísmo X alienação, como era visto por nós, que optamos pela luta armada; caretice X liberação, como era visto por eles, que entraram noutra.

"Pra quem ficou no país, disposto a botar pra quebrar, só existiam duas possibilidades", rememora Lucy Dias (2003, p. 160): "curtir o barato da descoberta de si mesmo e fazer sua revolução comportamental, sem script prévio", ou "roer o próprio fígado e não ver outra saída senão virar guerrilheiro, entrando de sola na contra-revolução armada, com previsível script final".

A autora define as opções como "mutuamente excludentes", uma vez que os "desbundados" defenderiam o processo individual, de autorrevolução, como saída, ao contrário dos guerrilheiros, que "reprimiam os sentimentos pessoais, seguindo um rígido manual de conduta que desvalorizava as questões individuais em prol do coletivo e de uma revolução social que viria" – o orgasmo ficava para depois da revolução, resume Dias.

Do lado que via as coisas como uma dicotomia entre heroísmo e alienação, a opção pelo desbunde era extremamente mal vista. Como aponta Herbert Daniel (1982, p. 75), "soluções individualistas, como o desbundamento, deviam ser fortemente combatidas". Já Sirkis (1980, p. 142) lembra-se de sua posição na época frente a um antigo companheiro que "virou hippie": "fingíamos compreensão, mas no fundo desprezávamos aquela fraqueza, aquela incapacidade de fazer jus ao papel histórico reservado para a nossa geração". Ele lembra inclusive que sua organização, a VPR, "desaconselharia o contato com áreas de desbundados, gente que abandona a luta para ficar em casa puxando maconha" (*Ibidem*, p. 143).

O advogado Liszt Vieira participou do combate à ditadura brasileira desde seus tempos de 123 movimento estudantil, nos anos 1960. Antes de ser preso e mandado ao exílio em 1970, libertado em troca do embaixador alemão que havia sido sequestrado, viveu de dentro essa sensação de dicotomia. Em entrevista a este trabalho, foi questionado se havia em sua atuação naquele momento alguma reflexão ou preocupação em relação à temática das drogas e respondeu que "não havia". Prosseguindo, mostrou analisar a situação da juventude que discordava da ditadura nos anos 1960 a partir desta perspectiva dual, ao dizer que "o famoso ano de 1968 no Brasil teve duas vertentes: uma revolucionária no sentido político de luta contra a ditadura militar, e outra na linha de contracultura. Eu fazia parte da primeira, que não usava drogas".

Questionado a respeito de possíveis conexões entre estes dois grupos, Vieira declarou que "não havia influência de contracultura no setor chamado revolucionário. São atuações distintas na época". Também em entrevista a este trabalho, Frei Betto coaduna com a visão de Vieira quando aponta: "não fiz parte da contracultura porque fui para a resistência". Em outro ponto ambos também concordavam, já que, assim como Frei Betto salientou em declaração trazida anteriormente, Vieira também afirma que entre os presos políticos não havia consumo de drogas no período em que ele esteve detido. Segundo ele, na prisão isso "seria impossível".

Já o outro lado via as coisas de forma diferente, como relata o jornalista Luiz Carlos Maciel, que definiu "essa ideia do desbunde" como um "movimento de raízes existenciais":

> Quer dizer, as pessoas chegaram num momento de suas vidas e disseram assim: "pô, não tenho saco para esperar que através de uma interpretação da história... que a história se desenvolva, através de seus fatores objetivos e subjetivos, até haver uma modificação: aí eu já vou estar morto". É o que aquele espetáculo do Living Theater dizia no título: Paradise Now, ora, se você quer uma modificação mais imediata, naturalmente que a ação programada através de uma interpretação do movimento histórico a longo termo deixa de ter sentido. Então, não adianta nada ficar escrevendo artigos, fazendo comícios, cons-

cientizando as massas; parte-se para o desbunde. (BUARQUE DE HOLLANDA e PEREIRA, 1980, p. 100)

Maciel vê em 1968 a consolidação desta situação, um momento que assinalou uma "aposta alta": "uma porção de pessoas que, naquela época, estavam nos seus vinte anos, achavam que era naquele momento ou nunca. Havia esse clima. (...) Foi uma aposta alta e quando essa aposta foi perdida, houve, realmente, uma decepção muito grande".

Conhecido como um dos precursores da contracultura no Brasil, Maciel vê em 1968 uma certa forma de "morte da política convencional": "o sentimento que se tinha é que todos os esquemas tinham falhado, que a gente tinha se enganado, que não era nada daquilo, tinha que se começar do zero, e foi aí que mudou". Ele avalia que teria mudado, inclusive, a própria concepção de engajamento, "que deixou de ser político, coletivo, dentro dos quadros, e passou a ser um engajamento pessoal, individual, existencial, psicológico". Falando sobre o impacto que a obra de Wilhelm Reich teve em suas concepções, aponta:

> A única possibilidade de uma ação efetiva seria se as pessoas mudassem a cabeça mesmo, completamente; e isso não poderia ser uma coisa intelectual, mas existencial, vivida. Aí as drogas tiveram a importância que sabemos, porque ofereciam uma possibilidade de transformar esse estado de consciência, e transformavam mesmo. O prestígio que o LSD e outras drogas tiveram era exatamente em função dessa perspectiva que ofereciam, de desmanchar a cabeça feita pelo sistema e poder fazer uma outra cabeça. (*Ibidem*)

Em outra oportunidade, Maciel (1985) define a contracultura como um movimento surgido sobretudo entre a "juventude ocidental" nos 1960, de onde nasceria uma "descoberta fundamental": a de que "o estado de consciência prevalecente em nossa cultura não era absoluto nem obrigatório". "A descoberta da juventude, de que havia outros estados de consciência, possibilitou uma nova perspectiva cultural, quer dizer, ficou claro que com outros estados de consciência pode-se criar uma cultura diferente".

Autor da coluna "Underground" no jornal *O Pasquim*, Maciel causou polêmica ao publicar neste espaço um "manifesto hippie", em 8 de janeiro de 1970 (AUGUSTO e JAGUAR, 2006, p. 76), o que representaria um "marco importante de articulação da contracultura como movimento social", nas palavras de Lucy Dias (2003, p. 53). Intitulado "Você está na sua? Um manifesto hippie" o texto começa afirmando: "Seguinte: o futuro já começou".

Resumindo sua argumentação e sua polêmica com os setores "engajados", de esquerda, vistos como representantes do passado e da "velha razão", Maciel terminou a coluna com as duas listas que reproduzimos abaixo, sendo que vinham precedidas da seguinte explicação: "A segunda coluna é uma resposta à primeira, item por item. O limite da velha razão engendra a nova sensibilidade".

BOÊMIOS	HIPPIES
Cool jazz	Free jazz
Angústia	Paz
Uísque	Maconha
Neurose compulsiva	Esquizofrenia
Beatles	Jimi Hendrix
Volkswagen	Jipe
Higiene	Beleza
Amor livre	Amor tribal
Noite	Manhã
Palavrão	Nudez
Agressivo	Tranquilo
Simonal	Jorge Ben
Barbitúrico	Anfetamina
Papo	Som e cor
Ateu	Místico
Sombrio	Alegre
Lênin	Che Guevara
Brasil	Ipanema e Bahia
Panfleto	Flor
Na dos outros	Na sua
Comunicação	Subjetividade
Psicanalisado	Ligado
Bar	Praia
Gravata	Colar
Martinho da Vila	Gilberto Gil
Herbert Marcuse	Willen Reich

Política	Prazer
Bossa Nova	Rock
Tenso	Relaxado
Violão	Guitarra elétrica
Godard e Pasolini	Andy Warhol
Samuel Beckett	Jean Genet
Pílula e aborto	Filho natural
Ego	Sexo
Discurso	Curtição
Oposição	Marginalização
Família e amigos	Tribo
Segurança	Aventura

Além de soar estranha a presença de Che Guevara na lista dos "hippies", salta aos olhos a crítica à política, contraposta ao prazer, este sim visto como resultado da nova sensibilidade. O discurso, arma tradicional da política tradicional, é respondido com "curtição", assim como o ateísmo é substituído pelo misticismo[16] e a ação oposicionista pela marginalidade. A maconha era vista como resposta hippie ao uísque boêmio, e a ação coletiva ("na dos outros") é subjugada ao engajamento individual: "na sua".

Lembrando do início do que depois se conheceria como Movimento Hippie, nos Estados Unidos, na segunda metade dos anos 1960, Lucy Dias (2003, p. 100) aponta que "a guerra do Vietnã marcou profundamente nosso imaginário de esquerda", com a marcha do combate sendo atentamente acompanhada pelos jovens brasileiros até seu desfecho em 1973. Mas não só a guerra

---

16 O recurso ao uso de drogas psicodélicas pode explicar, em parte, essa busca por chaves místicas de entendimento e engajamento no mundo. É o que relata, por exemplo, o cantor Ney Matrogosso em depoimento a Lucy Dias (2003, p. 152): "A primeira vez que tomei LSD entendi claramente sua finalidade. Era para tomar com poucos e selecionados amigos, em lugares especiais e, de preferência, em conato com a natureza. Cheguei mesmo a desenvolver uma espécie de ritual antes de usá-lo; tomava banho e vestia uma roupa branca, numa atitude mesmo de reverência diante de uma coisa sagrada. Sagrada no sentido de me possibilitar um acesso ao divino (somente agora entendo que era ao divino dentro de mim). Mas, na época, o ácido me conduziu diretamente à percepção de Deus no universo, na natureza – um Deus acessível e manifestado. Até então, ele representava uma noção meio vaga, da qual não sentia a menor vontade de me aproximar ou tentar entender. O ácido fez com que Deus se apresentasse na minha vida. A primeira vez que tomei, compreendi o universo, meu significado neste planeta e como, na relação real, o homem não é mais importante que um grãozinho de areia ou a menor das plantinhas".

era marcante para alguns destes setores, como também, ou sobretudo, os que reagiam a ela, "os rebeldes da contracultura" (DIAS, 2003, p. 101). A cultura alternativa passaria a "tomar corpo e forma" mundo afora, incluindo-se aí uma cultura de experimentação de drogas já tradicionais, como a maconha, e que ganhavam fama naquela época, como o LSD.

Dias descreve a "vida hippie" se desenvolvendo "na base do *make love, not war*" e "apoiando-se basicamente sobre o uso de drogas, principalmente as chamadas psicodélicas, usadas como porta de acesso para outro estágio de consciência". Ela cita Maciel (DIAS, 2003, p. 101):

> Enquanto o guerrilheiro queria mudar o mundo, o hippie deixava o mundo dos caretas como estava, mas queria mudar a si próprio e a sua cabeça – e, se possível, a dos outros também. A transformação do mundo, para o hippie, era o resultado da transformação não só da mente das pessoas, mas de seu próprio sistema nervoso, esse era o verdadeiro caminho para a felicidade.

Em artigo publicado no portal de notícias *Terra*, do qual era colunista, o poeta Antonio Risério (2008) identifica no AI-5 um marco para o despontar da esquerda armada e também da contracultura no Brasil: "Ao fechamento da ditadura, reagimos com extremismo. De uma parte, a contracultura. De outra, a esquerda armada". Risério enveredou pela contracultura, uma vez que "para nós, naquele momento, a esquerda tradicional, assim como o intelectualismo acadêmico, era a estrada sinalizada, com barreiras e postos de vigilância ideológica a cada dezena de quilômetros".

> Apostamos na viagem mais livre, na contracultura. É bem verdade que a nossa dieta contracultural tinha muito de patafísico: acreditávamos em discos voadores e que seríamos capazes de fazer o Pentágono levitar, por exemplo. Ao mesmo tempo, muitas das lebres que a contracultura levantou, passaram a integrar as agendas sociais e políticas do Brasil e do mundo: a defesa do meio ambiente, as lutas das mulheres e dos homossexuais, as questões negra e indígena, o problema das drogas para a expansão da consciência. E há uma coisa: a contracultura aconteceu no Brasil não por causa, mas apesar da ditadura. Quando um intelectual como o Carlos Nelson Coutinho tenta reduzir as coisas, falando em "filosofia do desespero", ele se esquece de que a contracultura foi um movimento internacional,

acontecendo em Londres, Praga, Paris, São Francisco, Amsterdã, etc. Nenhuma dessas cidades era dominada por militares brasileiros. O general Garrastazu Médici não mandava em Amsterdã.

Risério defende a existência de "pontos de contato" entre esquerda armada e contracultura: escassos, mas importantes. Cita leituras comuns, como de Marcuse ou Franz Fanon, mas ressalta que a distância entre ambos era enorme. "O que o desbundado queria mesmo era ficar em paz, queimando seu baseado e ouvindo Rolling Stones ou Janis Joplin. Antes que alterar o sistema de poder, pretendia, através da transformação interior, erigir-se em novo ser de uma nova era, amostra grátis do futuro", descreve caricaturalmente Risério, apontando que enquanto "o terrorista queria arrombar a porta, saltando com dois pés no peito do porteiro, o desbundado estava mais interessado em cintilações lisérgicas nas águas de Arembepe, em conversas sobre revolução sexual e iluminação interior" – "É a distância entre a granada e o LSD, a pedra filosofal da contracultura. Se alguém quiser checar a dessemelhança extrema entre uma coisa e outra, basta ler o 'Minimanual do Guerrilheiro Urbano', de Marighella, ao som do primeiro disco dos Novos Baianos", resume.

Se nos Estados Unidos a luta era contra a guerra, no Brasil o inimigo era a ditadura. "Motivo mais do que suficiente para querer pular fora e entrar para a grande tribo, como muitos fizeram", lembra Dias, complementando: "Outros preferiram partir para as cabeças, entrando na guerrilha urbana, num confronto direto com a ditadura". A autora também vê esses dois caminhos em oposição, definindo-os como um embate entre revolução social e revolução comportamental. "Caminhos que se excluíam – quem fosse de esquerda não deveria consumir drogas, uma coisa de alienado; enquanto para o hippie, política era um jogo sujo e desprezível, e a grande missão era transformar a própria vida" (DIAS, 2003, p. 102).

Em *O que é isso, companheiro?*, Fernando Gabeira (1979, p. 73) lembra-se de uma história interessante para vermos como os pontos de vista estavam longe da concordância. Conhecido antigo de Gabeira, o rapaz apelidado no livro de "Bom Secundarista" era de uma organização radical antes do endurecimento do regime.

> Depois o encontrei quando já estava na clandestinidade, num botequim de Copacabana. Bom Secundarista estava meio hippie, com um olho bandeiríssimo. Era ainda 1969, e quem virava hippie e puxava fumo era um pouco assim como quem virava protestante de repente.

> Foi bom encontrá-lo. Era hippie, estava no maior barato, mas sempre aberto para o diálogo. Incrível como certos traços se mantêm:
> – Se vocês puxassem um fumo, veriam que essa revolução não vai dar certo. Em todo caso, respeito o caminho que escolheram.

Citado anteriormente por conta dos percalços que passou por ser homossexual, o cineasta Luiz Carlos Lacerda (DIAS, 2003, p. 310) vê na "cultura das drogas" uma alternativa ao que classifica como "camisa-de-força" sentida no interior da esquerda. Os descontentes não só com o regime ditatorial mas com o estado geral da sociedade buscavam, em sua visão, inicialmente atuar no interior das organizações de esquerda. No entanto, ali se deparavam com "um cercamento, não se podia assumir uma postura libertária por conta do preconceito com que você ia se deparando". Esses grupos acabavam asfixiando pessoas que, como ele se define, "queriam uma abertura maior na sociedade e na vida pessoal".

"Acho que essa contradição foi resolvida com a cultura das drogas", aponta Lacerda, que diz ter tomado seu primeiro LSD em 1968: "Além dessa parte sensorial, de abrir e tudo aquilo que o Huxley escreveu, me deu uma clareza muito grande de que eu não cabia mais dentro daquele espaço da esquerda". Ele rejeita a visão de que a contracultura no Brasil tenha representado fuga e alienação, opinando que a dicotomia entre combate à opressão e "queimar fumo pra não pensar na vida e fugir daquela ditadura filha da puta" seria produto de um determinado pensamento de esquerda, ligado aos grupos armados. Para ilustrar isso, cita a esquerda estadunidense, que em sua opinião "não era essa esquerda stalinista que era a esquerda latino-americana, dominada pelo Partido Comunista da União Soviética, que depois veio dar nessa vertente cubana, do macho barbudo fumando charuto":[17]

> Quer dizer, era uma esquerda muito militarizada. A própria história da esquerda brasileira vem dos tenentes, não é? A esquerda americana não. Lá, já tinha uma cultura mais democrática e uma sociedade mais avançada tecnologicamente, com suas contradições mais acentuadas, e então essa esquerda pôde amadurecer mais rapidamente. Tinha, in-

---

17 Em entrevista a Ignacio Ramonet (2006, p. 342), Fidel Castro declarou que a expansão do consumo de drogas "destrói cérebros": "A droga tem uma coisa particularmente ruim: aliena a pessoa, destrói o cérebro. Coloca a gente diante de dilemas morais e éticos muito sérios. Veja, o homem que trafica drogas por dinheiro se cuida, porque a pena influencia. É um dos casos para os quais considero que a pena capital pode ser eficaz".

clusive, o Ginsberg, que era veado e queimava fumo, etc. Nós ficamos no subdesenvolvimento cultural que se refletiu no pensamento mais avançado da esquerda brasileira. Então eu acho que esse movimento da contracultura brasileira também assimilou o que havia de libertário no movimento norte-americano, não foi só uma forma de enfrentar a ditadura. Me lembro de uma frase do Rogério Sganzerla, que dizia: "Se não dá pra transformar, vamos avacalhar", naquela época do cinema underground, muito influenciado por essa presença das drogas. Então tinha essa postura do avacalhar, do deboche, inclusive do deboche político em relação à própria esquerda. Era uma coisa libertária. A gente estava enfrentando essa esquerda desde os anos 1960, internamente. Eu enfrentava. (*Ibidem*)

Enfrentamento que não se restringia ao campo da política, tendo na arte sua expressão mais pública com o surgimento do "Tropicalismo". Em ensaio autobiográfico, o cantor e linguista Luiz Tatit (2007, p. 16) vê em Caetano Veloso o símbolo do movimento, "o artista ideal", alguém "desligado de uma política partidária e das tendências maniqueístas próprias da época, mas especialmente cultivadas no meio estudantil" e descrito como "um Beckett sem o pessimismo". "Seu comportamento voluptuoso e irreverente com as 'leis da esquerda' expressava boa parte daquilo que eu vinha mantendo preso na garganta", aponta Tatit: "Era a saída por cima – nem pela direita, nem pela esquerda – que enfim se concretizava".

Com a atenção voltada às artes, sentíamo-nos entre dois blocos monolíticos capazes de ceifar qualquer aspiração individual. De um lado, a arrogância oficial dos militares, dispostos a manter a ordem a qualquer custo, baixando portarias cada vez mais duras e arbitrárias até o fechamento total do regime ao final de 1968. De outro, um grupo mais simpático, na medida que enfrentava o poder constituído, mas que falava em nome de valores coletivos que absolutamente não contemplavam nosso projeto de criação. Ao contrário, não havia espaço para uma arte desengajada – "alienada", para esse grupo – e os caminhos consentidos levavam, todos, a uma espécie de ladainha cujas ocorrências mais notórias eram as palavras de ordem. Voltar-se contra o imperialismo americano, por exemplo, se não fosse um lugar-comum inócuo e desnecessário, transmitia-nos uma redundância no mínimo antiestética. (*Ibidem*)

Nem direita, nem esquerda: este parece ter sido o eixo central da busca tropicalista, sentimento que também permeou de alguma forma a contracultura em outras expressões no Brasil. "Bem vistas as coisas, a guerra de atrito com a esquerda não impediu que o movimento fizesse parte do vagalhão estudantil, anticapitalista e internacional que culminou em 1968", ressalta Roberto Schwarz (2002, p. 109) na análise – qualificada por ele como "leitura à contrapelo" – que faz do livro *Verdade Tropical*, de Caetano Veloso. Apresentando em um dado momento o cantor como "adversário" da esquerda, Schwarz descreve o relato autobiográfico do baiano como um material onde "o sentimento muito vivo dos conflitos" coexiste "com o desejo acrítico de conciliação, que empurra para o conformismo e para o kitsch", características que podem ser transbordadas, em sua análise, para o tropicalismo em si.

Em *Verdade Tropical*, Caetano Veloso sublinha a importância que o personagem do intelectual Paulo Martins, do filme *Deus e o Diabo na Terra do Sol*, de Glauber Rocha, teve em suas concepções políticas e estéticas, sobretudo por conta da cena em que Martins tapa a boca de um sindicalista, que o chamava de doutor, e dirige-se diretamente ao público espectador: "Estão vendo quem é o povo? Um analfabeto, um imbecil, um despolitizado!". Schwarz vê nessa passagem do livro uma chave importante para a compreensão de um dos aspectos importantes que engendraram o movimento tropicalista: o fim da crença no caráter revolucionário do povo. Se por um lado isso soava como contestação aos esquemas enrijecidos da esquerda de então, por outro poderia apontar também para o conformismo, para aceitação da injustiça diante da desconfiança na possibilidade da revolução.

> Assim, quando Caetano faz suas as palavras de Paulo Martins, constatando e saudando através delas a "morte do populismo", é o começo de um novo tempo que ele deseja marcar, um tempo em que a dívida histórico-social com os de embaixo – talvez o motor principal do pensamento crítico brasileiro desde o Abolicionismo – deixou de existir. Dissociava-se dos recém-derrotados de 1964, que nessa acepção eram todos populistas. A mudança era considerável e o opunha a seu próprio campo anterior, a socialistas, nacionalistas e cristãos de esquerda, à tradição progressista da literatura brasileira desde as últimas décadas do século XIX, e, também, às pessoas simplesmente esclarecidas, para as quais há muito tempo a ligação interna, para não dizer dialética, entre riqueza e pobreza é um dado da consciência moderna. Esta ruptura, salvo engano, que está

> na origem da nova liberdade trazida pelo Tropicalismo. Se o povo, como antípoda do privilégio, não é portador virtual de uma nova ordem, esta desaparece do horizonte. (SCHWARZ, 2012, p. 78)

"Aos olhos da esquerda, que mal ou bem centralizava a resistência à ditadura, descrer da 'energia libertadora do povo' era o mesmo que alienar-se e entregar os pontos", aponta Schwarz, que continua: "Aos olhos de Caetano, era livrar-se de um mito subitamente velho, que cerceava a sua liberdade pessoal, intelectual e artística". O tropicalismo nasceria em um momento já de derrota das ideias de esquerda, massacradas pela ditadura.

> Ambígua ao extremo, a nova posição se queria "à esquerda da esquerda", simpatizando discretamente com a luta armada de Guevara e Marighella, sem prejuízo de defender a "liberdade econômica" e a "saúde do mercado". Cultuando divindades antagônicas, Caetano interessava e chocava – outra maneira de interessar – as diversas religiões de seu público, tornando-se uma referência controversa mas obrigatória para todos. O descaso pela coerência era ostensivo e tinha algo de bravata: "Uma política unívoca, palatável e simples não era o que podia sair daí". Paralelamente, o abandono da fé "populista" se traduzia por um notável aumento da irreverência, de certa disposição de por para quebrar, que entrava em choque com o já mencionado bom-mocismo dos progressistas e, certamente, com os mínimos de disciplina exigidos pela ação política. Assim, a posição libertária e transgressora postulada por Caetano rechaçava igualmente – ou quase – os *establishments* da esquerda e da direita, os quais tratava de abalar ao máximo no plano do escândalo cênico, ressalvando entretanto o mercado. (*Ibidem*, p. 80)

Assim, para Schwarz a tentativa de superação tropicalista "deixava e não deixava para trás as oposições acima das quais queria planar". Um posicionamento propositalmente distante seria suficiente para permitir que os termos em conflito coexistissem num mesmo gosto, mas não era tanta a ponto de que "se perdesse a chispa antagônica, sem a qual iria embora o escândalo da mistura, que também era indispensável e devia ser conservado": "era uma distância que, embora mudando a paisagem, deixava tudo como antes, com a dinâmica superadora a menos", aponta o crítico. Haveria no movimento um ponto de vista que se recusava a tomar partido e que encontrava no impasse o seu elemento vital, "reconhecendo valor tanto ao pólo adiantado como ao retrógrado, inclusive o mais inconsistente e kitsch. O que se instalava, a despeito do alarido carnavalesco, era a estática, ou, noutras palavras, uma instância literal de revolução conservadora".

Mesmo que parte dos envolvidos negue as conexões, há ao menos mais um aspecto, além da reivindicação da imagem de Che Guevara feita por Maciel, em comum entre os "hippies" e os "revolucionários": a repressão. Dias cita uma reportagem publicada na revista *Veja* em março de 1970, chamada "Hippies sem paz", que dizia:

> O amor esconde o proxenetismo, a paz é um slogan da subversão e a flor tem o aroma dos entorpecentes. Ao decifrar dessa forma os símbolos hippies, a Polícia Federal ordenou a todos os estados uma campanha rigorosa contra os jovens de colar no pescoço e cabelos compridos. Na semana passada, perto de duzentos deles foram presos na Feira de Arte de Ipanema, no Rio, e doze foram expulsas de sua minifeira na praça da Alfândega, em Porto Alegre, onde vendiam pinturas. Cento e vinte estão presos em Salvador e mais alguns foram para a cadeia no Recife, onde serão investigados um a um. Apenas em São Paulo, das cidades onde os hippies aparecem, não tem havido muitas prisões ultimamente. Desde que dezenas deles foram detidos e espancados, em janeiro deste ano, na Feira de Arte da praça da República, os hippies paulistanos tornaram-se mais discretos.

"Escapismo cabotino que só interessa à Ditadura"

Acuadas pela intensa repressão militar do regime, as organizações de esquerda tinham grande dificuldade de difundir suas ideias também por conta da censura que as impedia de acessar a imprensa tradicional e também de manter seus próprios órgãos de forma legal ou ao menos viável. Algumas publicações visavam romper esse cerco, e dialogar de forma direta com a população.

Surgido em 1971 a partir de uma dissidência com a ALN, o Movimento de Libertação Popular (Molipo) foi uma das organizações que buscou criar e manter uma publicação própria. Trazendo o subtítulo "Contra a mentira reacionária, a verdade revolucionária", o jornal *Imprensa Popular* trazia reflexões sobre política, economia e cenário internacional. Em sua terceira edição,[18] que tem como texto

---

18   Disponível no acervo do Cedem-Unesp.

principal e inicial uma análise do 1º de maio de 1972, há um significante artigo intitulado "Tóxicos e misticismo" no qual se busca apresentar consumo de drogas, "apelo ao erótico" e religião como "lubrificantes para a engrenagem montada" pela ditadura. "Há cinco anos atrás, o consumo de tóxicos, o apelo ao erótico, a crendice mística e o vestir exótico eram próprios de setores marginais ou de setores econômica e socialmente marginalizados", inicia o texto, complementando em seu primeiro parágrafo: "Hoje não, já que uma série de comportamentos, até há pouco estranhos a moral burguesa e seu comportamento social, foram generalizados".

O artigo prossegue salientando que seria importante observar que a difusão de tais práticas "coincide precisamente com a prática política e econômica da Ditadura. Sua existência serve de lubrificante para a engrenagem montada". Segundo o Molipo, as ideias das classes sociais dominantes são as dominantes para toda a sociedade, e, portanto, "a alienação social que se manifesta no consumo de tóxicos, misticismo e erótico" não passam da "outra face da medalha sinistra da exploração econômica e repressão social". O misticismo e a "alienação social" não seriam "qualidades naturais" mas sim "produtos sociais e socialmente reforçados" a serviço dos interesses políticos e econômicos dos detentores do poder e parte de "uma moral e uma política bestiais e objetivas".

Mesmo que tenha sido fortemente combatido pela ditadura, que como visto anteriormente produziu a lei mais dura de combate às drogas da história brasileira justamente em seu período mais repressivo, em 1968, o consumo de drogas é visto pelo Molipo como incentivado pelo regime, que o utilizaria como elemento de "sedução" a fim de maquiar as injustiças sociais:

> O sistema, incapaz de satisfazer todas as aspirações sociais, não podendo dar a todos aquilo com que acenam mas reservam para poucos, seduz oferecendo tóxicos, uma linguagem absolutamente vazia de sentido, roupas extravagantes e certa "flexibilidade sexual". Em outro nível, o último apelo foi o de transformação do esporte e diversão em jogo de apostas, loteria esportiva, pebolim, bilhares, etc. (que além de tudo – como tudo mais – são altamente lucrativos).

Buscando neutralizar os descontentamentos do povo, na visão do *Imprensa Popular* o "sistema" seria responsável inclusive por estimular práticas e discursos "hippies", ao colocar "toda sua imensa máquina de estupidificar (TV, imprensa, cinema, etc.) a serviço da difusão da Paz, do Amor, do 'Faça o amor não faça a guerra' e uma infinidade de outros temas previamente elaborados" – "tendo destruído, previamente, todo o sentido social de contestação do modelo, reduz o tema a um problema de ordem pessoal e, em muitos casos, sexual".

Depois de "domesticar e castrar", o "sistema" torna "o tipo um ser um marginal à sociedade": "mas um tipo marginal muito particular: que não é caçado pelo Esquadrão, não fica em cadeia, nem é torturado, nem se prostituirá ou passa fome por real necessidade social". "Ele é um marginal consentido, mais do que isso, um marginal estimulado", resume o jornal, que classifica o setor do "desbunde" apresentado anteriormente – chamado por eles de "transbundados" – como marcados por uma "impotência social dada à degradação econômica, ou pretensa impotência ideológica, dado o terror que sentem diante do desencadeamento da luta de classes".

Interessante notar que, assim como os "desbundados" que questionavam a proibição de algumas drogas, o Molipo também vê hipocrisia no cenário da época, ao apontar que o aparato estatal que supostamente combateria as drogas estava envolvido diretamente neste comércio. No entanto, a conclusão tirada desse diagnóstico é oposta aos que partiam dele para defender a legalização destas substâncias: para o Molipo, o fato de agentes do Estado, em diferentes níveis, compactuarem e lucrarem com a venda de substâncias proibidas significava que esse mercado era funcional aos interesses do Estado:

> Mesmo que aparentemente a moral burguesa os condene em seu aparente desregramento ou real consumo de tóxicos, o que ela fez é estimular-lhes a existência. O Esquadrão, que foi apresentado como arma contra os tóxicos e bandidos, não passa de uma quadrilha oficial que conta com o apoio de magistrados, generais, banqueiros, industriais, e que só assassina quem não "trabalha" para eles. E isto foi denunciado até pela imprensa burguesa e poder judiciário. A aparente pressão social ou coerção é mais um estímulo ou casualidade que um fator real contra estes "contestadores".

Parafraseando o cantor Belchior, o Molipo aponta que "esses moços" – usuários de drogas – "não passam da versão moderna do que foram e são seus pais".[19] Para o texto, "o importante para o sistema" era que o setor criticado re-

---

19 Em canção celebrizada na versão cantada por Elis Regina, Belchior lamentava: "Minha dor é perceber/ Que apesar de termos feito tudo o que fizemos/ Ainda somos os mesmos/ E vivemos/ Ainda somos os mesmos/ E vivemos/ Como os nossos pais".

alizasse "a expressão 'terem os cabelos longos e as ideias curtas' (a TFP nem os cabelos tem longos) e quando voltarem que sejam como o filho pródigo: humildes e submissos (coisa que aliás sempre foram)":

> Assim, terminada a "aventura" do "protesto" cada um voltará a ocupar seu papel social (coisa aliás que mesmo na "aventura" sempre existiu, já que a calça Lee de alguns não é da mesma qualidade que a dos outros, nem o cabelo "despenteado" de alguns foi despenteado no mesmo cabeleireiro que de outros... e assim seguindo), uns continuam no papel de explorados e outros no de exploradores.

O texto prossegue criticando a falta de laicidade do Estado a serviço da ditadura, e o fato deste utilizar as religiões "contra a maioria da população", antes de propor, a título de conclusão:

> Devemos mostrar como o tóxico, o jogo, o misticismo, são armas da Ditadura e como servem para corromper aqueles que devem lutar contra ela. Cabe mostrar como o erotismo é um desvio ao nível do particular prostituído, extravagante; como busca transformar a mulher em objeto de prazer, tentando descaracterizar-lhe seu papel social.
> Devemos deixar bem claro que, também todo tipo de "contestação" ao nível do extravagante, erótico ou tóxico não passa de um escapismo cabotino e que só interessa a Ditadura. Cabe-nos desmistificar as ilusões dos que se deixaram ou foram envolvidos e situar as coisas no seu nível real - que é o do da luta de classes, cruenta e sem tréguas, até a vitória final.

Recheado de citações como dos Tupamaros ou de Mao Tsé-Tung, o jornal termina com a seção "Última página", onde são feitas considerações a respeito de "armas curtas", pistola e revólver. Em outras edições essa seção também aborda aspectos técnicos da luta armada, como utilização de códigos ou procedimentos para retirar sinais de identificação de automóveis a serem usados em ações armadas.

O entendimento de que não só o consumo de drogas como o próprio movimento hippie em geral eram estimulados pelo "sistema" não era exclusivo do Molipo. Figura controversa e de difícil enquadramento em relação a discurso e prática políticos, mas certamente distante do marxismo, o cineasta Glauber Rocha seguiu esta mesma linha em entrevista concedida em 1980 (BUARQUE DE HOLLANDA e PEREIRA, 1980, p. 28) ao qualificar como "política da CIA" "esse negócio de

Gay Power, Ecologia, revolução do corpo". Rocha disse ter tido conflitos com a esquerda armada e também com "a opção hippie, que era a opção da CIA programada para o Brasil, através dos jornais que surgiram para ocultar o problema da guerra do Vietnã e transformar os perigosos maoístas em hippies drogados".

Prioridades das organizações armadas no período

Viu-se que tanto uma tradição moralista advinda sobretudo do PCB quanto os ideais de sacrifício e disciplina oriundos da estratégia militar da esquerda armada brasileira faziam com que questões relativas a liberdades individuais, incluindo-se aí o recurso à alteração de consciência por meio do consumo de drogas, ficassem longe das preocupações das organizações políticas de esquerda no período pós-golpe de 1964. Mas quais seriam então as prioridades destes agrupamentos naquele momento?

"Na hora presente, o povo brasileiro tem diante de si importante e urgente tarefa: unir-se e lutar para livrar o país da ameaça de recolonização, da grave crise em que se debate, e do sistema político ultra-reacionário imposto pela ditadura", resume o PC do B em documento de 1966 (REIS FILHO e SÁ, 2006, p. 85). A centralidade de todas as preocupações tinha como foco o combate à ditadura: "nenhum problema pode sobrepor-se ao objetivo de salvar o país desse perigo" (*Ibidem*).

O PCBR seguia a mesma linha, apontando em documento de 1968 que a tomada do poder pelas forças revolucionárias e a "destruição do aparelho de Estado burguês-latifundiário só podem realizadas através da luta armada", uma vez que o emprego sistemático da violência pela "minoria dominante" e a "agressividade do imperialismo ianque na América Latina" impunham a impossibilidade de conquistas por via pacífica (REIS FILHO e SÁ, 2006, p. 219).

Em entrevista concedida para este trabalho, Caterina Koltai atestou esta interpretação como dominante no período. Militante do movimento estudantil entre 1966 e 1968, ano em que foi presa durante o Congresso da UNE, a futura candidata à deputada pelo PT lembra que no período era "praticamente impossível" se pensar em algo que não tivesse o combate direto à ditadura como foco. "O estabelecimento de uma unidade de ação da esquerda revolucionária, em torno de princípios básicos e com fins imediatos de luta contra a ditadura, será um passo decisivo para a mobilização da classe operária", defendia a Polop em 1967 (REIS FILHO e SÁ, 2006, p. 146).

Segundo Reis Filho (1989), prevalecia a ideia de que "as classes e elites dominantes constituíam um bloco monolítico", o que teria gerado, em consequência, "a negação de uma política de alianças e o desprezo pela luta institucional". Para o autor, "a ênfase recaía sempre nas expectativas delirantes a respeito da capacidade de luta das 'massas'. A luta armada, a guerrilha rural em suas várias versões, não eram perspectivas a serem elaboradas, eram tarefas imediatas". O abismo existente entre as aspirações e possibilidades seria coberto, de acordo com Reis Filho, por uma "expectativa sem limites no papel da vanguarda": "Os comunistas surgem como 'tutores' do povo, e as organizações como tutelares dos interesses políticos das classes revolucionárias".

É possível, no entanto, distinguir entre essas organizações algum grau de divergência em relação a concepções de luta armada entre seus defensores. É o que Gorender (1987, p. 79) analisa quando afirma que se a via militar era vista como imperativa diante dos golpistas no poder e tal raciocínio tomado como "axioma", "nem por isso unificou a esquerda", uma vez que à questão do combate armado à ditadura se somavam outras, "concernentes aos antecedentes partidários e doutrinários, a insuficiência teóricas de origem nacional e internacional, pressões de países socialistas, ligações regionais, etc." – o cruzamento dessas variáveis explicaria a proliferação de tantas siglas nos grupos de esquerda naquele momento.

A Ala Vermelha do PC do B, por exemplo, não nomeia seus rivais mas aponta que "devido à sua extrema fragilidade tática, o fundamental é que as forças da revolução saibam elevar as formas da luta política de massas às formas da luta armada", criticando assim o "erro básico das correntes vanguardistas militaristas", que

> reside em não aplicar uma linha de massas, em não considerar a revolução como luta de classes. Confundem o papel da vanguarda, que não significa fazer a revolução pelas massas, em seu lugar. Ao contrário, o papel da vanguarda é ligar-se às massas, impulsionar todas as forças do movimento e dirigi-las na luta. Avançar isolado das massas é expor a cabeça da revolução aos golpes da contra-revolução, é contribuir para que não se forme e fortaleça a vanguarda. (REIS FILHO e SÁ, 2006, p. 358)

Defensora da "guerra popular", a Ala Vermelha do PC do B alinhava-se ao que ficou conhecido como "foquismo", orientação fortemente influenciada pela trajetória teórica e prática de Ernesto Che Guevara. A partir de "pequenas ações armadas, se desenvolve paulatinamente" a guerra popular, até "envolver a participação de todo o povo", resume o documento Crítica ao oportunismo e ao subjetivismo da "União dos brasileiros para livrar o país da crise, da ditadura e da ameaça neocolonialista", de dezembro de 1967. Como explica tal texto, de forma didática, o "foco revolucionário" consiste na existência de uma região "estrategicamente favorável" ao 136 desencadeamento da luta armada, onde um pequeno contingente guerrilheiro realiza ações militares. A partir destas, e de propaganda, criam-se condições para a difusão desta estratégia.

Um documento da VPR descreve bem esta concepção, ao afirmar que a violência desses grupos organizados teria um papel pedagógico para o povo (ainda) não alinhado a tais concepções: "Não somos uma pequena guerra do povo, e sim uma vanguarda que exerce uma violência didática no sentido de levar ao povo a demonstração da força da luta armada" (REIS FILHO e SÁ, 2006, p. 311).

Segundo a ALN, o êxito da guerrilha no Brasil depende da "execução rigorosa" de três fases: "a do planejamento e preparação da guerrilha, a do lançamento da guerrilha, e, por último, a da transformação da guerrilha em guerra de movimento, com a formação e o aparecimento do exército revolucionário de libertação nacional" (Reis Filho e Sá, 2006, p. 272). Mais do que vanguarda das "massas", a guerrilha seria o "caminho fundamental" para levá-las "ao poder".

No entanto, para além da defesa da estratégia armada, os grupos radicais defendiam também outras tarefas imediatas, sendo que em nenhum desses programas a defesa das liberdades individuais ocupava qualquer espaço, muito menos qualquer tipo de consideração acerca das políticas de drogas vigentes. Para o PCBR (REIS FILHO e SÁ, 2006, p. 222), fazia-se necessária a combinação entre a luta por reivindicações imediatas com a busca da tomada do poder político:

> Os revolucionários não devem apenas agitar o programa da revolução, mas colocar-se à frente do povo e lutar por suas exigências mais sentidas em cada momento: lutar em defesa das liberdades democráticas, pela revogação dos atos da ditadura, pela libertação dos presos políticos, contra a opressão e o terror policial, pelos interesses vitais dos operários, contra a política de arrocho salarial, por aumento de salários e liberdade sindical; pelas aspirações dos trabalhadores agrícolas e camponeses, por uma verdadeira reforma agrária; pela solução dos problemas dos estudantes e de todas as camadas populares; pela resistência ao crescente domínio econômico e político do imperialismo estadunidense.

Tendo em vista "demolir os pilares da reação", a Polop (REIS FILHO e SÁ, 2006, p. 142) defendia a aplicação de algumas "medidas básicas" por parte de um "governo dos trabalhadores": destruição das Forças Armadas e organização de milícias dos trabalhadores; planificação dos "setores básicos" da economia e "encampação dos monopólios imperialistas e nacionais"; nacionalização da terra e fim do latifúndio, com "entrega de terras aos camponeses, de acordo com as condições locais"; liberdade de organização e manifestação para as classes trabalhadoras; política externa "antiimperialista" e de solidariedade a movimentos revolucionários; "retirar dos grandes capitalistas o controle da grande imprensa"; convocação de um congresso eleito pelos trabalhadores como base política do novo regime e "medidas drásticas de combate à carestia e de elevação do nível de vida do povo".

Essas demandas não diferem substancialmente das elencadas como "tarefas essenciais do governo popular revolucionário" pela Ala Vermelha do PC do B (REIS FILHO e SÁ, 2006, p. 155): expropriação e estatização dos capitais, bens e propriedades do "neocolonialismo" no Brasil, da burguesia financeira, da burguesia importadora-exportadora e da "burguesia integrada"; expropriação de toda propriedade latifundiária e "reforma agrária radical"; "aniquilar" o aparelho militar da ditadura, substituindo-o pelo "exército popular revolucionário" e "destroçar" o aparelho estatal da ditadura, substituindo-o pelo "aparelho de Estado das forças revolucionárias".

Já o MR-8 define o conteúdo político de seu trabalho "ao nível da mobilização das massas" girando em torno de "quatro pontos básicos": derrubada da ditadura e liberdade de expressão e organização, estatização das empresas estrangeiras e nacionais "que colaborem com o imperialismo", "terra a quem trabalha" e direito ao trabalho garantido a todos, com "fim do desemprego" (REIS FILHO e SÁ, 2006, p. 448).

Prioridades da esquerda não armada

Gorender (1987, p. 83) vê no PCB – "por seu apego ao caminho pacífico e por ter se convertido em apêndice da oposição burguesa" – e nos "trotskistas ortodoxos" os únicos segmentos da esquerda brasileira que permanecerem imunes "inteiramente contra a febre militarista dos anos 1960". Rejeitando o foquismo de inspiração cubana e a guerra popular de raiz chinesa, e sob o enfoque da revolução permanente, os trotskistas "continuaram a se inspirar no modelo insurrecional soviético, seja no aspecto tático, seja no objetivo estratégico da ditadura do proletariado", prossegue Gorender, vendo como consequência disso uma atribuição de prioridade às lutas da classe operária nas cidades sob direção do partido da vanguarda: "os trotskistas defendiam o caminho armado para a conquista do poder, porém recusaram o terrorismo e a luta armada isolada das massas".

Essa posição fica clara em documento de 1971 da Organização Comunista 1º de Maio, agrupamento originado de uma cisão no interior do Partido Operário Revolucionário (POR), considerada por Reis Filho como "expressão da Nova Esquerda no seio da corrente trotskista". Neste texto, a OC-1º de Maio aponta que a ausência de um partido operário levou à adoção de "posições esquerdistas" dos quadros revolucionários, que, atuando em "organizações pequeno-burguesas", arrebanhavam militantes do movimento estudantil para a luta armada. A avaliação era que

> A ausência dessa organização da vanguarda revolucionária do proletariado fez com que, após o refluxo do movimento de massa, com a intensificação da repressão, a necessidade de organização e clandestinidade maiores, as organizações pequeno-burguesas, nacionalistas, militaristas, que propõem e tentam executar a substituição da classe operária no processo revolucionário, encontrassem condições mais propícias para desenvolverem suas atividades, arrastando líderes de massas, fazendo desencadear feroz repressão sobre as direções de massa, atrasando as mobilizações, confundindo os objetivos da luta e se construindo num pólo negativo em oposição ao ascenso revolucionário de 1968. (REIS FILHO e SÁ, 2006, p. 403)

Advogando a necessidade de uma "direção revolucionária" e a construção do partido operário, a OC-1º de Maio via como tarefa primordial daquele momento a constituição de "organismos independentes de combate da classe operária, os organismos de sua unificação", que deveriam estar "indissoluvelmente" fundamentados na "concepção internacionalista da unidade do proletariado e da revolução, e da reorganização da IV Internacional" (REIS FILHO e SÁ, 2006, p. 425). Ao final do documento, a organização exclama suas bandeiras imediatas:

> Pela criação de um jornal em cada fábrica! Pela formação de comitês de greve e oposições sindicais por categoria, como tendências proletárias, para fazer propaganda da revolução da classe operária, como classe, e construção do socialismo! Pela formação de oposições sindicais unifica-

das, para o fortalecimento do proletariado como classe e destruição da burocracia sindical pelega! O poder à classe operária, como classe!

Como afirma o "Informe de balanço do Comitê Central", redigido em dezembro de 1967 após o VI Congresso do PCB, o golpe de 1964 "causou danos profundos" ao partido: atingiu a maioria das direções estaduais e municipais, bem como "numerosas organizações partidárias de empresa e de bairro". A direção nacional deparou-se com "sérias dificuldades para manter sua atividade e impedir a queda nas mãos da polícia" e as ligações do Comitê Central "com numerosos comitês estaduais ficaram interrompidas durante vários meses" (NOGUEIRA, 1980, p. 87).

Mesmo assim, o partido conseguiu manter alguma atividade política, mantendo-se crítico à via armada da revolução apregoada por suas cisões. Esse mesmo documento aponta que a tese que "vê a revolução não como obra das massas, como afirmava Lénine, mas como resultado da ação heróica de alguns indivíduos ou de pequenos grupos audaciosos" deveria ser "combatida":

> Essa posição voluntarista, tipicamente blanquista, é propugnada por todos os que hoje insistem em ver na criação de "focos" guerrilheiros no interior do país o passo inicial da revolução. Afirmam que tais "focos" de luta armada podem desencadear o processo revolucionário no país e arrastar as massas populares à revolução, independentemente das condições objetivas e subjetivas indispensáveis. Essa tese é desmentida porém pela experiência de todo o movimento operário e revolucionário. (NOGUEIRA, 1980, p. 94)

O PCB avaliava nesse momento que o "objetivo estratégico" da revolução brasileira era "liquidar os dois obstáculos históricos que se opõem ao progresso da nação: o domínio imperialista e o monopólio da terra" (*Ibidem*, p. 121), e via como "programa mínimo" a revogação da Constituição de 1967 e de todos os atos ditatoriais, restabelecimento dos direitos trabalhistas, liberdade e autonomia sindical, libertação dos presos políticos e anistia geral, convocação de assembleia constituinte, eleições diretas para a presidência e todos os cargos eletivos, livre organização dos partidos políticos; "adoção de uma política de desenvolvimento independente da economia nacional", "defesa das riquezas do país, da indústria nacional, das empresas estatais e da Amazônia"; abolição da política de arrocho salarial, "medidas para elevar o nível de vida das massas trabalhadoras das cidades e do campo", "medidas parciais de reforma agrária"; política externa de soberania nacional e defesa da paz mundial.

Posteriormente, em 1973, o PCB seria, nas palavras de Marco Aurélio Nogueira (1980, p. 11), "um dos primeiros a procurar apreender as transformações em curso": "após anos de discussões internas e intensa luta ideológica contra o ultraesquerdismo, constata a evolução da 'ditadura militar reacionária para uma ditadura militar caracteristicamente fascista'". Dessa forma, a avaliação é que seria ainda mais necessária uma "política de frente democrática e unidade das oposições", projeto que seria impossibilitado por conta da repressão sofrida pelas lideranças do partido em 1974 e 1975, que levou prisões, assassinatos e à desarticulação da organização, inclusive com a fuga do Comitê Central para o exílio.

Capítulo 2
Da "esquerda armada" à "esquerda alternativa"

Se, como apontado anteriormente, o ano de 1961 é visto como seu marco inicial, 1971 assinala "o início do fim de um primeiro ciclo da Nova Esquerda, marcado, se assim podemos sintetizá-lo, por concepções que supervalorizavam a capacidade de ação das vanguardas no quadro de um suposto impasse irreversível ao nível da dominação de classe" (REIS FILHO e SÁ, 2006, p. 19). Haveria ainda a guerrilha do Araguaia, dirigida pelo PC do B em 1972, sendo sua derrocada parte do que Reis Filho identifica como fase de transição prolongada, que perduraria até 1973, a partir de quando estaria inaugurada uma nova etapa, "caracterizada pela busca de formas legais de luta e pela admissão da situação de defensiva em que se encontravam o movimento popular e as organizações e partidos de esquerda no Brasil". Como resume Ridenti (2007, p. 134), a derrota da experiência armada marcou os desdobramentos posteriores da história do marxismo no Brasil:

> Talvez tenha sido a última expressão significativa do ciclo que se abriu com a fundação do Partido Comunista em 1922, fortemente marcado por concepções ditas de vanguarda da classe operária. As esquerdas tenderiam cada vez mais a valorizar as liberdades civis e democráticas, ainda que sem consenso sobre o que esta vem a ser. Ademais, tenderia a consolidar-se a ideia de que reformas e revoluções não se fazem sem sólido embasamento político e social, ancorado especialmente entre os trabalhadores e os despossuídos em geral.

Reis Filho vê em 1974 o ano de consolidação dessa nova etapa, uma vez que ali se inicia a distensão "lenta, segura e gradual" proposta pela ditadura e também são realizadas eleições, o que consolidaria "uma nova conjuntura e um novo ciclo no interior da Nova Esquerda". A "esquerda armada" dos anos 1960 passava a dar lugar, em meados da década de 1970, a uma "esquerda alternativa", com os "sobreviventes" do período de combate fazendo uma revisão crítica da proposta de luta armada e buscando uma reinserção na luta política legal (ARAÚJO, 2000, p. 98).

Araújo elenca algumas características fundamentais dessa "esquerda alternativa": valorização do cotidiano, do indivíduo, das relações pessoais e da esfera do íntimo e do privado; a politização dos sentimentos e das emoções; a ênfase na democracia direta, participativa, sem intermediários; e a desconfiança das rígidas formas de organização e hierarquia. Segundo a autora, "nenhum desses pontos podia ter resolução possível dentro dos paradigmas gerais do marxismo que, até meados dos anos 1970, informaram teoricamente a esquerda", restando aos nascentes movimentos de "minorias políticas", com ênfase em suas diferenças e especificidades, tanto a representação dessas novas concepções quanto uma ruptura com elementos importantes da cultura marxista, uma vez que

> os grupos e organizações dissidentes dos anos 1960 eram críticos em relação aos partidos comunistas e socialistas. Acusavam-nos de imobilismo, reformismo, cautela excessiva burocratização, stalinismo, etc. Mas ainda se mantinham dentro dos paradigmas gerais do marxismo. Buscavam inspiração em outras fontes: Trotski, Rosa Luxemburgo, Gramsci, Mao. Eram críticos de Stalin, do comunismo soviético e, até mesmo, da tradição leninista. Mas procuravam suas referências dentro da cultura marxista. (ARAÚJO, 2000, p. 99)

Essa cultura marxista teria dado contornos gerais, teóricos e políticos, a praticamente toda atuação de grupos, partidos e movimentos de esquerda do início do século XX até meados dos anos 1970, quando Araújo identifica a emersão de "movimentos de um novo tipo" na cena política brasileira, naquilo que chama de "movimentos de diferença". Esse setor norteava-se por categorias diferentes, e algumas vezes até opostas, das principais bases do marxismo, mesmo que alguns destes tenham surgido, no início dos anos 1960, compartilhando esta cultura. Segundo a historiadora, a busca de uma identidade própria e a construção de uma "linguagem específica" acabaram promovendo uma ruptura que representou a diversificação da "ampla cena de esquerda e de contestação" no Brasil, passando a ser mais marcante a existência de "uma nova perspectiva teórica que valorizava a diferença e a fragmentação".

A partir dos anos 1970, os movimentos sociais teriam passado a desenvolver uma dinâmica cada vez mais específica, calcada em suas particularidades, e que buscava se afastar das formas de política vistas como tradicionais. Em comum com os grupos da década anterior, "o sentido forte de dissidência, de heterodoxia, a desconfiança das modalidades tradicionais de representação política (como partidos e sindicatos), a valorização da fala pessoal e da ação direta" (ARAÚJO, 2000, p. 112). No entanto, influenciados por exemplo pela teoria de "revolução molecular" de Felix Guattari ou pelas concepções de poder de Michel Foucault, estes "grupos identitários" teriam visões de mundo, valores e comportamentos próprios:

> Recebendo como herança de 1968 a noção de um sujeito particular, específico, que falava de sua diferença, os anos 1970 particularizaram ainda mais este sujeito e promovera a fragmentação da totalidade; fragmentando, inclusive, a consciência do sujeito histórico. Se antes, sujeitos particulares, engajados em lutas particulares, assim mesmo convergiam para uma luta geral, a partir de meados dos anos 1970, as lutas particulares adquiriram uma significação em sua própria especificidade, não convergindo mais, necessariamente, para um objetivo geral comum. Passaram a ter sentido em si próprias. (...) A ideia da transformação social ganhava um novo conteúdo: "focos" territoriais específicos. Assim, o sujeito universal da cultura marxista explodia em milhares de subjetividades. (ARAÚJO, 2000, p. 110)

Se na década anterior a esquerda brasileira havia se dividido e agrupado sobretudo entre as questões da crítica à concepção das etapas da revolução e da luta armada, nos 1970, principalmente a partir de 1974, os pontos que determinavam os diferentes alinhamentos entre partidos e organizações de esquerda teriam mudado na visão de Araújo (2000, p. 120), que vê três formas em torno das quais se davam esses novos agrupamentos, cisões e tensões: uma questão estratégica, a dicotomia entre reforma e revolução; uma questão tática, a luta pelas liberdades democráticas; e uma questão de filosofia política, "como encarar e se relacionar com os movimentos específicos, a fragmentação e a valorização da subjetividade".

Polarizados entre a oposição entre "esquerda revolucionária" e "reformismo", corte evidentemente diferenciado a partir do pertencimento do analista, e o nível de adesão à luta pelas liberdades democráticas, as organizações de esquerda durante a década de 1970 tiveram que encarar também o debate em relação aos movimentos de minorias políticas que surgiam ou ressurgiam no país e que quebravam "o monopólio da atuação contestadora e da condição de esquerda até então em mãos dos partidos e organizações comunistas" (*Ibidem*, p. 127).

Do ponto de vista da relação com as proposições trazidas pela "esquerda alternativa", Araújo divide três eixos de posicionamentos. O primeiro incluiria "uma visão tradicional da ação política", considerando que estes novos movimentos representavam uma divisão indesejada na esquerda, "introduzindo perturbadoras questões subjetivas e excessivamente específicas". Esses grupos emergentes só seriam vistos como úteis na visão das organizações mais tradicionais se participassem das grandes políticas gerais, como a luta pela anistia ou contra a carestia. De modo geral, essa seria a posição do PCB, do PC do B e do MR-8.

Um segundo eixo seria portador de "uma visão menos tradicional da luta política, sensível à questão da diferença e que procurava se relacionar com a especificidade destes movimentos", esforçando-se inclusive para não "aparelhá-los", hegemonizá-los com fins outros que não suas lutas. Mas buscavam também trazê-los para o campo mais geral de luta contra a ditadura e em prol do socialismo. Seria essa a posição da APML e do MEP, por exemplo.

Por fim, Araújo identifica um terceiro grupo, composto pela "visão de muitos militantes desses movimentos, que enfatizavam a especificidade de suas questões e temiam a relação com partidos e organizações de esquerda". Seu medo era que o contato com a esquerda organizada pudesse levar à diluição ou relação utilitária de seu potencial de mobilização, e mesmo que não recusassem participação em articulações mais amplas, "achavam necessário resguardar sua autonomia e preocupavam-se com a invasão de seus espaços".

Viveu-se no interior da esquerda neste período um considerável espírito de inovação, resultado tanto da derrota da experiência armada quanto das influências do pensamento contracultural simbolizado principalmente pelo "Maio de 1968" francês e pelo movimento hippie estadunidense. Como resume MacRae (1990, p. 20), estudioso e ativista do grupo homossexual Somos, de São Paulo, os (longos) anos de ditadura haviam promovido uma crise, "semeando a inquietação e a dúvida a respeito das concepções políticas tradicionais". Discursos sobre povo e classe, suas dificuldades e suas lutas, não resolviam mais os anseios "nem daqueles que haviam recusado desde o início o conformismo bem remunerado do 'milagre econômico' e nem dos que se sentiram logrados quando este se desfez como uma bolha de sabão":

> Na busca de soluções para suas próprias contradições, estudantes e intelectuais voltavam suas preocupações para questões como o corpo, o erotismo, a subversão de valores e comportamentos. Foram buscar inspirações nos movimentos, já antigos, da contracultura da Inglaterra e dos EUA. E as discussões passaram a ser feitas em torno de assuntos como o uso de drogas, a psicanálise, o corpo, o rock, os circuitos alternativos, jornais underground, discos piratas, etc. Entre esses setores começava a se tornar cada vez mais nítido um desinteresse pela política como ela vinha sendo entendida até então. A teoria e a prática das esquerdas eram questionadas, sendo apontado seu conservadorismo cultural, refletido na sua dificuldade em inovar nas áreas das artes e dos costumes.

O marxismo aparecia estigmatizado como "caretice"[1] e difundia-se, segundo MacRae, uma nova noção: não haveria revolução ou transformação social sem que ocorresse também revolução ou transformação individual. Paralelamente ao decréscimo na participação em atividades políticas tradicionais, aumentava-se também o uso "de drogas como a maconha e o LSD, refletindo essa nova tendência introspectiva" – sendo importante, na opinião do antropólogo, evitar a caracterização desse fenômeno como "simplesmente um abandono dos antigos ideais de contestação, pois, tanto quanto a participação política, o uso de drogas fazia parte de um papel desviante, sujeito de uma repressão severa, embora um pouco menos selvagem". Ele cita Heloísa Buarque de Hollanda, que apontou em 1980:

---

1 MacRae (1990, p. 24) aponta a respeito das "críticas aos esquerdistas ortodoxos, cujo moralismo irritava muitos jovens estudantes": "Sob pretexto de evitar chocar algum hipotético simpatizante proletário, as lideranças muitas vezes se colocavam contra várias práticas bastante generalizadas entre a juventude. Nessa época, em que era bastante comum no corpo estudantil o relacionamento sexual descompromissado, eles frequentemente insistiam no casamento de seus companheiros de militância. A homossexualidade era perseguida de forma mais veemente ainda, levando à defecção de muitos militantes, alguns dos quais iriam, mais tarde, engrossar as fileiras do movimento homossexual. Também criticavam duramente o uso da maconha e qualquer outro tóxico e estigmatizavam o rock, o soul, o funk e outras influências estrangeiras como 'alienantes'".

> A marginalidade é tomada não como saída alternativa, no sentido de ameaça ao sistema; ela é valorizada exatamente como opção de violência, em suas possibilidades de agressão e transgressão. A contestação é assumida conscientemente. O uso de tóxicos, a bissexualidade, o comportamento descolonizado, são vividos e sentidos como gestos perigosos, ilegais, e, portanto, assumidos como contestação de caráter político.
> (HOLLANDA *apud* MACRAE, 1990, p. 21)

Tanto negros como mulheres tinham já nos anos 1970 uma longa tradição de luta em busca dos direitos que sempre lhes foram negados. Porém, MacRae (*Ibidem*, p. 25) ressalta que no período pós-guerra e, sobretudo, depois do golpe de 1964 "essas campanhas se arrefeceram e suas lutas foram ignoradas, não só pela elite no poder, mas pelos próprios grupos oposicionistas". Foi só com as transformações vividas na década de 1970 que negros e mulheres (re)articularam-se em movimentos próprios e específicos a fim de retomar suas antigas reivindicações e expressar novas demandas, no que foram posteriormente seguidos pelo nascente movimento homossexual:

> Encontrando pouco respaldo entre os grupos políticos constituídos e até certa má vontade por parte de alguns esquerdistas, que achavam secundárias suas lutas, eles passaram a elaborar, com autonomia, novas teorias e novos esquemas de atuação. Devido aos aspectos em comum entre suas organizações, negros e mulheres se tornariam interlocutores e aliados privilegiados dos grupos de militância homossexual que, como eles, não viam no seu status minoritário motivo para o desmerecimento de suas reivindicações específicas, voltadas aos seus problemas imediatos.

A partir da segunda metade dos anos 1970, logo após o final do ciclo da luta armada, ganham força, organização e repercussão social os movimentos feminista, negro e homossexual. Em comum entre eles, em maior ou menor medida, não só o momento histórico e a crítica às esquerdas mais tradicionais, mas também uma série de preocupações e pressupostos como defesa do direito ao próprio corpo, do prazer (sobretudo nos casos feminista e homossexual) e da autonomia como valores importantes, problematização da distinção entre público e privado, combate à normatização, à estigmatização e ao preconceito e enfoque teórico e prático numa visão mais ampla do que a exclusiva oposição de classe.

Elementos estes que, se estariam presentes na conformação dos embriões do movimento antiproibicionista das drogas, como se verá adiante, dialogavam pouco ou nada com a demanda pelo fim da proibição das drogas (e pela livre experimentação psicotrópica), mesmo bebendo inegavelmente na fonte contracultural, que marcadamente valorizava estes aspectos. Somente no início dos anos 1980 é que este laço entre contracultura e movimentos anti-opressão seria retomado, exatamente no nascimento de organizações antiproibicionistas, defensoras primordialmente da legalização da maconha, que, dialeticamente, surgem exatamente a partir de influência dos movimentos feminista, negro e gay.

Embora existissem diversas discordâncias entre estes movimentos, surgiam naquele momento grupos "de cunho marcadamente libertário que adotam o rótulo genérico de 'minorias' e se contrapõem à política oposicionista tradicional, assentada no conceito central de luta de classes", que, diferentemente das ideias de hierarquia e centralismo, propunha a noção de "comunidade dos iguais, onde uma opressão em comum é vista como obliterando todas as heterogeneidades de classe, idade, nível cultural, biografia, etc.", resume MacRae (1990, p. 241), que em outro momento (*Ibidem*, p. 280) situa o movimento homossexual naquele período como inserido num contexto de surgimento de novas alternativas políticas. Os exemplos citados pelo antropólogo, posteriormente ele mesmo um membro ativo do antiproibicionismo das drogas, mostram como não estava no horizonte ainda a existência de um setor especificamente dedicado a discutir premissas libertárias a partir da defesa a não repressão da alteração de consciência. São citados: associações de trabalhadores independentes dos sindicatos tradicionais e dos partidos, ocupações de terrenos que se tornam movimentos, comunidades eclesiais de base, associações indígenas, negras e de mulheres, grupos feministas e comitês de direitos humanos.

Cabe ainda ressaltar que MacRae (1991, p. 280) traz à baila o sociólogo alemão Tilman Evans, que chamava a atenção para a existência de aspectos comuns entre essas manifestações políticas alternativas, uma vez que nelas se encontraria sempre a intenção de experimentação de novas relações entre as esferas da vida, tradicionalmente cindidas entre públicas e privadas. Buscava-se tanto uma humanização da vida pública, que passaria a se pautar mais pelos valores exercidos no ambiente privado, quanto a valorização deste mesmo privado, reconhecido agora como instância política da maior importância. Interessante notar como justamente o elo principal de intersecção entre essas lutas, na visão de Evans, fosse algo de grande conexão com a discussão das drogas – que, como se discutirá, só começa a ser encarada por esses grupos a partir dos anos 2000.

Feminismo

Araújo (2000, p. 43) vê dois elementos como centrais na promoção da transição entre "esquerda armada" e "esquerda alternativa": o movimento ecológico e pacifista e o movimento feminista. Este último organiza-se de fato no Brasil a partir dos anos 1970, mesmo que desde o século XIX tenha se expressado ocasionalmente em diferentes formas (PINTO, 2003, p. 9).

Influenciado pelo fervor contracultural do período, eclode nos 1960 e 1970 o feminismo europeu e estadunidense, em ambiente muito diferente do que vivia o Brasil: enquanto lá o clima era de "efervescência política, renovação de costumes e de radical renovação cultural", aqui predominavam "ditadura militar, repressão e morte" (Ibidem, p. 43). Mesmo que a grande maioria de suas componentes estivesse engajada de alguma forma na resistência e na oposição à ditadura, havia aspectos considerados específicos das opressões sofridas pelas mulheres, o que representava também formas de luta e organização específicas.

As primeiras reuniões de grupos feministas aconteceram, segundo Pinto (Ibidem, p. 46), no ano de 1972, no Rio de Janeiro e em São Paulo: eram grupos de reflexão inspirados nos norte-americanos, onde mulheres que já se conheciam começavam a debater sua condição específica, em ambiente ainda privado. Pinto estima em "dezenas, certamente, talvez centenas" o número de grupos como esses que surgiriam pelo país a partir de então e até meados dos 1980. Ao mesmo tempo, articulavam-se iniciativas similares entre exiladas políticas que viviam na Europa, como o Grupo Latino-Americano de Mulheres fundado em Paris, também em 1972, e o posterior Círculo de Mulheres Brasileiras em Paris, que durou de 1975 a 1979.

Desde este momento, já se fazia presente o que Pinto (2003, p. 55) define como a questão fundamental no que diz respeito ao feminismo brasileiro nesse período de nascimento: a tensão entre o movimento visto como centrado na luta de classes ou visto como defensor prioritário de bandeiras libertárias com ênfase no corpo, na sexualidade e no prazer.

No entanto, 1975 é considerado o marco fundador do moderno feminismo brasileiro. O ano havia sido definido pela ONU como Ano Internacional da Mulher, o que é visto por pesquisadoras como simbólico do novo status que o debate de gênero passava a ganhar globalmente. Eventos públicos e a criação de organizações como Centro de Desenvolvimento da Mulher Brasileira e o Movimento Feminino pela Anistia foram marcos importantes da data, além da criação do jornal *Brasil Mulher*, cuja primeira edição data de 9 de outubro. No ano seguinte seria lançado, em São Paulo, o jornal *Nós mulheres*.

Além de se manifestarem nos dias 8 de março, as feministas passaram a promover uma série de eventos, como I Encontro da Mulher que Trabalha, em 1977, o I Congresso da Mulher Metalúrgica, no ano seguinte, e o I Congresso da Mulher Paulista, realizado em 1979. Além de aprovar em suas resoluções a defesa da anistia ampla, geral e irrestrita, este levou à criação do Movimento de Luta por Creche, bandeira que se transformaria em central dali em diante (TELLES, 1999, p. 103).

Sarti (2004) identifica na bibliografia sobre o tema a existência de "um consenso em torno da existência de duas tendências principais dentro da corrente feminista do movimento de mulheres nos anos 1970, que sintetizam o próprio movimento". De um lado elaborações e atuações mais voltadas "para a atuação pública das mulheres", enfatizando a organização política e com foco principalmente nas questões relativas ao trabalho, ao direito, à saúde e à redistribuição de poder entre os sexos. "Foi a corrente que posteriormente buscou influenciar as políticas públicas, utilizando os canais institucionais criados dentro do próprio Estado, no período da redemocratização dos anos 1980", aponta Sarti, que vê na outra vertente preocupação sobretudo com "o terreno fluido da subjetividade", as relações interpessoais, o mundo privado. Este lado manifestou-se "principalmente através de grupos de estudos, de reflexão e de convivência", segundo a pesquisadora.

Jornais Brasil Mulher e Nós Mulheres

Com o número zero tendo sido publicado em 9 de outubro de 1975, o jornal *Brasil Mulher* – "o primeiro jornal dirigido às mulheres e feito por mulheres" (LEITE, 2003) – contabilizou dezenove edições em sua existência, com a última delas datando de setembro de 1979. A análise dessa publicação, e também do *Nós Mulheres*, fundado no ano seguinte[2] e que totalizou oito edições, é representativa das prioridades das feministas brasileiras neste momento que era tanto de surgimento quanto de auge do movimento, e mostra como a temática das drogas não constituía uma preocupação relevante para elas.

Lembrando que o *Brasil Mulher* era constituído sobretudo por mulheres militantes do Partido Comunista do Brasil (Pc do B), da Ação Popular

---

2   Ambas as publicações têm todos seus números disponíveis para consulta no acervo do Cedem-Unesp, inclusive em versão digitalizada.

Marxista Leninista (APML) e do Movimento Revolucionário 8 de Outubro (MR8), Leite destaca que a publicação desde seu primeiro número "afirmava a especificidade da luta das mulheres pela sua emancipação, debatia um conjunto de questões teórico-práticas ligadas à explicação da dominação/exploração das mulheres e divulgava as teses sobre a superação da sociedade patriarcal". Por outro lado, "posicionava-se sobre todos os fatos conjunturais em pauta na realidade brasileira pós-luta armada, em plena vigência da ditadura militar e da reorganização do movimento popular".

Já em relação ao *Nós Mulheres*, constituído segundo Leite a partir do Círculo de Mulheres de Paris, este "formado por feministas de esquerda integrantes, em sua maioria, do Debate, dissidência política que surge no exílio agrupando ex-militantes da Vanguarda Popular Revolucionária (VPR), da Vanguarda Armada Revolucionária Palmares (VAR-Palmares) e do Partido Comunista Brasileiro (PCB) e mulheres autônomas", a pesquisadora destaca:

> Já o editorial do número 1 do jornal *Nós Mulheres*, publicado em 1976, cujo título é "Quem somos?", inova principalmente na linguagem, quando utiliza a primeira pessoa do plural – o "Nós" do título –, que rompe com o tratamento dado às mulheres pela imprensa feminina tradicional, em que um editor impessoal e assexuado dita regras e "aconselha" uma leitora chamada de "você, mulher". Nesse editorial a linguagem usada é pessoal, afetiva, e revela intimidade. Além disso, a sua leitura permite vislumbrar que o jornal é feito por um coletivo de mulheres com vivências comuns, ou melhor, feministas comprometidas com o que escrevem.

Apesar de manterem atividades independentes e separadas, os dois jornais trabalhavam juntos em determinados momentos, como mostra a edição extra do *Brasil Mulher* de abril de 1977. O número focava-se especialmente na conexão entre o dia 8 de março e o 1º de maio daquele ano, ressaltando a conexão entre a luta feminista e aquela que defendia a transformação da sociedade de forma mais ampla, e continha um comunicado assinado conjuntamente por *Brasil Mulher* e *Nós Mulheres*, no qual três pontos eram destacados como centrais na luta das mulheres naquele momento: "maior participação no trabalho produtivo fora de casa", "maior participação na luta pelas soluções dos problemas de suas comunidades" e "maior participação na solução dos problemas gerais da sociedade".

Ao final de seu artigo, Leite destaca "os principais temas relativos à conjuntura e os temas específicos tratados nesses jornais durante sua existência":

> 1 - Temas da conjuntura geral: eleições (1976/1978); movimento pela Anistia; campanhas contra a carestia e por creches.
> 2 - Temas específicos: direitos da mulher no campo da reprodução: pílulas anticoncepcionais, planejamento familiar, sexualidade, aborto; creche e organização popular de mulheres; a mulher e o trabalho: salários diferenciados, discriminação no cotidiano do trabalho, direitos trabalhistas, trabalho noturno, profissionalização para as mulheres etc; violência doméstica.

Por esse resumo de Leite, já se poderia notar que debater o tema das drogas não constava entre as prioridades dos dois mais importantes jornais feministas dos anos 1970. No entanto, a análise de seus exemplares vai além: mostra que essa preocupação simplesmente não existia. Analisados os dezessete números do *Brasil Mulher* (incluída a "edição zero"), mais suas duas edições extra, nota-se a total e absoluta ausência de qualquer reportagem, artigo, entrevista ou mesmo carta de leitores que aborde a temática das drogas sob qualquer forma, a não ser em relação a pílulas anticoncepcionais, drogas legais já naquele momento.

Além dos temas prioritários apresentados por Leite, que se constataram correspondentes à análise dos artigos, pode-se identificar uma série de temáticas tratadas no jornal, preponderando textos sobre a anistia, questões relativas ao trabalho doméstico e à educação, demandas sindicais e, sobretudo nos últimos números do jornal, artigos sobre sexualidade. Praticamente todos os números continham também entrevistas e depoimentos de mulheres, famosas ou não, cartas de leitores, poemas e histórias em quadrinhos.

Foram recorrentes, em maior ou menor medida, também os seguintes assuntos: violência doméstica, prostituição, transportes, métodos anticoncepcionais, salário mínimo, custo de vida e inflação, mídia, aborto, censura, tortura, moradia, imprensa alternativa, reforma agrária, creches, movimento estudantil, saúde e divórcio. Como curiosidade, destaca-se na edição de número cinco uma carta de Mao Tsé Tung escrita para sua mulher.

Na edição quinze, de 1979, o jornal apresenta as prioridades políticas da Sociedade Brasil Mulher. Em relação às "preocupações principais" no trabalho com mulheres são destacados os seguintes pontos: levantar os problemas específicos da mulher, denunciar incessantemente os problemas que as mulheres trabalhadoras sofrem, unir esforços para fortalecer a luta pela emancipação da mulher no Brasil e ampliar e estreitar contatos com grupos de mulheres no mundo inteiro, em especial na América Latina. Já em relação à "plataforma de lutas", destacam-se: equiparação salarial entre homens e mulheres, pelo aprendizado profissional às mulheres, contra o uso de anticoncepcionais sem assistência médica frequente e gratuita, por melhores condições de vida que permitam ao casal optar por ter ou não ter filhos, por liberdades democráticas (liberdade de manifestação, de reunião e de organização), por uma anistia ampla, geral e irrestrita a todos os presos e perseguidos políticos, por uma constituinte democrática e popular e pelo fim do regime militar.

No que diz respeito à temática das drogas, a análise dos números de *Nós Mulheres*, cuja primeira edição é de junho de 1976, apresenta o mesmo quadro de ausência completa de preocupação com o assunto. Em relação a outros temas, conteúdo e mesmo forma são bastante parecidos com *Brasil Mulher*, destacando-se talvez uma menor ênfase em reportagens e artigos sobre educação, mais presentes na outra publicação.

A análise dos oito números de *Nós Mulheres* mostra uma estrutura semelhante ao primeiro jornal aqui apresentado, com entrevistas, depoimentos, seções de quadrinhos/humor, cultura, internacional e de cartas dos leitores e ênfase nas questões sindicais, do custo de vida, de sexualidade e na defesa da anistia. Além disso, observou-se textos sobre: salário mínimo, trabalho doméstico, violência, controle de natalidade, eleições, condições da periferia, creche, prostituição, crianças abandonadas, história do feminismo, censura, saúde, racismo, divórcio, critica à publicidade, exílio e até sobre futebol.

Como aponta Quartim de Moraes (1996), o final dessas duas publicações dista pouco do fim do crescimento do movimento feminista no Brasil, que acaba perdendo força de mobilização a partir dos anos 1980, apesar de ocupar papel de alguma relevância na trajetória de alguns setores do Partido dos Trabalhadores:

> A partir de 1982, quando o processo democrático permitiu a normalização da vida política, com eleições para os governos de Estado, o movimento feminista, ao mesmo tempo em que alcançou um nível de institucionalização sem precedentes na História (com a criação do Conselho Estadual da Condição Feminina, em São Paulo e, em seguida, do Conselho Nacional, além das delegacias de mulher, programas de saúde materno-infantil, entre outros), vai perdendo gradativamente

> seu caráter de movimento popular, com o desaparecimento dos grupos feministas mais expressivos e atuantes entre 1976 e 1982. (...) A partir da conquista de espaços nos aparelhos de Estado, os pequenos grupos de vanguarda foram engolidos pela dinâmica política dos governos estaduais e federais. Afrouxaram-se os laços que tinham unido intelectuais feministas e movimentos populares de mulheres; desapareceu a militância não-profissional ao mesmo tempo em que a discussão sobre a questão da mulher e sobre a perspectiva de análise feminista desloca-se cada vez mais para os espaços acadêmicos.

Nos anos 1980 surgiria outra iniciativa importante na história do movimento no país, o jornal *Mulherio*, uma das publicações mais longevas neste campo, com 39 edições em seus oito anos de existência. Fundado em 1981 com apoio das Fundações Carlos Chagas e Ford, chegou à marca de mil assinantes já em sua terceira edição.

Este trabalho teve acesso às 28 edições digitalizadas no acervo do Cedem-Unesp, e nelas verifica-se um padrão bastante parecido com os dois jornais antes analisados. Tanto em forma (seções de cartas, quadrinhos e cultura, entrevistas, artigos, notas internacionais etc.) quanto em conteúdo a semelhança é grande, mesmo que haja algumas diferenças, como uma maior ênfase nas questões do prazer (visto apenas a partir do enfoque sexual), da homossexualidade e um maior número de textos assinados. Em relação ao objeto aqui enfocado a ausência também é a mesma, ao menos nestas edições.

Uma exceção ocorre na edição de número 17, de agosto de 1984. Nela há um artigo de Elisabeth Souza Lobo sobre um encontro feminista ocorrido durante o Congresso da Sociedade Brasileira para o Progresso da Ciência (SBPC), no qual a autora busca responder a questão: "Afinal de contas, a quantas anda o movimento feminista no Brasil?". A alusão a uma droga, neste caso legal, aparece já no título, "O feminismo é uma cachaça", e é explicada no segundo parágrafo: "Porque afinal, segundo a fórmula brilhante de Rosalina Santa Cruz, de São Paulo, o feminismo é como cachaça. Vicia".

Interessante notar como a relação com as drogas surge não só representada por uma substância lícita mas de maneira ambígua: por um lado, ela aparece pelo enfoque do vício, da dependência, o que poderia indicar uma conotação pejorativa; mas, por outro, o fato de feminismo e cachaça "viciarem" é visto, no caso do feminismo pelo menos, como coisa positiva. No restante do texto não há mais menções à bebida, que somente é retomada no último parágrafo: "Outras mulheres estão nas ruas. Por sorte. Vou tratar de partilhar novas cachaças".

Feminismo e antiproibicionismo: próximos na teoria, distantes na prática

É possível observar que, apesar da evidente proximidade entre a discussão sobre drogas e a defesa do direito ao próprio corpo e do caráter político da separação entre público e privado feita pelas feministas, nem no período de sua consolidação no Brasil nem em seu posterior desenvolvimento o movimento feminista aproximou-se da reflexão sobre a proibição de determinadas drogas e dos defensores de seu fim, até onde este trabalho pôde observar – é sempre importante manter a prudência em relação a afirmações taxativas a respeito dos movimentos estudados neste capítulo, tendo em vista sua enorme diversidade e fragmentação.

Isso fica evidente, por exemplo, com uma consulta aos *Cadernos Pagu*, uma das principais publicações periódicas sobre as questões de gênero no Brasil. Criados em 1993 e ligados ao Núcleo de Estudos de Gênero Pagu, da Universidade Estadual de Campinas (Unicamp), os cadernos tiveram 38 edições até o final de 2012, todas elas disponíveis para consulta em seu sítio na internet. Consultados um a um todos os artigos deste período,[3] constata-se que *nenhum* dos textos aborda questões relativas a consumo ou regulamentação das drogas, o que é bastante significativo.

Este trabalho pediu à Marcha Mundial das Mulheres (MMM), principal organização feminista brasileira no século XXI, um posicionamento oficial em relação à sua posição presente sobre consumo e política de drogas. A (breve) resposta foi enviada por correio eletrônico em 2 de julho de 2012 por Sonia Coelho, da Secretaria Nacional da MMM, apontando que "em realidade nunca fizemos um debate oficial e coletivo acerca da questão das drogas no Brasil". Coelho ressaltou, no entanto, que permearia o interior da organização "a visão comum sem muito aprofundamento que a criminalização não é o melhor caminho, o Brasil precisa de uma política de prevenção com muita informação para que as pessoas que queiram fazer o uso o façam com conhecimento, as chamadas drogas não são todas iguais, crack não é igual a maconha, que não igual a cocaína e assim por diante".

Somente no início da segunda década dos anos 2000 é que se pode começar a identificar tentativas de conectar debates e atuação dos movimentos feminista e antiproibicionista, sobretudo por iniciativa deste segundo, como na produção do jornal *A Antiproibicionista* edição especial "Drogas e mulheres",[4] distribuída no

---

3   Os cadernos completos estão disponíveis em: <http://www.pagu.unicamp.br/node/39>.

4   Esse jornal em verdade chamava-se *O antiproibicionista*, com o artigo "o" evidentemente remetendo

dia 8 de março de 2012 pelo Coletivo Desentorpecendo a Razão (DAR), grupo paulistano fundado em 2009.

Ainda em 2012, intencionando ampliar seu arco de alianças e apoios, a Marcha da Maconha de São Paulo organizou o manifesto "Basta de guerra: é hora de outra política de drogas para o Brasil". "Chegou a hora de ver que isso [a proibição] não interessa só a meia dúzia de maconheiros, chegou a hora de parar de estigmatizar este debate. Chegou a hora de encarar os fatos, olhar nos olhos da realidade e ver que como está não pode ficar", aponta o texto, que conclui: "A luta contra o proibicionismo quer colocar seus ombros ao lado de todos que lutam por outro mundo, assim como convidar aqueles e aquelas que dizem um basta à injustiça e à opressão a participar de nossa caminhada. Afinal, quando uma luta avança, nenhuma outra retrocede". Entre os signatários há grupos feministas: os coletivos Yabá e Três Rosas, ambos estudantis, o Juntas, setorial de mulheres do Juntos, tendência estudantil de uma corrente do PSOL, e a União de Mulheres de São Paulo.

O Coletivo DAR realizou também, em novembro de 2012, uma "roda de conversa" sobre "Feminismo e legalização das drogas", organizada em conjunto com os grupos Fuzarca Feminista (que é parte da Marcha Mundial das Mulheres), Liga Brasileira de Lésbicas e União de Mulheres de São Paulo, atividade na qual por diversas vezes foi comentada, e criticada, a ainda marcante distância entre formulações e ações dos dois movimentos.

Em artigo publicado no site do jornal *Brasil de Fato*, Terezinha Vicente (2011), ativista da Marcha Mundial das Mulheres, comentou essa atividade: "Pode parecer que são temas que não têm a ver um com o outro, mas as mulheres sabem muito bem a opressão que é viver sob proibições". Vicente relata intervenções de algumas das cerca de oitenta pessoas presentes, como a de Tica Moreno, também da MMM, que afirmou ser "difícil articular a luta antiproibicionista com a feminista no movimento social, que é uma costura de consensos". Moreno exemplificou lembrando que sequer a bandeira da legalização do aborto seria consensual no interior do feminismo, por conta da forte influência religiosa existente em suas fileiras.

Em texto publicado no site da Marcha Mundial das Mulheres em setembro de 2012, a cientista social e ativista da Marcha Thandara Santos (2012), que havia escrito um artigo sobre o tema no jornal *A Antiproibicionista*, busca novamen-

---

não ao gênero dos leitores e produtores da publicação mas à palavra jornal, substantivo masculino, e teve sua primeira edição distribuída na Marcha da Maconha de São Paulo em 2011. Sua distribuição, em um momento em que o evento era proibido pela Justiça, foi inclusive utilizada como justificativa para a detenção de dois ativistas do movimento, inclusive o autor deste trabalho.

te aproximar os dois campos de militância, mostrando consequentemente que esta proximidade ainda não existe:

> É preciso que o movimento feminista se engaje verdadeiramente na luta antiproibicionista e busque revelar quais os pressupostos por trás dessa noção de "proibição" às drogas, que se sustenta e se reproduz nos corpos destas mulheres exploradas pelo tráfico e submetidas aos abusos físicos e morais já rotineiros do sistema penitenciário feminino, e de que forma esses pressupostos compõem uma estrutura muito mais ampla de dominação de nossos corpos.

Para Santos, "a revolução social por trás da ideia de superar os limites e as imposições do proibicionismo às drogas se alimenta da mesma fonte do feminismo no Brasil e, por isso, não pode se distanciar dessa luta". Ambas as lutas revelariam "a mais dura face do conservadorismo que insiste em tomar as formulações de políticas públicas, as deliberações legislativas, os debates veiculados pela grande mídia e o senso-comum (des)informado pela mesma grande mídia que se fortalece a cada dia e se dissemina". Antes de concluir que "a ordem social que proíbe as drogas é também a ordem que se mantém a partir da exploração do corpo feminino e, portanto, só poderá ser superada quando essas lutas se unirem", ela salienta que

> O debate sobre as drogas traz em seu bojo o questionamento da divisão entre público e privado, tão central na luta feminista, uma vez que a proibição incide sobre os estímulos psicoativos que são criados e disponibilizados pela natureza e, naturalmente/milenarmente, apropriados pelos seres humanos como forma de explorar suas potencialidades mentais. O proibicionismo, portanto, incide sobre a autodeterminação dos corpos, mas principalmente sobre a autodeterminação das mentes e das possibilidades de explorações dos limites mentais.

Na luta feminista, a negação da autodeterminação dos corpos se manifesta no machismo que impõe comportamentos como femininos e não-femininos, que justifica o estupro pelo uso de determinadas roupas e por determinadas formas de se portar em público, que entende o corpo feminino como seu espaço de dominação e o encerra cotidianamente ao espaço privado, mas, principalmente, se manifesta na proibição do aborto, que mata milhares de mulheres diariamente e nega a autonomia de decisão sobre a maternidade a todas nós.

Movimento negro

Assim como o movimento de mulheres, o movimento negro brasileiro é anterior aos anos 1970, mesmo que também tenha sido nesta época que ele ganhou os contornos que permanecem, de maneira geral, até o século XXI. Comprovando Michel Foucault, que advoga que onde há poder há resistência, as primeiras reações negras no Brasil ocorrem pouco tempo depois da chegada dos primeiros negros ao país, uma vez que estes eram escravos e não se conformariam com tal situação sem reagir. É o que apontam, por exemplo, Eliza Larkin Nascimento (2008, p. 94), quando diz que "o movimento negro surge no início do século XX como herdeiro e continuador de uma luta já em movimento desde os primórdios da formação do Brasil", e Marcos Antônio Cardoso (2002, p. 18): "Desde a Colônia aos dias atuais, pode-se afirmar que o Movimento Negro é a continuidade da resistência contínua e coletiva do povo negro frente à escravidão, opressão colonial, marginalização e racismo".

Se a resistência existe, portanto, há praticamente tanto tempo quanto o próprio Brasil, sua conformação contemporânea começa a ganhar forma a partir da abolição da escravidão. Segundo Cunha Júnior (1992, p. 24), no pós-escravidão o movimento começa a se organizar entre os anos de 1920 e 1930, período em que surgem diversas entidades negras pelo interior do país. Data da mesma época o surgimento da imprensa negra, fator que ajudaria a impulsionar a Frente Negra Brasileira, criada em 1931, transformada em partido político em 1936 e colocada na ilegalidade junto com outros partidos um ano depois, com o golpe de estado deflagrado por Getúlio Vargas (CARDOSO, 2002, p. 31).

Se entre "1940 e 1970 surgiram e desapareceram dezenas de instituições negras que estimulavam a participação política e artística de negros e negras" (*Ibidem*, p. 32), como o Teatro Experimental do Negro, de Abdias Nascimento, é nos anos 1970 que o movimento negro começa a se consolidar, assim como o feminismo. O teatro negro é retomado pelo Centro de Cultura e Arte Negra em São Paulo, no Rio Grande do Sul o Grupo Palmares reivindica o deslocamento das comemorações do dia 13 de maio para o 20 de novembro, no Rio de Janeiro e em Belo Horizonte fortalece-se o "movimento soul", posteriormente batizado de Black Rio e Black Belô, respectivamente. No final da década, surge a organização considerada a mais importante neste período de consolidação da luta negra: o Movimento Negro Unificado (MNU), lançado publicamente no dia 7 de julho de 1978 em um ato em frente ao Teatro Municipal de São Paulo.

Mesmo que a pulverização de grupos e publicações seja ainda maior do que no caso do movimento feminista, tornando afirmações categóricas e generalizantes difíceis de sustentar, sobretudo no contexto deste trabalho, documentos da época do nascimento do MNU mostram que, ao menos nessa organização – "primeiro movimento negro de caráter nacional depois da Frente Negra Brasileira" (CARDOSO, 2002, p. 52) – a preocupação com as políticas de drogas não estava na ordem do dia. Novamente, de forma semelhante ao que se observou em relação ao movimento feminista, nota-se que é a partir dos anos 2000 que essa temática começa a entrar na agenda de algumas organizações e articulações negras, por conta do fortalecimento do debate de drogas em âmbito nacional e dos movimentos antiproibicionistas e pela participação de antiproibicionistas nas fileiras do movimento negro.

O MNU nasce tendo como bandeira principal o combate à discriminação racial. Além disso, ocupava espaço relevante entre suas pautas o questionamento à violência, sobretudo àquela praticada pela polícia. Em 20 de novembro de 1978 é divulgado o manifesto nacional da organização (CARDOSO, 2002, p. 48), que traz em seu texto a defesa desta data como o Dia da Consciência Negra e aponta: "Hoje estamos unidos numa luta de reconstrução da sociedade brasileira, apontando para uma nova ordem, onde haja a participação real e justa do negro, uma vez que somos os mais oprimidos dos oprimidos, não só aqui, mas em todos os lugares onde vivemos".

O manifesto diz negar o dia 13 de maio, data da abolição da escravidão, e, "mantendo o espírito de luta dos quilombos", "GRITA", assim mesmo em maiúsculas, "contra a situação de exploração a que estamos submetidos, lutando contra o RACISMO e toda e qualquer forma de OPRESSÃO existente na sociedade brasileira". Mobilização e organização são outras palavras destacadas em caixa alta no texto, que defende uma "REAL emancipação política, econômica, social e cultural". Também de 1978 é a "Carta de princípios" (CARDOSO, 2002, p. 51) do movimento, onde são apresentadas algumas de suas demandas:

> RESOLVEMOS juntar nossas forças por: defesa do povo negro em todos os aspectos políticos, econômicos, sociais e culturais através da conquista de maiores oportunidades de emprego; melhor assistência à saúde, à educação e à habitação; reavaliação do papel do negro na história do Brasil; valorização da cultura negra e combate sistemático à sua comercialização, folclorização e distorção; extinção de todas as formas de perseguição, exploração, repressão e violência a que fomos submetidos; liberdade de organização e expressão do povo negro.

Em 1982, o MNU elabora seu "Programa de ação", que defende as seguintes reivindicações "mínimas": desmistificação da democracia racial brasileira; organização política da população negra; transformação do Movimento Negro em movimento de massas; formação de um amplo leque de alianças na luta contra o racismo e a exploração do trabalhador; organização para enfrentar a violência policial; organização nos sindicatos e partidos políticos; luta pela introdução da História da África e do Negro no Brasil nos currículos escolares, bem como a busca pelo apoio internacional contra o racismo no país (DOMINGUES, 2007).

Como relata Cardoso (2002, p. 55), o texto do "Programa de ação" foi estruturado com uma introdução geral acerca da situação histórica e social da população negra, seguida de dezesseis pontos que transcritos nos revelam as principais preocupações da organização: "Por uma autêntica democracia racial"; Marginalização do negro; Discriminação racial no trabalho; desemprego; condições de vida; direito e violação; prisões; menor abandonado; cultura negra; educação; mulher negra; imprensa negra; sindicatos; área rural; posses de terras, doações e invasões; luta internacional contra o racismo; transformação geral da sociedade.

Em 2008, o MNU comemorou seus trinta anos com a realização de um seminário em São Paulo. A análise dos títulos das mesas de debate escolhidos para a ocasião ajuda a vislumbrar quais as prioridades neste novo momento: "Estatuto da igualdade, ações afirmativas e cotas"; "Resoluções congressuais: transformações, evolução das propostas-discurso, e sua implementação frente à conjuntura"; "História e perspectivas: contribuição do MNU para as conquistas do Povo negro"; "defesa dos quilombos – Uma questão de principio e sobrevivência para o MN e do povo negro"; "Mulher negra, trabalho doméstico – Reivindicações, papel e contribuição com o MN"; "MNU, projeto político do povo negro e as reparações"; "Influência do Estado, partidos e sindicatos no MN: direita, esquerda... Pra onde caminha o MN?"; "O papel dos segmentos de jovens e as religiões de matriz africana na construção do MNU e do MN".

Apenas em relação ao MNU, podemos observar portanto que não havia em sua fundação uma ênfase na discussão sobre drogas. Uma análise mais aprofundada sobre o tema fugiria ao escopo deste trabalho, que evita portanto fazer afirmações categóricas em relação ao movimento negro como um todo e sua relação com as drogas. Sobretudo por conta do fenômeno que Domingues (2008) descreve: "Na década de 1980 e, principalmente, depois do processo de redemocratização do País, iniciou-se uma tendência de atomização do movimento negro.

Foram criados centenas de grupos afro-brasileiros por todo o território nacional". O autor cita levantamento realizado pelo Instituto de Estudo da Religião (ISER), que identificou, só na cidade de São Paulo, noventa entidades negras organizadas em 1988. Já um mapeamento realizado pelo Núcleo de Estudos Interdisciplinares do Negro Brasileiro (NEINB/USP) constatou, segundo Domingues, a existência 157 de mais de mil e trezentas entidades na década de 1990.

Araújo (2000, p. 178) enfatiza um aspecto importante em relação à fundação do MNU: sua relação com a organização trotskista Convergência Socialista, grupo de esquerda mais influente no interior do movimento segundo a autora. Como se verá adiante, este era um setor da esquerda refratário ao debate sobre drogas, e provavelmente isto influenciou em alguma medida a ausência de dedicação sobre o tema.

Analisando o jornal oficial do MNU, chamado *Nego*, a autora aponta que a principal preocupação do movimento seria, como o editorial da edição número seis da publicação afirma, "integrar-se à luta dos setores oprimidos que visam à construção de uma sociedade justa, humana e fraterna, onde não haja exploradores nem explorados". Enfatizando, evidentemente, a importância da questão racial, a campanha por eleições livres e diretas e pela convocação de uma assembleia constituinte "livre e soberana" passaram a ser, segundo Araújo, "o principal tema político do jornal, que assim buscava insistir menos na especificidade e mais na luta política geral, unitária, em conjunto com partidos e movimentos de esquerda".

Se a questão das drogas estava ausente tanto no momento de fundação quanto de celebração dos trinta anos do MNU, podemos aqui ao menos pontuar, ou sugerir, que essa situação aparentemente começa a mudar, mesmo que em pequena escala, na segunda década de 2000 a partir da iniciativa de antiproibicionistas ligados à causa negra. É o caso por exemplo do pernambucano Anderson Rodrigo, militante do MNU e do Fórum da Juventude Negra de Pernambuco e autor do texto *Por que a juventude negra deve ir à Marcha da Maconha*, publicado no site do Coletivo DAR em 17 de maio de 2012. Após afirmar que "mais de um século após a abolição, o povo negro continua sendo perseguido pela polícia tal qual era pelos capitães do mato", ele aponta que "a criminalização do uso de drogas, com seu produto direto que é o comércio ilegal das drogas, representa uma arma fundamental para manutenção da hegemonia das elites escravocratas em nossa sociedade". Dialogando com seus colegas de militância a fim de convencê-los da importância da causa antiproibicionista, assim como fizeram os textos das feministas antiproibicionistas citados anteriormente, Rodrigo prossegue:

O racismo permanece em nossa sociedade, porque há uma elite que domina a sociedade e se beneficia diretamente dele. Da mesma forma, estas elites não querem a legalização das drogas, pois além de boa parte dela manter relações estreitas com o tráfico, a "guerra às drogas" as beneficia diretamente, pois é este um dos meios mais eficazes que estas elites possuem de controlar militarmente negros e pobres, em geral. A proibição vitima nossa juventude não só pela violência que está associada a ela, mas também porque a criminalização dos usuários dificulta ou até mesmo impede a busca por tratamento adequado dos dependentes químicos. Os males causados pela proibição são muito maiores que aqueles que qualquer droga pode causar a um indivíduo. A criminalização das drogas mata muito mais que qualquer droga. Esta guerra só faz sentido para as elites, estas sim, livres para usar qualquer droga dentro de seus condomínios luxuosos, enquanto nosso povo é constantemente atacado em seus direitos mais básicos, sofrendo humilhações e agressões muitas vezes pelo simples motivo de levantar "suspeitas", ou seja, por ser negro.

Outro exemplo é a *Carta aberta da Campanha contra o genocídio da juventude negra*, lançada em outubro de 2012 por uma série de organizações e movimentos sociais ligados à causa negra. O texto, que em seu primeiro parágrafo afirma que "nós, representantes da sociedade civil organizada, cidadãos e cidadãs que vivenciam os resultados nefastos da atual política pública de segurança, manifestamos nossa profunda rejeição à atuação violenta e criminosa dos agentes de segurança no estado, em especial, na região metropolitana de São Paulo, que tem sido dirigida aos jovens negros e pobres" traz, no quarto de seus seis eixos de reivindicação, uma defesa de mudança na lei de drogas, mesmo que não questione o proibicionismo:

> 4. A política pública de segurança e sistema de justiça devem combater o encarceramento em massa, baseado no preconceito e uso do poder contra populações excluídas e marginalizadas pelo sistema político-econômico (pobres, jovens e negros), e utilizar modelos mais eficientes de enfrentamento da criminalidade.
> (...) b) Revisão da Lei Nacional Antidrogas (no 11.343/2006), estabelecendo critérios objetivos para distinguir o usuário e o traficante de drogas, considerando o uso discriminatório da sua aplicação hoje.

Mais adiante, no quinto item, que defende "enfrentar a criminalização dos adolescentes pobres, exigindo-se o respeito aos seus direitos de acordo com o previsto no Estatuto da Criança e do Adolescente", novamente a temática é abordada, desta vez de forma mais incisiva que a anterior, criticando inclusive a repressão ao uso de drogas ilícitas:

> d) Desvincular a ação policial das políticas dirigidas a usuários de drogas, dando fim ao tratamento do tema como "caso de polícia" e investindo no fortalecimento da rede pública de saúde, com maior acesso à informação e com atendimento de dependentes realizado prioritariamente em meio aberto.

Movimento homossexual

Nascido no Brasil já no final da década de 1970, o movimento homossexual não difere muito do negro em relação ao escopo deste trabalho. Tanto se pode observar que o debate de drogas era pouco presente no momento de gestação do movimento quanto o imenso número de organizações, com suas respectivas inúmeras abordagens e preocupações, torna bastante arriscado afirmações convictas em relação ao conjunto desse campo. Assim, este trabalho se contenta aqui com comentários breves a respeito da relação entre homossexuais politicamente organizados e a temática das drogas, da mesma forma como foi feito em relação à também bastante ampla luta pelos direitos dos negros.

Simões e Facchini (2008, p. 81) tomam o surgimento de dois grupos como marco inicial da organização de um movimento de homossexuais – que posteriormente passaria a se autodenominar movimento LGBT[5]–: a fundação do

---

5   Simões e Facchini (2008, p. 15) explicam assim sua opção pela utilização da sigla LGBT no decorrer de seu livro: "A denominação LGBT aqui usada segue a fórmula recentemente aprovada pela I Conferência Nacional GLBT, referindo-se a lésbicas, gays, bissexuais, travestis e transexuais. Antes disso, o XII Encontro Brasileiro de Gays, Lésbicas e Transgêneros, de 2005, incluiu oficialmente o "B" de bissexuais e convencionou que o "T" referia-se a travestis, transexuais e transgêneros. Embora, com a deliberação da I Conferência Nacional, a sigla LGBT venha predominando nos meios ativistas, ela eventualmente assume outras variantes, que invertem a ordem das letras (colocando o "T" à frente do "B"), duplicam o "T" (para distinguir entre trevestis e transexuais, por exemplo) ou acrescentam novas letras que remetem a outras identidades (como "I" de intersexual ou "Q" de "queer"). O significado desses termos será comentado adiante. Trata-se de ressaltar, por ora, que a presente denominação, como mostra sua trajetória recente, é aberta e sujeita a contestações, variações e mudanças.

Somos, grupo de São Paulo fundado em 1978 e cujo nome inspirou-se em publicação homônima da Frente de Liberación Homossexual (FLH), da Argentina, e o lançamento do jornal *Lampião da Esquina*, que passou a circular em abril do mesmo ano.

Segundo os autores (SIMÕES e FACCHINI, 2008, p. 13), o desabrochar de um movimento homossexual no Brasil se deu no final da década de 1970, "com o surgimento de grupos voltados explicitamente à militância política, formados por pessoas que se identificavam como homossexuais (usando diferentes termos para tanto)", que buscavam promover e difundir "novas formas de representação da homossexualidade, contrapostas às conotações de sem-vergonhice, pecado, doença e degeneração".

Os pesquisadores citam o historiador James Green para apontar a existência de três "ondas" no desenrolar do movimento a partir de então. Uma primeira seria representada pelo período correspondente ao final do regime militar, a chamada "abertura política" que teria tido início em 1978, época em que "floresceram os primeiros grupos articulando homens e mulheres homossexuais, dos quais o Somos, de São Paulo, se tornou uma espécie de paradigma". A "segunda onda" se iniciaria com o fim da ditadura e com a discussão em torno da Assembleia Constituinte, período que coincide com a eclosão da epidemia de HIV-Aids, "quando se desenharam as condições de institucionalização do movimento". Já a "terceira onda" começaria em meados dos anos 1990 e seria representada pela consolidação da "parceria" entre grupos homossexuais e Estado e pela multiplicação daqueles, "promovendo a diversificação dos vários sujeitos do movimento na atual designação LGBT, a formação das atuais grandes redes regionais e nacionais de organização e a consagração das Paradas do Orgulho LGBT, paralelamente ao crescimento do marcado segmentado voltado à homossexualidade".

Escrito a partir da tese de doutorado do autor, o livro *A construção da igualdade: identidade sexual e política no Brasil da "abertura"*, do antropólogo Edward MacRae, é um dos principais estudos sobre o Somos. Nele, MacRae aponta outro aspecto de semelhança entre movimento gay e negro, para além do ano de 1978 (ano de fundação tanto do MNU quanto do Somos): a influência da Convergência Socialista. Mas se no caso da organização negra a participação desse grupo foi no sentido de impulsionar o movimento, no caso dos homossexuais teria acontecido contrário, com a organização impulsionando a politização exatamente por em um determinado momento não ter considerado o assunto relevante.

Em abril de 1978, mesmo mês da primeira edição de *Lampião*, ocorreu um evento "importante para a constituição do primeiro grupo de militância política homossexual" (MACRAE, 1990, p. 97): a realização de uma semana de debates políticos sobre temas variados, organizada pela Convergência Socialista. O evento visava a elaboração de uma plataforma para o projetado Partido Socialista Brasileiro e abordava discussões em torno de problemas como anistia, constituinte, liberdades sindicais e imprensa alternativa. No dia reservado a este último assunto, formou-se uma mesa com diversos representantes da chamada "imprensa nanica", e, segundo MacRae, contava-se com a presença de alguém que falasse em nome do recém-criado, e ainda inédito, *Lampião*, o que não teria acontecido por boicote de integrantes do grupo trotskista.

"De alguma forma esse fato chegou ao conhecimento de pessoas que haviam, em discussões inicias, se empenhado para que o convite fosse estendido ao jornal homossexual", relata MacRae, e seguiu-se a isso a redação de uma moção de protesto que seria lida[6] durante o espaço de debates sobre imprensa alternativa. O texto apontava:

> A questão do homossexualismo masculino e feminino salta neste momento como questão fundamental a ser reconhecida como uma das lutas democráticas, que tem características próprias mas não se afasta da luta mais ampla pela reformulação da moral sexual brasileira, seja hetero seja homossexual, por todos aqueles que acreditam na possibilidade de uma sociedade mais justa e democrática. Os homossexuais, vítimas de um sistema discriminatório, reacionário e intolerante, esperam da Convergência Socialista a acolhida da sua luta. Confiamos em que o socialismo que pretendemos seja um sistema equitativo, aberto e democrático, que tenha o ser humano como peça fundamental independente de sua sexualidade, traga em seus fundamentos o necessário elemento democrático que permita a todos as mesmas possibilidades.

Essa intervenção "imediatamente serviu de estopim para uma longa discussão sobre homossexualidade e política" (*Ibidem*, p. 98) e, segundo MacRae, esta foi a primeira vez em que levantava-se em público a ideia de que "os esforços homos-

---

6   MacRae (1990, p. 98) descreve a cena: "A certa altura do debate ele pediu a palavra e leu a seguinte moção, sob o olhar fulminante dos responsáveis pelo boicote, que alegavam que a inclusão de reivindicações homossexuais no programa do partido levaria inevitavelmente a um afastamento da classe operária".

sexuais para obter um melhor posicionamento dentro da sociedade se inscreviam legitimamente na luta mais ampla por uma sociedade mais democrática e socialista". A partir disto, alguns dos presentes na discussão, entre eles o escritor João Silvério Trevisan (2000), decidiram formar um grupo para levar adiante tais reflexões.

Assinando como Núcleo de Ação pelos Direitos dos Homossexuais, o grupo tomou sua primeira medida pública ao endereçar carta ao Sindicato dos Jornalistas de São Paulo, "protestando contra o tratamento preconceituoso dado à homossexualidade pela grande imprensa, notadamente nos jornais destinados ao consumo popular" (SIMÕES e FACCHINI, 2008, p. 96). O texto apontava que "para os interesses de certos grupos é perigoso que camadas até afora reprimidas e/ou marginalizadas – mulheres, negros, homossexuais, índios – tomem consciência dos motivos de sua opressão" e mais adiante critica a estereotipação da conduta homossexual, buscando desvinculá-la de um discurso que a rotula como doentia, chegando a citar a associação da imagem do homossexual com a de criminosos e mesmo traficantes:

> Não é casual, portanto, que a ideologia exposta no *Notícias Populares* vise manter a imagem do homossexual-criminoso-traficante-corruptor e, como se tudo isso não bastasse, doente, e doente que não quer "sarar". Nós solicitamos ao Sindicato dos Jornalistas Profissionais do Estado de São Paulo que, na sua qualidade de órgão representativo da classe, torne público nossos protestos com relação ao referido jornal para que esse tipo de desrespeito ético não se repita, nele ou em qualquer outro órgão de imprensa. (MACRAE, 1990, p. 103)

Em fevereiro de 1979 o grupo foi rebatizado como Somos, por conta de participação em uma semana de debates sobre movimentos de emancipação e setores sociais discriminados promovida por estudantes de Ciências Sociais da Universidade de São Paulo. Com cobertura da grande imprensa e também da alternativa, esse evento "marcou efetivamente o aparecimento e a abertura do Somos para o mundo" (SIMÕES e FACCHINI, 2008, p. 97). Ao longo deste ano o Somos cresceu significativamente, inclusive com a entrada de mulheres no grupo, e chegou a ter centenas de participantes.

Fundador do *Lampião*, Trevisan também era figura relevante no Somos. Em um artigo no jornal, citado por MacRae (1990, p. 85), ele é apontado como um dos principais ideólogos do nascente movimento, sendo que uma de suas grandes preocupações seria a de "retirar do proletariado o privilégio de ser a grande força revolucionária". A citação é da edição de junho de 1980, e mostra como a questão das drogas e seus marginalizados usuários não eram vistos como "agentes de transformação":

> Desmistificar a hegemonia transformadora do proletariado significa quebrar os limites e colocar como agentes de transformação também os loucos, os velhos, as crianças, a luta ecológica, os índios, os negros, os homossexuais, as mulheres, as putas – enfim, todos aqueles blocos de especificidades que caminham contra a corrente. Isso irá dificultar as formas hegemônicas, o controle do poder por uns poucos. Pois é mais fácil controlar uma classe revolucionária do que centralizar dezenas de blocos de transformação e apossar-se de tantas definições divergentes. Então quero desafinar, passar os parâmetros da política para a margem: ficar pelado nas reuniões sérias, destampar nossas mais recônditas fantasias, desprogramar-nos sexualmente (a promiscuidade como elemento subversivo), lutar junto com as classes proletárias pelo seu direito ao prazer, e não apenas ao trabalho.

Em sua edição número zero o *Lampião* apontava, no editorial, que "é preciso dizer não ao gueto, e, em consequência, sair dele" e que os homossexuais têm o direito de lutar por sua "plena realização" enquanto tais. Segundo MacRae (1990, p. 74) o jornal publicou um número considerável de textos sobre feminismo em seus três anos de existência, discutindo temas como aborto e estupro, além de encontros como o Congresso da Mulher Paulista. O lesbianismo também era enfocado com frequência, embora menos do que a homossexualidade masculina. Ainda no livro do antropólogo, vemos que o jornal buscava abordar "outras questões minoritárias", mas não via as drogas como parte delas:

> Embora *Lampião* tenha sido plenamente bem sucedido em sair do gueto, certamente procurou iniciar uma discussão sobre as outras "questões minoritárias". Além da ênfase dada ao movimento feminista, dedicou uma atenção especial aos problemas da ecologia, dos negros, dos "presos comuns" e dos índios. Publicou vários artigos do ecólogo gaúcho José Lutzemberger, alguma coisa sobre os índios e bastante sobre os negros, cuja luta contra discriminação recebeu matérias de capa, incluindo uma longa entrevista com Abdias Nas-

cimento e vários artigos de Rubem Confete sobre a vida e cultura negra. (MACRAE, 1990, p. 75)

Segundo Green (2000), no ano que o *Lampião* acabou, 1981, havia vinte grupos homossexuais no Brasil. Já em relação ao Somos, em todo seu trabalho MacRae demonstra que os consensos em seu interior eram bastante frágeis, quando não inexistentes, em questões políticas para além do combate à discriminação contra os homossexuais. Sequer uma definição precisa sobre homossexualidade existia no grupo, tornando bastante improvável que uma questão não vista como fundamental, como a das drogas, fosse objeto de debates mais aprofundados. O antropólogo cita três pontos "sobre os quais parecia existir uma unanimidade entre os frequentadores mais assíduos do Somos": 1) o grupo deveria ser exclusivamente formado por homossexuais; 2) as palavras "bicha" e "lésbica" deveriam ser esvaziadas de sua carga pejorativa para tornar inofensiva uma das grandes armas usadas pela sociedade machista para oprimir os desviantes; 3) o autoritarismo devia ser combatido em todas suas manifestações, tanto fora do grupo quanto dentro. Questões sobre assumir sua homossexualidade em público ou não, como se portar em relação à família e ao trabalho e sobre violência e discriminação também ocupavam espaço importante na dinâmica do coletivo.

Após a polêmica causada pela ausência da temática homossexual em um evento, caso citado anteriormente, a Convergência Socialista engajou-se na atuação nesse setor a partir de 1979. "Embora constasse do programa, a questão não chega a nível de discussão, havendo dentro do próprio grupo uma consciência anti-homossexual, fruto do conservadorismo das várias linhas ideológicas da esquerda", aponta entrevista realizada com o "Jornal Convergência Socialista" no livreto *Homossexualismo: da opressão à libertação* (OKITA, 1980). "Só a partir dessas primeiras discussões, a questão tornou-se, de fato, real, levando os demais companheiros a discutirem a sexualidade, já que machismo dentro do grupo levou as mulheres a iniciarem também um questionamento dessas posições", continua a entrevista.

Começam a se tornar frequentes tensões que levariam à dissolução do grupo Somos tempos depois, e que podem ser melhor compreendidas através da leitura dos livros dos principais expoentes dos dois campos em disputa: James Green e o seu *Além do carnaval* e João Silvério Trevisan e seu *Devassos no paraíso*. Como aponta Green (2000, p. 428), "enquanto uma facção era a favor de um movimento que se concentrasse apenas em assuntos dos gays, outra tendência defendia alianças entre os grupos gays e os demais movimentos sociais, incluindo setores da esquerda".

Em abril de 1980 ocorre outro momento importante do movimento homossexual brasileiro, a realização do 1º EGHO: Encontro de Grupos Homossexuais Organizados. Realizado de forma fechada na Faculdade de Medicina da USP, o encontro contou com cerca de duzentos participantes, segundo MacRae, incluindo integrantes dos grupos Somos (SP), Somos (RJ), Auê (RJ), Eros, Libertos, Somos (Sorocaba) e Beijo Livre (Brasília). Os temas haviam sido elaborados a partir de sugestões desses grupos e "refletiam sobretudo grande preocupação com as questões de identidade homossexual, a constituição de uma comunidade e os métodos políticos a serem adotados pelos grupos e pelo movimento como um todo" (MACRAE 1990, p. 198). Uma das discussões mais acaloradas envolveu a participação ou não dos grupos homossexuais em atos públicos de 1º de maio em apoio à greve dos metalúrgicos do ABC. A cerimônia de encerramento do evento foi aberta e realizada em um teatro, com cerca de mil presentes (GREEN, 2000).

MacRae (1990, p. 204) cita as resoluções aceitas por consenso nesse encontro, o que ajuda a ilustrar as prioridades e os temas mais presentes no interior do movimento: chamado pela legalização jurídica dos grupos e a dinamização dos contatos entre eles, promoção de debates sobre a homossexualidade durante o congresso anual da Sociedade Brasileira para o Progresso da Ciência (SBPC), a realização de campanhas para a alteração da constituição brasileira visando a proteção dos direitos à liberdade de opção sexual, alteração do código da OMS e do INAMPS abolindo a classificação da homossexualidade como desvio sexual, a denúncia da discriminação exercida por empregadores e o acompanhamento de investigações sobre arbitrariedades cometidas contra homossexuais.

Por conta de divergências sobre a participação do grupo nos atos de 1º de maio de 1980, o Somos teve uma cisão importante, não voltando jamais a ter o mesmo tamanho e a mesma importância. Assis e Facchini (2008, p. 111) ressaltam que justamente após o "racha" do Somos ocorreu a "principal ação pública dos militantes homossexuais da época", uma campanha contra uma operação policial realizada contra frequentadores noturnos do centro de São Paulo. No ano seguinte terminava o *Lampião*, e Green (2000) vê a partir desse período o início de tempos de decadência e desmobilização no interior do movimento homossexual, que voltaria a se organizar apenas com a eclosão da epidemia de Aids, cujo primeiro caso diagnosticado no Brasil aconteceu em 1982, segundo o autor.

"Na primeira metade da década de 1980, verifica-se uma drástica redução do número de grupos" homossexuais, apontam Assis e Facchini (2008, p. 113). De dezesseis agremiações presentes em uma reunião preparativa ao que seria o II EGHO, realizada em dezembro de 1980, apenas sete sobreviviam quando o encontro efetivamente aconteceu em 1982. Paralelamente a essa perda de mobilização, "assistiu-se à intensificação da atividade de uma nova geração de militantes, segundo outros moldes de atuação, proporcionados, em grande parte, pelo novo contexto social político da redemocratização e, em grande parte, pela eclosão da epidemia de HIV-Aids" (*Ibidem*, p. 117).

Compartilhando a divisão da história do movimento homossexual em "ondas", como apresentado anteriormente, Oliveira (2010) vê nas décadas seguintes, ao final da primeira onda, uma menor importância dada às estratégias desse período, como o compartilhamento de experiências ou de uso de termos para fincar noções acerca da homossexualidade, "em favor da articulação do movimento com outras esferas da sociedade":

> Os grupos acionavam, então, modos de se diferenciar das estratégias anteriores a eles, procurando marcar novos modelos de atuação política. Para o Triângulo Rosa – movimento que fez parte da segunda onda –, por exemplo, a dinâmica de reuniões e atuação do grupo SOMOS tinha o caráter de "terapia" caracterizada pela auto-ajuda, atribuindo-lhe certo tom apolítico. Sua ação está voltada para a instância institucional e sua atuação reside junto ao Legislativo e ao Judiciário. Nesse sentido, o caráter mais individual de uma identidade homossexual pouco entrava em pauta; seu projeto era delinear uma imagem pública de homossexual respeitável.

Simões e Facchini citam Néstor Perlongher, pesquisador do movimento homossexual que viria a morrer em 1992 vitimado exatamente pela Aids, para apontar que a doença "surpreendeu o universo do ativismo homossexual brasileiro numa situação paradoxal": enquanto grande parte dos grupos organizados estava em processo de desestruturação, expandia o "espetáculo gay, fazendo aumentar inclusive a visibilidade de travestis, não só nas ruas das cidades, mas também na grande mídia". A epidemia deu ensejo a uma "inusitada aproximação entre os ativistas homossexuais e as autoridades médicas", com a criação de programas e órgãos governamentais voltados a encarar o problema, muitos deles com homossexuais em sua composição.

Em entrevista concedida ao Coletivo DAR e publicada em agosto de 2010 no site do coletivo,[7] o então presidente da Associação da Parada Gay de São Paulo (APOGLBT) Alexandre dos Santos Peixe apontou que no início da segunda década do século XXI a questão das drogas e sua regulamentação ainda não ocupavam lugar de importância no interior do movimento LGBT: "Uma coisa que tenho cobrado muito no movimento LGBT é que não se discute questão de drogas dentro do movimento", declarou, antes de prosseguir:

> Eu comecei a discutir isso quando teve um problema sério quando fizemos, pela Parada, um material de Redução de Danos e a Folha pegou e tal. "Parada ensina a cheirar cocaína", deu tudo aquilo, fomos parar no DENARC e tudo mais. Então hoje nem é mencionado um programa nacional. O Ministério da Saúde reconhece como um problema de saúde pública, mas a gente não pode tocar nesse assunto. A gente não pode ser veado e drogado. Usando pejorativamente a coisa, "seja veado mas não seja drogado". Fica lá na boate se entupindo de bala [ecstasy], mas o movimento não quer discutir isso não. Digo tranquilamente: o movimento não quer discutir a questão da droga.

Na entrevista, Alexandre comparou o preconceito sofrido por usuários de drogas, sobretudo os defensores públicos de sua regulamentação, com aquele que atinge homossexuais:

> Eu acho que cada um sabe o que faz. Usei drogas durante muito tempo, de vez em quando dou uns tapinhas aí. Acho que isso não influencia em nada minha sexualidade, meu movimento político e tal. Mas é uma coisa que ninguém quer discutir. Por exemplo se eu falar sobre drogas, vão me acusar: "Você usa". O mesmo acontece se você é heterossexual e defende questão de veado, "Você é veado". Entendeu? Essas coisas têm que acabar. O movimento tem que discutir essa questão. A droga está dentro da população LGBT. Isso é claro, somente andar pelas boates e pelas ruas.

---

7 "Entrevista exclusiva: o movimento LGBT não quer discutir a questão da droga", 4 de agosto de 2010. Disponível em: <http://coletivodar.org/2010/08/entrevista-exclusiva-%E2%80%9Co--movimento-lgbt-nao-quer-discutir-a-questao-da-droga%E2%80%9D/>.

Também em entrevista ao site do Coletivo DAR, publicada em junho de 2011, Rodrigo Cruz,[8] membro do coletivo LGBT 28 de Junho, declarou ver congruência entre algumas das pautas do movimento homossexual e do antiproibicionista.

> De forma geral, percebo que há uma aceitação positiva em relação ao debate antiproibicionista no movimento LGBT. A reação da militância a repressão à marcha da maconha no mês passado, por exemplo, foi bastante solidária. Mas acho que esse debate ainda não é muito consolidado no movimento LGBT, até pela pouca cultura dos debates políticos mais gerais no movimento. Considero essa análise muito "recortada" da realidade um erro, a medida que nos limita e não permite encontrar algumas sínteses e paralelos que poderiam ser muito úteis para a compreensão da nossa própria luta. No 28 de Junho, debatemos bastante a necessidade de não perder de vista o debate político geral, assim como o diálogo com outros movimentos.

Realizado em janeiro de 2005, o primeiro congresso da Associação Brasileira de Gays, Lésbicas e Transgêneros (ABGLT) produziu um caderno de resoluções[9] que dedica um subitem inteiro à questão das drogas. Intitulado "Direitos Humanos e o Uso de Substâncias Psicoativas", esse trecho do documento mostra, desde a terminologia escolhida, a penetração do debate antiproibicionista no seio do movimento LGBT. Apesar de dizer que a Associação "propõe esse debate e reflexão às organizações afiliadas" "para tomarmos uma posição sobre o tema", o texto já parte de algumas definições, como: "A ênfase dada ao assunto revela um conjunto de questões que cada vez mais se impõe como uma realidade irreversível, exigindo que se amplie a discussão além da esfera governamental, incluindo a participação da sociedade civil e de todos os homens e mulheres ativistas de direitos humanos, movimentos de usuários/as de drogas e de redução de danos", "as soluções de caráter penal ou criminal não têm resolvido a questão das drogas, muito pelo contrário, têm aumentado a incidência de problemas" e "uma sociedade moderna e consciente não pode tolerar um ponto de vista doutrinário unívoco

---

8   "O proibicionismo também afeta aos LGBT – entrevista com militante do Coletivo 28 de junho", 28 de junho de 2011. Disponível em: <http://coletivodar.org/2011/06/o-proibicionismo-tambem-afeta-aos-lgbt-entrevista-com-militante-do-coletivo-28-de-junho/>.

9   Disponível em: <www.abglt.org.br>.

e sua participação se faz necessária na medida em que vários segmentos sociais propõem reflexão". Assim, aponta como "plano de ação" a respeito do tema:

> 1 - ABGLT apoiará uma política de Redução de Danos, fazendo incidir uma nova abordagem, sincera, destituída de conteúdo hipócrita e, para tanto, se faz necessário romper com estigmas enraizados. Uma política de drogas consequente e eficaz se faz com informação, educação e com respeito ao direito à liberdade de cada um;
>
> 2 - A ABLGT estará ao lado do movimento de direitos humanos pela descriminalização do uso de drogas.

Fim dos 1970: novos personagens entram em cena

"É muito provável que na história política do país o período entre 1978 e 1985 (portanto entre as greves do ABC e a vitória de Tancredo Neves no Colégio Eleitoral) fique marcado como momento decisivo na transição para uma nova forma de sistema político", introduz Eder Sader (1988, p. 26), antes de ressalvar que, por sua vez, esse novo sistema político foi condicionado por "significativas alterações no conjunto da sociedade civil". Quando se fala de transição se fala também de ruptura, e o sociólogo lembra que entre as que marcaram esse período destaca-se a ocorrida no seio do movimento operário, chamado também de "classes operárias" ou "classes dominadas": atores sociais se deram conta, "no calor da hora", que havia algo novo emergindo na história social do país:

> A novidade eclodida em 1978 foi primeiramente enunciada sob a forma de imagens, narrativas e análises referindo-se a grupos populares os mais diversos que irrompiam na cena pública reivindicando seus direitos, a começar pelo primeiro, pelo direito de reivindicar direitos. O impacto dos movimentos sociais em 1978 levou a uma revalorização das práticas sociais presentes no cotidiano popular, ofuscadas pelas modalidades dominantes de sua representação. Foram assim redescobertos movimentos sociais desde sua gestação no curso da década de 1970. Eles foram vistos, então, pelas suas linguagens, pelos seus lugares de onde se manifestavam, pelos valores que professavam, como indicadores da emergência de novas identidades coletivas. Tratava-se de uma novidade no real e nas categorias de representação do real. (*Ibidem*)

Ao adentraram no cenário político, tais movimentos sociais, cuja principal expressão é o que passou a ser conhecido como "novo sindicalismo", trouxeram novas "modalidades de elaboração das condições de vida das classes populares e de expressão social" (SADER, 1988, p. 311). Suas características comuns levam o sociólogo a falar em uma "nova configuração de classe" a partir de então, ou seja, outro tipo de representação das condições de classe estaria em curso, diferente do predominante anteriormente.

Por influência tanto dos anos de autoritarismo quanto das experiências de auto-organização, consolidou-se na visão de Sader uma "atitude de profunda desconfiança em toda institucionalização que escapa do controle direto das pessoas implicadas e uma igualmente profunda valorização da autonomia de cada movimento". Além disso, tal desconfiança com a política teria levado a uma vontade de "serem sujeitos de sua própria história", com o que se alargava a "própria noção de política, pois politizaram múltiplas esferas de seu cotidiano", e as experiências das greves no fim da década teriam fincado a ideia de que "só com a luta se conquistam direitos".

> Temos assim, nessa nova configuração das classes populares, formas diferenciadas de expressão, que se remetem a diferentes histórias e experiências. Nos clubes das mães suas práticas expressaram a valorização das relações primárias e da própria afirmação das conquistas de fraternidade. Já nas comissões de saúde vimos a valorização das conquistas obtidas nos espaços dos serviços públicos. Na oposição sindical, a valorização da organização e da luta na fábrica. No sindicalismo de São Bernardo, a valorização da recuperação do sindicato como espaço público operário, e as greves e assembleias de massa como forma de afirmação política. (*Ibidem*)

Esses movimentos foram um dos elementos fundamentais para a transição de regime que levou ao fim dos governos militares, entre os anos de 1978 e 1985, apontando a possibilidade de transformação social a tanto custo reprimida pela ditadura. "Havia neles a promessa de uma radical renovação da vida política", aponta Sader.

O processo desaguou na formação do Partido dos Trabalhadores, fundado oficialmente em 1980 mas gestado a partir de 1978,[10] em meio às greves

---

10 "Em dezembro de 1978, realiza-se em Lins-SP, o Congresso dos Metalúrgicos. Os metalúrgicos de Santo André-SP defendem a tese que propõe a formação do Partido dos Trabalhadores: um

no ABC Paulista.[11] Buscando "desdobrar" o tripé corriqueiramente utilizado para explicar as origens do PT a partir da igreja progressista, de remanescentes da luta armada e do novo sindicalismo, Lincoln Secco (2011, p. 27) vê o partido surgindo a partir de seis fontes:

> A primeira foi o chamado novo sindicalismo; a segunda, o movimento popular influenciado pela Igreja Católica; a terceira, políticos já estabelecidos do MDB; a quarta, os intelectuais com origens diversas, como o antigo PSB ou posições liberais radicalizadas; a quinta, militantes de organizações trotskistas; a sexta, remanescentes da luta armada contra a ditadura (embora seja possível agrupar estes dois últimos).

O historiador define o PT como "produto de uma fase de mudança estrutural de um ciclo sistêmico de acumulação para outro numa etapa de esgotamento do modelo brasileiro de substituição de importações" (*Ibidem*, p. 263) e vê nas comunidades eclesiais de base e no novo sindicalismo "os dois vetores sociais mais significativos da formação do PT" (*Ibidem*, p. 49), com a importância dos marxistas sendo maior na disputa interna do que na externa. Certamente esses dois vetores são importantes para o entendimento de como o partido, em seus diferentes setores, via a questão das drogas desde seu nascimento, questão a ser desenvolvida adiante.

Mauro Iasi (2006, p. 374) sintetiza o período salientando que o clima que se viveu no final da década de 1970 e início dos anos 1980 foi marcado por "uma incrível confluência de lutas sociais das mais diversas" que encontraram na emergência da luta sindical, "no coração mesmo da produção do valor, sua expressão de unificação e de fusão de classe, primeiro contra as condições de vida e trabalho, depois contra a ditadura que ruía".

Outro aspecto relevante para este trabalho, como também se verá adiante, é ressaltado por Iasi (*Ibidem*, p. 385) quando lembra que o PT "desde o seu

---

partido que tenha independência política em relação aos patrões e ao governo, que rompa com o eleitoralismo, que organize e mobilize os trabalhadores na luta por uma sociedade justa sem explorados e exploradores e que seja o instrumento de luta pela conquista do poder político para os trabalhadores da cidade e do campo. A tese de Santo André propõe ainda que o Congresso lance um manifesto conclamando os trabalhadores a construírem o PT e a eleição de uma comissão para encaminhar a discussão a nível nacional" (SILVA, 1987, p. 167).

11 Somente entre maio e dezembro de 1978, Lula e seus companheiros organizaram 328 greves (SECCO, 2011, p. 39).

início apresentou-se como uma alternativa eleitoral", declarando desde seus primeiros documentos[12] a intenção de participar dos processos eleitorais para fortalecer as lutas sociais e acumular forças para um governo dos trabalhadores. Antes disso, cabe ressaltar também outro aspecto lembrado por Secco (*Ibidem*, p. 75): as "profundas divergências ideológicas" existentes entre as diferentes correntes que "eram obrigadas a conviver numa mesma organização partidária". Desta forma, por mais que sejam analisados aqui documentos, resoluções e declarações feitas em nome do PT, não se pode perder de vista o fato de que o partido sempre foi, desde sua fundação, altamente heterogêneo internamente e, consequentemente, marcado por conflitos de toda ordem.

---

12 Já em sua Carta de princípios, de 1979, anterior portanto à fundação oficial do partido, o PT declarava: "O PT entende, por outro lado, que sua existência responde à necessidade que os trabalhadores sentem de um partido que se construa intimamente ligado com o processo de organização popular, nos locais de trabalho e de moradia. Nesse sentido, o PT proclama que sua participação em eleições e suas atividades parlamentares se subordinarão a seu objetivo maior, que é o de estimular e aprofundar a organização das massas exploradas".

Capítulo 3
O PT e as drogas

Prioridades e bandeiras do PT no momento de sua fundação

"A ideia da formação de um partido só dos trabalhadores é tão antiga quanto a própria classe trabalhadora." A primeira frase da *Carta de princípios*,[1] divulgada publicamente pela primeira vez no dia 1º de maio de 1979, já indica o teor das discussões em torno da fundação do Partido dos Trabalhadores, naquele momento ainda em gestação. Segundo o documento, assinado por uma "Comissão Nacional Provisória", a proposta de uma organização nesses moldes tratava-se, "mais do que nunca", de uma "necessidade objetiva para os trabalhadores": "Os males profundos que se abatem sobre a sociedade brasileira não poderão ser superados senão por uma participação decisiva dos trabalhadores na vida da nação". O texto prossegue assinalando que "o instrumento capaz de propiciar essa participação é o Partido dos Trabalhadores" e mostrando o clima de otimismo e ambição envolvido no lançamento do novo partido:

> O PT não pretende criar um organismo político qualquer. O Partido dos Trabalhadores define-se, programaticamente, como um partido que tem como objetivo acabar com a relação de exploração do homem pelo homem. O PT define-se também como partido das massas populares,

---

[1] As referências a documentos e resoluções do Partido dos Trabalhadores feitas neste capítulo baseiam-se no CD-ROM anexo ao livro *Partidos dos trabalhadores: Resoluções de Encontros e Congressos & Programas de Governo: 1979- 2002*, editado pela Fundação Perseu Abramo e pelo próprio partido em 2005. O CD contém a íntegra de tais documentos, que também estão disponíveis no site da Fundação.

> unindo-se ao lado dos operários, vanguarda de toda a população explorada, todos os outros trabalhadores – bancários, professores, funcionários públicos, comerciários, bóiafrias, profissionais liberais, estudantes, etc. – que lutam por melhores condições de vida, por efetivas liberdades democráticas e por participação política. O PT afirma seu compromisso com a democracia plena, exercida diretamente pelas massas, pois não há socialismo sem democracia e nem democracia sem socialismo.

Aprovada em reunião realizada em 13 de outubro de 1979, em São Bernardo do Campo, a plataforma política do PT demonstra quais as preocupações e tarefas prioritárias para os militantes e dirigentes da organização que estava sendo gestada. Apresentada como "ponto de partida para o debate político que visa a organização do Partido", a plataforma divide as bandeiras do PT em três eixos: liberdades democráticas, melhores condições de vida e trabalho e questão nacional, havendo em cada uma delas uma lista de reivindicações e proposições.

A parte das "liberdades democráticas" termina com a defesa de "um governo dos trabalhadores", e advoga também o fim do regime militar e a convocação de uma Assembleia Constituinte "livre, democrática e soberana". O trecho contém ainda as seguintes bandeiras: "Sindicatos livres e independentes do Estado", "efetiva liberdade de organização nos locais de trabalho", "legalização das comissões e delegados de fábrica, eleitos democraticamente pelos trabalhadores", "plenos direitos sindicais aos funcionários públicos", "Central Única dos Trabalhadores, eleita democraticamente por todos os trabalhadores", "direito irrestrito de greve", "anistia ampla, geral e irrestrita", "desativação dos órgãos repressivos e dissolução dos grupos paramilitares", "fim das torturas" e investigação de seus responsáveis, "fim dos tribunais de exceção", "fim imediato das eleições indiretas", "eleições livres e diretas", "direito de voto aos analfabetos, cabos e soldados".

No item sobre "melhores condições de vida e trabalho" estão agrupadas sobretudo as questões sindicais, como a defesa de um "salário mínimo nacional único que atenda às necessidades básicas dos trabalhadores", da jornada semanal de quarenta horas sem redução de salário e de direitos trabalhistas aos que laboram no campo. Há também reivindicações mais gerais, como "congelamento de preços ao consumidor de todos os gêneros de primeira necessidade", "socialização da Medicina e desenvolvimento da Medicina Preventiva", "democratização do ensino, com ensino público gratuito para todos" e "política habitacional que garanta moradia a todos os trabalhadores".

Já em relação à "questão nacional", o documento demonstra a existência de debates e reflexões a respeito do que anteriormente havia sido chamado de "governo dos trabalhadores":[2] "erradicação dos latifúndios improdutivos e distribuição da terra aos trabalhadores sem terra", "título de posse da terra aos posseiros", "garantia de financiamento aos posseiros", "estímulo à organização de forma cooperativa dos pequenos proprietários", "estatização das empresas que prestam serviços básicos (transporte de massa, educação, saúde, produção e distribuição de energia, etc.)", "nacionalização e estatização de todas as empresas estrangeiras", "estatização das grandes empresas e bancos", "estatização das fontes e das empresas de energia, indústria extrativa e de infraestrutura", "controle popular dos fundos públicos", "respeito absoluto às peculiaridades culturais de cada região que compõe o País", "respeito aos direitos das minorias raciais", "política econômica e social que impeça desníveis regionais", "política externa independente".

Nota-se aqui, portanto, não só que a política de drogas nacional e global não constituíam um problema de primeira ordem para o partido que se gestava, como quais eram os setores mais atuantes e propositivos naquele momento inicial, com destaque para o grande número de questões sindicais levantadas. Além disso, o caráter socialista do partido e sua defesa da democracia convivem com altas apostas numa via estatal para a chegada destes objetivos, como se observa no eixo das "questões nacionais".

O PT constitui-se oficialmente em 10 de fevereiro de 1980, quando, no Colégio Sion, em São Paulo, foi aprovado seu Manifesto de lançamento, em evento que contou com cerca de 1200 presentes e representantes de dezoito estados. Em seguida, uma "reunião nacional de fundação" foi realizada, em 31 de maio e 1º de junho do mesmo ano, na qual foram definidas a Comissão Nacional Provisória[3] e a realização de uma Convenção Nacional que viabilizaria o registro definitivo do partido e elegeria uma direção nacional.

Nessa reunião também foi aprovado o documento intitulado de Programa, no qual os itens expostos anteriormente na plataforma política aparecem

---

2 Posteriormente, o Manifesto de lançamento do PT, aprovado em 10 de fevereiro de 1980, afirmaria: "O PT pretende chegar ao governo e à direção do Estado para realizar uma política democrática, do ponto de vista dos trabalhadores, tanto no plano econômico quanto no plano social".

3 Iasi (2006, p. 383) ressalta que, dos dezessete componentes da Comissão, oito eram operários, o que representa praticamente a metade do total (47%). Havia ainda dois trabalhadores rurais, dois professores, um bancário, um jornalista, um economista, um deputado federal e um classificado como "outro".

não apenas na forma de lista, mas também desenvolvidos em texto, e onde outras questões também são abordadas – nenhuma delas toca, nem tangencialmente, na temática analisada por este trabalho. O texto critica as privatizações e a mercantilização de direitos, apontando que "a alimentação e a saúde, a educação e a cultura são direitos do povo que, contudo, vêm sendo transformados em campo livre para o enriquecimento de uma minoria de privilegiados", e fala também em "condições culturais e ecológicas locais" que deveriam ser respeitadas.

Mais adiante, há um parágrafo em que o PT dialoga com a "esquerda alternativa" apresentada no capítulo anterior. Como também já foi abordado, se nem essa esquerda, mesmo contestadora dos paradigmas tradicionais do marxismo, chegou a se preocupar com a temática das drogas, não é de se estranhar que o novo partido também não o faça quando alude às demandas de combate a opressões específicas:

> O PT manifesta-se solidário com os movimentos de defesa dos demais setores oprimidos, entendendo que respeitar as culturas e as raças significa ajudar e acabar com as discriminações em todos os planos, sobretudo no econômico. Neste particular, a luta pela defesa da cultura e das terras indígenas, bem como a questão do negro, assume papel relevante. O PT considera que as discriminações não são questões secundárias, como não é secundário o problema da mulher trabalhadora segregada na fábrica, no campo e, não raro, também no lar. O PT lutará pela superação destes problemas com o mesmo empenho com que luta contra qualquer forma de opressão. Sem isto, a democracia será palavra vazia para os trabalhadores, marginalizados social e politicamente, de ambos os sexos e de qualquer raça e cultura.

Estava constituído, portanto, o Partido dos Trabalhadores, que em 8 e 9 de agosto de 1981 realizaria, em São Paulo, seu 1º Encontro Nacional, onde foi eleito o primeiro Diretório Nacional da agremiação. Logo após, em setembro, foi realizada a Convenção Nacional do PT, em Brasília, a fim de cumprir requisitos legais para a legalização definitiva do partido. Nesse evento, Luiz Inácio Lula da Silva, principal liderança da jovem organização, fez um de seus discursos mais famosos deste período de formação do PT, no qual defende o socialismo:

> Nós, do PT, sabemos que o mundo caminha para o socialismo. Os trabalhadores que tomaram a iniciativa histórica de propor a criação do PT já sabiam disto muito antes de terem sequer a idéia da neces-

sidade do Partido. E, por isso, sabemos também que é falso dizer que os trabalhadores, em sua espontaneidade, não são capazes de passar ao plano da luta dos partidos, devendo limitar-se às simples reivindicações econômicas. Do mesmo modo, sabemos que é falso dizer que os trabalhadores brasileiros, deixados à sua própria sorte, se desviarão do rumo de uma sociedade justa, livre e igualitária. Os trabalhadores são os maiores explorados da sociedade atual. Por isso sentimos na própria carne e queremos, com todas as forças, uma sociedade que, como diz o nosso programa, terá que ser uma sociedade sem exploradores. Que sociedade é esta senão uma sociedade socialista?

Nesse mesmo discurso, Lula aborda o "direito de as minorias se organizarem e defenderem o seu espaço em nossa sociedade". Ele comenta sobre indígenas, negros, mulheres e homossexuais. Em relação a estes, aponta que "não aceitaremos que, em nosso partido, o homossexualismo seja tratado como doença e muito menos como caso de polícia". Já sobre a luta das mulheres, o dirigente defende que ela "deve ajudar a nós, homens, a nos reeducarmos na direção da sociedade igualitária que queremos construir juntos", mas faz uma interessante ressalva: "estamos convencidos de que essa luta não pode desligar-se da luta global de todos os brasileiros por sua libertação". Ele prossegue dizendo que "a questão feminina não interessa só às mulheres e nem se reduz à conquista de liberdades pessoais que, por vezes, são meros paliativos burgueses". Infelizmente, Luiz Inácio não desenvolve em que circunstâncias a conquista de "liberdades pessoais" pode ser meramente um "paliativo burguês", mas não parece absurdo se pensar nas demandas provenientes do movimento da contracultura, como pelo livre uso do corpo e pelo recurso à alteração de consciência, como possivelmente enquadráveis nessa afirmação do líder sindical.

Anteriormente membro da organização trotskista OSI, o jornalista Eugênio Bucci filiou-se ao PT entre 1981 e 1982, permanecendo militante até 1986. Mesmo deixando o ativismo de lado a partir de então, segundo ele mesmo declarou em entrevista a este trabalho, ainda trabalhou pelo partido na função de editor da revista *Teoria e Debate* entre 1987 e 1991, onde inclusive publicou textos sobre a temática das drogas, como se verá adiante. Avaliando a conformação do partido desde seus primeiros momentos e sua relação com a temática aqui enfocada, Bucci vê na hegemonia dos setores sindicalistas e católicos um elemento importante para que este assunto não obtivesse atenção e centralidade na atuação partidária.

> O PT tem uma coisa genial que é aquilo, ele nasce numa primavera, uma coisa que vai florindo, uma experiência maravilhosa. Mas logo, como é natural em todos os movimentos assim, surge ali a face mais católica, por exemplo, que viram freio nas liberdade sexuais, no aborto, na discussão sobre drogas e tudo. De outro lado, aquele sindicalismo do qual o PT emergiu era um sindicalismo em termos comportamentais extremamente conservador, machista. O máximo que eles aceitariam seria a descriminalização da cachaça, que já tava descriminalizada. Era uma face meio desalentadora.

Ainda nessa entrevista, Bucci lembrou-se da utilização do argumento das necessidades humanas como parte desse debate, retomando tema abordado anteriormente aqui.

> Não quer dizer que fossem más pessoas, mas ... Pra você ter uma ideia, se falava muito que o sexo vinha depois das necessidades. Então era primeiro resolver o problema da fome, que esse negócio de falar em direito da mulher, em liberdade sexual, ia dividir o movimento, então tinha essa mentalidade. Um desastre. Essas correntes assim acabam formatando o que o PT poderia tematizar ou não, e é uma coisa que ta aí até hoje. E eu não digo isso pra criticar o PT, que é um fator de arejamento pra cultura brasileira maravilhoso, não é um problema, até hoje é o partido com mais identidade, com todos os problemas que ele tem, e tem muitos. Mas é um partido incapaz de levar essa discussão. Que é importante porque se essas liberdades não estão asseguradas nenhuma está.

Também em entrevista a este trabalho, o jornalista José Arbex Júnior, que atuava no PT no começo dos anos 1980, mesma época em que era membro da OSI e da Libelu, faz uma avaliação parecida. Questionado sobre a existência de uma mentalidade conservadora em alguns setores importantes da fundação do Partido dos Trabalhadores, ele não só concordou mas disse ver isso ainda presente.

> Ainda é. O PT, o hardcore, o núcleo central do PT, é extremamente conservador, machista, cristão. A origem do PT é nas comunidades eclesiais de base, que é um cristianismo de esquerda, mas cristianismo. Essa questão do aborto, isso aí sempre pegou muito mal dentro do PT. Até hoje, mesmo que você tenha núcleos feministas lá e tal, é tudo me-

diado por essa atmosfera de igreja. MST também. Você sente o cheiro de incenso, é um negócio lastimável mas você vai fazer o quê? No Brasil, se você não dialogar com esses setores você não faz nada. Fica reduzido a um círculo de meia dúzia de pessoas, porque na verdade a grande massa de camponeses e trabalhadores urbanos no Brasil é cristã e católica, e a igreja tem uma puta influência. Brutal, muito mais do que a gente consiga... Se você for em qualquer trabalhador e começar dizendo que é ateu o cara não te ouve. E se ouvir não vai levar a sério. É melhor falar que você é criminoso, estuprou não sei quantas pessoas, do que falar que é ateu. É impressionante. Conheço militantes que militaram comigo anos no MST até o dia em que eles souberam que eu era ateu. Isso causou estranheza: "você é ateu? E tão bonzinho, não matou ninguém..." (risos). Então essa discussão, primeiro porque a ditadura era o grande tema, segundo porque não havia nem clima cultural pra colocar essa discussão. A contracultura não chegou no Brasil.

Surge o movimento antiproibicionista

Paralelamente ao nascimento e à consolidação do PT, começava a ganhar forma também o que viria a se conformar como o movimento antiproibicionista no Brasil. Em texto de 1985, Osvaldo Pessoa Júnior (1986, p. 151) vê na abertura política advinda do final da ditadura militar, a partir de 1978, o início de um debate público sobre mudanças na política de drogas brasileira. "Com anistia aos exilados políticos, vieram as novas preocupações dos movimentos civis europeus: ecologia, pacifismo, feminismo, liberdade sexual, direito ao aborto, liberação da maconha", aponta Pessoa Júnior. Nesse momento, ainda não existiam grupos organizados discutindo o assunto, que começou a ser veiculado nas publicações da esquerda alternativa ou "nanica", em alta naquele período.

"Com seu sensacionalismo honesto", nas palavras de Pessoa Júnior, o jornal paulistano *Repórter* era dos que mais "aprofundava a discussão sobre a maconha, pesquisando a sua produção, acompanhando a diminuição da repressão que se deu até 1980, e expondo, pela primeira vez, publicamente, posições favoráveis à descriminalização". Em sua edição de maio de 1979, por exemplo, o jornal sugeria que exportar canábis era a saída para combater a inflação e saldar a dívida externa. Em dezembro desse mesmo ano, o *Repórter* "partiu então para uma pesquisa de campo", relata Pessoa, culminando com longa reportagem sobre plantio e mercado de maconha no Brasil. No número seguinte, o jornal defendia a "liberalização parcial" da maconha, "como forma de esclarecer melhor a juventude sobre o que representa a diamba, permitindo um melhor controle dessa droga, a exemplo do que acontece com o álcool" (*Ibidem*, p. 151). Pessoa cita outras publicações, como *O Inimigo do Rei, Lampião, Movimento*, e *Coo--Jornal*, mesmo sem citar especificamente nenhum texto ou edição deles, para apontar o surgimento de uma "tendência de opinião" na imprensa alternativa do momento em favor de mudanças nas políticas de drogas.

Segundo o autor, a primeira manifestação pública pela descriminalização da maconha ocorreu na forma de um debate realizado na Faculdade de Filosofia da Universidade de São Paulo, em junho de 1980. Com a presença de cerca de 350 pessoas, o evento contou com uma mesa formada pelo deputado estadual João Batista Breda, ligado à causa homossexual, o músico Jorge Mautner e o médico Jamil Haddad, futuramente presidente do PSB, entre outros. "A discussão foi fragmentada, em acordo com o espírito da diamba, e culminou com a formação de um grupo que se propôs a levar adiante as discussões, na sede do *Repórter*".

A partir dessas reuniões, a proposta era que se formasse "uma espécie de comissão de defesa do fumante da maconha, que denunciasse a violência e a prisão de fumantes, organizasse debates amplos, e arrolasse personalidades que defendessem publicamente a liberação da maconha", relata Pessoa, mas os planos teriam sido suspensos com a onda de atentados a bancas de jornais realizados em 1980, o que foi um dos fatores colaboradores para grande perda de força da imprensa alternativa.

Em entrevista a este trabalho, Osvaldo Pessoa Jr. lembra que o evento realizado na USP foi um sucesso sobretudo por conta da presença de Mautner, música de renome entre os estudantes da época: "Basicamente por conta disso o debate foi o maior sucesso, porque todo mundo queria ver o Jorge Mautner". Segundo ele, nenhum dos organizadores do debate era ligado a partidos de esquerda, e permeava entre os interessados, tanto na USP como depois em outro evento realizado na PUC, o consenso em relação à necessidade de descriminalização da maconha.

> As opiniões variavam, sobre o quanto que deveria ser liberado, mas todos concordavam, desde os mais conservadores, que nem eu vamos dizer assim, os mais inseguros, até os mais libertários que queriam liberar tudo, havia diferenças mas todos concordavam que a maconha,

o uso da maconha pra fins recreativos, tinha que ser liberado. Como todos concordavam com isso falamos: então vamos batalhar por isso, é algo que a sociedade vai fazer sentido pra ela, e então foi por isso que o foco foi só martelar esse ponto que a gente tinha mais certeza. Não vamos falar sobre cocaína... E outro problema era o tráfico: se você descriminaliza o uso, e o traficante? Vai continuar criminalizando? Isso era um problema que a gente não entrava. Pra ser rigoroso, a gente teria que talvez defender... teria que defender a liberação da maconha inclusive do comércio. Hoje em dia acho que tem uma opção que na época eu não lembro de ninguém ter martelado muito que é batalhar pelo plantio doméstico, liberar o plantio doméstico, que é a maneira hoje em dia mais interessante de tirar o poder econômico dos traficantes.

Assinada em letra de mão pela "Comissão Cultural da Filosofia, USP" e datada de agosto de 1980, uma edição impressa da transcrição do debate, na época vendida ao valor de vinte cruzeiros, ainda é guardada por Pessoa Júnior. Na página dois, abaixo de uma foto de um cartaz onde está escrito "Cannabis não vicia/ Nunca foi provado que faz mal/ Pode haver um crime sem vítima?", um texto aponta que "este caderno, assim como a preparação do debate da maconha e os contatos com a Inglaterra, foram realizados por um grupo heterogêneo de estudantes que se reúnem para promover atividades artísticas e culturais". Na página seguinte há uma espécie de editorial:

> A ideia de se fazer um debate amplo sobre algo normalmente discutido com discrição, que é a maconha, surgiu no começo do ano, mas só um mês antes do evento é que se começou a entrar em contato com os possíveis convidados. Procuramos pessoas que tivessem as mais diversas opiniões a respeito. As duas pessoas que imaginamos que defenderiam a posição contra a liberação (um médico legista e um repórter) se desinteressaram ao saber que a descriminalização seria discutida. O Breda, que já declarara a importância de uma discussão desse tipo, e o Mautner, que recebeu o convite com entusiasmo, foram os primeiros a confirmar. O Jamil e o Sadec[4] também concordaram em participar, enquanto que alguns, como o autor de um livro recente sobre a maconha, não puderam comparecer, mas se

---

4   Na transcrição, José Sadec é apresentado como "universitário e estudioso do assunto".

mostraram dispostos a participar de qualquer outro evento do tipo. Por fim, o Bicho foi informado e aceitou defender seu ponto de vista. Informamos também o jornal *Repórter*, que é praticamente o único a publicar matérias a respeito da situação da maconha no Brasil. Eles se propuseram a levar adiante a discussão de descriminalização, mas tiveram que suspender esses planos com a situação crítica que enfrenta toda a imprensa nanica após os atentados às bancas de jornal. Na sexta-feira, 13 de junho, numa tarde que ameaçava chover, realizou-se durante três horas o debate, com a presença de 350 pessoas. Quase tudo foi gravado, e o que se segue é a transcrição das fitas, sendo omitido somente trechos repetitivos ou irrelevantes ao assunto, além das intervenções que não saíram audíveis nas fitas.

Seguem-se quinze páginas de transcrição do debate, começando por falas de Breda e Jamil Haddad. Breda diz que aquela era a primeira vez que ele participava de um "debate amplo, geral e irrestrito" sobre maconha, tendo antes presenciado apenas grupos de no máximo dez pessoas conversando sobre o tema. "Eu acho isso uma coisa que se deve começar a falar, a se discutir, a se debater, o problema da maconha, em todos os setores, em todos os segmentos da sociedade", defendeu.

Já Jorge Mautner defendeu que para ele se tratava de uma "questão crucial de civilização" – "É uma experiência do ser humano com a química, com sua transformação e com a atitude diante do mundo moderno, talvez o admirável mundo novo" – e apoiou também a constituição de um movimento antiproibicionista: "Eu acho interessante que dessa reunião nasça, por exemplo, organismos que tentem legalmente esta tal descriminalização gradativa de todos os lances que até hoje são totens e tabus da sociedade".

Essa motivação de dar um passo além de somente dialogar sobre o tema em público perpassa outras intervenções, como de alguém identificado na transcrição como "Outro de camisa listrada", que, após apontar que a questão da maconha deveria ser analisada sobre o ponto de vista individual, "eu gosto, eu quero, pronto e fim de papo!", diz que "a gente quer saber qual a possibilidade de se fundar alguma coisa assim que possibilite, sabe, que a gente acione juridicamente esses caras da repressão pra que a gente acaba com eles antes que eles acabem com a gente". O rapaz prossegue questionando o posicionamento da esquerda a respeito do tema, em diálogo direto com este trabalho.

> O problema é o seguinte, gente, eu quero que esse pessoal que diz que transforma as coisas assuma concretamente esta questão. Será que a gente só serve pra ser o guardião do proletariado o tempo todo, meu? Agora, operário rígido, sabe, esse papo que operário não fuma maconha é mentira! Assim como se você introduzir a discussão sobre o homossexualismo, você vai introduzir um outro elemento de discussão, porque vai abrir a cabeça das pessoas, e nesse processo, o processo de transformação social, e é isso que é movimento de massa, percebe, movimento de massa que levar à transformação.

Uma vez descrita como "Apresentadora" e outra como "Apresentador", a pessoa que mediava o debate esclarece em determinado momento que o jornal O Trabalho, ligado ao grupo trotskista Organização Socialista Internacionalista (OSI), que por sua vez impulsionava a corrente estudantil Liberdade e Luta (Libelu), havia sido convidada a enviar representação, mas que o diretor da publicação não havia podido comparecer, sendo enviado assim um "colaborador" do jornal apresentado como "Bicho",[5] responsável por alguns dos argumentos menos alinhados às falas mais explicitamente antiproibicionistas. Em uma intervenção, por exemplo, ele defende que o "fenômeno da maconha é bastante complicado" e questiona inclusive se o consumo de maconha representa "prazer real":

> Eu acho que, por um lado, a maconha não é um elemento de liberação ou algo assim, acho que o homem tem potencialidades suficientes para conseguir ir muito além do que a gente vai hoje, em termos da percepção da realidade, em termos do conhecimento da realidade, em termos do conhecimento de si próprio, etc. (...) Eu acho que não é através do uso de qualquer droga que seja, qualquer artifício, que a gente vai estar conseguindo abrir este caminho, pô. Por outro lado, eu acho que a discussão sobre a maconha é uma droga enquanto fonte de prazer, também é bastante discutível, um prazer momentâneo que possa dar a utilização de uma droga, ela não pode ofuscar uma dimensão mais profunda sobre o caráter do prazer. A discussão que o próprio Reich faz sobre o prazer fictício que as drogas trazem, que se opõe ao prazer real que se consegue com os próprios recursos humanos do corpo e da mente, porra, sem precisar se utilizar desses artifícios.

---

5   Tratava-se do dirigente estudanil Josimar Melo, cujo apelido era Bicho.

Bicho prossegue apontando que é preciso "ter consciência de que hoje o consumo de fumo implica em alimentar uma máquina de corrupção, uma máquina montada com base nos porões do aparelho de repressão da ditadura, que é uma máquina fudida, porra, econômica, repressiva e policial", mas não conclui daí que algo a se fazer para atacar tal "máquina" devesse passar pelo fim da ilicitude causadora de tal cenário. "Eu sou contra fazer uma campanha, por exemplo, centrada na liberalização do fumo, na expansão e na utilização do fumo, ou coisa desse tipo, porque isso implica num juízo de valor que eu não tenho", salientou.

Surge então alguém descrito como "rapaz de cabelo comprido", que questiona Bicho: "Cê falou dos porões da repressão, então a gente ta falando também de uma revolução política. Agora, o que é a revolução política sem revolução cultural?", ao que o militante de esquerda responde:

> Você tá colocando o problema da disseminação do fumo como problema de uma revolução cultural, que eu contesto. Eu acho que isso aí é uma análise um pouco estreita. Eu acho que aí não está uma revolução cultural, pode ser pelo contrário, a contra-revolução cultural. Um fenômeno que se dissemina, nem por isso ele é progressista... Qualquer avanço cultural eu não vejo como possível fora de todas essas relações sociais.

Após a transcrição do debate, há no material algumas informações sobre "situação legal em outros países" e uma tabela, feita com régua e caneta, apontando possíveis efeitos da maconha na saúde. Na entrevista concedida a este trabalho, Osvaldo Pessoa Júnior declarou não se lembrar da amplitude da repercussão desse evento, mas é possível que ele tenha influenciado outras iniciativas pelo Brasil, além de um outro debate que foi organizado na PUC por alguns dos participantes do primeiro.

Em outubro de 1980, foi organizado no Rio de Janeiro um simpósio psiquiátrico na UFRJ, com a participação do antropólogo Gilberto Velho, onde argumentos "médicos, éticos e sociais" (PESSOA JR., 1986, p. 154) foram levantados em defesa da legalização da maconha e posteriormente foram publicados no *Jornal Brasileiro de Psiquiatria*. Em São Paulo, o debate anteriormente citado foi impresso e era vendido em conjunto com um encarte com outras informações sobre a situação internacional das políticas de drogas. Pessoa Jr. cita organizações antiproibicionistas da Inglaterra como um exemplo acompanhado pelos poucos ativistas da causa aqui no Brasil:

É interessante mencionar os caminhos da luta pela legalização que existiram na Inglaterra, no fim da década de 1970. De um lado, a LCC procurava influenciar a opinião pública editando panfletos que defendiam a legalização, fazendo levantamentos das detenções por causa da cannabis, estudando as formas econômico-legais de empreender uma legalização, etc. Estavam associados ao Release, que era uma assistência jurídica aos presos por maconha (um "SOS-Maconheiro"). De outro lado, atuavam os Skomey Bears, que realizavam anualmente um piquenique onde todos fumavam em praça pública, sofrendo a repressão policial e obtendo muita propaganda para a causa. Essas reuniões culminaram em imensos atos (com até 6.000 pessoas) que passaram a transcorrer pacificamente.

Estudantes da UFRJ lançaram o jornal *Patuá*, "que não só discutia a descriminalização, como também transava a maconha de maneira artística e lúdica", nas palavras de Pessoa. A cada número a revista oferecia um brinde associado ao consumo de cannabis, como por exemplo folhas de papel de seda para enrolar os cigarros. Circulava também a publicação *Panflema* e o jornal *O Ato do Vapor*, além do livreto de poesia *Bagana's*. Surgem também a partir de 1980 os primeiros livros especificamente sobre maconha, segundo Pessoa, como *Estudos atuais sobre os efeitos da Cannabis Sativa*, de Márcio Bontempo e *A erva proibida*, de Giancarlo Arnao.

Pessoa Jr. vê no período entre 1980 e 1981 uma retomada da repressão no Brasil, culminando com o atentado no Rio Centro, o que teria feito com a discussão sobre política de drogas arrefecesse. O debate voltaria à tona com força por conta das eleições de 1982, como se verá adiante, com a temática sendo veiculada por candidatos inclusive de partidos de esquerda.

Passadas as eleições, foi realizado um debate na PUC, em setembro de 1982, tendo em vista a formação de um "Movimento pela Descriminalização da Maconha", a partir de um grupo formado por estudantes desta universidade e também da USP (PESSOA JR., 1986, p. 155). Estiveram presentes no evento, que teve queda de energia, com os participantes atribuindo tal fato à repressão policial e/ou conservadora, o deputado Breda e Caterina Koltai, ambos do PT, e a futura deputada federal Ruth Escobar, do PMDB. O especialista em maconha medicinal Elisaldo Carlini também compareceu, assim como o antropólogo Anthony Henman e o advogado Alberto Toron, que "colocou publicamente sua adesão ao movimento e sua disposição em participar de uma assessoria jurídica aos presos por porte de maconha", segundo Pessoa Jr.

A partir dessa iniciativa foi redigido um manifesto, que defendia "a reformulação da atual legislação sobre tóxicos", a "descriminalização da maconha, ou seja, que o porte não seja um crime, e que o uso da maconha deixe de ser assunto da área policial" e "que o plantio doméstico para consumo próprio seja dissociado legalmente do tráfico, e que seja permitido". O texto propunha ainda a criação de uma assessoria jurídica para a defesa de usuários, a formação de uma "comissão científica de estudos interdisciplinares sobre a cannabis" e o lançamento do "Movimento pela Descriminalização da Maconha".

Foi criado então, em 1983, o "SOS-Maconheiro", a partir de um telefone emprestado por um centro acadêmico. Em junho deste ano, realizou-se outro debate, desta vez na Faculdade de Direito da USP, onde a assessoria foi lançada e modelos de legalização foram discutidos. Segundo Pessoa Jr, a assessoria sobreviveu formalmente por pouco tempo, mas seus membros seguiram atendendo presos por porte de maconha voluntariamente. O grupo lançou também um documento chamado "O que (não) fazer", no qual o usuário era orientado sobre como proceder em caso de abordagem policial.

Já no Rio de Janeiro, organizava-se o grupo Maria Sabina, organizador do "1º Simpósio Carioca de Estudos sobre a Maconha", realizado em novembro de 1983 e posteriormente publicado em livro pela Editora Brasiliense sob o título de *Maconha em debate*. Na publicação, o grupo é descrito como tendo apenas quatro membros, todos homens e na faixa dos vinte anos, além de um "participante especial", Jorge Mourão. O Maria Sabina se autodescreve da seguinte maneira:

> Mais vale você lembrar que o MARIA SABINA vibra numa frequência especial na cultura brasileira, ocupando ao lado do Candomblé e do futebol a faixa mítico-fátua da nossa civilizacinha – uma constante lembrança aos postulantes a Vargas de que esta terra jamais terá uma civilização. Baseado no princípio da organização aleatória de Rufino, o Maria Sabina é uma onda que algumas vezes se materializa enquanto grupo de criação cultural e outras vezes se metamorfoseia em brasa e luz. Nosso interesse pela maconha é correlato a nosso consumo de agrotóxicos. Percebendo que o veneno é apresentado como alimento pela propaganda, ousamos não crer no que dizem os noticiários poli-

ciais, ousamos achar absurda a ideia de que o consumidor de maconha é um louco-criminoso. Se o mal é o que sai da boca, você pode fumar baseado. Ou não.

Entre os participantes do evento estavam Osvaldo Pessoa Júnior, relatando as experiências do movimento em São Paulo, o jornalista contracultural Luiz Carlos Maciel, o antropólogo Gilberto Velho, o sociólogo Michel Misse e o deputado petista Lizst Vieira, um dos fundadores do Partido Verde (PV) em 1986.

Outra experiência pioneira no antiproibicionismo se deu em Porto Alegre, onde se articulava o grupo "Anistia pra Maria", que teve seu momento de maior repercussão ao promover um debate sobre legalização da maconha em um evento chamado "Cio da Terra", realizado em Caxias do Sul entre 29 e 31 de outubro de 1982. Conhecido na época como "Woodstock gaúcho", o Cio da Terra reuniu milhares de jovens, num ambiente retratado pelo jornal *Zero Hora*, em sua edição de 1º de novembro daquele ano da seguinte maneira:

> O pessoal não sabia o que dizer, estava simplesmente maravilhado. Afinal, o Rio Grande do Sul, nunca tinha visto nada igual: cerca de 15 mil jovens, durante três dias e três noites conviveram com plena liberdade, debatendo, ouvindo músicas, assistindo peças de teatro, dançando, ou apenas circulando pelo parque e tomando sol. Muita gente diferente de todo o Rio Grande do Sul, vestindo jeans, calções, biquínis, bombachas, e no frio da noite cobrindo-se com cobertores. Também um considerável consumo de álcool. E nenhum desentendimento, nenhuma briga. Alguns bem humorados diziam que tudo estava na perfeita paz, porque não havia policiais no parque, ninguém para vigiar ou reprimir. Os dois rapazes que tiraram a roupa, no domingo, por exemplo, causaram certa curiosidade, mas apenas no início – um deles permaneceu nu a tarde inteira, e depois do primeiro impacto, ninguém mais prestou atenção a ele, que circulava com o corpo pintado de têmpera azul. Nos caminhos e nos pavilhões vendiam-se jornais políticos, todo tipo de artesanato, camisetas com inscrições. Nos debates, que versavam os mais diferentes assuntos: mulher, ecologia, música, teatro, literatura, cinema, negro, política sindical, etc., havia sempre muita gente participando, perguntando e dando opiniões.

O blog *Cio da Terra 1982*[6] disponibiliza uma série de fotografias e imagens desse evento, grande parte delas recolhida de acervos pessoais de participantes. Há quatro delas relativas ao debate sobre drogas que aconteceu, sendo uma delas a capa de um material do Anistia pra Maria, no qual há o logotipo da campanha "Desobedeça", da candidata a vereadora em São Paulo Caterina Koltai. Além de uma fotografia do debate em si, as outras imagens remetem a conexões do grupo com candidatos petistas a vereador. Em uma delas, há uma faixa do Anistia ao lado de uma em que se lê "José Carlos Oliveira vereador" – Zezinho Oliveira foi um dos palestrantes do debate, assim como o historiador Eduardo Bueno, o Peninha; em outra, vê-se a propaganda para vereador de Luiz Fernando Mazzochi, o Nandi, que hoje nomeia uma escola em Porto Alegre. Detalhe: a propaganda é impressa em papel de seda para enrolar cigarros.

Candidaturas petistas antiproibicionistas em 1982

Em 15 de novembro de 1982 o Brasil viveu sua primeira votação direta para governadores estaduais desde os anos 1960, na qual seriam eleitos também senadores, deputados, prefeitos e vereadores – esses dois últimos cargos tiveram seus mandatos ampliados para seis anos, voltando a ter eleições e mandatos de quatro anos em 1988. Para o PT, era um momento importante por ser sua primeira disputa eleitoral e pela oportunidade de utilizá-la como forma de consolidar o partido ainda recém fundado.

O 1º Encontro Nacional do PT, realizado em 1981, teve entre suas resoluções uma específica sobre a disputa eleitoral. Já em seu primeiro parágrafo, o texto aponta que "a ampliação da organização da base através da nucleação em massa" era "tarefa fundamental, para que nossa atuação no processo eleitoral possa significar uma efetiva organização dos trabalhadores". A resolução indica que o partido lançaria no ano seguinte "candidatos em todos os níveis, para todos os cargos legislativos e executivos, correndo em faixa própria e preservando a sua independência política", e indica, "em caráter indicativo", três eixos propostos para um programa de governo: democratização da administração pública, fim da repressão e desmantelamento dos órgãos repressivos e posse da terra para quem nela mora e trabalha.

---

[6] O endereço do blog é <http://ciodaterra1982.blogspot.com.br/>.

Havia naquela época 22 governos estaduais em disputa, e o PT apresentou candidato em 21 dos estados. Ao final do pleito, o partido elegeu dois prefeitos e 118 vereadores, numa disputa que ficou marcada pelas vitórias de Franco Montoro e Leonel Brizola para os governos de São Paulo e Rio de Janeiro, respectivamente. Apesar do número aparentemente expressivo de eleitos para um partido recém formado, a eleição foi encarada como um fracasso para o PT por alguns setores da mídia, como a revista *Veja*, que em sua edição de 24 de novembro de 1982 trouxe matéria intitulada "A derrota foi pior do que o previsto", com o subtítulo dizendo que "os trabalhadores não votaram no Partido dos Trabalhadores".

Além de permitir ao PT conquistar seus primeiros cargos via eleição direta, o pleito de 1982 representou uma oportunidade da temática das drogas ser colocada no debate público brasileiro por conta da iniciativa de alguns candidatos. Destacaram-se as candidaturas de Caterina Koltai a vereadora em São Paulo e a do ex-guerrilheiro Lizst Vieira a deputado estadual no Rio de Janeiro.

Vieira foi o único deputado eleito para a Assembleia Legislativa do estado pelo PT, e era qualificado pela mesma matéria já citada da revista *Veja* como "candidato dos ecologistas e dos defensores dos direitos das minorias". Em entrevista concedida para este trabalho, o ambientalista, que deixaria o PT para fundar o PV, relembrou dos anos 1980 como um período em que "soprou um vento libertário no Brasil, principalmente no Rio de Janeiro". "O tema drogas, ao lado dos temas considerados minoritários – mulheres, homossexuais, racismo, costumes, meio ambiente – começou a ser debatido nos estertores da ditadura", recorda Vieira, que ressalva: "Mas a maior parte do PT ainda permanecia fechada a esses temas, pois eles não se harmonizavam com sua visão de luta de classes".

Já como deputado, Vieira foi um dos participantes do simpósio sobre maconha promovido no Rio pelo grupo antiproibicionista Maria Sabina, posteriormente publicado em livro (SABINA, 1985), e ali qualificou a erva como "uma droga injustiçada", já que em sua opinião "há muitas drogas que nós consumimos, o exemplo clássico é o álcool. O álcool, uma droga que cria dependência, é legalizado em quase todos os países do mundo". Em sua intervenção, o petista defendeu "descriminalização da maconha, do aborto, do adultério. São crimes que envelheceram no Código Penal" e abordou liberdade individual e direito ao próprio corpo como bandeiras políticas:

> Entendo que a liberdade individual deve ser assegurada, ainda mais num país como o nosso, depois de tantos anos de autoritarismo em

que as liberdades individuais e coletivas foram esmagadas em nome do regime totalitário. Eu acho importante que nós também enfoquemos o assunto do ponto de vista das liberdades individuais, e do direito de dispor do próprio corpo.

No entanto, esta defesa restringia-se somente ao consumo de maconha, uma vez que Vieira partia de uma não explicada ou aprofundada divisão entre "drogas leves" e "pesadas", levando-o à seguinte conclusão:

> Finalmente há uma questão psicológica. (...) É a daqueles que dizem que a maconha libera os sentidos, e na medida em que a maconha é uma droga liberadora não interessa a nenhum regime opressor. Se isso é verdade, então as drogas pesadas são repressoras, porque escravizam. As drogas pesadas são escravizadoras, não são liberadoras.

Caterina Koltai, ou Caty, como diziam alguns de seus materiais, não teve o mesmo sucesso que Vieira, uma vez que não foi eleita. Mas "escapou por pouco", como ela descreveu em entrevista concedida a este trabalho: teve cerca de 14 mil votos, e menos de mil votos a separaram de se tornar vereadora no único pleito que disputou como candidata.

Ex-militante trotskista, atuante no movimento estudantil durante os anos 1960, Koltai foi presa pelo regime militar após ter "caído" no famoso Congresso da UNE realizado em Ibiúna, em 1968, e partiu para o exílio, de onde retornou apenas em 1979. A experiência do exílio influenciou sua decisão de se candidatar:

> Lá na Europa eu estava próxima do Partido Radical Italiano, que era muito mais que um partido, era um movimento pra questão de mudança de sociedade. Eles passaram a lei do aborto na Itália, só na base de assinaturas da população. Eu morava na França, mas como meus pais moravam na Itália eu ia muito pra lá, e tinha muitos conhecidos lá que eram do Partido Radical, então eu fiquei muito próxima digamos do tipo de militância que era muito mais em relação a questões de sociedade, muito mais em termos de mudança de legislação. Não de tomada de poder, mas de mudança de legislação, dentro das democracias representativas.

Koltai retorna ao Brasil justamente no momento de organização do PT, e se deparou com "essa história de vamos construir o PT, precisa de candidato, precisa de candidato, precisa implantar o partido, etc.", ao que respondeu com a "maldita ideia" de que uma "candidatura alternativa" seria bem recebida naquele momento. O lema escolhido para campanha foi "Desobedeça", por influência do Partido Radical Italiano, "que era um partido baseado na desobediência civil". Durante a entrevista, a ex-candidata transpareceu um sentimento de frustração em relação às eleições de 1982, considerando sua participação, naqueles moldes, "um erro de cálculo absoluto":

> Evidentemente foi um erro de cálculo absoluto, tanto internamente no PT quanto na sociedade brasileira. O PT engoliu muito mal a campanha, não deu o menor apoio. Eu não tinha proximidade com tendência nenhuma, era totalmente independente, como sempre fui em todos os partidos da minha vida. Eu já era no movimento estudantil e continuei sendo. O PT não engoliu a campanha, inclusive as próprias pessoas que me pediram pra se candidatar. Era realmente um desejo de reinserção na vida social brasileira, e naquele momento não havia outra forma possível, todo mundo voltando da anistia, cada um de um lugar no mundo, era uma tentativa de se reunir, na ilusão de que dez, onze anos não tinham passado e que continuávamos sendo os mesmos, que as mesmas amizades e alianças eram possíveis. Algumas foram, outras não. E por outro lado, o Brasil estava saindo de uma ditadura, não tinha espaço pra esse tipo de debate, foi um debate muito solitário, fora as pessoas que fizeram a campanha.

Mesmo para os marcos atuais, o material da campanha de Caterina Koltai era bastante ousado e contestador. Disponíveis no acervo da Fundação Perseu Abramo, os folhetos tinham diferentes abordagens girando em torno da defesa da desobediência civil e das liberdades individuais e coletivas. Um deles, assinado pelo comitê de campanha, tem na capa, toda branca, apenas a palavra "desobedeça", grafada toda em letras maiúsculas, e na contracapa a chapa toda da candidata,[7] que incluía também Lula para governador e Jacó Bittar para senador. No interior, treze frases iniciadas com "desobedeça" preparavam o terreno para a conclusão:

---

7   Nessas eleições havia o chamado "voto vinculado", ou seja, o eleitor podia votar apenas em candidatos do mesmo partido, para todos os cargos em disputa. Caso contrário, todos seus votos seriam anulados.

"DESOBEDECER sozinho é o primeiro passo. Mas juntos a utopia fica mais próxima e quem sabe será nossa. DESOBEDEÇAMOS JUNTOS".

Entre as frases havia apelos pacifistas, ecologistas, feministas, antimanicomiais, antirracistas e anti-homofóbicos, como, por exemplo, "DESOBEDEÇA à ordem de provar que você não é criminoso só porque é negro; nem objeto de uso porque é 'a mulata'. Sejamos iguais como dizem que somos pela lei", "DESOBEDEÇA à ordem de que só com pessoas do sexo oposto é que o amor é permitido e que você deve participar do apedrejamento de todos os 'diferentes'" e "DESOBEDEÇA à ordem de que o seu corpo não é seu, mas pertence 'aos outros'. O aborto deve ser opção sua, lute por sua legalização". O humor se fazia presente em trechos como "DESOBEDEÇA à ordem de que divertir-se em praça pública, dançar, ouvir música, ver teatro, só pode nos anos bissextos e nos dois metros de espaço designados pelo delegado do bairro" e "DESOBEDEÇA à ordem de poluir o ar, ensurdecer seus ouvidos, enfear seu horizonte, envenenar-se dia a dia e morrer da moderníssima contaminação atômica".

O oitavo item dizia respeito à descriminalização da maconha, propondo: "DESOBEDEÇA à ordem dos que querem regulamentar o seu prazer: lute pela descriminalização da maconha, porque 'o mal é o que sai da boca do homem'".

Havia outro folheto parecido com esse, mas com conteúdo apresentado de forma mais irônica. A capa dizia "Obedeça", com um "e não discuta" em letra menor, logo abaixo, e trazia um recorte de jornal relatando que um procurador eleitoral estava processando a candidata por infringir artigos tanto do código eleitoral como do Penal. Nas folhas de dentro, em resposta ao "Obedeça" vinha a frase "Mas com todo o veneno brasileiro", e os chamados a obedecer eram intercalados com complementos iniciados por "Não discuta", como:

> OBEDEÇA – Somente através do armamentismo e das guerras é que se pode viver em paz. Seu filho necessita pegar em armas para defender nosso bem estar. NÃO DISCUTA – Em defesa da honra, da moral e dos bons costumes, massacre sua mulher, seus filhos, seu vizinho. Se você não tem vergonha na cara, nem em outros lugares, não ande pela cidade. Não atrapalhe a paz reinante.

A questão das drogas "ganhou" um "Obedeça" próprio: "OBEDEÇA – Leve diariamente um drogado ao banco dos réus. Todo drogado é criminoso, devendo ser enquadrado e tratado como tal". O trecho ainda tinha o complemento: "Com uma cajadada só mate dois coelhos. Ponha em cana também homossexuais, prostitutas, loucos e travestis. Sempre que souber de alguém que não obedece, passe o nome e o endereço às autoridades. Para sua maior segurança e tranquilidade".

Em entrevista concedida à revista *Lua Nova* e publicada em setembro de 1985, Caterina esclarece que defendia na campanha apenas a descriminalização da maconha, e não sua legalização. "Descriminalizar é para que o usuário não sofra pena. Porque o uso ou não uso da maconha deve ser uma opção livre de cada indivíduo. Mas o tráfico... tem que ser reprimido mesmo!", argumentou, salientando que só seria possível esta separação entre uso e tráfico quando existissem "leis que descriminalizam o uso da maconha e permitem uma repressão violenta ao tráfico. Tirar a maconha da mão do traficante é uma medida de proteção ao usuário".

Koltai diz defender a descriminalização também por conta de uma suposta ausência de provas em relação a possíveis efeitos maléficos. "Até hoje ninguém conseguiu provar que a maconha causa dano. Se algum dia conseguirem provar, eu até posso mudar de opinião", declarou, indicando que em sua opinião a medida também afastaria os usuários de maconha dos que vendem "droga da morte", sem explicar bem como isso aconteceria uma vez que sua proposta não previa o comércio legal desta substância. Ainda nesta mesma entrevista, ela enfatiza também a necessidade de informação e debate a respeito do tema:

> Ela [a descriminalização] só vai ser legítima se a sociedade se informar e debater antes. Existe uma campanha de contra-informação que só interessa aos órgãos de repressão, a setores da polícia e ao tráfico. É preciso que as pessoas se informem corretamente: o que é maconha, faz bem, faz mal, quem é a população que consome, etc. No Brasil, as classes populares sempre fumaram maconha; ela só se tornou um acontecimento histórico quando a classe média a descobriu. E aí ela passou a fazer parte da cultura moderna. Virou moda cultural.

Numa sociedade em que não há debate sobre o tema e onde, de repente, grande parte da literatura publicada é composta por obras que falam sobre experiências de artistas com a maconha, ou com o LSD, ou com o ópio... isso também funciona como contra-informação. O leitor desinformado pode dizer: "Ah, então vou me chapar, também, eu também vou me tornar um artista genial". Não é verdade. É preciso trazer o debate a público para que todos possam saber sobre o que estão opinando.

Outro dos materiais era um panfleto que trazia a foto de uma criança, com um balão estilo história em quadrinhos indicando que ela estaria dizendo: "Mamãe, vamos desobedecer nós dois?". Abaixo, em forma de título e em letras maiúsculas: "Mamãe, política não é coisa só pra homem grande". O texto completo dizia o seguinte:

> Mamãe, como seria legal se algumas coisas fossem diferentes. Se os brinquedos, os chocolates e o play center fossem mais baratos, ou você menos "dura". Se você risse mais junto comigo e não pensasse só no dinheiro do aluguel, da escola ou do médico. Se você não tivesse tanto medo dos outros adultos (do seu patrão, dos cobradores e da polícia), como eu tenho de alguns professores, dos velhos rabugentos e dos guardas.
> Mamãe, eu quero ter mais árvores, terra, bichos e menos bronquite. Quero ter todos os meus amiguinhos junto de mim iguais a mim. E também não quero, de jeito nenhum, matar pessoas como fazem com os índios, os inimigos, os "diferentes". Quando crescer também não quero morrer logo numa história que eu não entendo. Quero que as horas mais importantes sejam as do amor. Quando você for votar, lembre que eu quero ser feliz quando crescer. SE EU FOSSE VOCÊ, VOTAVA NO PT.

Na entrevista concedida a este trabalho, Koltai enfatizou a falta de apoio recebida no interior do PT. Segundo ela, as questões abordadas por sua campanha "chocavam muita gente" num contexto ainda de ditadura militar: "Chocava dentro e fora do PT, isso que é interessante. Porque o PT ao mesmo tempo em que queria uma candidatura neste campo, numa maneira muito eleitoreira, ao mesmo tempo não bancou", declarou, lembrando-se de uma postura de "cara feia" em relação à sua campanha muito constante no interior do partido.

Referindo-se ao processo judicial anteriormente citado, que a acusava inclusive de apologia ao crime por conta de sua defesa da descriminalização da maconha, Koltai relembra que a rejeição no interior do partido cresceu a partir de então. "Veio cara feia principalmente quando começou o processo. Quer dizer, enquanto era pra capitalizar votos pro PT, era ótimo", recorda. Em relação a apoios, ela ressalta as posturas de José Genoíno e Luiza Erundina, que a apoiaram no momento da ofensiva judicial.

Concluindo sua avaliação sobre essa experiência de disputa eleitoral, Koltai diz que "foi ótimo pelos votos e ótimo por eu não ter sido eleita, porque decididamente não é pra mim". Ela ressalta novamente os percalços passados por conta do processo na Justiça, posteriormente arquivado, mas lembra também que sua campanha acabou influenciando outras iniciativas pelo país. "Outros fizeram campanha por causa disso no Rio, no Rio Grande do Sul, quer dizer, criou-se, por outro lado, um grupo que pensava essas coisas", salienta, lembrando que "a gente já tinha visto nos outros lugares que a repressão pura e simples não dá certo. Só que no Brasil isso é sinônimo de maconheiro".

Henrique Carneiro, então militante da Convergência Socialista, organização trotskista que fazia parte do PT, foi outro antiproibicionista candidato em 1982. No entanto, sua campanha não abordava a questão das drogas, mesmo que essa fosse sua intenção. Carneiro era o único candidato a deputado federal da organização, e teve que seguir as prioridades definidas pela direção: "Na minha campanha, que era a campanha oficial da Convergência, é claro que eu não pude nem tocar no assunto. Não foi parte da campanha", lembra, em entrevista a este trabalho, citando também a campanha de Koltai. "A Caty sim fez, até com assessoria de um ex-dirigente da Convergência que tinha saído já, que era o Jorge Pinheiro".

Questionado se sua campanha priorizava questões de juventude, uma vez que ele era uma importante liderança estudantil no período, tendo sido inclusive presidente da União Metropolitana dos Estudantes Secundaristas (UMES) e da União Paulista dos Estudantes Secundaristas (UPES), Carneiro negou e disse que era o discurso girava em torno "do eixo geral do partido": "era o conjunto da linha pra aquele período, em relação à derrubada da ditadura, da Constituinte, das questões internacionais", explicou. Em relação ao debate sobre liberdades individuais e temas como feminismo e movimento homossexual, Carneiro afirma que "falava-se en passant, meio pra saudar a bandeira, mas o tema das drogas não entrava nessa". Essa postura da direção da organização levou a conflitos e ao afastamento do historiador, como se verá a seguir.

Convergência proibicionista

Um dos pioneiros do debate antiproibicionista no Brasil, o historiador Henrique Carneiro, atualmente membro do PSTU, atuava na Convergência Socialista desde sua fundação, no último ano da década de 1970. Na entrevista concedida a este trabalho, ele afirma ter proximidade com o debate sobre drogas desde sua adolescência, anteriormente, portanto, a sua militância política organizada: "já tinha interesse muito grande, porque eu já era consumidor desde a adolescência e já era um consumidor antenado, digamos, com o movimento antiproibicionista global, com o movimento psicodélico, com, enfim, as discussões todas da Califórnia, o uso do LSD na contracultura norte-americana", relata.

Trazendo para o interior da organização trotskista este tipo de preocupação, esta vontade de atuar politicamente no sentido de contestar as políticas de drogas vigentes, Carneiro relata desde o princípio uma atitude de incompreensão por parte da direção da Convergência:

> Eu já tinha uma postura toda contracultural, enfim, antiproibicionista, e até mais do que isso, psicodélica mesmo, que me fez inclusive ter elementos já de, enfim, um certo atrito com a direção no trotskismo, porque esse tema não era bem compreendido. Havia dos que tinham simpatia aos que não tinham noção nenhuma aos que tinham antipatia até, que viam toda a radicalização cultural da contracultura como um traço de desvio, ou de alienação, que vinha de uma matriz ideológica do debate dos anos 1960 no Brasil e no mundo inteiro que era muito nesse sentido: ou você era enquadrado no modelo moral cultural da esquerda, ou você podia ir para o desbunde, que era uma espécie de deriva libertária individualista, de ruptura com padrões repressivos. Claro, vista como uma forma de rebelião socialmente típica das camadas pequeno-burguesas ou lúmpen, havia toda uma polêmica em torno disso.
>
> Mas, enfim, uma atitude histórica que eu acho que é herdeira do stalinismo e que, em parte, o trotskismo partilhou. Em grande parte sem apoio teórico no próprio Trostky, muito mais por uma deriva conservadora moral típica do movimento de esquerda, em particularo movimento guerrilheiro, que via a questão do sacrifício como uma questão central e a busca do prazer era exatamente o oposto do sacrifício, era um pouco uma atitude hedonista, né? Então ficava uma ideia de que a busca das drogas era uma forma de hedonismo que em si não é legítimo e que, portanto, não pode ser defendido como um direito.

Carneiro lembra que, no momento de fundação da Convergência, esse debate "ainda era muito incipiente", mas que, diante inclusive do fortalecimento de movimentos como o homossexual, o negro e o feminista, ele também não era absolutamente inexistente, ele "tinha algum lugar". No entanto, ao tentar de forma mais incisiva que o problema fizesse parte das formulações e da atuação da organização, o historiador atritou-se com a direção:

> Na verdade, quando houve a primeira tentativa de eu formular isso explicitamente aí sim surgiu um debate que levou a uma... enfim, até uma ruptura posterior da minha parte, que ocorreu em 1983. A partir de 1983 isso foi formalizado quando eu estava no Comitê Central e propus que se adotasse uma linha de legalização da maconha e das drogas em geral e escrevi um documento fundamentando isso. Aí esse documento não foi debatido e houve um outro documento da direção contrário. Na verdade, quando eu escrevi meu documento, eu já estava respondendo a um primeiro, eles tiveram a iniciativa de fazer um documento em que se discutia o tema das drogas à luz só do que significava enquanto risco pra militância, porque poderia permitir à polícia uma perseguição com esse pretexto.

Sob a argumentação de que a repressão do governo militar poderia golpear a organização utilizando-se das drogas como pretexto, como se a ditadura precisasse de muitos pretextos para agredir a esquerda, a Convergência proibia que seus militantes fizessem uso de drogas ilícitas em qualquer circunstância. Na visão de Carneiro, se tratava de "um argumento que tinha um sentido muito mais de uma atitude moral pública, que era uma atitude abstinente, que aparentava algo mais responsável para um militante", do que uma atitude propriamente de autodefesa num critério de segurança meramente pragmático.

> Eu vou também defender que internamente haja regulamentações de segurança, mas não proibitivas. Claro que você não vai fumar numa passeata, não vai levar no local do partido, nem no local do sindicato, mas num ambiente de outra natureza, num show, numa praia, num ambiente privado etc. Seria absolutamente ridículo em ultima instância, porque levaria você a ter que se isolar da própria convivialidade típica da juventude. Quer dizer, a juventude em geral fumava, então era uma coisa: "como que se não vai fumar?". A gente não vai mais em festas, não vai mais em shows? A gente vai ter que abdicar do convívio social, ou então vai ficar parecendo ali o puritano, que todo mundo fuma e você vai dizer "não, não vou fumar por uma questão de segurança, porque eu sou um militan-

te revolucionário". Mas, ué, está todo mundo aqui fumando, se a polícia chegar, não vai ser porque você não pegou que você não será preso.

Em junho de 1983, a organização aprova internamente, em seu Comitê Central, e depois distribui entre seus militantes, uma "Minuta sobre drogas".[8] Em seu primeiro parágrafo, o documento critica a "hipocrisia" da proibição, apontando como ela é responsável pelo aumento dos lucros desse mercado, ressalta que a repressão incide somente sobre consumidores e sobre "a base" dos comerciantes, ou seja, o setor varejista, mas também já destaca as drogas como "fator de alienação". Interessante notar que neste momento há um enxerto, "fatores de alienação – na sociedade capitalista", que pode dar a entender que tais substâncias poderiam ter, na visão da Convergência, outro papel em um outro contexto social e econômico.

> A sociedade capitalista e a burguesia têm uma atitude absolutamente hipócrita e contraditória em relação às drogas. Por um lado, alimentam o seu tráfico e consumo como uma atividade que lhes traz gigantescos lucros. (…) Por outro lado, mantém esse comércio, e também o consumo de drogas, na ilegalidade, reprimindo violentamente os consumidores e a base da rede de tráfico. Ou seja, mantém o tráfico e o consumo como um verdadeiro mercado paralelo, que torna essa atividade muito mais lucrativa para os grandes traficantes, os empresários do setor, ao mesmo tempo em que impedem que as drogas façam concorrência a outros fatores de alienação – no interior da sociedade capitalista – legais como o álcool, os jogos lotéricos, etc.

O documento prossegue insistindo na hipocrisia burguesa em seu segundo parágrafo-item (os dez pontos que compõem a minuta são numerados, e cada um tem um parágrafo), salientando que tal "duplicidade" de tratamento em relação às drogas ocorreria também em relação à exploração do sexo, do jogo, do contrabando, e que seria mascarada por "padrões de moralidade" que dão margem a ações "contrarrevolucionárias". Uma delas seria exatamente a associação entre organizações de esquerda e "todos os estigmas inerentes à decomposição moral do próprio capitalismo": "O trinômio droga-sexo-comunismo está sempre presente na propaganda contrarrevolucionária da burguesia", destaca a minuta.

---

8   Os documentos citados neste item foram consultados a partir do arquivo pessoal de Henrique Carneiro.

Deste modo, os órgãos de repressão procederiam fazendo "dessa política um instrumento permanente para desmoralizar as organizações de esquerda perante o conjunto dos trabalhadores", ao que caberia à Convergência, segundo seus dirigentes, não buscar desconstruir tais estigmas mas adaptar-se a eles a fim de não sofrer as consequências da repressão. O quarto parágrafo do documento mostra ênfase igual tanto para a questão da segurança quanto para a moral:

> Numa etapa contrarrevolucionária, de clandestinidade absoluta para nossa organização, a prisão de um companheiro por porte ou consumo de drogas certamente iria deflagrar um processo repressivo que teria, em primeiríssimo lugar, o objetivo de levantar e desmantelar fisicamente o conjunto do partido. Numa etapa como a de hoje, de quase legalidade para a nossa organização, certamente o objetivo da repressão, a partir do mesmo fato, seria outro: impossibilitada de nos destruir, buscaria, por um lado atualizar os seus dados sobre nós e, por outro lado, desferir um amplo ataque de desmoralização do partido perante o movimento, "provando" através de "shows" e processos o envolvimento dos trotsquistas com o tráfico e o consumo de drogas.

O texto prossegue dialogando com a argumentação dos que se colocavam de forma contrária à proibição, lembrando que "muitos companheiros entendem que qualquer medida de segurança interna proibindo o consumo de drogas seria um fator de isolamento nosso em relação a ampla parcela da juventude (mesmo entre nossa base) que consome drogas". "Não é assim", prossegue a minuta, que advoga que "a conduta dos marxistas revolucionários" é determinada pelas necessidades que a luta de classes coloca no sentido de "desenvolver todos os fatores que aprofundem a tendência à revolução e de combater todos os fatores que apontam no sentido inverso, da contra-revolução".

Além disso, essa conduta seria determinada também pela necessidade permanente de construir e defender o partido revolucionário: "não determinamos nossa conduta pelo que pensam ou fazem os setores mais atrasados do movimento, mesmo da nossa área de influência". O texto explica, com exemplos, o que entende por essa função e o que seriam os tais setores atrasados: "Por exemplo, durante a explosão dos desempregados em abril não nos propusemos a saquear porque a maioria saqueava. Buscamos dirigir o movimento rumo à greve geral e encaminhá-la à vitória". Outro exemplo usado é que a organização não estimularia a seus membros que se "embebedassem" nas fábricas quando ali houvesse trabalhadores alcoólatras. Após isso a Convergência expõe qual o entendimento de sua direção sobre o consumo de drogas (não se especifica se vistas como somente as ilícitas ou de forma mais ampla): "Temos claro que o seu consumo representa menos uma necessidade para o movimento de massas do que o resultado, para a juventude, da crise econômica e social do regime".

O documento prossegue admitindo a existência de um consumo "massivo" de drogas entre a juventude brasileira, mas entende isso como "consequência direta da violenta expropriação dos direitos mais elementares da juventude". Na sequência, a direção da Convergência indica a necessidade desse debate ser aprofundado em suas fileiras, sinalizando para uma abertura em relação à discussão da "legalização das drogas leves", seja lá o que "drogas leves" signifique – não há indicações a esse respeito.

> A crise econômica, associada à repressão familiar e policial, privam a juventude do lazer, do sexo, da educação, da cultura, da criação. Esse bloqueio abra campo à ampliação do consumo de drogas e coloca a problema da selvagem repressão policial à juventude sob o argumento do combate a este consumo. Essas questões colocam para o partido a necessidade urgente da elaboração de um programa específico para a juventude, onde os problemas referentes ao consumo de drogas (a luta contra a repressão aos consumidores, nossa posição em relação aos traficantes e à reivindicação de legalização das drogas leves), ao lado dos demais problemas colocados para esse setor, deverão ter claras respostas. Este objetivo não será cumprido por esta minuta.

O material ainda sublinha o apenas quando diz que qualquer medida "em relação ao consumo de drogas por parte dos nossos companheiros deverá ser determinada apenas por essa discussão e por essa razão: da perspectiva da segurança da organização e não por considerações morais". No entanto, na frase em seguida a discussão é colocada em termos políticos que poderiam, sem dificuldade, serem qualificados também de morais, quando a direção da Convergência expõe que "o consumo de drogas é uma das expressões do processo de alienação do homem em relação a si mesmo". O texto cita Karl Marx e seus *Manuscritos Econômicos e Filosóficos de 1844*, onde estariam previstos "três aspectos essenciais da alienação", sendo "o fundamental" dado pela alienação em relação ao trabalho. O segundo seria o que separa homem e natureza, e o terceiro a alienação do homem em relação a sua própria espécie, sendo esse último aspecto utilizado para sustentar a posição da organização em relação às drogas:

> Esta última forma de alienação – a alienação do homem em relação a si mesmo – se expressa na brutal repressão desta sociedade ao desenvolvimento das potencialidades dos indivíduos, à aniquilação de sua sensibilidade e de suas emoções. O consumo de drogas representa, em grande medida, uma busca individual pela superação desta condição. Muitos consomem drogas para reaver a sensibilidade e as emoções que, sem elas, já não podem expressar. Esse artifício – o uso de drogas para sentir – indica o quanto o homem se separou de sua própria espécie. Entretanto, mesmo essa busca individual de ruptura dessa condição é alienada, por não apontar contra as suas causas (a existência da sociedade capitalista) e sim contra os seus reflexos.

O texto não explica por que o artifício de consumir drogas "indica que o homem se separou de sua própria espécie", uma vez que este consumo data das próprias origens da humanidade, mas posteriormente acaba relacionando o consumo "alienado" de drogas ao capitalismo, quando sinaliza a possibilidade de existir este recurso, feito em outros marcos, numa sociedade socialista: "Não entraremos aqui na consideração, abstrata, se haverá ou não consumo de drogas no socialismo. Não sabemos. Sabemos apenas que, se houver não será mais expressão de uma busca alienada". Por fim, o texto apresenta as resoluções do Comitê Central em relação a esse tema:

> 1 - É proibido aos militantes da organização portar drogas.
> 2 - É proibida a existência e o consumo de drogas nas sedes.
> 3 - É proibida a existência e o consumo de drogas nas casas dos militantes.
> 4 - É proibido aos dirigentes e figuras públicas do partido o consumo e o porte de drogas em qualquer circunstância.[9]

Em resposta a essa minuta, Henrique Carneiro elabora o documento que ele citou na entrevista apresentada anteriormente. Nele, o hoje historiador parte

---

9   Há ainda um item cinco, que está completamente ilegível na cópia mimeografada que este trabalho teve acesso.

de uma definição do que são drogas e busca especificar que somente algumas delas são proibidas, não por seus efeitos mas por elementos econômicos e políticos. Nesse ponto ele enfatiza também que não se pode ignorar o papel da indústria farmacêutica, e prossegue afirmando que a "incompreensão" destes elementos históricos leva a que o documento da direção da Convergência faça uma avaliação equivocada da postura da organização em relação às drogas. Inicialmente, ele questiona o aspecto do estigma, buscando inverter a argumentação da direção ao definir os elementos de estigmatização como "características culturais típicas da juventude radicalizada":

> Os estigmas de que a burguesia nos acusa nessa campanha são os de comportamento sexual assíduo e variado, de consumo de alucinógenos, etc., que são as características culturais típicas da juventude radicalizada que rompe com o modelo ideológico oficial. Essas "acusações" da burguesia amparadas evidentemente pela moral oficial que ela mesma inculca no proletariado decorre de um fato real. Os comunistas, além de atacarmos a propriedade privada, a família, a religião, também atacamos a moral ascética e repressiva à prática sexual, defendemos o direto à homossexualidade, à prática sexual para menores de idade, a descriminalização das drogas e a livre disposição do corpo em geral.

Outra coisa são as medidas de segurança, mas a primeira coisa criticável na minuta é não deixar claro o conteúdo ideológico puritano, reacionário e ascético das acusações morais que a burguesia nos faz em defesa do seu patriarcado, de sua família, de seu álcool e de sua Bíblia, além de sua propriedade. Defender-se desses ataques não pode ser capitular ideologicamente a eles.

Por fim, em relação a medidas de segurança, Carneiro diz não discordar da necessidade de atenção para com isso, mas defende que tais medidas devem ser "de ordem geral e particulares para cada caso". Ele concorda com as recomendações de não portar nas sedes ou nas casas dos militantes, mas diz que a determinação não pode atrapalhar a convivência dos membros da Convergência nos espaços onde há trabalho político.

Em relação à alienação, o texto de Carneiro afirma que o erro da minuta é "reduzir formas determinadas de consumo de drogas que são de fato alienantes à totalidade do fenômeno, considerando de conjunto a droga como fato de alienação". "É como se considerássemos o sexo, cujas formas sociais de expressão são todas alienantes, como um fenômeno em si alienante", critica.

A direção Convergência elaboraria uma "Proposta de complementação da resolução sobre drogas", especificando o que era entendido como dirigentes em relação ao item que os proibia de consumir drogas em qualquer circunstância. Posteriormente autor de diversos livros sobre a temática, Carneiro enviaria, em 22 de julho de 1983, outro documento sobre a questão para discussão no Comitê Central, no qual defendia que a organização deveria "reivindicar os aspectos liberacionistas dos movimentos de juventude". Segundo o texto, assim como a música rock e a liberação sexual, o consumo de drogas alucinógenas "também rompe os padrões de normalidade, de controle portanto, da ideologia da classe dominante".

Ao final do texto, Carneiro propõe quatro encaminhamentos. Em primeiro lugar, em relação ao debate sobre alienação e consumo de drogas, ele requisita que o Comitê Central abra uma discussão a respeito do tema ouvindo diversas posições e se debruçando sobre textos diferentes. Em segundo, ele diz concordar com os três primeiros pontos propostos pela minuta da direção, mas propõe a supressão do item que versa sobre os dirigentes, por entender que a questão estaria plenamente contemplada nos outros pontos. Ele propõe também que, em caso de ataques por parte da repressão, a postura seja de se negar a acusação, mesmo sendo verdadeira, e denunciá-la como pretextos para agressões à esquerda. O terceiro ponto proposto por Carneiro defende que a organização se engaje na luta pela descriminalização do uso de drogas e contra a repressão ao consumo e pede que diferentes posições sobre o assunto sejam debatidas no jornal da Convergência. Por fim, o quarto item pede cuidado em relação à "divulgação controlada" dos documentos que dizem respeito a esse debate.

Enquanto defendia que o consumo drogas seria reflexo da alienação capitalista, a Convergência Socialista tinha como bandeira a livre disposição do próprio corpo quando o assunto era o aborto. Isto fica claro, por exemplo, no jornal *Alicerce da juventude*[10] – publicação da juventude da organização – já em seu número 2, de setembro de 1982, no qual há um texto de duas páginas intitulado "Proibição do aborto: opressão da mulher". Em seu parágrafo final, o texto, que não é assinado e portanto representa a posição do jornal, conclui que a legalização do aborto, que deveria ser gratuito e garantido pelo Estado, "é uma maneira de preservar a vida de milhões de mulheres trabalhadoras. É uma maneira de devolver às mulheres um direito que é só seu (e não do pai, do patrão, ou do padre): decidir o que fazer com seu próprio corpo".

---

10   Os jornais *Alicerce da juventude* analisados por este trabalho constam do arquivo da Fundação Perseu Abramo.

Interessante observar também que a primeira edição do *Alicerce*, de agosto de 1982, traz exatamente uma entrevista com Henrique Carneiro, apresentado como "o representante dos secundaristas do Estado de São Paulo". A entrevista gira em torno da candidatura de Carneiro a deputado federal naquele ano, que tinha como eixo o combate à ditadura, e não aborda nenhuma vez a questão das drogas.

Em sua edição número 8, de fevereiro de 1983, o jornal aborda provavelmente um dos elementos geradores da minuta da Convergência. Intitulada de "O circo pegou fogo", uma reportagem relata a prisão de um trabalhador do Hospital do Servidor, em São Paulo, por suposto porte de maconha. Segundo o jornal, tratava-se de uma armação, afinal o rapaz detido seria um militante sindical, e naquele momento estava em curso uma campanha por melhores salários. A matéria defende que o porte de maconha nesse caso, e em outros citados, era forjado, o que acaba pondo em questão a determinação posterior da minuta, uma vez que se o regime recorria a esse tipo de procedimento torna-se irrelevante o fato da pessoa estar ou não portanto a substância ilícita. Nas palavras do jornal:

> O fato é que a tática de forjar flagrantes de tóxicos, como ocorreu com Casagrande e com o cantor português Sérgio Godinho, parece estar se convertendo no método preferido pela repressão, num momento em que a pura e simples prisão por ativismo sindical ou por ação política já não surge como justificativa convincente.

OSI: expulsões e sanções para garantir que não se "puxasse fumo"

"Eu tenho a impressão que os militantes da OSI olhavam um pouco embevecidos pro jardim da Convergência Socialista, porque eles podiam fumar". Salvo equívoco de seu autor —o jornalista Eugênio Bucci em entrevista a este trabalho — essa frase mostra que o nível de cerceamento ao consumo de drogas dentro da Organização Socialista Internacionalista (OSI) era ainda maior do que o existente dentro da Convergência Socialista. Surgida em 1976 e com forte atuação estudantil, setor onde organizava a tendência Liberdade e Luta (Libelu), a OSI tinha em comum com a Convergência não só o trotskismo e a posterior entrada no PT, mas também a regulamentação da vida privada de seus militantes.

Também membro da organização, e também jornalista, José Arbex Jr. lembra-se, em entrevista a este trabalho, que inicialmente não havia nenhuma recomendação a esse respeito no interior nem da OSI nem da Libelu. Em verdade, ele lembra-se da existência na Libelu de um ambiente muito mais aberto do que nas outras organizações do período, identificadas por ele como ligadas ao stalinismo.

> Você tinha assim: a tendência do PC e a do PC do B, no meio do campo o que seria hoje o PT e na esquerda nós. Quando a gente soltava o debate [sobre cultura] isso enlouquecia todo mundo. Os caras achavam que isso era alienação, coisa do imperialismo, trotskista é igual imperialista, e aquelas bobagens que eles falavam. E junto com isso vinham as festas. As festas que eles davam era cultura nacional e popular. Chorinho e tal. Coisa legal e tal, mas só podia isso: chorinho, frevinho, samba, essas coisas. E a gente com Led Zeppelin, rock pauleira, e etc. e tal. E numa primeira fase, evidentemente, botar o Led Zepelin numa festa de madrugada, na USP (risos), só de ouvir isso você já vê o cheiro da maconha, não precisa nem fumar. Então óbvio que nas festas a gente puxava fumo e tal, mas era fumo basicamente. Não tinha cocaína, essas coisas não faziam parte da nossa cultura, era mais maconha. Quer dizer, talvez tivesse alguém que cheirasse cocaína, eu não conheço, não me lembro. Isso daí se tornou marca registrada da Libelu durante algum tempo.

Arbex relata que posteriormente "houve um processo de discussão interna que eu não me lembro bem de onde veio, não lembro quem foi – se a proposta veio da França pra nós, se nasceu dentro da própria organização". A semelhança com o processo vivido na Convergência é imensa, uma vez que o jornalista lembra que a discussão era feita a partir de dois componentes: "um componente de segurança, porque naquela época a gente ainda era clandestino, ainda desapareciam pessoas, as assembleias eram vigiadas por policiais à paisana, era uma coisa que não tava ainda tranquilo" e outro "uma segunda discussão sobre a questão das drogas e dos trabalhadores: as drogas como instrumento de desmoralização da classe trabalhadora".

A partir de então foram elaborados documentos sobre o tema, e não consumir drogas tornou-se condição para entrada e permanência na OSI. Bucci também abordou esse momento em sua entrevista a este trabalho, apontando que a decisão limitava-se a drogas ilícitas e era pouco questionada no interior da organização.

> Eu mesmo fiz essa discussão com vários militantes que entravam, que a gente recrutava. E o recrutamento era demorado, havia um curso que esses militantes faziam, toda uma discussão, leituras, e depois disso é que eles entravam na organização ou não. E uma das coisas que a gente discutia é o seguinte: olha, tudo bem, mas você não pode fumar maconha.

Curioso é que mesmo diante de tal postura, tanto Bucci quanto Arbex ressaltam que permearia a Libelu um caráter comportamental vanguardista em relação a aspectos culturais. "Na verdade a gente era uma organização libertária", avalia Arbex, afirmando que a regulamentação do consumo não se dava no "plano pessoal": "a gente não fazia discussão moral sobre isso". Já Eugenio Bucci diz que "havia vida inteligente dentro da OSI", identificando em seus militantes um "refinamento intelectual" diferente por exemplo do Partido Comunista. Questionado sobre a relação dos membros da OSI com o legado da contracultura, ele relatou o seguinte:

> É engraçado que as pessoas adoravam Beatles, eu era militante quando Lennon morreu, e tinha militante que chorava porque ele morreu. Então tinha essa situação de que pra muita gente os efeitos da contracultura eram muito poderosos e até idolatrados, mas não podia fumar maconha! Isso era uma peça cômica. Eu não tinha muito disso, na verdade eu nunca tive muito afim de fumar maconha, meu uso de maconha sempre foi muito ocasional, passageiro. A verdade é que quando me tornei militante e fui parando de fumar nunca me fez falta, até achava que era uma coisa a menos pra me preocupar, nunca tive essa relação com a maconha. E também eu não tinha muita paciência com a cultura da maconha, aquelas coisas de Bob Marley... eu não suportava, aquilo lá pra mim era meio da família do PC do B, não aguentava aquilo. Pra mim não pegava pessoalmente.

Um dos documentos em questão consta no arquivo pessoal de Henrique Carneiro, é assinado pelo Comitê Central da OSI através da sigla "C.C." e é datado de 3 de maio de 1980. Ele inicia fazendo referência a uma outra nota que tratava do assunto praticamente um ano antes, de 17 de abril de 1979, visando "acrescentar alguns esclarecimentos sobre o sentido de nossa posição" e "tirar consequências disso, definindo a postura que os militantes devem assumir em relação ao uso da maconha no meio social onde vivem e lutam". Em seu início, o texto apresenta um aspecto diferente de entendimento em relação à Convergência ao dizer não buscar analisar o uso da maconha "em si, desligado do tempo e do espaço", buscando, em seus termos, situar a expansão do uso da maconha em relação à evolução da sociedade capitalista.

Prosseguindo, o documento aponta a existência de uma "degeneração individual", que se apresentaria em diversas formas e já previne que a avaliação ali presente não se trataria de "uma atitude moralista": «trata-se de uma avaliação objetiva do conteúdo social desse fenômeno, que é em última análise de adaptação às pressões corruptoras do sistema capitalista". Segundo o texto, o capitalismo poderia "conviver indefinidamente" com altos índices de criminalidade, de consumo de álcool e drogas ilícitas, uma vez que estes aspectos representariam uma dificuldade, "quando não bloqueia completamente (casos extremos) a organização das massas para combater a exploração capitalista". Se não se dizendo moralista a Convergência Socialista enfatizava a questão da segurança, sob o mesmo alerta seus contemporâneos trotskistas da OSI viam nas drogas um fator de desmobilização, que levaria ao "abandono da disciplina voluntária tendo por interesse o objetivo geral", e portanto significaria um desvio do objetivo final socialista.

A seguir o texto fala em "degeneração moral" vivente sob a ideologia burguesa, e defende o papel das "organizações do proletariado" em sua "missão geral de defender os interesses materiais e morais do proletariado". A OSI diz "nada ter a ver com os modismos contestatórios", explicados a seguir, dizendo-se sabedora de que somente "o combate revolucionário das massas sob direção do proletariado" poderia significar liberação:

> Na atualidade, a crise da direção do movimento operário internacional, aprofundada pela prática desmoralizadora dos aparelhos social-democratas e stalinistas, tem impulsionado uma certa moda de contestação da "moral burguesa", estando associado a essa moda um processo de corrupção voltado para a juventude, através do qual se procura liquidar todo sistema de disciplina pessoal consciente numa perspectiva de transformação da sociedade. Não por acaso essa moda tem atualmente penetração mais ou menos generalizada, sendo vinculada inclusive por grupos e pessoas que não se colocam numa posição política anticapitalista ou que não se dispõem a organizar-se nessa perspectiva.

O Comitê Central da OSI ressalta que o aspecto de segurança envolvidos no consumo de maconha não é "fator determinante" nessa análise. "É indubitavelmente normal que os jovens procurem saídas para sua revolta contra a opressão capitalista, e que em tais condições a prática de uma atividade proibida, como o uso da maconha, se torne atraente", pondera o documento, que segue defendendo ser o Estado o grande impulsionador do comércio da substância, mesmo ela sendo ilícita em seu próprio ordenamento. O texto lembra-se da repressão ligada a esse mercado por conta da ilegalidade, e se diz contrário a ela, mas também ao consumo de maconha – "e devemos manifestar abertamente nossa posição política, por mais que o hábito seja considerado 'normal' em alguns ambientes", insiste o "C.C.".

"Evidentemente, nem em todos os países a maconha tem necessariamente a mesma função corruptora", prossegue o documento, afirmando que há lugares em que seu uso tem origem "em antigos costumes da população". Indo de encontro às evidências históricas, que datam em muitos séculos a existência do consumo de maconha entre os escravos negros e os indígenas brasileiros, a OSI aponta que "o Brasil não é um desses casos" e traça, sem apresentar qualquer dado, um inédito paralelo entre uma suposta alta do consumo no país e o "refluxo do movimento de massas":

> Aqui o uso da maconha começou por instalar-se nas grandes cidades, e difundiu-se a partir da escória social, que cresceu juntamente com a concentração urbana caótica impulsionada pelos investimentos imperialistas. Além disso, o período de difusão maior da maconha entre a juventude no Brasil coincidiu com o período de refluxo do movimento de massas posterior a 1953.

O Comitê Central nega que irá "organizar uma cruzada contra os usuários da maconha", mas ressalva que "isso não quer dizer que possamos nos permitir uma atitude indiferente", o que significa reforçar nessa deliberação o que a nota do ano anterior já definira: os militantes da OSI não deveriam "utilizar ou portar fumo em função do papel que devem procurar assumir nas lutas das massas contra a ditadura", uma vez que "qualquer vacilação a esse respeito levará ao não-cumprimento dos objetivos, e, certamente, à 'perda' dos militantes nesses hábitos. Nossa história recente mostrou bem isso". O texto termina com um "resumo" da posição da organização em relação à "questão do fumo":

> A. Posicionamo-nos contra a repressão policial ao uso da maconha, assim como do consumo de drogas, mas posicionamo-nos também contra esses hábitos, clara e abertamente;
> B. Nossa posição não é moralista, mas sim política; somos pelo combate ao sistema capitalista, contra a ação corruptora do aparelho de estado burguês sobre a juventude;
> C. Nesse sentido é necessário que nos diferenciemos: não vamos bancar a seita espartana em guerra contra o "vício"; sem condenações moralistas aos que "puxam fumo", abstemo-nos de participar dessa prática, declarando nossa posição política a respeita;
> D. Nas tendências sindicais que estão sob nossa direção política, não deixaremos de aceitar e de chamar ao combate os trabalhadores e jovens que usem maconha, porém deixaremos clara nossa posição a respeito, quando for oportuno, tentando convencer os militantes que das tendências a abandonarem esse uso, o que, bem entendido, não significa ficar em "campanha" permanente contra a maconha.

Arbex relata que, após essas deliberações, "dentro da Libelu houve uma resistência e muitos militantes não aceitaram". Isso teria gerado, "durante um certo tempo um perigo na Libelu de desmoralização do estatuto. Porque, como você disse, a gente era ultra centralizado, não tinha conversa ali. E se você tá numa organização ultra centralizada e o estatuto perde a moral, é desmoralizado, fudeu: acabou a organização", avalia retrospectivamente. Assim, como membro do Comitê Central, ele procedeu tomando uma medida drástica para que a regra de não consumir maconha fosse cumprida: "Aí eu fiz um documento denunciando cinquenta militantes, que eu classificava de três maneiras: os que eram usuários frequentes, usuários esporádicos e coniventes, entre os quais eu me incluía – entre os coniventes". A reação teria sido "uma puta revolta na organização, porque tinha cinquenta militantes que eu tava denunciando".

> Aí o Comitê Central votou uma série de medidas, tinha gente que era do Comitê Central e foi excluído, porque eram usuários. Tinha gente que era candidata à suplência do Comitê Central e também caiu fora. Alguns foram excluídos da organização porque traficavam dentro da organização, vendiam drogas. E isso daí criou uma nova etapa nessa organização, porque a partir daí o negócio foi cumprido à risca.

Questionado se haveria então uma hierarquia entre os diferentes níveis de se infringir aquela regra, Arbex concordou, classificando depois como "intolerável" o comércio de substâncias ilícitas quando perguntado sobre se seria o tráfico a forma considerada mais grave de violar a regra imposta pela direção da organização.

> Eu decidi na verdade fazer essa denúncia porque eu tava na casa de uma amiga minha (risos) e a gente tava... ela tava puxando fumo, eu tava conversando com ela e chegou um camarada nosso do Comitê Central sem avisar, bateu na porta lá pra conversar e nós fomos correndo pra dissipar o cheiro do quarto. Ela escondeu a ponta e eu percebi o ridículo da situação: quer dizer, peraí, eu sou do Comitê Central, o cara é do Comitê Central e nós estamos aqui brincando de adolescente, aí eu percebi o ridículo da situação e resolvi escrever o documento. Caiu que nem uma bomba. Agora, do ponto de vista das outras organizações, a gente fez a discussão política. Eles vinham conversar com a gente, perguntar o que tava rolando, se a Libelu de repente tinha resolvido virar moralista ou não sei o quê... E nós: "Não, não é uma discussão moral, é discussão política".

Defensor da legalização das drogas e crítico público das políticas de drogas proibicionistas, Arbex relata que a discussão se dava apenas nos marcos do consumo, não sendo ampliada ao questionamento das políticas nacionais e globais de guerra às drogas. "Se falava muito pouco. Porque o problema não se colocava dessa maneira naquela época, você tinha uma ditadura militar. Então qualquer discussão sobre drogas passava necessariamente pela queda da ditadura", aponta, avaliando que "não faz sentido você propor a liberalização das drogas numa situação em que você não tem liberdade nem de imprimir um jornal" e que a discussão "ficava entendida como uma discussão que se punha no campo das liberdades democráticas mas não havia uma formulação nesse sentido".

A OSI tinha, desde 1º de maio de 1978, um jornal de nome *O Trabalho*, publicação que foi ganhando importância, o que se verifica com seu nome sendo posteriormente utilizado para designar a corrente que derivou da organização trotskista e que segue até hoje atuando como tendência do PT. O jornal[11] demonstra a preocupação da organização, ao menos na teoria, com diversos temas

---

11   A pesquisa das edições de *O Trabalho* foi realizada no arquivo da Fundação Perseu Abramo.

para além das reivindicações sindicais e de combate à ditadura – a questão das drogas fica praticamente ausente nos primeiros anos.

Na edição de 21 de julho a 5 de agosto de 1978, há um texto sobre racismo, assunto retomado no jornal de 15 a 21 de julho de 1980 no artigo "A questão do negro do Brasil", que conta com um boxe intitulado "Como Trotsky encarava a questão do negro". Já no exemplar de 6 a 20 de março de 1979 há um artigo sobre mulher e política e em 6 de novembro de 1979 há discussões sobre arte sob a repressão e sobre a "herança de Freud". Em 11 de dezembro de 1979, *O Trabalho* publica artigo intitulado "A ecologia e o marxismo" e na edição de 11 a 17 de março de 1980 volta a acompanhar o debate feminista, através de reportagens cobrindo o II Congresso da Mulher Paulista, tema que volta na edição seguinte, de 18 a 24 de março de 1980, em texto de nome "Quem tem medo do aborto?". O aborto voltaria à pauta diversas outras vezes, como na edição de 25 de fevereiro a 10 de março de 1981, com o texto "Em discussão, o aborto".

Interessante é que a mesma edição que questiona quem tem medo do aborto é demonstrativa do que Eugenio Bucci recordou-se quando comentou a austeridade da OSI e a contrapôs com a lembrança de militantes chorando na morte de John Lennon e apreciando outras manifestações contraculturais de então. O jornal traz uma reportagem narrando a festa de dois anos da publicação, que foi realizado no TUCA com um show de Baby Consuelo e Pepeu Gomes. Membros do conjunto Novos Baianos, ambos foram atores significativos da cena contracultura brasileira, com músicas e posicionamentos em favor da experimentação da alteração de consciência. Pepeu é inclusive autor de "Porque o mal é o que sai da boca do homem", canção em que apregoa: "Você pode fumar baseado/ baseado em que você pode fazer quase tudo/ Contanto que você possua/ mas não seja possuído/ Porque o mal nunca entrou pela boca do homem/ Porque o mal é o que sai da boca do homem".

A edição de 8 a 14 de abril de 1980 ainda traria pequena nota sobre o 6º Encontro dos Homossexuais, e a de 6 a 12 de maio de 1980 um artigo sobre "Liberdade sexual", no qual José Arbex Júnior cita frase de Marx em que ele aponta que as leis, a moral, a religião são para o proletário outros tantos preconceitos burgueses, atrás dos quais se ocultam outros tantos interesses burgueses". A partir daí, Arbex conclui:

> O proletariado russo já demonstrou a exatidão desta afirmação. Os primeiros sete anos de Revolução Russa (período anterior à traição stalinista) aboliram a família milenar czarista; o aborto foi legalizado; as

famílias enviavam espontaneamente seus filhos, para que fossem educados nas creches coletivas; o casamento passou a ser apenas um simples contrato. Sete anos bastaram para que uma estrutura opressiva milenar fosse destruída. As condições atuais são extremamente favoráveis para a revolução mundial, e no bojo dessa revolução, a juventude erguerá a bandeira da liberação real, da primavera dos povos de todo o mundo.

Rompimento de Henrique Carneiro com a Convergência e eleições de 1986

Como já demonstrado anteriormente, Henrique Carneiro foi ferrenho opositor da resolução do Comitê Central da Convergência Socialista que decidia pela proibição do consumo de drogas por parte dos militantes da organização. Em entrevista concedida a este trabalho, ele relata que travou o debate no interior da direção, mas se viu isolado. Tendo em vistas as eleições de 1986 e sua disposição em fazer uma campanha com eixo na crítica da guerra às drogas, pede desligamento do agrupamento no começo daquele ano.

O "Boletim interno" da Convergência de 26 de fevereiro de 1986 publica entre suas pautas a carta de afastamento de Carneiro, antecedida de um esclarecimento justificando a publicação tanto pela trajetória pregressa importante "do companheiro H." quanto porque "as raízes que ele coloca para o afastamento na verdade expressam a situação do partido hoje, o que definimos como período de transição". Após ressaltar que o afastamento se dá pois "H." reivindicava maior atenção para as lutas feminista, homossexual e contraculturais, o documento aponta que "o programa que levanta o companheiro não é o programa do trotskismo nem isso deve ser hoje o centro de nossas preocupações", sendo este a organização da classe trabalhadora uma vez que "insistimos em que a revolução socialista é a única que pode dar resposta aos problemas das mulheres, negros, homossexuais ou dos jovens".

Intitulada "Porque me afasto do partido", a carta de Carneiro inicia com ele reafirmando "claramente minha inteira adesão ao programa da IV Internacional" e reconhecendo que "a única fração do trotskismo que tem defendido coerentemente a aplicação atual desse programa é a corrente hoje representada na LIT". Ele diz, porém, que deve "constatar" que tem se dedicado "a militar e defender uma política revolucionária de juventude que tem uma prática e um programa de revolução cultural a qual o partido tem desprezado e até se oposto": "a reivindicação de uma politização militante em favor da revolução sexual, cultural e ideológica que o partido tem se recusado a levar claramente".

> Em resumo, eu continuo defendendo todo o programa do trotskismo, mas acredito que é preciso avançarmos a nível do programa de forma a incorporar a radicalização objetiva que significou o movimento feminista, homossexual, psicodélico e contracultural em geral. Toda corrente objetiva de juventude encerra essa vocação libertária, anti católica, liberacionista sexual e cultural, e essa tem sido a tradição de radicalismo de um movimento internacional de juventude, nas últimas décadas com particular intensidade.

Segundo relatou Carneiro em sua entrevista para este trabalho, sua primeira aparição pública de importância posterior a esse desligamento se dá em uma manifestação de 1o de Maio organizada pela Central Única dos Trabalhadores (CUT) naquele ano, em São Bernardo do Campo. Acompanhado de um grupo de apoiadores de sua campanha a deputado pelo PT, compareceu ao ato munido de faixas com dizeres em defesa da legalização da maconha, ao que houve tentativas de censura e repressão por parte de alguns sindicalistas presentes. A situação foi noticiada pelo jornal *Diário Popular* em sua edição de 2 de maio de 1986:

> O único atrito durante a comemoração ocorreu quando Henrique Carneiro, ex-presidente da União Paulista de Estudantes Secundaristas, ex-membro da Convergência Socialista, atualmente lançando-se candidato à Constituinte pelo PT, teve suas faixas retiradas porque a CUT considerava que suas reivindicações (liberação da maconha e aborto) não faziam parte do conjunto de propostas da central.
> Carneiro tentou reaver as faixas e acabou sendo agredido por um segurança que identificou-se como "Gusula". "Fui atacado porque a gente tem coragem de trazer uma bandeira da juventude brasileira", disse Henrique, sangrando na testa e na face esquerda.

Após o incidente, Carneiro envia carta de protesto tanto para a direção do PT quanto para o jornal semanal da Convergência Socialista, homônimo à organização, que a publica em sua edição número 84, de 21 de maio de 1986. Segundo a carta, "os operários e jovens que estavam no ato impediram no entanto que se retirasse todas as faixas, mantendo-as levantadas até o final", e a solidariedade com os agredidos era necessária por não se tratar de uma "agressão pessoal, mas contra a democracia socialista e operária".

Logo abaixo ao texto da carta, o jornal publica uma "Nota da redação", na qual repudia as ofensas sofridas por Carneiro mas faz questão de dizer que ele havia se desligado da organização meses antes. Uma vez esclarecida essa posição, em dois parágrafos, o que segue são sete parágrafos de críticas ao atual historiador. São citadas as bandeiras levadas por Henrique e seus companheiros, que diriam "Liberdade para a maconha" e "Direito de aborto" e também palavras de ordem que constariam de folhetos distribuídos no evento: "Chega de passar fome e receber salário de merda", "Chega de fumar baseado e ser reprimido!", "A maconha tem que ser liberada", "Chega de fazer aborto clandestino e correr risco de vida", "O aborto tem que ser liberado em hospitais públicos e gratuitos", "Chega de ter menos de dezoito anos e não poder votar e trepar", "Chega de repressão sexual!", "Pelos direitos dos homossexuais, bissexuais, travestis, etc.", "Por motéis públicos e gratuitos", "Chega de repressão aos punks, índios, rastafaris, bichas, menores, negros, mulheres, operários, nudistas, maconheiros, lésbicas, internos da Febem, recos do exército".

"Estas bandeiras, sem levar em consideração a sua correção ou não, provocaram um profundo mal-estar entre uma boa parte dos que estavam no ato, porque se chocavam com os costumes e crenças de muitos trabalhadores presentes", afirma a nota, dizendo que a atuação do grupo causou desavença em um ato que deveria ser unitário. "O comportamento deste grupo, encabeçado por Henrique, demonstra que ele mesmo tem pouco a ver com os trabalhadores e que menos ainda lhe interessa o que eles pensam e fazem, da mesma forma que não se importou que se comportamento tenha sido usado pela imprensa patronal (como foi) para atacar o ato da CUT", criticou a Convergência.

Ainda em maio daquele ano, o grupo que trabalhava em torno da candidatura de Carneiro lançou, em evento na Faculdade de Direito da USP, o "Manifesto pela descriminalização da maconha", "reprodução adaptada ao Brasil de um texto semelhante, que foi lançado na Europa na década de 1970" como explica uma versão do documento copiada e distribuída durante o II Congresso Nacional da CUT. Defensor da "descriminalização total da canábis, do seu uso, sua posse, seu cultivo (autoprodução em quantidades aptas para o consumo habitual" e da "abertura de centros de informação sobre as substâncias psicotrópicas", o texto era assinado por personalidades importantes da cena cultural e política do momento, como o escritor Alfredo Sirkis, o cantor Arrigo Barnabé, a atriz Betty Faria, o então presidente do Sindicato dos Bancários do Rio de Janeiro Cyro Garcia, o poeta Décio Pignatari, o músico Eduardo Gudin, o jornalista Eugênio Bucci, Fernando

Gabeira, então candidato ao governo do Rio de Janeiro pelo PT, o sociólogo Florestan Fernandes, os músico Hermeto Paschoal, Jards Macalé e Jorge Mautner, o deputado estadual petista José Genoíno, a atriz Lucélia Santos, a feminista Rosalina Santa Cruz e o diretor de teatro José Celso Martinez.

O evento de lançamento foi registrado pela *Folha de São Paulo* em sua edição de 16 de maio de 1986. Segundo a reportagem, havia 120 pessoas presentes no debate que contou com mesa formada por José Celso Martinez, pelos advogados Alberto Torón e Paulo Erix, pelos candidatos a deputado Henrique Carneiro e João Batsita Breda e pelo então presidente do Centro Acadêmico XI de Agosto, Paulo Golçaves da Costa Júnior.

A ideia do manifesto era entregá-lo aos deputados constituintes, e foi programada uma manifestação em frente ao Teatro Municipal de São Paulo para distribuí-lo para a população, no dia 30 de outubro, poucos dias antes da eleição. "Todos fomos presos, mais de sessenta pessoas, numa operação do DEIC, impedindo, portanto, que o abaixo-assinado fosse divulgado ao povo", relata Carneiro. A violência policial no ato gerou repercussão na mídia e alguns posicionamentos em protesto, como de Eduardo Suplicy, então candidato a governador de São Paulo, que declarou à imprensa que "discutir a mudança de uma lei não é crime", como relata reportagem do *Jornal da Tarde* de 31 de outubro de 1986. Nela, o candidato afirma ainda ser favorável a descriminalização da maconha, por não ver "o uso da maconha como um crime de uma pessoa". A reportagem prossegue:

> Ao justificar sua posição, o candidato petista reportou-se aos males causados pelo excesso de tabaco e álcool. E afirmou: "Nem por isso eu sou favorável que se considere crime uma pessoa beber álcool em grande quantidade ou que uma pessoa seja colocada na cadeia por ter fumado a ponto de ter câncer".
> Suplicy destacou, no entanto, que a questão da descriminalização da maconha não é um ponto programático do PT, que está sendo discutido dentro do partido, respeitando-se as posições favoráveis e contrárias. E ressaltou que, pessoalmente, não recomenda a ninguém "o uso de qualquer tipo de fumo", embora não classifique como crime o uso da maconha.

Segundo Carneiro, enquanto sua campanha de 1982, apoiada em peso pela Convergência, atingiu cerca de 21 mil votos, a de 1986 teve resultado "pífio", não chegou a alcançar quinhentos votos. Ele atribui isso também à falta de apoio no interior do PT, que teria chegado a lhe negar espaço no horário eleitoral gratuito de rádio e televisão depois de gravada uma inserção sua em defesa da legalização da maconha. Carneiro protestou contra isso em documento "Ao Comitê Eleitoral Unificado e a todos os companheiros do PT", datado de 4 de outubro de 1986: "nos 7 segundos que coube a cada candidato proporcional, eu disse a seguinte mensagem: 'A Juventude quer o fim do governo Sarney, diretas já, o fim do serviço militar obrigatório e a descriminalização do aborto e da maconha'".

Passado o pleito de 1986, já em dezembro do mesmo ano Carneiro envia carta solicitando reingresso nas fileiras da Convergência Socialista. Sete dias depois, o Comitê Central responde apontando, entre outras coisas, que o candidato constituinte "deve reconhecer que é no mínimo estranho pedir ingresso a uma organização à qual acusa de abandonar seus princípios, com cujos eixos de atividade não concorda e contra a qual atuou". O pedido é recusado, e feito novamente em fevereiro de 1987, desta vez endereçado ao X Congresso da organização, e novamente ao Comitê Central em março de 1988, onde desta vez Carneiro considera "um erro" ter pedido afastamento. Nesse momento Carneiro já trabalhava na USP e atuava como lider sindical, o que facilitou sua readmissão nas fileiras do agrupamento trotskista.

> Entro [na USP] como aluno e funcionário, e entro no sindicato e me torno diretor do sindicato. Aí eles me aceitam, porque aí eu já era um dirigente sindical, eu já estava indo nos congressos da CUT, votando junto com eles, e tal, estava tendo toda uma intervenção no setor sindical, estava inclusive cumprindo o que era prioridade do partido, que era militar nos sindicatos. Aí eu retorno. A partir daí, na Convergência, eu fico numa situação curiosa, porque eu resolvo não mais fazer uma luta aberta pela política de drogas, mas levar uma linha que, nesse momento, passa a ser aceita, que era a de que só as figuras públicas é que têm que manter uma abstinência total. Aos outros militantes, cabe, num ambiente privado, seus direitos de consumo, mas que não o façam em locais partidários, em eventos políticos públicos.

A partir de então, Carneiro diz ter passado a atuar na Convergência em outros marcos, longe dos cargos de direção que ocupara e também dos centros de decisão da organização. Questionado, na entrevista concedida a este trabalho, se, portanto, a questão das drogas acabou condicionando completamente a sua militância, ele não pode deixar de concordar:

> Totalmente. Desde que eu decidi sair candidato, em 1986, eu assumi que seria uma voz pública dessa questão, admitindo, obviamente, publicamente, a minha condição de usuário e que isso era uma reivindicação, enfim, como a de ser homossexual. Ou mesmo eventualmente de ter que praticar um aborto, que era uma coisa que eu argumentava com a direção: bom, então nós vamos ter que proibir todas as militantes de fazerem aborto, porque o aborto também é crime. Se a polícia nos perseguir, estiver lá nos monitorando e quiser "vamos pegar esse monte de aborto", e fazer uma acusação criminal porque estávamos fazendo aborto. Aí o argumento deles era de que aborto é uma necessidade e fumar maconha não é. Aí que eu comecei a formular essa questão pra o que depois até fui nomeado pra escrever um artigo, depois publiquei na Outubro, que foi uma tentativa de situar no campo da definição econômica marxista das necessidades que as drogas são das mais importantes, e que é uma visão completamente absurda ser juiz das necessidades humanas ali, decidir quais são, quais não são.
> Mas a partir daí você dá uma certa abdicada do debate internamente?
> Dou. Totalmente, claro. Aí eu me volto só pra fora, porque aí eu entro na universidade e me dedico a estudar o assunto em termos acadêmico. A minha opção foi assim: eu deixo de levar essa batalha na cena pública, fazendo às vezes até que meio quixotescamente, deixo de levar com a direção da Convergência, e depois do PSTU, porque são, enfim, já muito ossificados numa visão preconceituosa, e vou estudar o assunto, pra poder ter uma autoridade teórica sobre o tema.

Referências a drogas nos documentos oficiais do PT

Em sua História do PT, Secco (2011, p.49) salienta que os agrupamentos marxistas sempre tiveram menor importância na disputa interna do que na externa, "especialmente quando esta disputa se reduzia às eleições". Sendo assim, eram ainda menos influentes os trotskistas, parte do setor marxista. Isso significa que as posições radicais da Convergência Socialista e da OSI em relação às drogas descritas anteriormente não necessariamente eram as mesmas do restante do Partido dos Trabalhadores, como algumas adesões ao manifesto pela descriminalização da maconha, proposto pela campanha a deputado constituinte de Henrique Carneiro, podem mostrar. Isso não significa, no entanto, que o conjunto do partido encarasse a questão de forma assim tão diferente, como a análise de documentos oficiais e de correntes do PT pode evidenciar.

O assunto tinha tão pouco peso na política interna petista que, em entrevista a este trabalho, o jornalista, sociólogo e ex-deputado pelo PT Marcos Rolim opinou que a temática nunca foi encarada pelo partido: "Avalio que o tema nunca teve qualquer importância. O PT nunca se debruçou sobre ele, nem produziu sobre o tema qualquer resolução política", declarou.

Aprovado durante o 4º Encontro Nacional do PT, realizado em 1986, o "Plano de ação política e organizativa do Partido dos Trabalhadores para o período 1986/87/88" é o primeiro documento que aborda a temática deste trabalho de forma explícita – seis após a fundação da organização. O texto, que tem 44 páginas em sua versão digital, em seu item "As classes sociais no Brasil" busca analisar a conjuntura política daquele momento posterior ao fim formal da ditadura militar à luz da confirmação da "estrutura de classes de uma sociedade capitalista" em nosso país, colocando-se como objetivo também observar que as condições sociais da implementação dessa estrutura "sofreram alterações impostas por condições históricas e culturais próprias e pelas características peculiares das diversas regiões geoeconômicas em que o País se divide".

A partir daí, o documento mapeia o que o partido entendia como principal oposição de classe naquele momento histórico: de um lado, uma "poderosa classe burguesa", no campo oposto, ainda em formação, as classes trabalhadoras, que "ainda não conseguiram integrar e unificar de uma forma satisfatória os seus diversos setores, de origem e história diferenciados, e que têm tido papéis sociais e políticos distintos, em grande parte como resultado do desigual desenvolvimento do capitalismo". Além da classe média heterogênea e dos assalariados do campo, o documento descreve ainda um outro setor: "camadas marginalizadas que não encontram lugar no mercado de trabalho ou dele são expulsas, tanto pelo desemprego estrutural quanto pelo conjuntural, que sofreu grande elevação nos últimos anos". É aí que entra a primeira referência de um documento oficial do PT em relação às drogas, mais especificamente em relação a seu comércio, visto como forma "antissocial" de sobrevivência deste setor marginalizado da sociedade:

> Essas camadas marginalizadas de trabalhadores, não conseguindo entrar ou reentrar no mercado de trabalho urbano ou rural, acabam en-

grossando o banditismo, a prostituição, a violência, o tráfico de drogas e outras formas antissociais de sobrevivência, cujas principais vítimas são os próprios trabalhadores assalariados e as camadas inferiores da classe média.

O tema só voltaria a ser citado em algum documento oficial em 1991. Neste meio tempo, é ignorado em momentos importantes da história do partido, como nas resoluções do 5º Encontro Nacional, realizado em 1987, e no plano de governo apresentado na campanha eleitoral presidencial de Lula em 1989.

Mauro Iasi (2006, p. 412) vê o 5º Encontro como momento fundamental na história do partido, pois seria marcado pelo "início de uma inflexão profunda na dinâmica da luta de classes" e também por um momento de definição interna no PT, no qual consolidava-se como força majoritária a articulação nacional encabeçada por Lula e José Dirceu, entre outros, e propunha-se uma formulação que Iasi considera "uma das mais importantes da história do partido" – o texto é das resoluções do Encontro:

> Para extinguir o capitalismo e iniciar a construção da sociedade socialista, é necessário, em primeiro lugar, uma mudança política radical; os trabalhadores precisam transformar- se em classe hegemônica e dominante no poder de Estado, acabando com o domínio político exercido pela burguesia. Não há qualquer exemplo histórico de uma classe que tenha transformado a sociedade sem colocar o poder político – o Estado – a seu serviço.

Para Lincoln Secco (2011, p. 121), o V Encontro foi o mais importante da história do PT. Ele ressalta como fundamentais: a afirmação, citada acima, de que a constituição dos trabalhadores em classe hegemônica era a estratégia para se atingir o socialismo, o fato da distinção entre partido de massas e de quadros ser atacada e o empreendimento de uma tarefa de centralização partidária, "de tal sorte que as tendências não poderiam ter objetivos próprios".

Sem abordarem a questão das drogas, as "Resoluções políticas" do encontro apontam como ações prioritárias do partido naquele momento a luta pela consolidação das eleições diretas em 1988, lançando desde já a candidatura de Lula à presidente, e o fortalecimento da CUT. Segundo o documento, que vinculava de vez a estratégia petista no sentido da conquista do aparelho de Estado por via eleitoral, a realização de eleições diretas gerais em 1988, "qualificadas por um programa democrático e popular de mudanças e reformas econômico-sociais com garantia de liberdades políticas e sindical, para a construção de um amplo movimento sindical e socialista de trabalhadores", seria a resposta petista "aos problemas sociais no momento atual da luta de classes". Estava em questão, segundo o texto, "a possibilidade de conquista de um governo democrático e popular", com tarefas "antimonopolistas, anti-imperialistas, antilatifundiárias, de democratização radical do espaço e da sociedade – tarefas estas que se articulam com a negação da ordem capitalista e com a construção do socialismo".

Entre essas tarefas, estavam listadas, além da consigna por "Diretas já", reivindicações como revogação da Lei de Segurança Nacional, da Lei de Greve e da Lei de Imprensa, fim da censura, "revogação das salvaguardas, do estado de emergência, do estado de sítio, das medidas de emergência e supressão, no atual projeto de Constituição, do estado de defesa", eliminação do conceito de segurança nacional da Constituição, caracterização do papel constitucional das Forças Armadas como exclusivamente de defesa contra eventual agressão de inimigo externo, desativação do SNI e do aparelho repressivo, desmilitarização das polícias militares, fim de competência dos tribunais militares para julgamentos civis, reforma administrativa, liberdade de associação, organização, manifestação de opinião, organização partidária e autonomia sindical com direito de greve, rompimento com o FMI, realização de auditoria interna e contra o pagamento da dívida externa, reformas tributária e agrária, ensino público e gratuito, "criação de um sistema único de saúde estatal, público, gratuito, de boa qualidade, com participação, em nível de decisão, da população, por meio de suas entidades representativas", "congelamento dos preços dos gêneros de primeira necessidade sob controle popular e estabelecimento de critérios sociais para tarifas, taxas e serviços públicos", política de elevação dos salários, aposentadoria aos trinta anos de serviço para homens e aos 25 anos para mulheres, jornada semanal máxima de quarenta horas, sem redução de salários, "estabilidade no emprego" e "contra o programa nuclear paralelo e todas as iniciativas que resultam em deterioração do meio ambiente e da ecologia".

Interessante notar que a lista de tarefas de um governo democrático e popular incluía uma série de medidas estatizantes, e dentre elas um setor das drogas legais seria atingido: um dos itens propunha a "estatização da indústria farmacêutica", sem maior explicações. Além disso, eram propostas as estatizações dos serviços de transportes coletivos, da indústria do cimento "para viabilizar um vasto programa de construção de habitações populares" e do sistema financeiro, "garantindo crédito ao pequeno e médio produtor agrícola e industrial".

Em relação à "esquerda alternativa", o documento ressalta que o projeto socialista deveria contemplar o combate às "opressões específicas" e fazia menção aos movimentos negro, homossexual, de jovens e feminista, com destaque para este, mas não mostrava dar importância ao nascente movimento antiproibicionista e a suas bandeiras.

> O projeto socialista pelo qual lutamos, de outro lado, deve incorporar as perspectivas colocadas pelos diferentes movimentos sociais que combatem opressões específicas, como os das mulheres, dos negros, dos jovens e dos homossexuais, e suas expressões ideológicas, em particular o feminismo, indispensáveis para golpear importantes pilares da dominação exercida pela burguesia e engajar, em profundidade, a maioria da população brasileira num processo de transformação revolucionária. Deve, também, integrar movimentos de âmbitos culturais nacionais ou ambientais, que procuram responder às agressões que o capitalismo realiza contra a população e o meio ambiente, movimentos anticapitalistas e progressistas, que sensibilizam parcelas crescentes do povo. Deve, ainda, incorporar o questionamento de outros mecanismos vitais para a reprodução da dominação de classe. A incorporação dessas lutas no projeto político proletário, desde hoje, permite barrar o avanço da burguesia, que procura esvaziá-las do seu conteúdo crítico e questionador de instituições e valores da ordem burguesa.

Já o 6º Encontro Nacional aprovou, em 1989, as "Bases para o PAG (Plano de Ação de Governo)", que continha propostas "que serão implementadas pela ação político-administrativa do nosso governo, exigem reformas da atual Constituição. Todo esse programa e cada um dos seus pontos depende, absolutamente, do apoio organizado do povo mobilizado". O Plano conta com catorze itens: 1) democratização do estado e da sociedade; 2) novo modelo de desenvolvimento econômico; 3) programa agrário; 4) "contra as discriminações – mulheres"; 5) negros; 6) política de transportes; 7) saúde; 8) educação; 9) "salvar a Amazônia, defender a vida"; 10) nova política energética; 11) reforma urbana e política habitacional; 12) política externa soberana; 13) "defesa dos direitos e conquistas dos trabalhadores" e 14) ecologia e meio ambiente. Mesmo sendo uma questão pertinente a mais de um deles, nenhum dos itens fala sobre drogas.

Posteriormente haveria a divulgação de um outro documento, chamado "As bases do Plano Alternativo de Governo – Síntese popular", que, de forma mais resumida que o texto produzido pelo PT, apresentava as propostas da candidatura de Lula, já apoiada também por PC do B e PSB. Em geral, o texto é parecido com o citado anteriormente, mantendo-se portanto a ausência de menções ao objeto deste trabalho.

Como apontado antes, o assunto voltaria a ser mencionado nos documentos oficiais do PT já nos anos 1990, nas resoluções do 1º Congresso do partido, realizado em 1991. No trecho intitulado "Socialismo", há um subitem dedicado a analisar a situação da América Latina naquele momento, onde se aponta que "o resultado de mais uma década de estagnação dos países do Terceiro Mundo foi o crescente distanciamento, tecnológico e produtivo, dos países capitalistas centrais" e conclui-se que "a América Latina vem sofrendo esse processo de maneira avassaladora".

Após tecer comentários sobre os impactos sociais das políticas neoliberais e sobre as "pressões imperialistas pelo controle da região", o texto cita, sem posterior aprofundamento, o narcotráfico como uma das pautas do "contencioso" entre Estados Unidos e América Latina:

> Amparado pelo discurso neoliberal, o governo norte-americano promove uma descarada intervenção no Continente, sutilmente batizada como "Iniciativa para as Américas". A dolarização em curso em vários países, a agressão militar em países centro-americanos, as ameaças de intervenção, pressões em setores de tecnologia de ponta (como química fina e informática), o debate sobre a Amazônia, a indústria bélica e o narcotráfico, eis a pauta do contencioso dos países da América Latina com os EUA.

Outro item das resoluções deste mesmo Congresso, chamado "Conjuntura", propõe em doze itens "um conjunto de reivindicações que nos possibilite transformar a crise do Governo Collor em ponto de apoio para mobilizar o movimento social e viabilizar uma nova alternativa de governo para o País". Entre os pontos estão a defesa das reformas do Estado, política, tributária, financeira e agrária, aumento de salários, combate à corrupção, defesa do emprego e proteção aos desempregados, centralização do câmbio, suspensão do pagamento da dívida externa, política educacional e programa de renda mínima. Interessante notar como naquele momento a questão da segurança pública, posteriormente onipresente como preocupação importante de qualquer partido que dispute eleições, era quase tão ausente quanto a das drogas. O texto de conjuntura só menciona duas vezes a palavra "violência", por exemplo.

O 8º Encontro Nacional do PT, ocorrido em 1993, voltaria a tocar, de passagem, no tema do narcotráfico. Intitulado "Por um governo democrático-popular", o documento não utiliza nenhuma vez, em suas dezessete páginas, a palavra violência, confirmando a pequena importância dada na época à questão da segurança pública, e qualifica o narcotráfico como uma das atividades "parasitárias" garantidoras da própria existência do capitalismo:

> O capitalismo e a propriedade privada não representam um futuro para a humanidade. Sua sobrevivência está cada vez mais ligada à restrição da produção em benefício da especulação e do parasitismo (armamentismo, narcotráfico etc.). Em última instância, é daí que provém a tendência regressiva atual de questionar em todo o mundo os direitos e conquistas sociais adquiridos ao longo de décadas. É o que o FMI batizou de "ajuste estrutural universal".

Seguindo a lógica que permeou a história do partido, já se pensava e trabalhava naquele momento com vistas a disputa eleitoral de 1994, que oporia Lula a Fernando Henrique Cardoso na disputa presidencial. O 9º Encontro do partido foi realizado em 1994, e, em sua resolução chamada "A conjuntura e a campanha", apontava a utilização da questão das drogas como parte da "guerra ideológica" que a direita poderia promover contra o PT. Retomava-se aqui um argumento semelhante ao utilizado em uma situação relatada por Henrique Carneiro, em entrevista a este trabalho. Recordando-se da reação do conjunto do PT diante de sua intervenção pró-legalização da maconha no ato de 1º de Maio de 1986 organizado pela CUT, Carneiro lembrou ter conversado com alguns dirigentes do PT, entre eles José Dirceu, que teriam reclamado que a sua posição em favor de mudanças nas políticas de drogas estava sendo utilizada, em folhetos, como arma contra o partido no ABC paulista. Desta vez, a resolução de 1994 apontava:

> Como em 1989, é provável que, em certo momento da disputa, o combate à candidatura Lula passe a ser feito basicamente através de manipulações grosseiras (como a gravação com Miriam Cordeiro ou o sequestro de Abílio Diniz), além da mais extremada guerra ideológica. O discurso da direita, nesse caso, não será inovador: comunismo, religião, família,

drogas, aborto, propriedade, violência, homossexualismo, assumirão a dianteira na argumentação dirigida contra nós, em um possível contexto de histeria conservadora diante da iminente vitória popular.

Em resposta a isso, o 9º Encontro propunha ser "necessário que desde o primeiro momento já abordemos, em nossa propaganda, cada um desses tópicos", apresentando a "verdadeira opinião" do partido "sobre os temas e antecipando – como vacina – por onde virão as deturpações e calúnias dos adversários". De fato, essa providência foi tomada em respeito às drogas, uma vez que as "Bases do Programa de Governo de 1994" – Lula presidente: uma revolução democrática no Brasil" toca no tema com duas abordagens diferentes em suas 239 páginas.

Em um primeiro momento, no interior do tópico dedicado às propostas da campanha para juventude, a questão da violência ganha destaque. Para o documento, "há guerra não declarada contra a juventude, marcadamente contra a juventude negra e das periferias das grandes cidades", o que faria da juventude "uma das principais vítimas da violência": "Alvos da violência policial ou dos grupos paramilitares, jovens, em sua maioria negros, muitos deles trabalhadores ou estudantes, sem antecedentes criminais, são executados por se enquadrarem no perfil considerado suspeito". Após ressaltar que "muitos jovens estão envolvidos com o tráfico de drogas ou são consumidores de drogas ilegais", o programa de governo propõe o enfoque da saúde pública como chave para se lidar com a questão das drogas:

> Entre as iniciativas imediatas, o governo deve inverter a lógica que é trabalhada hoje pela sociedade e pelo Estado. Em vez de preconceito e repressão, a questão da droga deve ser tratada como um problema de saúde pública, oferecendo-se serviços de atendimento, orientação e reinserção aos dependentes.

No entanto, mais adiante, no trecho em que apresenta propostas concretas para cada um dos temas considerados componentes da discussão sobre juventude, o programa de governo petista para as eleições de 1994 desconsidera a parte citada acima que refuta a repressão como elemento para tratar "a questão da droga", uma vez que propõe, no eixo de violência, "reprimir os narcotraficantes, grandes organizadores do comércio da droga, potencializando o papel dos órgãos de fiscalização e investigando devidamente seu financiamento e suas riquezas ilícitas".

Em relação à segurança pública urbana, o programa propõe a criação de uma comissão interministerial, com representantes da sociedade civil, que articularia "programas relacionados com habitação, saúde, educação, trabalho e trânsito, para definir estratégias que incidam diretamente sobre a diminuição da violência urbana". Além disso, "medidas de emergência" deveriam "ser equacionadas, visando promover a reestruturação do sistema penitenciário". Nenhuma outra consideração é feita sobre esse aspecto, como por exemplo a avaliação das consequências da repressão às drogas, primeiro refutada depois proposta pelo documento, ligada a o encarceramento crescente já identificado como problema naquele momento.

Como se verá a seguir, essa dubiedade em relação à questão das drogas, defendendo seu tratamento como questão de saúde ao mesmo tempo em que propagando a necessidade de melhorar as formas de repressão a esse mercado, permanecerá presente a partir de então nos outros planos de governo e iniciativas petistas na busca pela presidência e também em seu exercício. Torna-se evidente também, desde meados dos anos 1980, um distanciamento do partido em relação ao discurso de esquerda, sobretudo no que diz respeito à defesa do socialismo, como observa Lincoln Secco (2006, p. 253):

> Quando o PT resolveu criar os eventos congressuais, eles se destinaram a discutir as questões estratégicas, de mais longo prazo. E é para eles que o debate socialista migrou. A quantificação das ocorrências das palavras "socialismo" e "socialista(s)" nos documentos (excluindo moções) é ilustrativa: no I Congresso (1991) o socialismo é citado 126 vezes; no II Congresso (1999) 65 vezes; no III Congresso (2007), depois da crise de 2005 e com alguns dirigentes buscando refúgio na memória dos tempos de militância socialista, foram 132 vezes; e no IV Congresso (2010), somente uma vez.

Realizado em 1995, o 10º Encontro Nacional do PT abordou, em sua resolução sobre "Conjuntura nacional", a questão das drogas novamente sob o enfoque apenas da postura a ser tomada em relação ao narcotráfico. E novamente de forma bastante breve. No item intitulado "A defesa da Nação", o Encontro afirma que, "respeitadas as identidades e soberanias nacionais", seriam urgentes "iniciativas nacionais para preservar a paz, impulsionar o desarmamento e a solução negociada dos conflitos, em defesa do meio ambiente, dos direitos humanos, de patrimônios históricos e culturais, nacionais e étnicos" e também "para a regulação das migrações, disciplina das atividades financeiras, combate ao crime organizado, sobretudo o narcotráfico e, especialmente, o enfrentamento dos problemas da exclusão e da pobreza e em defesa do emprego".

No 11º Encontro Nacional, realizado em 1997 no Rio de Janeiro, as "Resoluções políticas" aprovadas curiosamente falam de segurança pública como uma prioridade. Curioso pois essa é a única menção ao termo "segurança" nas onze páginas de resoluções. O item 48 estabelece: "A prioridade na segurança pública é a defesa da cidadania, o que exige a imediata unificação e desmilitarização das polícias. É fundamental combater a violência policial, com o fim da Justiça Militar, e assegurar o respeito aos direitos humanos".

Em 23 e 24 de maio de 1998 foi realizado um "Encontro extraordinário" do partido em São Paulo, no qual a chapa Lula/Brizola foi aprovada para as eleições presidenciais daquele ano. O documento "O fim de um ciclo", elaborado por este encontro, fala em "defesa da cidadania" como prioridade no campo da segurança pública, e defende a unificação e a desmilitarização das polícias. São propostos também o combate à violência policial, "com o fim da Justiça Militar", "assegurar o respeito aos direitos humanos" e uma "ampla reforma dos Códigos Penal e de Processo Penal e do sistema prisional". O comércio de drogas segue sendo visto como algo a ser combatido, e, portanto, não regulamentado: "A reestruturação das polícias, inclusive da Policia Federal, é condição para o combate ao crime organizado e ao narcotráfico".

Com uma enorme foto de um sorridente Lula ocupando toda a capa, a "Carta compromisso" da campanha do ex-metalúrgico, com Leonel Brizola de candidato a vice, inicia apregoando que "neste final de milênio, no limiar do século XXI, chegou a hora de rompermos com a tradição de poder das elites brasileiras. Elas fracassaram na tarefa de fazer deste grande País uma grande Nação". Nela, Lula se compromete a defender a família e "livrar" a juventude do "consumo desenfreado" de drogas – não fica claro se o "desenfreado" é utilizado aqui como adjetivo para salientar a gravidade do consumo ou como diferenciação entre o simples consumo e um uso problemático:

> Assumo o compromisso de defender a família brasileira da desagregação que hoje a ameaça. Já passou da hora de resgatarmos o idealismo da nossa juventude, livrá-la do consumismo desenfreado e das drogas, da apatia e do desinteresse, despertando o melhor das suas energias culturais e espirituais.

O II Congresso Nacional do Partido dos Trabalhadores teve lugar em Belo Horizonte, entre os dias 24 e 28 de novembro de 1999 e abordou a questão das drogas em uma resolução exclusiva "sobre crime organizado", que inicia em tom alarmante, apontando que a "sociedade brasileira está estarrecida. O nosso povo está pagando hoje um alto preço pela política nefasta do neoliberalismo e tantos anos de dominação capitalista em nosso país" e que "a violência vem tomando conta de nossa sociedade e a sua face mais cruel atinge principalmente os mais pobres e deserdados, exatamente a maioria do povo trabalhador brasileiro".

Segundo o texto, o governo de Fernando Henrique Cardoso teria agido de forma "errada e ineficiente" em relação à segurança pública, "deixando os estados desarmados e incapazes de fazer frente ao crescimento da violência, da impunidade e do crime organizado": "O governo de Fernando Henrique foi simplesmente omisso. FHC deixou o país à mercê do narcotráfico e permitiu o crescimento da influência do crime organizado", acusa a resolução, que critica também o fato das "instituições, dos poderes constituídos de nossa República Federativa, nos três níveis de governo", estarem "infiltradas e submetidas à forte influência do narcotráfico e do crime organizado".

Para o Congresso do PT, o comércio de drogas ilícitas "enraizou-se na sociedade brasileira, desde as camadas mais pobres e excluídas até o topo das elites financeiras e do poder econômico", tendo "contaminado" o aparelho policial e "envolvido" o Judiciário, além de fazer parte "da cena política institucional tanto no Legislativo como em cargos executivos". "Por que chegamos a isto?", questiona-se o documento, para logo após responder:

> Fatores vários podem ser arrolados neste diagnóstico. Em primeiro lugar o agravamento da crise econômica e social é responsável direta pelo envolvimento de jovens pobres, sem oportunidades de escola, emprego, vítimas fáceis da sedução da criminalidade associada ao comércio de drogas. Em segundo e decisivo plano está o fato de que o narcotráfico não é uma atividade criminal qualquer. É principalmente um negócio altamente lucrativo, de um mercado em expansão, promissor e que oferece "oportunidades" de sobrevivência e negócios para um crescente contingente de pessoas. Portanto, numa sociedade capitalista, combater o narcotráfico é antes de tudo combater um ramo do mercado, ou seja, enfrentar as leis do mercado, o que, convenhamos, não é tarefa fácil.

O texto em nenhum momento pondera sobre a temática das drogas a partir do ponto de vista do consumo, do que motiva as pessoas a seguirem contrariando a lei para manterem seus hábitos. Prefere salientar que "os negócios das drogas constituem uma extensa rede que começa do pequeno traficante nas periferias das cidades e acaba no grande negócio da lavagem de dinheiro que usa o sistema financeiro, turismo, jogos de azar, negócios imobiliários, empresas de transporte, além de outras atividades que se tornam vulneráveis à legalização de recursos originados no narcotráfico", e propor "uma mobilização articulada com a sociedade brasileira e instituições que tenha como base a democracia, os Direitos Humanos e a justiça social" para combatê-lo.

O partido aponta que quer seguir as diretrizes de guerra às drogas irradiadas a partir do Pentágono, mas que prefere executá-las sem interferências. É o que o texto diz em outro ponto, versando sobre a Amazônia, quando aponta que o PT contribuirá para estabelecer uma estratégia de defesa da Amazônia ante a ameaças internas e externas, mas que repudia "quaisquer formas de invasão ou ocupação territorial da região por outros países, sob pretexto de combate ao narcotráfico, de segurança continental ou de preservação do meio ambiente".

Dois anos depois, o XII Encontro Nacional voltaria a falar em combate ao narcotráfico, novamente de forma breve, no ponto em que defende que "o país necessita, mais do que nunca, de uma política nacional de segurança pública, priorizando a segurança da cidadania na qualidade de direito", diante do "crescimento assustador" da violência.

As posições de Lula e seus programas de governo

Assim como as posições oficiais do PT, que pendem entre uma tímida defesa do enquadramento das drogas como um tema relativo à saúde pública, enquanto reforçam a necessidade da repressão ao seu comércio, Lula individualmente também invariavelmente assumiu uma postura dúbia em relação a suas opiniões a respeito das políticas de drogas. Emblemáticas neste sentido são suas declarações à imprensa em novembro de 2009,[12] quando assumiu que "possivelmente nem o governo nem o ministro da Saúde possam ainda ter certeza de como

---

12 "Governo não tem certeza de como lidar com drogas, diz Lula", *O Estado de São Paulo*, 3 de novembro de 2009. Disponível em: <http://www.estadao.com.br/noticias/geral, governo-nao--tem-certeza-de-como-lidar-com-drogas-diz- lula,460673,0.htm>.

tratar o problema das drogas". "Está ficando claro que do jeito que nós tratamos as drogas até agora não está resolvendo o problema, porque estamos vendo cada vez mais jovens utilizando drogas mais fortes", prosseguiu ele em discurso no IX Congresso Brasileiro de Saúde Coletiva.

Mesmo jamais tendo colocado mudanças como propostas em suas campanhas eleitorais, antes de assumir a presidência pela primeira vez, em 2003, o ex-metalúrgico demonstrou algumas vezes posturas antiproibicionistas. Em entrevista[13] ao jornalista Serginho Groisman, no *Programa Livre*, do SBT, em 1996, ele foi questionado sobre a legalização da maconha, ao que respondeu:

> Deixa eu dizer uma coisa pra você, Sérgio, eu obviamente que não tenho opinião formada sobre tudo. Alguém já disse isso antes de mim, pelo menos o Raul Seixas já disse. O que eu acho, e o que eu briguei a vida inteira, é pela descriminalização da maconha. Ou seja, eu não acho justo que um jovem, ou uma menina, ou um menino, ou um sei lá, adolescente, que fuma maconha não tenha a chance, sabe, de através de um processo educacional se recuperar. Ou seja, eu acho que você tem que pegar o traficante, o cara que vende mais... Eu acho que por isso eu defendo a descriminalização da maconha, ou seja, eu acho que o jovem não poderia ser punido, eu acho que através da educação nós resolveríamos 99% dos problemas que a gente tem no país.

Antes desta pergunta, o entrevistador havia questionado Lula, em tom bem humorado, sobre ele recentemente ter se tornado avô, e após esta defesa da descriminalização da maconha Groisman pergunta o que petista faria caso, dali a quinze anos, pegasse sua neta fumando maconha. Ele responde que não falaria de sua neta, que era algo "muito longe", e que preferia falar de seus cinco filhos, que tinham então entre onze e vinte e quatro anos: "Se eu amanhã descobrisse que o meu filho, sabe, tava fumando maconha a única coisa que eu iria fazer era conversar sobre o assunto, e dizer pra ele que ele pode fazer tudo o quiser na vida sem precisar daquilo, da mesma forma que falo sobre bebida". Ele diz já ter "bebido muito", e dar broncas em um filho universitário quando chega em casa "meio chapadão", mas afirma que também "não vou ficar castigando, achar que é crime, acho que tem que ter uma con-

---

13 Entrevista completa disponível no Youtube: <http://www.youtube.com/watch?feature=player_embedded&v=k- ii8gJCZ_4#!>.

versa e dar o mínimo de orientação pra ele seguir o caminho. Afinal de contas tem tanta gente da maior seriedade que de vez em quando utiliza".

Posteriormente, em 1998, Lula estaria entre os signatários de um documento enviado a ONU criticando a guerra às drogas, como aponta artigo de Wálter Fanganiello Maierovitch:[14] "Em junho de 1998, Lula assinou um documento protestando contra a política sobre drogas ilícitas adotada na Assembléia Especial das Nações Unidas. O mesmo documento foi firmado pelo antecessor do atual secretário geral Kofi Annam e, entre outros, pelo megainvestidor George Soros". Segundo o ex-juiz, "à época, Lula defendeu a liberação das drogas, linha preconizada pelos intelectuais de esquerda, pois se imaginava o consumidor de maior idade como vítima de si próprio. Ou seja, o único legitimado a decidir sobre o uso próprio de drogas".

Em texto de abril 2003, o jornalista Al Giordano (2003) cita declarações de Lula sobre o comércio de drogas no começo de seu primeiro mandato presidencial. O recém empossado presidente teria dito, segundo o artigo, que "'Os verdadeiros narcotraficantes', apontou o Presidente Lula, não são encontrados nas favelas onde as pessoas são 'oprimidas e induzidas ao crime para conseguir o pão de cada dia'". Os chefes desse comércio estariam em outro lugar, e Lula teria orientado sua equipe a enfrentar "a caixa preta" do Judiciário a fim de saber quem realmente lucra com a venda dessas substâncias ilegais, o que animou o jornalista:

> Caros leitores, se Lula está falando sério, se Thomas Bastos está falando sério, se Luis Eduardo Soares está falando sério, eles acabaram de colocar a Guerra das drogas em cheque e temos um histórico cheque-mate ocorrendo. Porque se a caixa preta que contém os segredos sobre quem realmente ganha com o narcotráfico e com a proibição das drogas for aberta, haverá somente uma saída para a classe dominante: realizar uma total legalização das drogas, anistia para os prisioneiros e acusados da guerra das drogas, para introduzir na correspondente amnésia pública do tipo da que ocorreu nos Estados Unidos em 1933, com a cerveja permitida tragada ao som de "Dias felizes aqui estão novamente".

O presidente teria declarado ainda que invariavelmente "a justiça não é feita. A justiça não faz o que manda a constituição, que diz que todos são iguais

---

14   Wálter Fanganiello Maierovitch, "Atenção, Lula!". *Correio Braziliense*, 7 de fevereiro de 2003. Disponível em: <http://observatoriodaimprensa.com.br/news/showNews/asp1202200398.htm>.

perante a lei. Muitas vezes, algumas pessoas são mais iguais que as outras", concluindo: "Isso é chamado de justiça de classe, uma justiça que favorece uma classe". Lula criticaria ainda a aplicação seletiva da lei de combate às drogas:

> A sociedade brasileira tem consciência de que hoje não estamos enfrentando mais o ladrão de galinha. Aquele cidadão que roubava uma galinha era preso e solto. E no dia seguinte "ele roubava outra galinha, o galo, e até os ovos. Mas não era uma figura tão violenta, tão bruta com a sociedade. Hoje não. Hoje nós enfrentamos uma indústria, que eu diria até multinacional, do crime organizado. Ele tem o seu braço na política, tem o seu braço na Polícia, tem o seu braço no poder Judiciário, tem o seu braço nos empresários, tem o seu braço internacional. Então é uma coisa muito poderosa, que de vez em quando nós vemos na televisão: "Polícia consegue apreender a maior quantidade de cocaína já vista no Brasil". Aí o que apresenta a televisão? Cinco ou seis "bagrinhos". Para onde ia e de onde veio, quem vendeu e quem comprou a droga, não aparece. Aparecem os "bagrinhos", ou seja, é sempre a mesma história.

No entanto, diferentemente do que acreditava Giordano, a saída enfatizada por Lula, de acordo com o próprio artigo, não era a legalização de todas as drogas, mas um combate mais eficiente a seu comércio, o que fica claro quando ele afirma que "nós só vamos combater o crime organizado quando a gente resolver pegar quem compra e quem vende, e não apenas quem está no processo de intermediação, que muitas vezes são pobres coitados, induzidos, para ganhar o pão de cada dia".

Na campanha presidencial de 2002, que lhe daria seu primeiro mandato de comandante máximo da República, Lula e o PT chegaram a ser "acusados" por seu rival Anthony Garotinho de defenderem a legalização da maconha, como aponta matéria da *Folha de São Paulo* de 16 de abril de 2002. "Eu sou um candidato de todos os brasileiros, eu não sou um candidato dos evangélicos. Mas eu acho que tanto os católicos quanto os evangélicos vão votar majoritariamente em mim", apontou Garotinho, que justificou: "Porque, por exemplo, a santa Igreja Católica Apostólica Romana é contra a descriminalização da maconha e os evangélicos também. E o PT defende isso. Então, o católico, ao votar em Lula, deve saber que ele está indo contra os princípios da sua igreja."

Não era isso, no entanto, o que defendia o "Programa de governo 2002 – Coligação Lula presidente: Um Brasil para todos", texto que mantinha a linha de defesa pouco aprofundada e problematizada do combate ao narcotráfico como estratégia de segurança pública. Avaliando a situação do país após oito anos de presidência de Fernando Henrique Cardoso, o texto diz que a desigualdade no país atingira "níveis inaceitáveis", que "a indigência e a marginalização social aumentaram, com milhões de famílias sem ter sequer o que comer" e que "o desemprego se infiltrou como uma doença na sociedade". A superação desse quadro requereria "uma atenção especial para os milhões de jovens que anualmente tentam entrar no mercado de trabalho, mas não encontram reais oportunidades de emprego", sendo preciso, para a candidatura de Lula, "evitar que a juventude se torne presa fácil da criminalidade, do tráfico de drogas e do contrabando de armas". Mais adiante, é feita nova citação da questão, em marcos distantes dos criticados por Garotinho:

> O governo federal e os governos estaduais precisam atacar de modo eficiente tanto a degradação social quanto a indústria do crime organizado, do contrabando de armas e de drogas. O crime nem sempre nasce da pobreza. Nasce também da inação e da perda de controle dos governos e da Justiça. Para o Brasil manter a coesão social, precisará combinar o combate implacável contra a criminalidade ao investimento estratégico em educação. Só assim o Estado voltará a ter o respeito dos cidadãos. Só assim a sociedade reforçará a crença nas instituições e o respeito aos marcos legais.

No entanto, mantendo coerência com o discurso ambíguo em relação à questão, o programa de governo da coligação tinha também documentos especiais para questões específicas, como por exemplo sobre a saúde. Intitulado "Saúde para a família brasileira", o texto específico sobre o assunto defendia políticas de "orientação sobre redução de danos (quanto ao uso de drogas)", algo que sempre arrepiou aos proibicionistas mais radicais por não primar pela abstinência como objetivo final, e sim pela minimização dos danos decorrentes não do uso, mas do abuso das substâncias psicoativas. Além disso, o programa de saúde defende prioridade para o tratamento da dependência em meio aberto, sem internação: "O nosso governo dará prioridade para os serviços abertos para usuários de álcool e drogas, articulado a programas preventivos contra a dependência e uso de drogas".

Em sua entrevista a este trabalho, Fábio Mesquita diz ter participado da construção do programa de governo de Lula para a campanha de 2002 no quesito drogas, junto de um "grupo de pessoas, principalmente do movimento de redução de danos". Um dos pontos ressaltados por ele era a retirada da então Secretaria Nacional Anti-Drogas (Senad) do gabinete institucional da Presidência da República, onde estava sob gestão militar. "A nossa proposta política era levar a Secretaria – que deveria mudar de nome pra Secretaria Nacional de Políticas sobre Drogas, isso tudo estava no programa do Lula – para a Casa Civil", pois ficando no gabinete da presidência ela seria tratada "como um assunto transversal, ele não é um assunto de um ministro, ele não é um assunto de justiça, ou de saúde ou de, sei lá, educação e cultura. Ele é um assunto transversal e a Casa Civil era quem melhor fazia isso".

> E certamente a Casa Militar reforçava essa racionalidade de guerra contra as drogas, porque ninguém melhor que militar pra entender de guerra, então se você quisesse tirar o tom de guerra, a primeira medida era tirar do gabinete militar. Então a gente tinha claro que tirar do gabinete militar era o nosso objetivo e, vamos dizer assim, nosso gol seria se a gente conseguisse levar para o gabinete civil, mas o Zé Dirceu não quis. Ele se recusou a assumir a Secretaria. O argumento dele era de que a Casa Civil tinha que lidar com muitos outros assuntos etc., ele estava muito sobrecarregado e não dava pra assumir isso. Mas dava um certo sinal de que não era um assunto relevante do ponto de vista do governo o fato de não ir. Mas o Márcio topou levar pra Justiça, que seria um plano B, mas um plano B bastante razoável. A gente não queria de jeito nenhum que ficasse na Casa Militar, então ir pra Justiça pra gente já era um avanço. Na época, quando a gente apresentou a proposta e levou pro Márcio aquilo que estava no programa do Lula, o Márcio meio que cogitou que eu fosse o Secretário. Saíram até umas fofocas na *Folha*, nos jornais e tal dizendo isso na época. E, no final, ele não conseguiu levar a Secretaria pra lá, o Zé Dirceu foi chave pra manter a Secretaria no Gabinete Militar, ficou sob o comando do mesmo general – general Uchôa – que era o general que estava no governo do Fernando Henrique e, praticamente os dois mandatos do governo Lula a situação ficou intocável, ela não se modificou.

Logo em janeiro de 2003, primeiro mês de mandato de Lula, Mesquita publicaria um artigo na *Folha de São Paulo* intitulado "E a política pública sobre drogas?", no qual cobrava: "Esperamos que o presidente discuta com a sociedade brasileira que rumos a política pública sobre drogas deve tomar". Mesquita defende que "não dá para dizer que não temos acúmulo no que se refere à discussão", apontando que o "O PT tem quadros, entre militantes e simpatizantes, de grande porte nessa área": seria da gestão da prefeita petista Marta Suplicy, em São Paulo, "a mais avançada proposta institucional sobre o tema no país até o momento", ao criar o Conselho Municipal de Políticas Públicas de Drogas, "denominação muito mais adequada do que 'antidrogas' (do governo FHC) ou 'de entorpecentes' (do governo Alckmin)", exemplificou, antes de concluir:

> Assim, esperamos que o presidente Luiz Inácio Lula da Silva anuncie ainda que a Senad, pela importância política e pelo caráter multilateral do fenômeno, ficará no Gabinete Civil da Presidência, pense em designar um civil de primeira grandeza para a mesma e discuta com a sociedade brasileira, com base na experiência de governos do PT e da sociedade civil, que rumos a política pública sobre drogas deve tomar no país, nos próximos quatro anos. Assim, a esperança de uma proposta arrojada, realista e humanitária vencerá o medo do tema, senso comum entre os brasileiros, que se sentem atônitos e impotentes diante de um fenômeno tão importante na vida do país.

Em reportagem também publicada pela Folha de São Paulo, desta vez em 29 de novembro de 2004, outros possíveis avanços, no sentido de desvio em relação a uma estratégia meramente militarista e repressiva para se lidar com as drogas, foram propagados como próximos de serem dados pelo governo de Lula. Na reportagem "Brasil pode adotar redução de danos", o jornal afirma que "o Ministério da Saúde divulgou o conteúdo de um decreto que o presidente Luiz Inácio Lula da Silva deve assinar até o final do ano e que regulamenta as medidas de redução de danos no país". O decreto teria sido elaborado após discussões que envolveram a Senad e os ministérios da Justiça, da Saúde e da Educação, e contemplaria, de acordo com a reportagem, a distribuição de seringas, preservativos e outros insumos de administração de consumo que possam reduzir os males causados pelas drogas. "Prevê também a criação de salas de uso seguro (ou narcosalas) em universidades – onde usuários poderão ter informações e assistência médica e social e consumir drogas sob supervisão – e terapias de substituição, para quem não consegue largar a droga de uma vez e a substitui por outras mais leves". Essas iniciativas nunca chegaram a ser postas em prática.

O programa de governo apresentado para o segundo mandato de Lula, que durou entre 2007 e 2010, já não contém referência alguma a políticas de redução de danos, fazendo referência à questão das drogas apenas no item que fala sobre violência, no qual um dos pontos propõe: "Intensificar a repressão ao crime organizado, a vigilância das fronteiras para impedir o tráfico de drogas e armas e combater a lavagem de dinheiro, integrando mecanismos investigativos, ampliando as bases de dados, reforçando a cooperação internacional".

Em outubro de 2009, Lula declararia em entrevista: "Eu, sinceramente, não acho que a legalização das drogas venha a resolver os problemas do consumo. Não acho que a legalização resolverá o problema, acho que devemos ser mais duros", disse, de acordo com reportagem da Agência de Notícias EFE,[15] que ainda aponta: "Lula afirmou ter conversado sobre o assunto com líderes de outros países, aos quais disse que se as nações ricas aplicassem uma política mais rígida aos consumidores de drogas, a demanda no mundo reduziria".

Em seu segundo mandato, Lula intensificou os discursos de "combate ao crack", preparando as condições para as medidas ainda mais repressivas aprovadas por sua sucessora Dilma Rousseff. A atuação do ex-metalúrgico em relação à substância derivada da coca motivou um artigo[16] de Antonio Nery, veterano baiano redutor de danos, no qual o autor se diz "invadido por um enorme desânimo e tristeza ao ouvir e ver o Presidente centrar seu pronunciamento no combate, na luta contra as drogas e em particular contra o crack".

> Ouço o Presidente Lula quando fala do que conhece bem: a pobreza; a luta pela sobrevivência; a persistência; a política; o Brasil, seu poder e lugar no mundo. Contudo, ouvi-lo falar das drogas pareceu-me antigo e comum. Pior, com seu extraordinário poder de convencimento pode ter feito retroceder os difíceis avanços conquistados nos últimos anos e as estratégias de atenção às substâncias psicoativas em suas dimensões sócio-culturais, educativas e mesmo clínicas, quando propõe encarar a droga como o principal inimigo a vencer, lutar contra o crack

---

15 "Lula e Uribe rejeitam legalização das drogas para combater narcotráfico". Agência EFE, 19 de outubro de 2009. Disponível em: <http://gazetaonline.globo.com/_conteudo/2009/10/550624-lula+e+uribe+rejeitam+legalizacao+das+drogas+para+combater+narcotrafico.html>.

16 Antonio Nery Filho, "O discurso do presidente Lula sobre drogas foi antigo e comum", 24 de junho de 2010. Disponível em: <http://conversandocomnery.wordpress.com/2010/06/24/o--discurso-do-presidente-lula-sobre-drogas- foi-antigo-e-comum/>.

e recuperar nossos filhos, que ele chama de "nossa juventude". Convoca prefeitos, igrejas, sindicatos a se unirem nesta cruzada. O Presidente só não convoca os técnicos da saúde e os cientistas sociais. Aliás, adverte paternalmente: "não podemos teorizar muito, precisamos envolver a sociedade...".

Durante evento realizado pela Associação Brasileira de Estudos Sociais sobre Usos de Psicoativos (Abesup), em 2 de julho de 2012 na PUC-SP, o deputado federal petista Paulo Teixeira rememorou o caso, que será abordado adiante, no qual o jornal *Folha de São Paulo* teria procedido de forma sensacionalista em torno de uma declaração sua sobre maconha, fato que causou certa polêmica na mídia e colocou Teixeira sob diversos ataques, inclusive por parte de seu partido. No evento em questão, organizado de forma paralela ao encontro da Associação Brasileira de Antropologia (ABA), o deputado relatou que nesse momento de crise procurou o então presidente Lula para conversar sobre o tema, ao que o ex-líder sindical lhe teria dito ser a favor da descriminalização da maconha mas que não tomaria nenhuma atitude sequer no sentido de tomar essa posição pública, quanto mais se engajar em alguma medida efetiva seja de defesa do deputado seja de mudanças nas políticas de drogas.

Reforçando ainda mais a ambiguidade de suas posições a respeito do tema, Lula se omitiu de fazer qualquer crítica à operação militar de ataque a usuários de crack empreendida pela Prefeitura de São Paulo e pelo governo do estado em janeiro de 2012, operação conhecida como "Dor e Sofrimento"[17] e duramente criticada por amplos setores sociais e midiáticos por sua brutalidade e mesmo inconstitucionalidade. Também pudera: a ação se dava no âmbito da Operação Urbana Nova Luz, que previa uma reconfiguração desse bairro em prol do poder imobiliário, e este projeto empreendeu, entre outras iniciativas, a concessão por 99 anos de um terreno público de 4,3 mil metros quadrados, avaliado em 20 milhões de reais, para o Instituto Lula construir ali um "Memorial da Democracia".

---

17 "'A falta da droga e a dificuldade de fixação vão fazer com que as pessoas busquem o tratamento. Como é que você consegue levar o usuário a se tratar? Não é pela razão, é pelo sofrimento. Quem busca ajuda não suporta mais aquela situação. Dor e o sofrimento fazem a pessoa pedir ajuda', diz o coordenador de Políticas sobre Drogas da Secretaria de Estado da Justiça e da Defesa da Cidadania, Luiz Alberto Chaves de Oliveira." "SP usa 'dor e sofrimento' para acabar com Cracolândia", *Exame*, 5 de janeiro de 2012. Disponível em: <http://exame.abril.com.br/brasil/noticias/sp-usa-dor-e--sofrimento-para-acabar-com-cracolandia/>.

Prefeitura petista em Santos foi precursora em redução de danos

Se Lula em seu governo pouco ou nada fez para contestar as políticas de guerra às drogas implementadas no país, um dos participantes da elaboração de seu programa de governo de 2002, o médico Fábio Mesquita, tem muito a relatar sobre as possibilidades e dificuldades de se tentar proceder de forma diferente à frente de gestões públicas.

Depois de eleger dezesseis deputados constituintes nas eleições de 1986, o PT disputou os pleitos de 1988 com maiores possibilidades de vitória, o que se confirmou após o resultado final, que levou o partido a aumentar seu número de vereadores de 179 para 992 e a comandar 36 prefeituras, entre elas as capitais São Paulo, Porto Alegre e Vitória (SECCO, 2011, p. 129). Conhecida nos anos anteriores ao golpe militar de 1964 como "cidade vermelha", tamanha a força dos sindicatos e do PCB por lá – o partido chegou a eleger catorze vereadores de um total de 31 nas eleições de 1947, Santos estava entre os municípios onde o PT obteve vitória, com a campanha de Telma de Souza à prefeitura.

Terminado em 1992, o mandato de Telma foi sucedido por outra administração petista, a de David Capistrano Filho, médico que exerceu o cargo de secretário de Higiene e Saúde durante a administração iniciada em 1989. "Eu estive no governo durante os oito anos. Como coordenador de AIDS a maior parte do tempo, e depois como vereador durante dois anos no mandato do Davi", recordou, em entrevista a este trabalho, Fábio Mesquita, que no mandato de Telma de Souza era membro do PC do B e trabalhava junto a Capistrano na pasta da Saúde.

Em sua edição número 16, de 1º de outubro de 1991, a revista *Teoria e Debate* entrevistou Telma de Souza. De autoria de Ricardo Azevedo, o artigo demonstra o otimismo que havia no partido em relação à prefeitura petista em Santos, como se nota já em sua chamada: "A administração de Santos é do jeito que todo petista gosta – até mesmo os mais radicais. Os movimentos sindical e popular cresceram muito depois da posse da Telma de Souza. E ao mesmo tempo, objetivos concretos foram atingidos". Em seu livro *Santos: mil dias de governo popular*, publicado em 1991, David Capistrano Filho (1991, p. 26) também relata essa esperança em relação à prefeitura de Telma de Souza, e aponta que em sua opinião "desde o início a administração não decepcionou".

"Nos primeiros meses de governo, em particular, tiveram muita repercussão as iniciativas tomadas pela Secretaria de Higiene e Saúde, que representaram uma mudança de cento e oitenta graus em relação à herança recebida das administrações anteriores", aponta Capistrano. Como marco desse período inicial, o médico destaca o mês de maio de 1989, quando, no quinto mês de gestão, a prefeita visitou o manicômio Casa de Saúde Anchieta acompanhada não só da equipe da Secretaria comandada por Capistrano mas também de representantes da Ordem dos Advogados, da Comissão de Direitos Humanos "e de uma série de entidades sindicais e sociedades de melhoramentos, com ampla cobertura da imprensa". Ao término da visita, a prefeita anunciou que iria intervir no manicômio, fato político considerado um dos marcos da luta antimanicomial no Brasil.

> Foi um acontecimento que teve enorme repercussão. A Casa existia há cerca de quarenta anos. Havia uma espécie de pacto de silêncio entre a direção daquele manicômio e largas faixas da opinião pública. Ou seja, parte do município não ignorava o que se passava lá dentro, e acho que o *Jornal da Tarde* foi muito feliz em sua reportagem, quando qualificou o manicômio como uma "casa dos horrores". Foi uma atitude de grande ousadia e coragem política porque tocou numa questão que, direta ou indiretamente, envolvia toda a população; e de uma forma ou de outra era simbólica de todo elenco de discriminações que existem não só contra as pessoas rotuladas como loucas, mas também contra os marginalizados de todo o tipo. Mexeu, além disso, num interesse econômico: não é de hoje que se fala numa indústria da loucura no Brasil.
> (Capistrano Filho, 1991, p. 26)

Na entrevista publicada pela *Teoria e Debate*, Telma de Souza foi questionada sobre qual seria a "menina dos olhos" de sua gestão até aquele momento, ao que respondeu elegendo as ações em relação à saúde mental. "É incrível você ver o resgate da cidadania e as pessoas novamente erguendo a sua coluna vertebral e se sentindo cidadãos, como está acontecendo, aliás, com esta cidade", declarou a prefeita. Em seu livro de memória sobre os primeiros mil dias de "mandato popular" petista em Santos, Capistrano Filho (1991, p. 79) concorda, declarando que "saúde mental é nosso programa de maior repercussão". Segundo Mesquita, essas ações se deram muito por influência de Capistrano, que "era um cara muito aberto pra inovações". "Ele gostava de inovações. E ele gostava, o Davi tinha um particular tesão por tudo que fosse polêmico e que a sociedade se arrepiasse, sabe? Ele curtia essa coisa", relembra.

A prefeitura do PT em Santos teve de se deparar com um problema bastante grave: ao final dos anos 1980 a cidade era o município brasileiro com maior incidência de AIDS – número de novos casos descobertos a cada ano. Segundo Capistrano, esses casos eram "crescentemente originados do uso de drogas injetáveis: as estatísticas mostram que elas estão envolvidas em mais de 50% das contaminações notificadas na cidade". Diante dessa constatação, a administração municipal optou por uma alternativa diferente da resposta padrão de "combate às drogas": investir em políticas de redução de danos. "Não poderíamos dar a ênfase praticamente exclusiva – como faz o Ministério da Saúde – à transmissão sexual. Era imprescindível abordar a questão do uso das drogas", afirma Capistrano Filho (1991, p. 86), que complementa ressaltando que isso "envolve questões sócio-culturais extremamente sensíveis, além de constituir uma atividade econômica onde circulam grade somas de dinheiro e possuir ramificações com o mundo do crime".

O médico relata que, mesmo que a prefeitura e a Secretaria de Higiene e Saúde tivessem como objetivo declarado trabalhar "contra a disseminação do uso de drogas", partia-se do "dado inescapável" que havia pessoas consumindo drogas injetáveis, e elas não pretendiam parar com esse hábito. Assim, o objetivo imediato não era convencê-las a parar de usar, mas evitar que fossem contaminadas com HIV:

> A nossa opção básica foi por trabalhar a transmissão da AIDS por via sanguínea como um problema de saúde. E de saúde pública. Em outras palavras, trabalhamos contra a disseminação do uso de drogas, um trabalho que se faz simultaneamente ao de prevenção da AIDS. A esse respeito, partimos de um dado inescapável: um grande número de pessoas, principalmente jovens, faz uso de drogas injetáveis e não as abandonará num curto prazo. Portanto, é preciso impedir que essas pessoas, ao usarem drogas, se contaminem com o vírus HIV, e, a partir daí, se tornem vetores da sua disseminação.

Capistrano Filho prossegue revelando que sua gestão estudou experiências europeias e estadunidenses em relação ao combate à AIDS, e "descobrimos que nesses lugares foram desenvolvidas eficazes estratégias de abordagem dos usuários de drogas injetáveis":

> Sem renunciar ao objetivo de desestimular amplamente o consumo de drogas, elas se voltavam para orientar quem insiste nas injeções a usá-las de maneira segura. Prevalece, portanto, o enfoque na prevenção de AIDS sobre de prevenção a outros danos que o uso de drogas causa à saúde.

Campanhas e ações da prefeitura buscavam não convencer os usuários a deixarem seu consumo de drogas injetáveis, mas a fazê-lo, por exemplo, sem compartilhar seringas com outras pessoas, tendo cada um sua própria seringa. "Isso implica ou a distribuição de seringas ou a troca da seringa", salienta Capistrano, tendo a segunda opção sido considerada a mais adequada – a ideia era que o usuário buscasse postos de saúde e levasse sua seringa usada, recebendo uma nova, o que faria não só com que ele se prevenisse da contaminação pelo uso compartilhado do instrumento mas também passasse a ter um contato constante com agentes de saúde. No entanto, tal proposta não foi bem recebida pelo poder Judiciário:

> Quando, em Santos, ficou clara a vantagem dessa opção, resolvemos abrir um debate público sobre a questão num seminário realizado no auditório do Sindicato dos Petroleiros, no segundo semestre de 1989. Mas só o fato de termos aberto o debate – a ideia da troca de seringas não estava e jamais entrou em execução – nos valeu uma ação do Ministério Público pedindo um inquérito policial. O então coordenador do programa de prevenção da AIDS da Sehig, Fábio Caldas Mesquita, e eu fomos obrigados a prestar depoimento nesse inquérito. Alguns promotores públicos entenderam que esse programa de prevenção da AIDS representava um incentivo ao consumo de drogas. Como nós estávamos defendendo uma proposta que não havia sido posta em prática, o inquérito foi arquivado.

Posteriormente, Mesquita faria um estágio de quatro meses na Universidade da Califórnia sobre prevenção de AIDS para usuários de drogas injetáveis, e de volta à cidade, segundo Capistrano no começo de 1991, teria apresentado à imprensa resultados dessa pesquisa, o que levou, mais uma vez, a que um promotor público o acusasse de estimular o consumo de drogas. Em função dos dados da pesquisa, relata Capistrano, o programa de prevenção santista teria sido redirecionado, "no sentido de, especificamente, orientar o usuário de drogas injetáveis a lavar corretamente a seringa": foram feitos folhetos e cartazes e uma discussão pública foi lançada em uma semana de debates sobre o assunto. Lembrando do tema, Mesquita comentou:

> O Ministério Público processou penalmente eu e o Davi. E civilmente a Prefeitura, porque estava facilitando o uso de drogas, teria uma multa diária se implementasse o programa. Aí a Telma deu uma vaci-

lada, mas acabou segurando a onda, porque no noves fora ela viu que a repercussão era favorável. Mas o Davi foi muito firme, ele bancou legal. E a repercussão na opinião pública foi curiosamente interessante. Sei lá, acho que a expectativa na época, discussão zero, não tinha tido esse debate público ainda, se esperava que a opinião pública fosse mais contrária e aconteceu que, curiosamente, 50% da opinião pública nas pesquisas de opinião da época era favorável à medida e 50% contra, o que era muito bom pra gente pro momento. Nosso governo foi eleito, na época, com alguma coisa tipo 40% dos votos, porque tinha essa coisa de segundo turno e não necessariamente você tinha que eleger com maioria, né? Então 50% da opinião pública favorável era bem razoável pro governo da Telma e ela se pegou nisso pra ficar tranquila com a ação. A gente teve um suporte grande de parlamentares de diversos partidos, inclusive fora de Santos, e uma repercussão nacional do fato, que acabou virando comoção nacional. Saiu na *Veja*, saiu no *Estado*, na *Folha*, em tudo quanto é lugar que você possa imaginar, na época saiu a matéria do Ministério Público processando a gente. E, curiosamente, a gente foi defendido por umas coisas inusitadas, como, por exemplo, o Conselho Regional de Medicina, que... em São Paulo, ainda, o CRM não é tão conservador quanto o Conselho Federal de Medicina é, mas o CRM, que tradicionalmente é um órgão conservador, na época defendeu eu e o Davi. Foi, talvez, a defesa mais curiosa que a gente teve, porque eles defenderam no princípio de que o que a gente estava fazendo era pra salvar vidas e, como médico, a gente tinha a obrigação de aplicar qualquer coisa que pudesse ajudar a salvar vidas. E defendeu no processo, nos inquéritos criminais que a gente respondeu. E no final a gente foi absolvido. Na verdade, nem foi a julgamento, os inquéritos foram arquivados porque o programa parou, porque a Prefeitura não tinha como bancar aquela multa diária.

Mesquita relata que, a partir daí, iniciou-se uma articulação um para que o Governo do Estado assumisse o programa de troca de seringas que, no caso de Santos, "era feito por uma ONG que a gente apoiava, que a gente ajudou a constituir e tudo". "Acabou sendo conduzido pela ONG o programa, que virou clandestino, teve um certo suporte do Governo do Estado de São Paulo", relata Mesquita, que se recorda também de que, alguns anos depois, "o Governo de São

279

Paulo resolveu apoiar mais abertamente, isso foi já em 1993, por aí, 1994, o Estado comprou seringas, mandou distribuir em várias cidades do Estado de São Paulo e a polícia veio e apreendeu tudo isso". O argumento da polícia seria de que atuava com base em ação do Ministério Público: "Era completamente maluco, um setor do Estado combatendo outro setor do Estado", critica o antigo coordenador do programa de prevenção da AIDS.

Segundo Mesquita, foi nesse período que o petista Paulo Teixeira, então deputado estadual, "se aproximou do movimento e começou a elaborar a lei de troca de seringas. E acabou que ele conseguiu aprovar a lei de troca de seringas, que foi a primeira lei do Brasil, aprovada no Estado de São Paulo em 1997, bem no finalzinho de 1997". Em 1998, o governador Mário Covas assinaria a lei, durante a abertura de uma conferência internacional sobre redução de danos realizada na capital paulista.

> O Paulinho fez a lei baseado nos percalços que o movimento tinha enfrentado, a lei, você imagina, deve ter tido um processo hard de negociação pra passar, passou, não significava que ela seria promulgada, mas essa pressão internacional ajudou a promulgação. E, a partir daí, começou a pipocar lei em outros estados com a mesma lógica da lei de São Paulo. E só mais tarde é que foi acabar mudando a lei nacional, que autorizou a troca de seringas muitos anos depois. Mas esse processo foi um processo que começou com essa experiência de Santos, depois ele teve um movimento importante no Estado de São Paulo inteiro, daí foi pra coisa da legislação e só quando a lei se tornou realidade que a gente conseguiu trabalhar sem encheção de saco, né? Sem que o Ministério Público ficasse perseguindo as pessoas que faziam a distribuição de seringa.

"O PT, as polícias, as prisões"

Ao assumir prefeituras, o PT passou a ter uma série de novas preocupações e necessidades, vendo-se forçado a refletir sobre gestão estatal, administração pública, máquina de governo. Se nesse processo Santos acabou inovando e ficando marcada como cidade berço da redução de danos no Brasil, outras cidades também se viram diante de questões que, de alguma forma, as colocavam diante do debate sobre drogas, mesmo que não diretamente. Era o caso do PT em São Paulo em 1990, quando publicou o livro *Questão de segurança: o PT, a polícia, as prisões*. Organizado por Sérgio Amadeu da Silveira e Paulo Frateschi, o livro foi uma iniciativa da Secretaria de Assuntos Institucionais do Diretório Regional do PT de São Paulo, e segundo a introdução dos organizadores, surge a partir da "exigência de diretrizes e propostas mais sólidas do PT com relação à questão da segurança pública". "Se trata da primeira iniciativa de um partido de esquerda no Brasil a propor o debate sobre assunto tão complexo", destacam Silveira e Frateschi.

Com apresentação de Plínio de Arruda Sampaio, que faz questão de salientar que não concorda "plenamente com todas as proposições apresentadas", o livro traz artigos sobre as polícias militar e civil, prisões, sistema jurídico, segurança pública e até sobre "a descriminalização do consumo de drogas prescritas", texto este a cargo da advogada Alessandra Paola Caramoni. "O próprio interesse do Estado não está claro quando se trata de criminalizar o usuário de drogas", defende Caramoni, que questiona: "Como pode a saúde pública ser atingida numa ação onde os efeitos não passam da esfera individual?". Segundo a advogada, que questiona também "qual perigo maior pode representar duzentas gramas de maconha em relação a três garrafas de uísque?", a criminalização do consumo de algumas drogas seria inconstitucional, uma fez que a Carta Magna brasileira trata, em seu artigo quinto, da inviolabilidade da intimidade, da vida privada, da honra e da imagem pessoal.

Caramoni qualifica como "um tanto hipócrita" a distinção entre usuário e traficante, e defende a necessidade de "estudos sobre as condições reais de produção, distribuição e consumo de drogas", vendo a legalização das substâncias então proibidas como "uma medida eminentemente internacional".

No artigo "A crise do sistema penitenciário", o advogado Flávio Augusto Saraiva Strauss, ex-assessor jurídico da deputada estadual petista Clara Ant, também menciona a questão das drogas, defendendo sua "total descriminalização". Ele parte da premissa, considerada "praticamente consensual entre os jus-penalistas da atualidade", de que o Direito Penal só deve ser empregado em situações extremas, nas quais não haja outras opções. "Uma política criminal conseqüente, portanto, não deve adotar uma postura retribucionista, de punição pela punição, mas sim buscar apenas a criminalização de condutas que efetivamente ameacem os bens jurídicos protegidos", defende.

A fim de "ser consequente" com tal postura, Strauss aponta ser necessária no Brasil "uma verdadeira 'limpeza', ou 'enxugamento' do Código e da legislação penal em geral", uma vez que persistiriam criminalizadas "várias condutas já totalmente adequadas à prática social quotidiana (por mais que a moral as condene)". Em relação às drogas, citadas juntamente com o jogo como práticas que quando criminalizadas são responsáveis pela "reprodução em massa de outros crimes verdadeiramente graves", ele aponta que "é a criminalização que impede a discussão de um problema de foro íntimo de cada pessoal, a nível da comunidade, dos órgãos de saúde pública e de comunicação, mantendo-o na esfera policial".

Principais nomes do partido representados no livro, nem José Genoíno nem José Dirceu tecem qualquer consideração a respeito da proibição das drogas em seus textos. O de Genoíno na verdade é uma entrevista com ele, na qual defende que "a esquerda deve repensar suas posições sobre a questão da segurança pública", que deveria ser regida por uma "concepção democrática" e conceituada como "uma defesa do cidadão e da sociedade, incluindo desde direitos individuais, direitos coletivos, defesa da vida humana, até defesa da sociedade civil constituída democraticamente". Já Dirceu encerra o livro questionando a visão que vê segurança pública e polícia como sinônimos e propondo que a "violência cotidiana precisa ser enfrentada nas raízes", o que seria possível apenas numa perspectiva de longo prazo a partir da implementação de "reformas profundas" – "institucionais, políticas, econômicas e sociais".

Menções à questão das drogas na revista Teoria e Debate

Criada pelo Diretório Regional do PT de São Paulo no ano de 1987, a revista *Teoria e Debate* acabou se transformando em órgão de imprensa oficial do partido, distribuído nacionalmente, o que se oficializou dez anos depois quando a publicação passou a ser editada pela Fundação Perseu Abramo, respondendo portanto à direção nacional do PT. Segundo definição em seu site, a revista não é, e nunca foi, "acadêmica ou circunscrita a iniciados, é (e sempre foi) formadora e como tal leva em conta o acúmulo de experiências no PT, o debate de ideias e a existência de tendências de opinião diferenciadas no partido".

Com todo seu conteúdo, desde as primeiras edições, totalmente disponível na internet, a revista permite que seja feita uma consulta a todas as menções sobre a questão em sua história. Observa-se que se o tema não tem recebido grande ênfase ao longo da história da publicação também não chega a ser ausente em suas páginas, sendo debatido em algumas oportunidades inclusive por personagens já aqui citados anteriormente.

É o caso do jornalista Eugênio Bucci, não por acaso editor da publicação entre seu lançamento e 1991. Já na segunda edição da revista, de março de 1988, ele escrevia um longo artigo intitulado "Ruptura e revolução", no qual buscava abordar a questão sob uma mirada filosófica e (contra)cultural. "O escritor inglês Aldous Huxley encarou e testemunhou a individualidade (o indivisível) do ser humano quando passou pela individualidade extrema de si mesmo", diz o texto logo em sua primeira frase, para continuar relatando que o autor de *As portas da percepção* realizou sua primeira experiência com mescalina aos 59 anos, tendo então uma "descoberta maravilhosa": "para Huxley a mescalina abria novos horizontes para o alcance e para o repertório da produção cultural".

Bucci qualifica de ao mesmo tempo "incômoda e inevitável" a associação entre "atividade criadora e as drogas alteradoras do estado de consciência/percepção", questão que para ele vai muito além do ensaio de Huxley:

> Os exemplos não se contam. O ensaísta de Frankfurt, Walter Benjamin, anotou (parte da) sua relação com a droga em *Haxixe*, assim como o poeta simbolista brasileiro Cruz e Souza tem em certos sonetos o registro do éter nas suas imagens vaporosas. Com a reorganização da sociedade após a Segunda Guerra, no entanto, e mais notadamente na década de 1960, o uso da droga na ação cultural tornou-se um devaneio ao acesso das massas. Se o gozo solitário, o movimento se expande para as dimensões do coletivo. Já nos anos 1950, o alcalóide de Huxley era sintetizado em laboratórios. Na seqüência, o LSD foi espalhado pelas estradas americanas por Timothy Leary como o combustível da contracultura e do psicodelismo. Em 1970, o guitarrista Jimmy Hendrix, aos 28 anos, morreria em função de uma overdose de — segundo laudos oficiais — barbitúricos. Fim análogo teve a cantora Janis Jopplin, e tantos. Talvez uma paráfrase mórbida dos "mártires que penetraram na arena de mãos dadas e são crucificados sozinhos". Talvez o despertar terrível de um "sonho que acabou".

Passando a outros exemplos de "insurreição estética", como o punk e o rock, o jornalista segue tecendo comentário sobre o que geraria condutas de rebeldia na arte, sobretudo a praticada por jovens, para chegar à análise da cultura jovem no Brasil dos anos 1980. Ressalvando que a juventude da época, apesar de "se vangloriar" de "não se amarrar a religiões ou partidos políticos", votar em partidos de esquerda e até participar de manifestações, por "gostar de barulho", "quase nunca encontra, nas instituições sociais (nos partidos, inclusive), representantes capazes de experimentar a individualidade (o indivisível) do ser humano e de compartilhar com ela a criatividade e o desespero de um tempo sem futuro". O autor volta então à questão das drogas:

> Essa juventude tem uma expressiva existência política, sem dúvida, mas no estrito sentido em que a existência política decorre de uma ação cultural. Para ela, a concepção do coletivo não é aquela às custas das abdicações e dos sacrifícios íntimos em nome de um mundo remoto sem exploração. A coletividade ao contrário, emerge da afirmação das individualidades e das somatórias imprevisíveis dessa afirmação. Feito uma legião de artistas sem carteira profissional de artista, esses jovens e adolescentes desafiam a ordem com gritos e canções de baixa qualidade, numa quantidade epidêmica. São eles que vivem hoje, aos milhares, com toda a intensidade, as delícias e as dilacerações que o binômio droga-criação pode levar para dentro do espírito de cada um.

Bucci aponta que, antes de atingirem as "delícias raras" e as "dilacerações elevadas" de que falava Huxley, esses jovens eram primeiro "vítimas do preconceito, da perseguição policial e da hipocrisia dos intelectuais burgueses que, na sede insaciável de novos sabores da 'pós' modernidade, com finalidades culturais escusas, gostam bastante de consumi-los". Ele prossegue num discurso muito próximo do antiproibicionismo, ao criticar "o reacionarismo" que, "na base da inércia, destila seu veneno contra o uso de qualquer droga que não seja tabaco, álcool, açúcar ou café" e que

> o que a sociedade combate é a alteração de consciência e de linguagem que implique alteração de comunicação e de relações entre os homens. A polícia, a mesma que detém o tráfico, enjaula o usuário nas prisões e nas clínicas psiquiátricas, tanto em nome da lei como em nome da medicina. Se o texto legal tem demonstrado a refinada virtude de saber dar um passo para frente para depois dar dois passos para trás nessa matéria — veja-se pelos países que apresentavam abrandamentos em suas legislações há vinte anos e que hoje estão duplamente coercitivos —, a ordem médica, continuação da ordem penal por outros meios, dá a cada dia mais mostras de sua aversão às drogas.

Em paralelo "aos expedientes de vigiar, espreitar, punir, curar e eliminar tudo que seja diferente e tudo que deseje diferença", continua o editor da *Teoria e Debate*, a sociedade desenvolve mecanismos "para a absorção e neutralização do drogado cuja criatividade já tenha impactado a retina da cultura oficial": "É quase um sistema orgânico de incorporar a desobediência para vacinar-se da eventualidade (progressivamente menos eventual e mais certa) dessa mesma desobediência generalizada". O texto surpreende tanto por ser veiculada num veículo oficial do partido quanto por apontar a possibilidade do gesto de "drogar-se" como "crítico", mesmo que lutando para não ser esvaziado:

> Pura ideologia viva, a sociedade busca apreender exatamente os símbolos da experiência de ruptura para então tomá-los — manipuláveis na sintaxe da cultura — pela própria experiência de ruptura que os gerou. Como as religiões que, monopolizando a cerimônia de transcendência do indivíduo, procuram o controle político da comunidade inteira, a cultura que dá unidade à sociedade na teia de seus signos, à medida que absorve e traduz o gesto de rebeldia, procura ampliar e reforçar o arco dessa unidade social. Não se trata mais de agir contra o ator químico da droga, nem de agir como o direito contra o crime ou a medicina contra a doença, não se trata mais de punir e curar. Trata-se, isto sim, de promover o esvaziamento do gesto crítico de drogar-se.

"Tanto mais isso é verdade quanto mais a droga e a criação caminham juntas", defende Bucci, para quem "tanto mais é opressiva uma sociedade quanto mais a liberdade que lhe foge ao controle está em exercício". Ele ilustra seu argumento trazendo como exemplo os casos dos músicos Arnaldo Antunes e Lobão, ambos presos por porte de drogas, em 1985 e 1987, respectivamente. "Além da medicina, da polícia, do direito, agiu também o expediente de esvaziar o gesto político de drogar-se, expediente que se viabiliza na lógica cínica do mercado de arte", afirma o jornalista.

O artigo faz questão de apontar que o talento não precisa de substâncias químicas para se manifestar, e que tampouco há drogas capazes de transformar o usuário num criador genial. Mas aponta que "quando se configura o binômio droga-criação no interior de movimentos culturais de massa, tem-se aí um fenômeno que corrói gravemente os pilares morais da sociedade, gritando anarquicamente a necessidade da reviravolta". O uso de drogas nesses casos, e o autor novamente busca marcar posição apontando que "e só nele", poderia assim sinalizar a "disponibilidade para a desobediência civil como caminho" para a felicidade:

O uso da droga, neste caso e só nele, demarca um terreno cultural de extrema importância. Delimita a disponibilidade para a desobediência civil como caminho mais curto para a felicidade — felicidade química, paraísos artificiais — que se complementa na incessante produção estética, sinal de um desgovernado desejo coletivo de negação e ruptura.

Bucci conclui seu artigo defendendo a necessidade de uma "política cultural revolucionária", que articule rebeldia cultural e ruptura política. "A política cultural não mais deve se confundir com a catequese dos silvícolas pagãos", ressalva, defendendo também o abandono da "pretensão didática", que deveria ser substituída "pelo espírito de agitação, de promover curto-circuito nos mídia: mais bocas, menos ouvidos; mais autores, menos consumidores". Por fim, ele clama: "É hora de defender a individualidade e a diferença. O desajuste e a desagregação constituem, no domínio da cultura, o contrapeso indispensável à sólida unidade prática dos trabalhadores para a tomada do poder".

Em sua história posterior, a revista não voltaria a ter um artigo que comentasse, de forma tão longa, a questão das drogas sob a lógica cultural e contestatória. É praticamente impossível resgatar, nos dias atuais, o impacto que esse texto por ventura possa ter tido, mas é possível especular que ele tenha sido pequeno, uma vez que, durante entrevista a este trabalho, Bucci não só não o mencionou como ao ser questionado sobre se tinha feito algo sobre drogas para a *Teoria e Debate* comentou apenas: "Olha, eu escrevi um artigo sobre juventude uma vez que talvez fale sobre isso".

Assim como no debate realizado na USP e abordado aqui anteriormente, Bucci identifica a polícia como detentora do comércio de drogas ilícitas naquele momento, o que parece ser uma opinião corrente no período. Ao menos no interior do PT ela tinha outros defensores, como é o caso de Emir Sader que, em artigo intitulado "A polícia é um caso de polícia" e publicado na edição número 1 da revista, de dezembro de 1987, se não coloca os agentes de segurança como necessariamente "donos" do negócio, os aponta como envolvidos: "A polícia conhece, assim como os usuários da zona sul, quais são os pontos de revenda de cada uma das drogas", salienta, prosseguindo apontando que "como está comprometida com o tráfico, termina fazendo encenações maciças para a televisão, sem nenhuma eficácia, mas difundindo o pânico entre a população".

Diferentemente de Bucci, nesse texto Sader aborda a questão das drogas somente a partir do ponto de vista de seu tráfico, e como "problema" em relação à questão urbana daquele momento. Ele ressalta, no entanto, que a relação entre a população moradora das favelas do Rio de Janeiro e os comerciantes de drogas ilícitas é mais próxima do que a dos moradores com a polícia:

> Esse vínculo não se dá pelo envolvimento direto da população no tráfico, como os órgãos de imprensa querem fazer crer, mas por duas razões principais: pelas ações sociais que eles fazem nas comunidades faveladas – ajuda aos desamparados, policiamento interno, uso de carros para transportes de emergência, construção de melhorias – e pela oposição convergente às ações arbitrárias, violentas e corruptas da polícia. Neste segundo aspecto, é mais uma identidade comum pela oposição a quem aparece como inimigo das favelas como um todo.

Na conclusão, Sader questiona a própria existência da polícia, ao afirmar que ela "é parte intrínseca do problema e não meio para sua solução", sendo "parte integrante de um aparelho de Estado construído pelas classes para o exercício do poder das minorias sobre as maiorias. Nesse sentido, sua própria existência tem que ser questionada".

Se Sader tocou no assunto no primeiro número da revista e Bucci no segundo, outro importante intelectual do PT abordou, de passagem, a questão das drogas na *Teoria e Debate*, dessa vez na terceira edição, de junho de 1988. Analisando a conjuntura política do momento, e em certa altura especificamente o argumento de que haveria uma "apatia" permeando as classes populares, o jornalista Perseu Abramo opina que raramente a insatisfação "eclode em súbitas e improvisadas explosões de revolta, de violência, com enormes doses de espontaneísmo". É aí que ele enquadra, sem maior desenvolvimento, o uso de drogas como fuga da realidade:

> A insatisfação generalizada provoca outros tipos de reações. Na classe média — especialmente nos setores de renda alta — alastram-se as características mais negativas dessa camada social: competição social desenfreada, cooptação a projetos empresariais e autoritários, carreirismo yuppista, consumismo ostensivo, alienação social e militante declarada. Quando não, a fuga pela via das drogas.

Bucci voltaria a abordar o tema na edição número 10, de abril de 1990, no artigo "A juventude que perdi", no qual ele questiona: "onde se encontrava a raiz do apego que eu e muitos contemporâneos, jovens, nutrimos pela esquerda?". O jornalista explica isso não por ações da própria esquerda, mas pelo que ele vê como marcante na conjuntura do momento de sua juventude: a vigência de uma ditadura "retrógrada em todos os aspectos", combinada com a incapacidade da burguesia assegurar o exercício democrático, teria deslocado para o campo da esquerda "as únicas respostas dignas de resolver a questão da democracia (burguesa mesmo) no Brasil": "foi esse compromisso ético com a modernidade que fez das organizações e dos partidos de esquerda um refúgio quase que obrigatório para a juventude", aponta, antes de criticar a postura da esquerda em relação às demandas jovens:

> A importância dessa simples constatação é desmistificar a quase totalidade das políticas confeccionadas pelas esquerdas para atrair a juventude. São tolices. Setores dominantes de muitos partidos e organizações rejeitam o rock'n'roll como se ele fosse um instrumento de dominação da "cultura imperialista". Setores majoritários condenam o homossexualismo, as drogas, o aborto. Se dependesse dessa gente, a juventude do futuro socialista não seria substancialmente diversa da atual Associação Cristã de Moços. Seria tenebroso. Desde que a contrarrevolução dos costumes se abateu sobre a União Soviética de 1924, mais ou menos, em diante – foram sendo rompidas, uma a uma, as identidades entre a rebeldia juvenil e a prática revolucionária. Houve como que tréguas – e maio de 1968 foi um delas – mas a cisão se manteve.

Mais adiante, ele defende as bandeiras do aborto legal e da descriminalização das drogas, vendo no aborto uma questão que diz respeito à liberdade sexual, "de dispor do próprio corpo", e nas drogas referência "à liberdade de acesso individual à chamada felicidade química". Bucci faz aqui a conexão entre antiproibicionismo e feminismo que, como já apontado, só nos anos 2000 começaria a ser feita de forma mais regular, ao apontar que as duas questões "dizem respeito também a uma complexidade que ultrapassa as fronteiras da ética e se esparrama pelos pormenores mais insignificantes da saúde pública (ou vice-versa)" e que "ambas têm raízes na individualidade (e não no individualismo, como é o caso do direito à propriedade), um valor supremo da juventude".

No número 18 da revista, de maio de 1992, novamente um importante nome do PT utilizaria as páginas da publicação para reproduzir, tangencialmente, um argumento frequente entre os antiproibicionistas: o da conexão entre a proibição das drogas e os interesses geopolíticos estadunidenses. No artigo "O PT e a 'nova ordem'", Marco Aurélio Garcia define o combate ao narcotráfico como "um pretexto" do governo dos Estados Unidos para enviar tropas militares para a América Latina, o que em sua opinião colocaria a soberania dos países do continente em cheque. Com título praticamente idêntico ao artigo de Sader citado anteriormente, Cid Benjamin também discutiria a questão na *Teoria e Debate*, no texto "Polícia, um caso de polícia", de janeiro de 1994.

Nele, Benjamin aponta que o "PT descobriu recentemente a necessidade de discutir uma política de segurança pública" e que esse debate precisa entender "o que está passando" nas periferias e morros do país em relação ao tráfico de drogas: "O crime organizado é de direita, a quem – mesmo que de forma indireta – favorece. Mais ainda: toda vez que se imiscui diretamente na política, o faz ao lado da direita", defende.

Também em 1994, em artigo datado de novembro, Flávio Aguiar questionaria se o combate às drogas é mesmo a intenção do Estado quando ocupa militarmente os morros do Rio de Janeiro. Para o autor, "as ações do Exército obedecem a uma teatralidade intencional: o aparato é maior do que a coisa em si". Os resultados seriam numericamente pequenos, com "poucas prisões, pouca apreensão de drogas. A questão parece não ser esta. A questão é 'ilhar o espaço'. Fechar as entradas e saídas dos morros", conclui.

A partir desse texto de Aguiar, a revista "esquece" do assunto drogas por alguns anos, só voltando a enfocá-lo em março de 2008, quando o sociólogo Gustavo Venturini publicou artigo intitulado "Drogas: repressão ou redução de danos?". Comentando a Lei 11.343, de 2006, que alterou alguns aspectos da política de drogas brasileira sem distanciá-la do proibicionismo, o autor aponta que a distinção entre tráfico e consumo pessoal "foi um avanço", mas que o uso de substâncias ilícitas permanece criminalizado "e o enquadramento em tráfico ou consumo à mercê do arbítrio de delegados e juízes". Segundo ele, uma opção mais sensata seria "mudar a política para o consumo de drogas do campo criminal (enfoque estadunidense, aqui reforçado pela ditadura) para o da saúde pública (enfoque europeu)"e o PT deveria engajar-se neste debate:

> A descriminalização do porte e cultivo de drogas para uso pessoal teria evidente impacto sobre a dinâmica do tráfico, a espiral de violência e mortes, o ganho financeiro do crime organizado e o contexto de cor-

rupção policial e política em que se desenvolve. Através da Conferência Nacional da Juventude e do Congresso de Juventude do PT, o governo Lula e o Partido dos Trabalhadores têm a oportunidade de se colocar na vanguarda dessa discussão.

Em 2012, estimulada pela onda de recriminações às ações dos governos municipal e estadual de São Paulo na região conhecida como "Cracolândia", e certamente já buscando envolver-se no debate eleitoral daquele ano, uma vez que haveriam votações municipais em outubro e o PT buscava voltar à prefeitura da capital, a *Teoria e Debate* publicou dois artigos sobre o tema "Políticas e ações públicas de combate às drogas" em seu site, com a seguinte introdução: "Está na pauta do dia a política de combate às drogas. Merecem destaque o lançamento pelo governo federal do Plano Nacional de Combate ao Crack e ação dos governos estadual e municipal de São Paulo na região da Cracolândia na capital paulista". Foram publicados dois artigos, curiosamente de dois antiproibicionistas que nunca tiveram qualquer relação com o PT, o anarquista Thiago Rodrigues e Júlio Delmanto, autor deste trabalho, o que mostra a ausência de figuras que se apropriem do tema internamente no partido.

Em "Guerra às drogas, ainda e sempre?", Rodrigues relembra a história do combate a determinadas drogas no Brasil e critica a falta de ações para mudar este cenário a partir da chegada do PT ao governo federal, em 2002. Ele cita inclusive uma série de iniciativas que "reforçaram o compromisso com a guerra às drogas". "No Brasil, as medidas tomadas desde os anos 1990 sinalizam o aumento da presença dos militares no combate ao tráfico", critica, salientando também o papel dos presidentes petistas neste quadro:

> Nesse contexto, a passagem do governo Lula para o de Dilma Rousseff não demonstrou, até o momento, descontinuidade. A tônica do governo da presidenta tem sido a questão do tráfico e consumo de crack, diretriz herdada do governo anterior. Dois documentos editados ainda no governo Lula – o Plano Emergencial de Ampliação ao Acesso a Tratamento e Prevenção em Álcool e outras Drogas (2009) e o Plano Integrado de Enfrentamento ao Crack e outras Drogas (2010) – indicavam o despontar de uma "epidemia urbana" do uso de crack associado, principalmente, aos moradores de rua. Os programas procuram colocar a questão no campo da "saúde pública", fazendo da redução de

danos o princípio a orientar a abordagem dos usuários por agentes de saúde treinados (os redutores), visando acolher para depois, possivelmente, recolher para tratamento.

O texto de Delmanto chamava-se "O combate ao crack e a cultura do medo", e iniciava delimitando o problema a ser abordado: "Insuflado pelo clamor midiático e pelo oportunismo de políticos sempre em busca de "soluções mágicas" que garantam alguns votos (ou trocados), o crack ganha cada vez mais espaço na agenda pública brasileira". O artigo critica tanto a "Operação Dor e Sofrimento", empreendida no plano local, como as políticas do governo federal petista, sobretudo as condensadas no chamado "Plano de Enfrentamento ao Crack". Em relação a este, afirma:

> Sem entrarmos no mérito de que nunca existiu vida humana em sociedade sem o recurso à alteração de consciência, cabe assinalar que o plano é marcado pela perspectiva do enfrentamento, "vencer o crack", nas palavras do ministro da Saúde, Alexandre Padilha. Elegendo a consequência como a causa da vulnerabilidade, o governo demonstra não ter interesse em analisar suas determinações históricas e sociais para atuar a fundo sobre elas. Repete estratégias que, se por um lado fracassam para lidar com o consumo abusivo, por outro beneficiam diretamente retrógrados setores sociais e políticos.

Marcos Rolim e Paulo Teixeira: deputados federais antiproibicionistas

Anteriormente já foi citado, através da entrevista de Fábio Mesquita, o início da relação entre o deputado Paulo Teixeira e o debate sobre drogas ilícitas. Questionado sobre que outros parlamentares teriam proximidade com as formulações antiproibicionistas, Mesquita respondeu citando sobretudo a petista Marta Suplicy, empossada ministra da Cultura por Dilma Rousseff em 2012, após aceitar apoiar a campanha de Fernando Haddad à prefeitura da capital paulista:

> Historicamente, teve alguns parlamentares em alguns lugares que foram bastante interessantes, mas hoje, sei lá, eu estava tentando fazer essa reflexão... Bom, certamente a Marta Suplicy foi superavançada o tempo todo. Por exemplo, no governo dela, foi a primeira vez, e foi uma sugestão nossa, mas que ela acolheu, que o Conselho Municipal,

que até então todos os conselhos municipais eram chamados Conselho Anti-Droga, era o Conselho Nacional Anti-Droga, até mesmo no começo do governo Lula, que a gente batalhou pra mudar e não conseguiu mudar no começo, demorou um tempão pra mudar, mas no governo da Marta, logo no começou a gente conseguiu mudar, o Conselho Municipal foi renomeado, passou a chamar Conselho Municipal de Políticas Públicas sobre Drogas. Que deveria ser o nome correto, porque afinal de contas era um conselho de discutir políticas públicas, não um conselho anti ou a favor de qualquer coisa. E ela bancou, por exemplo, a Conferência Latino-americana de Redução de Danos, que foi em São Paulo, ela foi na abertura, fez um puta dum discurso, então, assim, ela foi muito legal no suporte. Imagino que no Senado[18] ela possa ser melhor explorada no suporte pra uma coisa mais progressista nesse campo. Uma outra deputada que é uma aliada legal atualmente é a deputada Lídice da Mata60, que foi prefeita de Salvador, ela foi minha companheira de movimento estudantil, nós fizemos movimento estudantil juntos, nós dois éramos da Viração, os dois eram do PC do B e hoje acho que ela está no PSB, alguma coisa assim. E ela também é extremamente progressista nesse terreno. Eu acho que são as pessoas mais legais que a gente tem no parlamento, mas não é muita gente não: é o Paulinho, a Lídice,[19] a Marta, nesse campo da esquerda, cada um com uma trajetória diferente. No PC do B, por exemplo, eu não sei de ninguém que esteja relacionado ao campo de drogas, ou que tenha uma posição mais arrojada, ou mais interessante nesse campo.

Nascido em 1961 e membro da corrente Mensagem ao partido, Teixeira elegeu-se deputado estadual por dois mandatos consecutivos, em 1994 e 1998. Foi secretário Municipal de Habitação e Desenvolvimento Urbano do Município de São Paulo entre 2001 e 2004, na gestão de Marta Suplicy, tendo desempenhado também o cargo de diretor-presidente da Companhia Metropolitana de Habitação de São Paulo – Cohab, em 2003 e 2004. Enquanto Suplicy disputava, e perdia, a reeleição, Teixeira venceu o pleito para vereador em 2004, sendo pos-

---

18 Marta Suplicy foi eleita senadora pelo estado de São Paulo em 2010.
19 No momento desta entrevista Lídice da Mata na verdade era senadora pelo estado da Bahia, tendo sido eleita em 2010 e sendo a primeira mulher a ocupar este cargo. Em 2012 ela ocupava também a presidência do Partido Socialista Brasileiro (PSB).

teriormente eleito e reeleito, em 2006 e 2010, respectivamente, deputado federal pelo PT.

Após se aproximar do debate sobre drogas pela via da redução de danos, como relatou Mesquita, Teixeira aprofundou suas posições caminhando no sentido do antiproibicionismo, defendido em posicionamentos públicos e em textos em seu site. Por diversas vezes o deputado declarou publicamente ter a intenção de enviar à Câmara um Projeto de Lei alterando a Lei 11.343, mas jamais chegou a fazê-lo, provavelmente por conta da indisposição de seus colegas a avançarem nesse aspecto.

Em matéria publicada pela *Folha de São Paulo* em 17 de abril de 2011,[20] por exemplo, é citada a defesa de Teixeira da "liberação do plantio de maconha e a criação de cooperativas formadas por usuários". "O melhor modelo é o da Espanha: cooperativas de usuários, onde se produz para o consumo dos próprios usuários, sem fins lucrativos" e "Cabe ao Estado dizer que faz mal à saúde. Não existe crime de autolesão. Se eu quero, eu posso usar, tenho direitos como usuário. E isso o Estado não pode te negar" são algumas das aspas do deputado citadas na reportagem. Em outro trecho, o texto diz: "O líder do PT disse que, se comer sanduíches do McDonald's, 'talvez o maior crime', não é proibido, o governo não poderia impedir também o plantio de maconha", e esta declaração em relação ao hambúrguer estadunidense foi utilizada como chamada de capa do jornal, atitude considerada "sensacionalista" por Teixeira.

A matéria teve repercussão sobretudo por Teixeira estar, naquele momento, desempenhando a função de líder do PT na Câmara dos deputados, e por conta disso ele publicou, em seu site, uma nota a respeito no dia 20 de abril, intitulada "Drogas, por um debate aberto e sereno". No texto, o deputado afirma que "a reportagem se baseou em frases pinçadas de palestra minha em seminário sobre a atual política de drogas no Brasil, há dois meses" e diz não defender a "liberação da maconha":

> Não defendo a liberação da maconha. Defendo uma regulação que a restrinja, porque a liberação geral é o cenário atual. Hoje, oferecem-se drogas para crianças, adolescentes e adultos na esquina. Como pai, vivo a realidade de milhões de brasileiros que se preocupam ao ver seus filhos

---

20 Felipe Coutinho, "Líder do PT defende plantio de maconha em cooperativa", *Folha de São Paulo*, 17 de abril de 2011. Disponível em: <http://www1.folha.uol.com.br/poder/903644-lider-do--pt-defende-plantio-de-maconha-em- cooperativa.shtml>.

expostos à grande oferta de drogas ilícitas e aos riscos da violência relacionada a seu comércio. Por isso, nos últimos quinze anos, me dediquei ao tema, tendo participado de debates em todo o Brasil, na ONU e em vários continentes. A política brasileira sobre o tema está calcada na Lei de Drogas, de 2006, que ampliou as penalidades para infrações relacionadas ao tráfico e diminuiu as relacionadas ao uso de drogas. É uma lei cheia de paradoxos e que precisa ser modificada. Não estabeleceu, por exemplo, clara diferença entre usuário e traficante. Resultado: aumento da população carcerária, predominantemente de réus primários, que agem desarmados e sem vínculos permanentes com organizações criminosas.

"É preciso retirar o tema debaixo do tapete e, corajosamente, trazê-lo à mesa para que famílias, educadores, gestores públicos, acadêmicos, religiosos e profissionais da cultura, da educação e da saúde o debatam", declara Teixeira no texto, que ressalva: "Esta posição é exclusivamente minha, não é em nome da liderança do PT". Teixeira é membro da Comissão Brasileira sobre Drogas e Democracia, iniciativa decalcada da Comissão Global Drogas e Democracia e da Comissão Latino-Americana Drogas e Democracia, ambas impulsionadas pelo ex-presidente Fernando Henrique Cardoso. A versão brasileira da comissão é presidida por Paulo Gadelha, da Fundação Oswaldo Cruz, e tem entre seus membros personalidades como o jornalista Zuenir Ventura, o médico Dráuzio Varella e a ministra do Supremo Tribunal Federal Ellen Gracie, nenhum deles conhecido por seu antiproibicionismo. Também por isso, as proposições de tal grupo não vão além da descriminalização do usuário ou de pequenas mudanças na Lei 11.343, não questionando-a por completo.

Para além da defesa extraparlamentar do fim da proibição das drogas, no âmbito do Congresso Teixeira não propôs nenhuma iniciativa nesse sentido, como a lista de dois Projetos de Lei apresentados pelo deputado, disponível em seu site, pode confirmar. Em 2007, o petista apresentou um projeto que "regulamenta e institui normas para licitações e contratos da Administração Pública (admitindo trabalhadores em SITUAÇÃO DE RUA)", um que "dispõe sobre medidas de suspensão e diluição temporárias ou extinção da proteção de direitos de propriedade intelectual no Brasil", um que "introduz dispositivos sobre a sustentabilidade do ambiente", um que "dispõe sobre fontes renováveis de energia, um que "dispõe sobre a produção, programação, provimento, empacotamento e distribuição de comunicação social eletrônica" e outro que "dispõe sobre o uso do Fundo Setorial para Tecnologia Informação – (CTInfo para financiar o desenvolvimento de SOFTWARE LIVRE)", além de Proposta de Emenda Constitucional que "altera o Sistema Tributário Nacional".

Em 2008, Teixeira apresentou um projeto que "acrescenta incisos ao artigo 10 da Lei 9.279 – Regula direitos e obrigações relativos à propriedade industrial", uma Proposta de Emenda à Constituição sobre "Recursos Orçamentários da União", um projeto que "prevê acesso dos eleitores a informações sobre seus candidatos pela internet", um que visa "tornar padrão o formato ODF para qualquer documento eletrônico da administração pública" e um que "prevê incentivos para universidades comunitárias e confessionais". Já em 2009 foram apenas dois, um buscando regulamentar "as profissões de maître e de garçom" e outro instituir "no âmbito do Sistema Nacional de Habitação de Interesse Social – SNHIS, o Serviço de Moradia Social para famílias de baixa renda".

De acordo com seu site, em seu segundo mandato Paulo Teixeira apresentou cinco Projetos de Lei em 2011: um que "denomina Rodovia Deputado Eduardo Valverde a rodovia BR-364", um que "dispõe sobre a Política Nacional de Gestão e Manejo Integrado de Águas Urbanas e dá outras providências", um que "dispõe sobre a política de contratação e licenciamento de obras intelectuais subvencionadas pelos entes do Poder Público e pelos entes de Direito Privado sob controle acionário de entes da administração pública", um que "altera os arts. 48 e 84 da Constituição Federal, prevendo a obrigatoriedade de apresentação do Programa de Metas e Prioridades para os governos federal, estaduais e municipais" e um que "tipifica os crimes cometidos por meio da internet". Já em 2012, as iniciativas apresentadas foram as seguintes: um projeto que "reduz a zero as alíquotas de PIS/Pasep, Cofins e IPI sobre os produtos alimentares de consumo humano que compõem a cesta básica nacional", Projeto de Resolução que "institui o Prêmio Gestor de Sustentabilidade Urbana, em incentivo à coleta seletiva do lixo", outro que "institui o Imposto sobre Grandes Fortunas, previsto no art. 153, VII, da Constituição Federal", um projeto que "altera a Lei no 7.802, de 11 de julho de 1989, para banir os agrotóxicos e componentes que especifica, e dá outras providências", um que "propõe a investigação dos autos de 'resistência seguida de morte'" e, por fim, um que "dispõe sobre a Política Nacional de Economia Solidária e os empreendimentos econômicos solidários, cria o Sistema Nacional de Economia Solidária e dá outras providências".

Gaúcho, o sociólogo e professor universitário Marcos Rolim é outro antiproibicionista que exerceu mandato de deputado federal pelo PT, entre 1999 e 2003. Ele foi também vereador na cidade de Santa Maria entre 1982 e 1988, cidade onde foi também candidato a prefeito por duas vezes, e deputado estadual no Rio Grande do Sul entre 1991 e 1998. Em entrevista concedida a este trabalho, Rolim afirma que em suas campanhas municipais, em Santa Maria, "o tema da política de drogas não apareceu". "Mas apareceu na minha segunda campanha para deputado estadual, em 1994, e na campanha para federal, em 1998. Na minha trajetória, o tema foi assumido a partir dos desafios na área da segurança pública, da reforma da legislação penal, etc", prosseguiu, declarando também:

> Meu mandato como deputado federal dedicou maior atenção ao tema. Primeiro, porque eu tinha a prerrogativa de apresentar projetos de lei na área – que é de competência exclusiva da União; segundo, porque eu havia amadurecido uma posição favorável à legalização do consumo de drogas. Apresentei dois projetos: um sobre o uso industrial do cânhamo e outro sobre a quantidade de maconha que deveria ser considerada para consumo individual em caso de flagrante por porte. Nenhum deles, é claro, foi votado ou obteve parecer nas comissões temáticas.

Em 2009, Rolim se desligou do PT, tendo apoiado, sem filiação partidária, a campanha de Marina Silva para presidente no ano seguinte.

Capítulo 4
Drogas no Jornal e na Revista Sem Terra, do MST

O surgimento do Movimento dos Trabalhadores Rurais Sem Terra (MST), fundado oficialmente em 1984, faz parte do mesmo processo de entrada em cena de "novos personagens" abordado no final do capítulo 2 e que desaguou na consolidação e ascensão do Partido dos Trabalhadores. Desde sua constituição o movimento foi bastante próximo ao PT, e isso, juntamente com a questão temporal, justificam sua aparição no trabalho neste momento.

Em seu *site*, o movimento divide em nove suas "bandeiras": cultura, reforma agrária, combate à violência sexista, democratização da comunicação, saúde pública, desenvolvimento, diversidade étnica, sistema político e soberania nacional e popular. Em nenhuma delas há qualquer referência ao tema deste trabalho, da mesma forma que também não há menções ao assunto entre os dezoito "compromissos" aprovados pelo V Congresso Nacional do MST, realizado em 2007. São eles:

> 1. Articular com todos os setores sociais e suas formas de organização para construir um projeto popular que enfrente o neoliberalismo, o imperialismo e as causas estruturais dos problemas que afetam o povo brasileiro.
> 2. Defender os nossos direitos contra qualquer política que tente retirar direitos já conquistados.
> 3. Lutar contra as privatizações do patrimônio público, a transposição do Rio São Francisco e pela reestatização das empresas públicas que foram privatizadas.
> 4. Lutar para que todos os latifúndios sejam desapropriados e prioritariamente as propriedades do capital estrangeiro e dos bancos.

5. Lutar contra as derrubadas e queimadas de florestas nativas para expansão do latifúndio. Exigir dos governos ações contundentes para coibir essas práticas criminosas ao meio ambiente. Combater o uso dos agrotóxicos e o monocultura em larga escala da soja, cana-de-açúcar, eucalipto, etc.

6. Combater as empresas transnacionais que querem controlar as sementes, a produção e o comércio agrícola brasileiro, como a Monsanto, Syngenta, Cargill, Bunge, ADM, Nestlé, Basf, Bayer, Aracruz, Stora Enso, entre outras. Impedir que continuem explorando nossa natureza, nossa força de trabalho e nosso país.

7. Exigir o fim imediato do trabalho escravo, a super exploração do trabalho e a punição dos seus responsáveis. Todos os latifúndios que utilizam qualquer forma de trabalho escravo devem ser expropriados, sem nenhuma indenização, como prevê o Projeto de Emenda Constitucional já aprovado em primeiro turno na Câmara dos Deputados.

8. Lutar contra toda forma de violência no campo, bem como a criminalização dos Movimentos Sociais. Exigir punição dos assassinos – mandantes e executores – dos lutadores e lutadoras pela Reforma Agrária, que permanecem impunes e com processos parados no Poder Judiciário.

9. Lutar por um limite máximo do tamanho da propriedade da terra. Pela demarcação de todas as terras indígenas e dos remanescentes quilombolas. A terra é um bem da natureza e deve estar condicionada aos interesses do povo.

10. Lutar para que a produção dos agrocombustíveis esteja sob o controle dos camponeses e trabalhadores rurais, como parte da policultura, com preservação do meio ambiente e buscando a soberania energética de cada região.

11. Defender as sementes nativas e crioulas. Lutar contra as sementes transgênicas. Difundir as práticas de agroecologia e técnicas agrícolas em equilíbrio com o meio ambiente. Os assentamentos e comunidades rurais devem produzir prioritariamente alimentos sem agrotóxicos para o mercado interno.

12. Defender todas as nascentes, fontes e reservatórios de água doce. A água é um bem da Natureza e pertence à humanidade. Não pode ser propriedade privada de nenhuma empresa.

13. Preservar as matas e promover o plantio de árvores nativas e frutíferas em todas as áreas dos assentamentos e comunidades rurais, contribuindo para preservação ambiental e na luta contra o aquecimento global.

14. Lutar para que a classe trabalhadora tenha acesso ao ensino fundamental, escola de nível médio e a universidade pública, gratuita e de qualidade.

15. Desenvolver diferentes formas de campanhas e programas para eliminar o analfabetismo no meio rural e na cidade, com uma orientação pedagógica transformadora.

16. Lutar para que cada assentamento ou comunidade do interior tenha seus próprios meios de comunicação popular, como por exemplo, rádios comunitárias e livres. Lutar pela democratização de todos os meios de comunicação da sociedade contribuindo para a formação da consciência política e a valorização da cultura do povo.

17. Fortalecer a articulação dos movimentos sociais do campo na Via Campesina Brasil, em todos os estados e regiões. Construir, com todos os Movimentos Sociais a Assembléia Popular nos municípios, regiões e estados.

18. Contribuir na construção de todos os mecanismos possíveis de integração popular Latino-Americana, através da ALBA – Alternativa Bolivariana dos Povos das Américas. Exercer a solidariedade internacional com os Povos que sofrem as agressões do império, especialmente agora, com o povo de CUBA, HAITI, IRAQUE e PALESTINA.

Assim, através dos documentos e meios oficiais do movimento não se observa a existência de uma posição oficial em relação a consumo e políticas de drogas. Em entrevista a este trabalho, o jornalista José Arbex Júnior, colaborador do MST entre 1997 e 2006, declarou que propôs à direção do movimento que discutisse a proibição do consumo de drogas nos assentamentos e acampamentos, por questão de segurança:

> Quando comecei a me aproximar do MST, uma das discussões que eu propus em 1998, 1999 foi que nos assentamentos se fizessem assembleias para proibir o uso de drogas nos assentamentos, pra impedir que a polícia plantasse. Porque seria festa, se a polícia conseguisse comprovar que o MST tinha meio quilo de maconha era o que precisava pra desmoralizar o movimento completamente. Aí eu falei "não, então vamos fazer assembleias e criar um consenso que nos assentamentos não pode ter droga". Propus isso pro MST mas na verdade não sei se eles chegaram a levar essa discussão. Propus isso com documento e tal, mas não sei como foi encaminhado isso daí.

Mais adiante na entrevista, Arbex foi questionado se, nos tempos em que colaborou com o 241 movimento, tomou contato com alguma orientação no sentido de restrição do consumo de drogas ilícitas, ao que respondeu que não. "Eu acho que não tinha. Acho. Porque eu também nunca fui da direção do MST orgânica. Eu fazia reunião com os caras mas eu não era organizado lá dentro. Nunca soube de nenhum documento anterior deles que tivesse baixado uma norma sobre isso", declarou. Em relação à recepção de sua proposta de proibição, o jornalista diz ter sido boa:

> Foi boa a recepção. Eles entenderam. Eu também fiz essa discussão muito com a juventude. Nas viagens que fazia pelo Brasil em muitas circunstâncias eu colocava essa discussão pra molecada e eles entendiam rapidamente. O interessante do MST é que a dificuldade que a gente tem na universidade pra fazer a juventude entender o que é o Estado, por exemplo, aqui na PUC se eu falar assim: "o Brasil não é uma democracia", os caras vão ficar me olhando, "o que esse cara ta falando?" No assentamento do MST se eu falar que o Brasil não é uma democracia, eles vão falar "tá, conta uma novidade". (risos). É completamente diferente a relação, porque ali a vida deles ta em jogo nas próximas 24 horas. Então quando eu começava a falar sobre quem controla o narcotráfico, aonde tá o dinheiro do narcotráfico, a importância do narcotráfico na economia mundial, você vê moleque de 12 anos de idade tirando de letra essa discussão. Os caras entendem na hora, é isso mesmo, não tem conversa. E nunca em nenhum momento, em nenhuma das discussões, alguém levantou a mão e falou "o meu direito de usar drogas ta acima do interesse coletivo". Isso nunca aconteceu em nenhum momento. Entenderam rapidamente. E drogas eu incluo álcool, cerveja, pinga, eu incluo isso também. Eu até falo: eu não proponho que vocês virem jesuítas e parem de tomar até cerveja. Mas proponho que vocês tomem cuidado, porque a cerveja também conduz a excessos, principalmente de agressão a mulheres.

Sobre a postura da direção do MST frente a seu documento, Arbex diz: "Eu propus um texto pra eles, acho que leram. Nós não chegamos a discutir isso em detalhes". O jornalista complementa: "Mas quando eu falo da taxação em cima do comércio das drogas, do imposto que você teria que pagar, e a destinação dos impostos pra escolas, centros de recuperação, hospitais públicos, laboratórios que controlassem a qualidade das drogas, você não vai misturar gesso na cocaína, é tão óbvio que ninguém levanta uma objeção a isso".

O autor deste trabalho passou, em 2007, doze dias em um assentamento do MST em Minas Gerais. Ali, havia uma resolução formal que proibia formalmente o consumo de álcool e de drogas ilícitas, proibição justificada tanto por questão de segurança – para evitar intervenções policiais – como por demandas das mulheres, que teriam sustentado que a proibição do álcool combateria a violência de gênero. No entanto, era uma decisão realizada no âmbito do próprio assentamento, não tendo sido deliberada por nenhuma instância local ou nacional do movimento. Além disso, o consumo de álcool era notoriamente presente, a despeito da deliberação.

Não há condições, no âmbito deste trabalho, de se avaliar se esta situação também se identifica em outros assentamentos do MST. Também não há um centro de documentações exclusivo do movimento, que flerta muito menos com a legalidade do que o Partido dos Trabalhadores. No entanto, é possível fazer uma aproximação do que pensa o MST sobre drogas a partir de suas publicações, o *Jornal Sem Terra* e a *Revista Sem Terra*, que se não são documentos necessariamente elaborados pela direção do movimento tampouco deixam de estar submetidos a controle desta.

Nascido como boletim em maio de 1981 no acampamento Encruzilhada Natalino, no Rio Grande do Sul, o *Jornal Sem Terra* foi declarado órgão oficial do movimento no Encontro Nacional realizado em 1984 – sua periodicidade é mensal. Assim como no caso da *Revista Sem Terra*, publicada bimestralmente desde 1997, todas suas edições publicadas até 2008 estão digitalizadas e disponíveis para consulta no acervo do Cedem-Unesp.

Apesar da longa história da publicação, a primeira menção a drogas nas páginas do *Jornal Sem Terra* se dá apenas em sua 88ª edição, de outubro de 1989, na qual há uma matéria de título "Colômbia: narcoburguesia e governo contra o povo". Sem assinatura, o texto diz que "o narcotráfico concentra a atenção mas não é o elemento determinante da atual situação" da Colômbia. "Durante décadas, os diversos governos da burguesia implantaram o estado de sítio, a suspensão dos direitos dos cidadãos para tentar asfixiar a mobilização popular", prossegue a nota, que acusa a "narcoburguesia" daquele país de dispor de um exército privado de mercenários com "armamento sofisticado". Essa seria a única citação sobre o tema deste trabalho no jornal do MST durante toda a década de 1990.

O tema voltaria a ser mencionado de passagem na edição 93, de abril e maio de 1990, e um tipo de referência ao narcotráfico que seria comum a partir de então: a demanda por "recolhimento imediato (com base nos processos da Justiça e dos inquéritos da Polícia Federal) de todas as áreas envolvidas com cultivo de drogas, tráfico de entorpecentes, e destiná-las a trabalhadores sem terra", com base no artigo nº 243 da Constituição Federal. Assim, nota-se que, ao menos neste período, as demandas de reforma agrária vinham antes do que uma análise sobre as políticas de drogas brasileiras, com o movimento aceitando tacitamente a proibição de algumas substâncias, querendo apenas que com as desapropriações de terras decorrentes dessa estratégia elas fossem repassadas aos trabalhadores sem terra. A questão volta à pauta nas edições 94, de junho de 1990, na 103, de maio de 1991, que fala em "expropriação sem indenização dos imóveis rurais que cultivam plantas psicotrópicas, possuem instalações para o trânsito, transporte, preparo ou comercialização de drogas".

Em dezembro de 1990, a edição número 99 do jornal trazia em sua página 15 texto intitulado "A revolução sandinista continua viva". O artigo critica "as promessas de ajuda" do governo dos Estados Unidos e busca descrever uma situação econômica e social considerada ruim. Entre os pontos utilizados como exemplo para isso, entra o crescimento do consumo de drogas:

> O país vive uma inflação muito alta, com o aumento do desemprego que já atinge 40% dos trabalhadores. Têm aumentado muito as doenças e a mortalidade infantil, pela falta de medicamentos e atendimento médico. Observa-se um crescimento da violência, consumo de drogas, roubos, e da marginalização nas cidades.

Duas edições depois, em setembro de 1991, o jornal aborda pela primeira vez a questão como eixo principal de um artigo – e de forma crítica não à guerra às drogas necessariamente, mas à utilização desta como pretexto da política externa estadunidense, vista como imperialista. Sob o chapéu "Anti-imperialismo" e intitulado "Império e coca", o texto de oito curtos parágrafos é assinado por uma sigla que não é explicada em nenhuma outra parte do jornal: "N. R.". Ocupando os outros dois terços da página, há um artigo não assinado sobre novas diretrizes da Comissão Pastoral da Terra. "Nos anos 1960, o governo norte-americano usava 'o perigo comunista' para sua política intervencionista", inicia o artigo, apontando que países latino-americanos teriam sido invadidos e ditaduras financiadas por

Washington. "A partir dos anos 1980, com os movimentos populares conquistando mudanças democráticas, os EUA precisam de novo pretexto para continuar intervindo. Algo como o combate às drogas."

O texto parte do ponto de vista proibicionista, uma vez que diz ser "necessário acabar com o tráfico que corrói qualquer estrutura social".

> Porém, por trás dessa política ianqui está o combate ao movimento popular e sindical. Os acordos firmados na Bolívia, Peru, a instalação de bases militares provam a ingerência norte-americana nos países andinos. Tais acordos deixam a possibilidade de intervenção direta; prevê fumegação aérea com herbicidas proibidos; similares às empregadas no Vietnã e no Iraque.

Referindo-se à Colômbia, o jornal aponta que "a burguesia permitiu o desenvolvimento do narcotráfico", o que controlaria "problemas de inflação e falta de divisas". "Neste sentido a política norte-americana é desenhada não para deter o consumo, e sim para evitar a saída de dólares. Por isso não se ataca às quinze máfias existentes dentro dos EUA", prossegue o artigo, que defende que "o narcotráfico deve ser visto como um problema político-social". Sem mencionar nada a respeito do consumo, o texto ressalta que "o cultivo nos países andinos tem raízes econômicas e culturais. São gerações que se sustentam com seu cultivo" e que "a política norte-americana de combate ao tráfico é tão prejudicial aos povos quanto a máfia do narcotráfico".

A mesma página 15, desta vez na edição 118, de agosto de 1992, novamente é dedicada ao tema, ocupando espaço idêntico de uma coluna no canto direito da página. Com chapéu "Fora Collor", há um texto não assinado de título "Narco-poder" no qual o jornal inicia abordando um suposto hábito de consumir cocaína por parte do então presidente Fernando Collor de Melo: "Já antes da campanha presidencial, circulavam notícias de que o Fernando era chegado ao pózinho branco. Agora, seu irmão caçula, Pedro, confirmou a veracidade dessas denúncias".

"Do consumo próprio, as denúncias desaguaram para a possibilidade de existir uma ligação envolvendo o esquema PC/Collor com o narcotráfico internacional", prossegue o jornal, que cita alguns casos de funcionários ou pessoas próximas ao tesoureiro do ex-presidente denunciados por conexão com o comércio de substâncias ilícitas como indícios do envolvimento do comandante da República com tais esquemas. "Todos estes fatos são simples coincidência?", questiona o texto em sua última frase.

Na edição 123, de fevereiro e março de 1993, fica evidente a ausência de debates ou conhecimento sobre drogas por parte da redação do jornal. A matéria "Movimento Sem Terra é recebido pelo presidente da República" relata encontro do MST com Itamar Franco, e lá pelas tantas confunde coca com cocaína, acreditando ser esta última uma planta e não o resultado do refino da coca:

> Por outro lado e infelizmente, [Itamar Franco] vetou o confisco de terras onde fosse constatado trabalho escravo, alegando sua inconstitucionalidade, já que pelo artigo 243 da Constituição, só é possível o confisco de terras que estejam sendo utilizadas para cultivo de plantas psicotrópicas como a maconha e a cocaína.

Em setembro de 1993, em sua edição número 129, um texto assinado pela Direção Nacional do MST lista o comércio de drogas ilícitas não como produto da proibição das mesmas, mas como um dos resultados da "promiscuidade" entre criminosos e autoridades e do "descaso com que o Estado trata a população mais pobre":

> É preocupante o quadro de fome, analfabetismo, ignorância e doenças generalizadas que assolam nosso país. Massacres de índios, presidiários, camponeses, meninos de rua, moradores de favela passaram a ocorrer com frequência e total impunidade. Governantes envolvidos em maracutaias e apropriação de bens públicos para fins sociais, empresários que promovem a corrupção para receber benefício do estado, autoridades policiais e judiciários coniventes e co participantes de ações criminosas. O crime organizado, que comanda o tráfico de drogas, os grupos de extermínio, o mercado de armas e a prostituição. Tudo isto acontece devido à promiscuidade mantida com as autoridades e por causa do descaso com que o Estado trata a população pobre.

Em julho de 1995, o *Jornal Sem Terra* traz uma entrevista com Evo Morales, intitulada com aspas do então líder cocaleiro: "Eles têm medo do movimento camponês". Ocupando um pequeno espaço da página há um boxe de título "Folha de coca: prisioneira da ONU", no qual é apresentada a luta dos camponeses bolivianos pela retirada da folha de coca da Lista 1 de substâncias consideradas proibidas para qualquer utilização pela Organização das Nações Unidas. Segundo o texto, um dos argumentos dos cocaleiros seria que a utilização da folha de coca como matéria-prima para a "produção de drogas" teria origens na "sociedade ocidental e sua revolução industrial". Sem questionar a proibição da cocaína, apenas a da coca, o texto conclui:

> O abuso da utilização da folha de coca como droga pelas populações dos países industrializados e, sua consequente introdução na lista 1 da Convenção de Estupefacientes da ONU, há 34 anos, trouxe aos camponeses mais miséria, militarização de suas zonas, destruição de suas organizações sociais, violações dos direitos dos povos indígenas, negação dos direitos humanos e finalmente, restrição da soberania destes países e de seus povos.

Em dezembro de 1995, novamente o consumo de drogas é abordado numa chave negativa pelo jornal, desta vez em matéria intitulada "Congresso Continental discute a situação dos Povos Negros das Américas". No subitem "EUA: maior racismo e repressão", o texto vê o consumo de drogas como um dos responsáveis pela destruição da rebeldia negra no país:

> Nos Estados Unidos, por ser um dos países mais ricos do mundo, é ainda mais nítido o teor classista da luta dos negros, e por esta razão eles já conquistaram muitos direitos. Protagonistas de movimento libertários de contracultura norte-americana da década de 1960, hoje a rebeldia negra está sendo destruída pelas drogas e pelas prisões norte-americanas.

Na mesma edição, há outra menção ao tema, desta vez na entrevista de Maria Rodrigues, da direção estadual paulista do movimento. Mãe de quatro filhos, a dirigente teria vivido no campo até os dezesseis anos, passando então a morar em Campinas, e a primeira pergunta da entrevista questiona sobre como teria sido essa "volta ao campo", ao que Rodrigues responde:

> No início, a partir do acampamento, muito sofrimento: a lona preta, muito calor, sem água, muita diarreia na molecadinha. Mas por outro lado, a gente estava na expectativa de conquista da terra, de um novo jeito de educar as crianças. Eu mais perto deles, sem preocupação com drogas.

Um ano depois o tema voltaria a ser assunto no jornal, novamente por conta de uma entrevista, desta vez do historiador marxista Jacob Gorender, publicada em duas páginas na edição de dezembro de 1996. Questionado sobre o porquê do que ele mesmo classificou como "crise de utopia", Gorender respondeu que o capitalismo conseguiu difundir e massificar "a ideologia do individualismo extremado", que coloca como principal objetivo dos indivíduos o consumo. "Não que não deva haver perspectivas individuais", opina, "mas hoje os indivíduos são educados para levar vantagem em tudo. A celebrada 'Lei Gerson'. E isso está impregnando nossa juventude. Estimulando apenas o consumismo, colocando-o como principal ideal. Por isso também proliferam as drogas", conclui.

Já na edição número 167 do jornal, de março de 1997, novamente é levado a cabo o estratagema de diagnosticar os males do capitalismo daquele momento utilizando as drogas como exemplo. O editorial "A reação à política de FHC" elenca "a crescente pobreza da população brasileira", "o número de brasileiros que são impedidos de ter acesso à escola, saúde e moradia", "o contingente de trabalhadores desempregados ou que vivem de sub-empregos" e a "população que é obrigada a viver em favelas ou morar de baixo de pontes e viadutos" como exemplos do "verdadeiro caráter desse governo", e, a seguir, aponta que "a prostituição, as drogas e o crime organizado estão envolvendo um número cada vez maior da nossa juventude".

O enfoque é parecido com o utilizado na edição 172, de setembro de 1997, quando uma reportagem sobre a participação do MST no Festival Mundial da Juventude, realizado em Cuba, coloca as drogas juntamente com o desemprego, com a "marginalidade social e política" e com as "precárias condições de vida e analfabetismo" como "urgentes problemas sociais". Na mesma edição, há uma matéria sobre o movimento urbano de moradia em São Paulo, de título "Luta pela sobrevivência nas grandes cidades", na qual cita-se uma ocupação realizada na Rua do Carmo onde estariam "entre as regras básicas, o cumprimento de acordos que proíbem o uso de álcool, drogas e armas são lei fundamental cujo desrespeito implica em expulsão".

Em 1998 há duas menções ao assunto nas páginas do *Jornal Sem Terra*. A primeira delas é da edição 181, de agosto daquele ano, e acontece durante entrevista com o historiador argentino e trotskista Oswaldo Coggiola, que aponta os "dois rumos para o comércio mundial" como sendo os tráficos de arma e de drogas, concluindo que "se um tráfico ilegal como o de drogas se constitui numa mola mestra do giramento do capitalismo, evidencia um sistema completamente decomposto". Já no número 184, de novembro, o texto "O falso paraíso democrático dos EUA" afirma que "mesmo sendo a primeira economia do mundo, o país apresenta disparidades de riqueza graves, consumo de drogas, criminalidade em alta e exclusão social".

Em maio de 1999, o linguista estadunidense cita a guerra às drogas em entrevista publicada pelo jornal, quando aponta que nos anos 1990, à medida em que se intensificava a violência, "a Colômbia tornou-se o maior receptor de armas e treinamentos norte-americanos no hemisfério ocidental – e essa assistência está aumentando justificada pelo pretexto da guerra às drogas". Nesse caso, conclui Chomsky, a reação número um dos Estados Unidos seria "promover a escalada das atrocidades".

A Colômbia é novamente tematizada em artigo bastante revelador, de agosto do mesmo ano, no qual o *Jornal do MST* condiciona a existência do tráfico de drogas ao capitalismo e diz que o seu fim pressuporia uma melhor repressão, incluindo atacar o "grande mercado consumidor". Em artigo intitulado "Cresce intervenção dos EUA na Colômbia", o jornal defende que a "tentativa de identificação da guerrilha com tráfico de drogas busca justificar a guerra contra os movimentos populares que ameaçam os interesses das elites regionais atreladas aos interesses do capital norte-americano" e diz que "é o grande capital que detém o controle das maiores plantações na Colômbia, laboratórios de transformação e da compra da pequena produção".

> São instituições financeiras e empresas "globalizadas" que fazem a "lavagem" do dinheiro da droga, na maior parte das vezes no próprio território dos Estados Unidos e com a participação de intermediários importantes, bons nomes da comunidade. Dinheiro que é empregado na sedução de um conjunto sempre maior de pessoas, que inclui de presidentes e militares até outros membros dos governos instituídos. Alguns deles processados criminalmente. É a chamada "zona difusa", onde operam entre a legalidade e ilegalidade.

A agenda dos EUA é assim: manipular a opinião pública nacional e internacional, com o apoio de grande parte dos órgãos de imprensa, distorcendo os fatos. Isso porque realmente não interessa a muitos norte-americanos acabar com um negócio que, pelas estimativas mais tímidas, gira em torno de U$ 60 bilhões anualmente.

O texto pressupõe que seja sim possível "acabar com o narcotráfico", mas afirma que para que isso fosse possível seria necessário mudar "os alvos da política de repressão", "ou seja, operar contra a corrupção do próprio sistema e na ponta do grande mercado consumidor". Por fim, conclui: "Enquanto o sistema capitalista existir, o tráfico de drogas nunca vai acabar".

A única referência a drogas feita pelo jornal no ano 2000 se deu em forma de versos, mas mantendo o expediente de identificar consumo de drogas como uma das muitas mazelas do capitalismo a ser combatido. Desta vez o autor da menção é Charles Trocate, que envia de Marabá (PA) o poema "A mais bela tarefa". "Nascer é um eterno momento e nos faz/ Transcender com sonhos e certezas/ A violência que embala a tirania/ De balas e arames farpados das drogas e consumismo/ Que rasgam a felicidade do campo e da cidade", escreve Trocate na edição 198, de março de 2000.

Em junho de 2001 mais uma vez o jornal abordaria a questão das drogas a partir de uma análise sobre a situação colombiana, publicando artigo de Carlos Rogê, apresentado como colaborador, de título "A Alca, o Plano Colômbia e os interesses populares". Nele, o autor afirma que "sob o disfarce da guerra ao tráfico de drogas os EUA pretendem garantir o controle das áreas de extração de petróleo na América do Sul", além da região amazônica.

A questão do tráfico de drogas voltaria a ser tematizada na edição número 236, de dezembro de 2003 e janeiro de 2004, na qual é publicada uma entrevista com o economista José Carlos de Assis, coordenador do "Movimento Desemprego Zero". Assis defende a conexão entre violência e desemprego, e exemplifica citando o tráfico de drogas, qualificado por ele como "fonte maior da violência no país". "O tráfico dá aos jovens desempregados de nossas periferias uma oportunidade de sobrevivência que não encontram no mercado de trabalho formal", declarou.

O jornal voltaria a tratar do assunto em 2006, primeiro entrevistando a socióloga antiproibicionista Vera Malaguti Batista na edição de maio:

> Historicamente, há uma maneira de olhar o povo brasileiro como uma ameaça, principalmente a juventude popular. Na minha pesquisa de mestrado, trabalhei drogas e juventude na capital carioca e descobri que, se um menino negro e morador da favela for pego com a mesma quantidade de droga que um menino branco, morador da zona sul, os discursos construídos pelo sistema serão completamente diferentes. Um será dependente, o outro traficante. Porque este outro representa o povo a quem sempre é lançado um olhar de desconfiança.

Na edição seguinte, de junho do mesmo ano, é a vez da economista Roberta Traspadini abordar o tema, também em entrevista, na qual ela afirma que o tráfico de drogas movimenta um trilhão de dólares anualmente, segundo a ONU, e que 260 bilhões deste montante seriam "arrecadados com a venda de cocaína em todo o mundo, cujo principal destino são os países desenvolvidos". Assim, Traspadini conclui que "isso nos ajuda a perceber a estratégia que o capitalismo usou, ao longo da história de seu desenvolvimento: de utilizar a exclusão como fonte central de sua sobrevivência".

Revista Sem Terra

Em relação à penetração do debate sobre drogas na *Revista Sem Terra*, podemos identificar uma menção ao tema já na primeira edição da publicação, de julho de 1997, na qual há um artigo de Emir Sader sobre Che Guevara intitulado "Cuba: quando o extraordinário se torna cotidiano". Nele, Sader, antes de questionar "como reagiriam as novas gerações a uma apelo de Che?", vê o consumo de drogas entre jovens no mesmo patamar do consumismo como fator de afastamento da luta política:

> O final do século vê as elites políticas se perpetuarem no poder, apesar da extensão das democracias no mundo. Alternativas revolucionárias são derrotadas ou absorvidas, tendências divergentes assimilam teses de seus adversários. As novas gerações não encontram propostas que respondam à sua disponibilidade e idealismo e se entregam às viagens das drogas e do consumo.

Na edição de abril, maio e junho de 1998 seria a vez de Alípio Freire abordar o assunto, em sua coluna "Aquarelas do Brasil", que ocupava uma página inteira da revista. Freire inicia seu texto "Sexo, drogas e fascismo" relatando um evento em 1968, no qual a ditadura militar invadiu uma residência estudantil na USP para depois apresentar à imprensa as "provas" da "subversão" ali presente, destacando uma série de preservativos e contraceptivos. "O objetivo era mexer com a ignorância, os fantasmas do moralismo e dos preconceitos das pessoas e, através disso, mobilizá-las irracionalmente", aponta o autor, que define este procedimento como um "método nitidamente fascista".

"Mas o mundo mudou, e hoje o sexo já não mais se presta a tais objetivos, pois poderá causar sérios prejuízos às grandes empresas que auferem grandes lucros transformando-o em mercadoria", prossegue Freire. Seria preciso outro tema para "jogar pesado": "Sábado, 22 de agosto de 1998. Em entrevista coletiva em Salvador (BA), Fernando Henrique Cardoso afirma que o MST está ligado ao plantio de maconha em Pernambuco" – o autor considera tal procedimento idêntico ao antes implementado pelos militares, e por ele relatado. Se não chega a ser antiproibicionista em seu texto Freire questiona o moralismo e a hipocrisia envolvidos em torno da questão:

> Na verdade, a questão da droga em nosso país vem sendo tratada pelo viés do preconceito, e não a partir de uma discussão em termos de valores e de saúde pública. Tornou-se, portanto, apenas e cada vez mais uma questão de polícia e segurança, com seu foco deslocado para os usuários e pequenos traficantes - o passador, como se diz. É esse desfoque que mobiliza as legítimas emoções já abaladas das famílias de dependentes (sobretudo jovens), os temores daqueles que têm filhos ainda que não usuários, contamina toda a sociedade e esconde dois pontos cruciais. Primeiro, sabe-se que significativas parcelas das elites intelectuais e políticas – para não falarmos apenas da elite econômica – usa ou já usou drogas (assumidamente ou não). Segundo, que o tráfico (falamos do grande tráfico) tem um forte e poder e – segundo se comenta e não se investiga – teria fortes lobbies atuando sobre poderes do Estado, representações e ramificações no interior do aparelho estatal (em todos os níveis), na mídia, junto ao capital financeiro e algumas igrejas.

"FHC sabe de tudo isto", continua Freire: "E sabe também que, sempre que uma questão social do tipo da droga é tratada pelo ângulo hipócrita do falso moralismo, apenas da proibição e da alçada da polícia, só tende a gerar máfias e outros sinistros poderes paralelos".

Entrevistada pelo *Jornal Sem Terra*, Vera Malaguti Batista voltaria a ser responsável por tratar da questão das drogas na revista, desta vez em artigo, de nome "Memória e medo: autoritarismo e controle social no Brasil", publicado na edição do primeiro trimestre de 2000. "O que gostaria de trazer para o debate sobre memória e desaparecimento são as conexões históricas do momento político das ditaduras militares da década de 1970 na América Latina, suas rupturas e suas permanências", apresenta Batista, que vê naquele momento a existência de um "projeto de aniquilamento cultural e físico em andamento".

> Analisando o processo de criminalização da juventude por drogas no Rio de Janeiro, pude constatar como na transição da ditadura para a de-

mocracia (1978-88), com o auxílio luxuoso da mídia, permitiu-se que se mantivesse intacta a estrutura de controle social, com mais e mais investimentos na "luta contra o crime". E, o que é pior, com as campanhas maciças de pânico social, permitiu-se avanço sem precedente na internalização do autoritarismo. Podemos afirmar sem medo de errar que a ideologia do extermínio é hoje muito mais massiva e introjetada do que nos anos imediatamente posteriores ao fim da ditadura.

A autora segue citando Nilo Batista, que afirma não haver "nada mais parecido com a inquisição medieval do que a atual 'guerra santa' contra as drogas", "com a figura do traficante-herege que pretende apossar-se da alma de nossas crianças". Segundo Malaguti Batista, que teve seu livro *Difíceis ganhos fáceis*, sobre juventude e tráfico de drogas no Rio de Janeiro, resenhado pela revista na edição 8, o discurso "do direito penal da intervenção moral" conduz "a políticas criminais de conteúdo exterminador".

Na edição de novembro e dezembro de 2001, a *Revista Sem Terra* abordaria a questão das drogas a partir do cinema, quando a jornalista Elizabeth Lorenzotti comenta o filme *Bicho de Sete Cabeças*, que relata o calvário passado por usuário de maconha internado por seus intolerantes pais. A autora qualifica o filme, dirigido por Laís Bodanzky, como "uma denúncia das barbaridades do sistema manicomial brasileiro e da hipocrisia da sociedade diante das drogas" e lembra que durante a pesquisa feita para o filme a diretora "descobriu que, passados quase trinta anos, a situação é a mesma. Muitas famílias internam seus filhos por uso de drogas".

"O sistema continua, como sempre fez em séculos, utilizando manicômios para punir pequenos desvios de conduta, para enquadrar pessoas rebeldes, ou que de qualquer forma fogem aos preceitos estabelecidos pelos códigos de valores da sociedade", prossegue Lorenzotti no texto que apresenta uma entrevista realizada por ela com Austregésilo Carrano, autor do livro que inspirou a ficção.

Na edição 17, do último trimestre de 2002, a revista volta a tocar no assunto em suas páginas dedicadas à cultura, desta vez em artigo do rapper Preto Zezé sobre o movimento hip hop. Analisando a situação do movimento no país naquele momento, Zezé vê existir no rap uma vertente que "faz apologia às drogas":

> Já em consequência da intervenção do mercado, começamos a sentir os primeiros sintomas, começa a prevalecer a música pela música, o rap sexista que vende milhões às custas da mercantilização da mulher,

cada vez mais cresce o rap que faz a apologia das drogas, enfim o rap sem compromisso social.

Em 2007, outro filme suscitaria comentários sobre a temática das drogas na revista: *Tropa de elite*, dirigido por José Padilha. Intitulado "De elite, mas nem tanto", artigo de Wladyr Nader sobre o filme cita o livro *Acionista do nada: quem são os traficantes de drogas*, escrito pelo delegado civil antiproibicionista Orlando Zaccone, livro que teria sido definido pelo jornal *O Estado de São Paulo* como uma espécie de "anti Tropa de Elite".

Zaccone garantiu em entrevista que seu objetivo era e é "desmistificar a questão da violência urbana, da política de segurança ao perfil de traficantes, passando pela crítica à imprensa e à cultura do medo". Para ele, os acusados por tráfico no Estado não são violentos nem pertencem a facções, mas "homens e mulheres pobres, com baixa escolaridade, detidos sem armas, "mulas", que levam drogas de uma favela a outra. Participam da estrutura empresarial do tráfico como "acionistas do nada", completou.

Aliás, se Tropa de Elite não demonstra a menor simpatia pelos que se envolvem com tal espécie de atividade criminosa, também não se aprofunda nos dramas humanos que dela advêm, como, por exemplo, os das crianças e adolescentes que de repente assumem funções na rede do tráfico, recolhendo e passando drogas, fundamentalmente da maconha à cocaína. Não seria o caso mesmo, já que louva indireta, quando não diretamente, a ação da polícia.

Capítulo 5
Anos 2000 – tempo de mudança?

> "Não deixe que a cultura abafe a realidade
> Maconha não mata e isso é verdade
> Cê pensa que todo maconheiro não presta
> Que esses safados têm que tomar tiro na testa?
> Mas pense bem, pense bem o que fazer
> Porque esse ódio e preconceito
> Podem estar apontados pra você"
> "Dig dig dig" – Planet Hemp

Se, como visto anteriormente, entre o início dos anos 1960 e a chegada dos anos 2000 predominou uma visão pouco aberta ao debate sobre políticas e consumo de drogas entre a esquerda brasileira, o cenário começa a dar alguns sinais de mudança com a chegada do novo século. Mais do que fruto de debate interno nas organizações políticas aqui analisadas, uma maior abertura de grupos de esquerda a formulações menos próximas do proibicionismo aparenta ser reflexo de transformações ocorridas nacional e internacionalmente a respeito dessa temática, com destaque para a entrada em cena de novos atores no campo do antiproibicionismo e para o fortalecimento desse setor do movimento social, sobretudo com a crescente projeção nacional da Marcha da Maconha. Um índice dessa mudança é o pleito presidencial de 2010, no qual campanhas de PSOL, PCB e PSTU, em diferentes níveis, buscaram distanciar-se do discurso proibicionista tradicional, como se verá adiante. No entanto, nem todos os agrupamentos se abriram a este assunto, como também se verá neste capítulo, que visa apresentar um panorama mais recente acerca do objeto deste trabalho.

No momento de redação do trabalho, concluído no início de 2013, o cenário do debate sobre política de drogas, tanto no âmbito nacional quanto internacional, é consideravelmente diferente do existente no início da guerra às drogas, o que inevitavelmente acaba influenciando as organizações de esquerda e seus componentes, sobretudo os mais jovens. Se o proibicionismo ainda é o ordenamento padrão das políticas de drogas ao redor do planeta, não é mais possível afirmar que ele seja um consenso: muito pelo contrário, cada vez mais países, organizações, redes e personalidades têm declarado desacordo com alternativas meramente repressivas.

"Felizmente, em praticamente todos os países de nível razoável de desenvolvimento, a sociedade civil está arrancando das mãos dos políticos as rédeas dos sistemas para lidar com drogas", declarou o jornalista Denis Russo Burgierman em artigo publicado no jornal *Folha de São Paulo* em 14 de dezembro de 2012. Isso ficou claro, por exemplo, no final de 2012, momento emblemático da corrosão do proibicionismo no interior de seu maior propulsor histórico, os Estados Unidos, que viram dois de seus estados – Washington e Colorado – legalizarem produção, consumo e distribuição de maconha através de plebiscitos realizados juntamente com a eleição que reelegeu o democrata Barack Obama presidente no início de novembro. Além disso, nessa mesma eleição o estado de Massachusets tornou-se o 18º no país a aprovar o comércio legal de maconha para fins medicinais.

Em 24 de outubro de 2012 o jornal *Huffington Post* já havia publicado pesquisa[1] em que quando questionados se gostariam que a maconha fosse tratada legalmente como álcool, 51% dos estadunidenses entrevistados disseram defender a legalização com taxas, além de 8% que defendem a legalização sem taxação. No total, portanto, 59% dos moradores do país que inaugurou o proibicionismo se dizem a favor de regulamentação da maconha. Apenas 26% foram contra, e 15% não têm certeza. Quando o assunto é maconha medicinal, a vitória é ainda mais flagrante: 64% são a favor e 24% contra, sendo que entre as pessoas que têm entre 45 e 64 anos 74% são a favor.

---

1 Resultados disponíveis em http://www.huffingtonpost.com/2012/10/24/marijuana-legalization-huffpost- poll_n_2011769.html

Outros países também têm contestado, em alguma medida, o proibicionismo ao buscarem formas mais brandas de se lidar jurídica e politicamente com as drogas. O caso mais emblemático e famoso é o holandês, país precursor na alternativa da despenalização do consumo de substâncias ilícitas: as drogas permanecem proibidas, com o país não contrariando portanto os tratados internacionais, mas sua posse para consumo pessoal não é punida. Alemanha, Áustria, Bélgica, Dinamarca, Reino Unido, Suíça e Irlanda seguiram o mesmo caminho posteriormente. Já Itália, República Tcheca, Espanha e Portugal foram mais longe, e descriminalizaram a posse para consumo pessoal, mesmo caminho seguido na América Latina por Uruguai – um dos poucos países que jamais criminalizou a posse de drogas ilícitas para consumo pessoal –, Argentina, Chile, Colômbia e Peru.

Os casos de Espanha e Portugal são bastante utilizados como exemplos pelos defensores de mudanças nas leis proibicionistas. Como demonstra Burgierman (2011, p. 196), nos dez anos em que a descriminalização foi implementada em Portugal, a partir de 2001, o consumo entre menores de idade caiu, o número de contaminações de AIDS e hepatite C despencou, o de usuários problemáticos diminuiu, o de dependentes em tratamento aumentou, os sistemas judiciário e prisional ficaram menos lotados e "a sociedade está economizando uma fortuna". As estratégias de prevenção mudaram, com as grandes campanhas sendo substituídas por outras com alvos mais específicos, e a redução de danos passou a ser encarada como princípio norteador básico da política de drogas.

Já na Espanha, com base no direito à privacidade e no direito à compaixão, "fundado no catolicismo que permeia a cultura espanhola" e que leva juízes a não punirem alguém que ajude outra pessoa (BURGIERMAN, 2011, p. 172), os "cannabis social clubs" também aparecem como alternativa ao proibicionismo. Essa interpretação de não punir quem ajuda a outra leva a decisões que não consideram traficante a mãe que leva drogas para o filho preso ou não consideram crime aqueles que, sem visar o lucro, se reúnem com seus amigos para plantar maconha em conjunto. Nascem daí tais clubes, que plantam cannabis coletivamente, para uso privado e com venda proibida, e não buscam difundir o uso. Segundo Burgierman, em 2011 a Federação de Associações Canábicas tinha 29 clubes associados, com mais onze em processo de filiação.

Chama atenção também a criação das comissões Drogas e Democracia, existentes nas versões "Global", "Latino-americana" e "Brasileira", impulsionadas por Fernando Henrique Cardoso e defensores de mudanças brandas no proibicionismo. A Comissão Latino-americana Drogas e Democracia conta, por exemplo, com a presença de outros dois ex-presidentes, o colombiano Cesar Gaviria e o mexicano Ernesto Zedillo, nenhum deles exemplar no respeito aos direitos humanos durante os mandatos exercidos em seus países. A Comissão Global conta ainda com o escritor peruano Mario Vargas Llosa, Aleksander Kwasniewski, ex-presidente da Polônia, George Papandreou, ex-primeiro ministro da Grécia e George Shultz, que já foi secretário de Estado dos Estados Unidos. O recente engajamento de Cardoso no debate público sobre o tema gerou repercussão considerável na imprensa brasileira, sobretudo após o lançamento do documentário *Quebrando o tabu*, dirigido pelo carioca Fernando Gronstein, irmão do apresentador de TV Luciano Huck (produtor do filme) e estrelado pelo líder tucano.

Dois importantes grupos brasileiros de mídia também defendem, formalmente e de forma pública, mudanças nas políticas de drogas: a Rede Globo e o Grupo Folha, dono do jornal *Folha de São Paulo* e do portal de internet *UOL*. Mesmo que seu conteúdo siga reproduzindo terminologias e abordagens proibicionistas e sensacionalistas ao tratar da temática das drogas, a direção da Folha é explicitamente contrária à proibição das drogas, como demonstram, por exemplo, os editoriais de 12 de novembro de 2011, que afirma que a legislação brasileira a respeito das drogas "deveria avançar no sentido de uma gradual liberalização", e de 19 de junho do mesmo ano, que é intitulado "Legalizar as drogas" e defende que o "país deve acelerar debate na direção de rever proibição da maconha e outras substâncias banidas". A seção "Tendências e Debates" também publica frequentemente artigos de colaboradores abordando a temática, sob diferentes perspectivas.

Já a Rede Globo tem engajado diversos de seus órgãos e profissionais nesse debate. Em maio de 2011, logo após a Marcha da Maconha de São Paulo ter sido duramente reprimida pela Polícia Militar paulista, o programa dominical *Fantástico* exibiu reportagem de cerca de dez minutos, tempo bastante considerável para televisão, apontando o fracasso da guerra às drogas. O jornalista Xico Sá até comentou, em texto publicado em seu blog em 30 de maio: "E não é que a Marcha da Maconha, canetada pela turma da toga preta e reprimida nas ruas pelos frios homens de cinza, foi realizada em pleno 'Fantástico' da rede Globo?!". O programa realizou enquete com votação pela internet, e 57% dos telespectadores se disseram favoráveis à descriminalização da maconha. "Se a reportagem conseguiu fazer ou não a cabeça da maioria, não importa. O bom é que o assunto já não é mais tão escandaloso assim como a tropa de choque da caretice imagina", declarou Sá. Em 10 de agosto de 2012 o jornal *O Globo* publicou editorial de título "A força não resolveu", que aponta:

> O combate às drogas no Brasil, desde sempre feito com base em princípios policial-militares, dos quais os Estados Unidos são a grande ponta de lança, afundou em inegável fracasso. Como lá. Mantidos na ilegalidade, o consumo e a venda de entorpecentes produziram números trágicos, e não se logrou conter o avanço do flagelo. Em oposição à política preconizada pelos americanos, países que contrapuseram soluções alternativas, mais flexíveis, para controlar o crescente número de dependentes contabilizam importantes vitórias nesse campo.

E não é apenas o departamento de jornalismo da empresa que trata da temática. Em junho de 2011 a novela *Insensato Coração*, exibida pela TV Globo, teve um de seus protagonistas encarcerado. Ao chegar à cadeia, durante um almoço em um refeitório que se assemelhava muito mais a um seriado estadunidense do que à realidade terrível das prisões brasileiras, tal personagem encontrou um outro, que reclamava do absurdo de ser preso por "plantar uma erva medicinal em casa para consumo próprio". O seriado de humor *A grande família* também abordou a temática por duas vezes: em uma, o personagem Lineu, pai de família vivido por Marco Nanini, participou por acaso de uma Marcha da Maconha, e em outra seu filho, Tuco, prepara biscoitos de cannabis que acabam sendo comidos por outros membros da família. Em ambos os casos, a abordagem foi leve, tocando no consumo de drogas por um viés pouco alarmista, bem humorado.

Em 2012 a emissora deu um passo além, e engajou-se em campanha realizada pela ONG Viva Rio. Com o nome de "É preciso mudar", a campanha articulou-se com diversos atores, como o deputado Paulo Teixeira, a Fundação Oswaldo Cruz e até o Ministério da Saúde, e propunha um Projeto de Lei que alteraria alguns aspectos da lei de drogas, como a elaboração de uma distinção clara entre usuário e traficante e a descriminalização da posse para consumo pessoal. Atrizes como Luana Piovani e Isabel Filardis participaram gravando inserções de televisão, exibidas pela TV Globo, na qual interpretavam casos reais de injustiças cometidas a usuários de drogas.

Floresce a Marcha da Maconha

Howard Becker se tornou conhecido, e influenciou inúmeras pesquisas ao redor do mundo, ao estudar o que classificou como condutas desviantes e suas carreiras, as formas como essas se desenvolvem e se mantém apesar das pressões da moral hegemônica. Em *Outsiders* (BECKER, 2008, p. 36) o autor salienta que o primeiro passo na maioria das carreiras desviantes é o cometimento "de um ato não apropriado, um ato que infringe um conjunto particular de regras", e defende que não há razão para supor que somente aqueles que cometem um ato desviante têm o impulso de fazê-lo: "em vez de perguntar por que desviantes querem fazer coisas reprovadas, seria melhor que perguntássemos por que as pessoas convencionais não se deixam levar pelos impulsos desviantes que têm".

Para Becker, o "desenvolvimento normal" das pessoas em nossa sociedade pode ser visto como "uma série de compromissos progressivamente crescentes com normas e instituições convencionais". A pessoa "normal" é capaz de controlar os impulsos desviantes que descobre em si por pensar nas consequências que este ato lhe traria: "Já apostou demais em continuar a ser normal para se permitir ser dominada por impulsos não convencionais". Isso sugere, a seu ver, que ao se examinarem casos de "não conformidade intencional" deve-se perguntar como a pessoa consegue evitar o impacto de compromissos convencionais.

Ele ressalta que um indivíduo, ao receber o status de desviante o faz como "resultado da violação de uma regra, e a identificação prova-se mais importante que a maior parte das outras". Doravante, será identificado "primeiro como desviante, antes que outras identificações sejam feitas", o que não deixa de ter consequências: para Becker (2008, p. 44), tratar uma pessoa como se ela fosse desviante em geral, e não em particular, "produz uma profecia autorrealizadora. Ela põe em movimento vários mecanismos que conspiram para moldar a pessoa segundo a imagem que os outros têm dela".

> Quando apanhado, o desviante é tratado de acordo com o diagnóstico popular que descreve sua maneira de ser, e esse tratamento pode, ele mesmo, de maneira semelhante, produzir um desvio crescente. O viciado, popularmente visto como um indivíduo sem força de vontade, que não consegue se privar dos prazeres indecentes que lhe são fornecidos pelas drogas opiáceas, é tratado de forma repressiva. Proíbem-no de usar drogas. Como não consegue obter drogas legalmen-

te, tem de obtê-las ilegalmente. Isso impele o mercado para a clandestinidade e empurra o preço das drogas para cima, muito além do legítimo preço de mercado corrente, para um nível que poucos têm condições de pagar com um salário comum. Portanto, o tratamento do desvio do drogado situa-o numa posição em que será provavelmente necessário recorrer a fraude e crime para sustentar seu hábito. O comportamento é uma consequência da reação pública ao desvio, não um efeito das qualidades inerentes ao ato desviante.

O tratamento dado aos desviantes lhes nega os meios comuns de levar adiante rotinas acessíveis à maioria das pessoas, lhes levando também a buscarem meios de se imunizarem em relação às pressões sociais. "Um passo final na carreira de um desviante é o ingresso num grupo desviante organizado", prossegue Becker (2008, p. 47), em reflexão evidentemente em diálogo com o processo a ser analisado aqui:

> Quando uma pessoa faz um movimento definido para entrar num grupo organizado – ou quando percebe e aceita o fato de que já o fez –, isso tem forte impacto sobre sua concepção de si mesma. (...) Membros de grupos desviantes organizados têm, claro, algo em comum: o desvio. Ele lhes dá um sentimento de destino comum, de estar no mesmo barco.

A partir desse sentimento de destino comum, continua Becker, de enfrentamento dos mesmos problemas, desenvolve-se uma "cultura desviante": um conjunto de perspectivas e entendimentos sobre como é o mundo e como lidar com ele, além de um conjunto de atividades baseadas nessas perspectivas. "O pertencimento a um grupo desse tipo solidifica a identidade desviante", avalia, apontando também que os grupos desviantes tendem a "racionalizar sua posição", desenvolvendo uma "justificativa histórica, legal e psicológica muito complicada para a atividade desviante" – o que ele chama de "fundamentação autojustificadora". A descrição encaixa-se perfeitamente ao movimento antiproibicionista e, sobretudo, à Marcha da Maconha, cujas primeiras expressões se deram no início dos anos 2000.

Se, como demonstramos anteriormente, os anos 1980 representaram o nascimento do movimento antiproibicionista brasileiro, a década de 1990 não seguiu a mesma toada, o que leva Leno (2011) a qualificá-la como representando "um vácuo no debate pela legalização". Já Vidal (2008) aponta que "na década de 1990, as discussões sobre legalização se restringem a manifestações artísticas isoladas como as do grupo musical Planet Hemp, que ficaram uma semana presos por cantarem músicas pró-legalização".

A situação mudaria apenas com o início do século XXI, e a consolidação da internet no Brasil é um dos elementos importantes neste cenário, como lembra Vidal: "No início da década de 2000, os espaços de discussão que surgiram na internet possibilitaram que os usuários tivessem acesso às informações e discussões sobre o tema que estava ocorrendo em outras partes do mundo". Leno vê no ano de 2002 o marco desse novo período, com a criação do fórum de internet Growroom e a realização no Rio de Janeiro da primeira edição de uma marcha aos moldes da Marcha da Maconha.

Primeira publicação brasileira a tratar exclusivamente da chamada "cultura cannabica", a revista *SemSemente* publicou em seu primeira edição, de maio e junho de 2012, reportagem intitulada "Resistência Verde", na qual o autor, Bruno Raj, traça um panorama da história da Marcha da Maconha. A matéria aponta em 1999 o antecedente direto da mobilização brasileira, por ter sido o ano em que o ativista californiano Dana Beal e a ONG Cures Not War fundam a "Global Marijuana March", iniciativa que buscava tornar mundial a "Million Marijuana March", que acontecia desde 1994 nos Estados Unidos. Articulados no fórum Growroom, os ativistas brasileiros organizaram a Global Marijuana March no Rio de Janeiro totalmente pela internet e, segundo Leno, a iniciativa "não logrou o êxito esperado em sua primeira edição".

Mantendo o eixo Rio-São Paulo presente desde o nascimento do antiproibicionismo nos anos 1980, no ano seguinte foi realizada em São Paulo a "Passeata Verde", que, com poucos participantes, marchou da Avenida Paulista ao Ibirapuera em defesa da legalização da maconha. Em 2004 o mesmo evento reuniu, segundo a *SemSemente*, cerca de 500 pessoas na mesma Paulista, e dessa vez houve confrontos com a Polícia Militar. Com manchete de "Jovens são detidos em ato a favor da legalização da maconha", a *Folha Online* noticiou o evento da seguinte forma:

> Ao menos quinze jovens foram detidos neste sábado, na avenida Paulista, centro de São Paulo, em um ato a favor da legalização da maconha. Cerca de cem pessoas, segundo a PM, realizaram um ato no vão livre do Masp. Eles usavam faixas que pediam mudanças na legislação sobre a maconha. Houve tumulto e empurra-empurra entre os manifestantes e policiais. No entanto, ninguém ficou ferido.

Alguns jovens foram levados para a delegacia para averiguação. Segundo informações do 78º Distrito Policial, eles não portavam drogas e foram liberados à tarde.

Também em 2004, a ONG carioca Psicotropicus, fundada um ano antes, passou a organizar a marcha na cidade, reunindo 250 pessoas neste ano, segundo a *SemSemente*. No ano seguinte novamente houve marcha na capital do Rio, e em 2006 um grupo chamado Movimento Nacional pela Legalização das Drogas – que se formou durante o Fórum Social Mundial de 2005, em Porto Alegre – organizou uma pequena manifestação, no centro da capital fluminense, em prol do fim da proibição de todas as drogas.

Segundo um blog do movimento,[2] ainda no ar mesmo com a última atualização sendo de 2007, a "Marcha Rio pela Legalização das Drogas – Basta de Violência" ocorreu em 5 de maio de 2006. "A programação iniciou no IFCS (Instituto de Filosofia e Ciências Sociais da UFRJ) com a exibição dos filmes *Grass* sobre a história da proibição da maconha nos EUA e *Narcotráfico – entre a mentira e o espanto* sobre a problemática da produção de drogas na Colômbia", relata o blog, que aponta também que "após os filmes, partimos em marcha do Largo de São Francisco até a Cinelândia. Contamos com a participação de cerca de 100 pessoas".

O grupo protocolaria ainda, em março de 2007, uma "Carta ao povo e ao governador do Rio de Janeiro", na qual relatava que "o Movimento Nacional pela Legalização das Drogas (MNLD) é um movimento social brasileiro que luta pela substituição da fracassada política de proibição das drogas por uma nova abordagem que promova o controle das drogas através da regulamentação da sua produção, comercialização e uso".

> Recentemente fomos surpreendidos pelas declarações do governador Sérgio Cabral defendendo a legalização das drogas. Queremos manifestar nossa satisfação e admiração pela coragem do governador em defender esta opinião, tão correta quanto polêmica. Também queremos registrar nossa esperança de que o governador reveja propostas como a redução da maioridade penal e a autonomia penal para os estados. E, principalmente, que tenha a coragem de reverter imediatamente a política de enfrentamento muitas vezes genocida promovida pelas polícias

---

2   O endereço do blog é http://mnldrogasarquivos.blogspot.com.br/

cariocas contra as populações mais carentes, tristemente representada pela operação dos carros blindados conhecidos como Caveirões.

O blog disponibiliza ainda o manifesto de lançamento da organização, elaborado durante o Fórum Social Mundial de 2005, datado de 29 de janeiro e intitulado "Basta de guerra às drogas!". O primeiro parágrafo do texto afirma que "o debate sobre as drogas não é simples; envolve questões diversas, como saúde, segurança pública e valores morais. No Brasil, a questão é abordada pelo Estado de uma forma, no mínimo, questionável", e o caráter mais amplo do movimento em relação a iniciativas que acontecem no mesmo período fica claro logo em seguida, quando o tema abordado de uma perspectiva que não fica restrita à questão da maconha: "A proibição de drogas como cocaína e heroína faz com que não haja qualquer controle de qualidade, provocando overdose e/ou danos à saúde, em função das impurezas misturadas". "Além disso, muitas vezes os consumidores compartilham seringas, o que pode ajudar a disseminar doenças, inclusive a AIDS. A política proibicionista impede que políticas públicas de redução de danos sejam implementadas em larga escala", continua o documento.

Para o MNLD, "a política de guerra às drogas cumpre um papel ideológico na nossa sociedade, servindo de pretexto para o massacre sistemático dos pobres" e a repressão contínua "gera o medo permanente em quem é obrigado a conviver com o crime violento praticado pela polícia e pelo tráfico". "A perseguição aos comunistas, ao 'perigo vermelho', foi substituída pela repressão aos pobres em nome da ilegalidade do comércio das drogas", defende o texto, que define a ação da polícia como "tão ou mais ilegal que o tráfico de drogas. Entram nas favelas atirando e desrespeitando as leis e as pessoas indistintamente".

Além do encontro realizado no Fórum Social Mundial, em 2005 também ocorreram em Porto Alegre articulações no sentido de inserir o grupo de pessoas que discutia política de drogas na cidade com ações semelhantes realizadas fora do país. Com apoio do DCE da UFRGS, como consta no cartaz de divulgação de evento, esse grupo convocou para o dia 7 de maio daquele ano uma atividade divulgada como pertencente ao "Dia mundial pela legalização da maconha". "Se você também não concordar com a política proibicionista em relação aos usos terapêutico e recreativo da cannabis, sinta-se convidado a debater e a construir o movimento antiproibicionista em Porto Alegre", dizia o texto do cartaz, que ainda propunha como "eixos centrais de discussão" os temas "violência", "saúde" e "liberdades individuais" e ainda apontava como "objetivo": "organização de movimento social contra a política de drogas vigente em articulação com o movimento internacional" e "fundação de Núcleo de estudos sobre psicotrópicos". "É crime fazer apologia da maconha, e essa não é a nossa intenção. Nossa missão é de paz", finalizava.

O evento gerou um abaixo-assinado em protesto, escrito por alguns estudantes da universidade. Intitulado "A juventude não precisa de drogas! Precisa de empregos, educação de qualidade e reforma agrária", o documento apontava que, "em plena discussão do anteprojeto de Reforma Agrária proposto pelo MEC, que é contrário às bandeiras históricas dos estudantes", a direção do DCE da UFRGS promoveu um ato cujo eixo era a defesa da "liberalização do uso de drogas". "Ao contrário do que alguns pensam, particularmente alguns intelectuais ditos 'de esquerda' a droga não é sinônimo de liberdade muito menos um fator 'secundário' na economia capitalista moderna", prosseguia o documento, que apontava também que "a droga" teria sido "um poderoso instrumento usado particularmente pela CIA e seus agentes no seio do movimento estudantil para destruir fisicamente a juventude, detonar suas mobilizações e torná-la um instrumento de manipulação" nos anos 1960 e 1970.

Para os signatários, o DCE deveria "defender as reivindicações urgentes dos estudantes e do conjunto da juventude atacada pelo governo, exigindo que Lula rompa com a política do FMI, crie os empregos prometidos, retire o Anteprojeto da Reforma Universitária, invista no ensino público e faça a Reforma Agrária. JÁ!". Por fim, encaminhando-se para a conclusão, novos ataques aos organizadores da manifestação:

> Querer transformar o DCE numa "boca de fumo" é ajudar a todos aqueles que querem acabar com o ensino Público. É desrespeitar a memória de nossos colegas que militaram para que o DCE seja visto pela sociedade como uma entidade de luta, comprometida com as grandes reivindicações estudantis. É jogar no lixo e zombar da História de uma entidade que só existe porque muitos morreram nos porões da ditadura militar, dos colegas torturados pelos generais nos anos de chumbo. Nós abaixo assinados, exigimos que o DCE da UFRGS se retire dos fóruns pela liberação do uso de drogas e assuma sua responsabilidade na luta pela defesa da Universidade Pública. A juventude não precisa de drogas: queremos Educação, Emprego e Reforma Agrária!

Do evento realizado em 7 de maio, surgiram o coletivo Princípio Ativo, que em 2013 permanece como organizador da Marcha da Maconha no Rio Grande do Sul, e o NESP (Núcleo de Estudos Sobre Psicotrópicos). A Marcha da Maconha, no entanto, só aconteceria pela primeira vez na cidade em 2008, quando os organizadores conseguiram que a Justiça expedisse habeas corpus preventivo à sua manifestação.

Em 2007 um grupo de participantes do Growroom busca rearticular as marchas ocorridas anteriormente no Rio de Janeiro, e adota o nome Marcha da Maconha, criando também uma logomarca e um site na internet. A manifestação atraiu mais de mil pessoas, tendo acontecido no mesmo ano na Bahia um evento intitulado "Maconha na roda". A partir da experiência exitosa realizada no Rio, o movimento se expandiria para o resto do país: em 2008 já eram doze as cidades que pretendiam marchar. Pretendiam, pois em nove delas houve proibição judicial, com o poder judiciário alegando que o evento representava apologia ao crime.

O número de cidades marchantes, ou que tentavam marchar, cresceu ano a ano, mesmo com proibições ocorrendo em alguns estados. Em 2010, cerca de setecentas pessoas marcharam no Parque do Ibirapuera, mas em defesa da liberdade de expressão. No ano seguinte, em 21 de maio, o movimento tentou fazer o mesmo, dessa vez reunindo cerca de 3 mil pessoas na Avenida Paulista, e a repressão policial foi intensa, o que acabou gerando grande repercussão midiática. Uma semana depois, com ao menos 5 mil pessoas presentes, foi realizada a Marcha da Liberdade, que protestava contra a violência policial. Em 18 de junho aconteceria de novo, desta vez de forma simultânea em quarenta cidades.

Tais eventos pressionaram o judiciário brasileiro, e um processo de ADPF – Arguição de Descumprimento de Preceito Fundamental – foi finalmente julgado pelo Supremo Tribunal Federal, após quatro anos de tramitação e recursos. Em julgamento transmitido ao vivo pela televisão, a votação foi unânime em favor da livre expressão e livre manifestação, condenando qualquer tipo de proibição à Marcha da Maconha. Em 2 de julho de 2011, houve nova marcha em São Paulo, na Avenida Paulista, desta vez sem nenhum tipo de problema com a polícia.

Se em 2011 21 cidades se propuseram a marchar pela legalização da maconha, no ano seguinte, sem a proibição, o número subiu consideravelmente, chegando a 37. No Rio de Janeiro e em São Paulo cerca de 5 mil pessoas compareceram em cada um dos eventos, e na capital paulista o movimento conseguiu arrecadar, através da internet, 15 mil reais em doações. Sob a consigna de "Basta de guerra: por outra política de drogas", a manifestação paulistana foi a que mais diretamente buscou articular-se com organizações de esquerda, conseguindo alguns avanços neste sentido.

Desde sua propagação para fora do Rio de Janeiro, a Marcha da Maconha se organiza de forma descentralizada, em rede, sem que haja instâncias de decisão nacionais e cabendo a cada coletivo organizador local tomar todas as decisões políticas e organizativas referentes ao evento. O coletivo organizador da Marcha de São Paulo é um dos que mais buscou articular-se com a esquerda, desde os tempos em que a mobilização era proibida na cidade.

Em 2010 o grupo tomou pela primeira vez uma iniciativa que se repetiria posteriormente: elaborar um manifesto, neste caso contra a proibição da marcha – não pela legalização da maconha –, e utilizar a coleta de apoios para este como forma de se aproximar de grupos que não tenham engajamento na causa. Essa intenção, de buscar apoio entre setores progressistas que ainda estavam distantes do debate, fica clara desde o título do manifesto[3] "Defender a realização da Marcha da Maconha é defender a liberdade de expressão e de manifestação".

"Na contramão de dezenas de países e de diversos estados brasileiros, desde 2008 a Marcha da Maconha vem sendo proibida em São Paulo, com argumentos morais e políticos que se escondem sob a infundada acusação de apologia ao crime", diz o texto em suas primeiras linhas. A parte final dizia o seguinte:

> Em 2008 e 2009, a proibição aconteceu sem oportunidade para os defensores da Marcha apresentarem seus argumentos. Foi feita às vésperas do evento, por liminar, e sem julgamento posterior do mérito da decisão. Por meio deste manifesto, reivindicamos a liberação da Marcha da Maconha 2010 para o dia 23 de maio, sob guarida dos preceitos constitucionais acima citados, e conclamamos a Desembargadora Maria Tereza do Amaral, da 11ª Câmara Criminal do TJSP, que julgue o mérito da decisão de proibição antes da data marcada para o evento.

A Marcha é um evento pacífico e seus organizadores recomendam a todos os participantes que não portem nem façam uso de qualquer substância por enquanto ilícita. O coletivo organizador do evento já informou a Prefeitura de São Paulo, a Secretaria de Segurança Pública do Estado de São Paulo e a administração do Parque do Ibirapuera sobre o evento e seu caráter pacífico.

---

3   Disponível em http://coletivodar.org/2010/03/manifesto-contra-proibicao-da-marcha/

A proibição da Marcha vai muito além da demanda por controle social e legal dos psicoativos. A defesa da liberdade de expressão e manifestação é imprescindível a todos que prezam por Democracia, Justiça e Liberdade.

O texto não propunha questões relativas a mudanças na política de drogas, se restringindo a tentar buscar apoio na luta contra a proibição da Marcha da Maconha, o que refletiu em maior facilidade para conseguir esses apoios. Candidato à presidência da República pelo PSOL naquele ano, Plínio de Arruda Sampaio só assinou após o autor deste trabalho garantir-lhe que não havia ali nenhuma defesa da legalização das drogas. Além de coletivos antiproibicionistas de outras cidades, o manifesto contou com a assinatura do cartunista André Dahmer, do sociólogo Chico de Oliveira, do médico Fábio Mesquita, de Fernando Silva, da direção do PSOL, de Henrique Carneiro, Valério Arcary e Zé Maria de Almeida, todos do PSTU, do músico Marcelo Yuka, do Movimento Mudança, tendência de juventude ligada ao PT, do filósofo Paulo Eduardo Arantes, do sociólogo Ricardo Antunes, da então subprefeita da Lapa Soninha Francine, do PPS, do Tribunal Popular, articulação que reúne dezenas de entidades em defesa dos direitos humanos, e do então ministro da Cultura Juca Ferreira.

Em 2011 o grupo da Marcha da Maconha paulistana focou-se mais em tentar se precaver contra a esperada proibição judicial, que, assim como nos outros anos, foi anunciada apenas na véspera do evento, mesmo com ele tendo sido comunicado às autoridades com meses de antecedência. Assim, mais do que articular-se com grupos de esquerda, o trabalho envolveu a busca pela disseminação dos protestos contra o cerceamento da liberdade expressão, como o texto "Libertar, libertar, o direito de pensar", publicado pelo Coletivo DAR e que atingiu relativa repercussão, inclusive na imprensa. "Fazem apologia ao crime órgãos de imprensa que debatem o tema? Políticos que se expressam publicamente propondo mudanças na lei? Acadêmicos, artistas, juristas e juízes que têm opiniões sobre a questão? Por que debater políticas de drogas é permitido na mídia, no parlamento e na academia e nas ruas não?", questiona o texto, que prossegue em tom inflamado:

> Ou é nosso poder Judiciário que faz apologia ao autoritarismo e ao totalitarismo? A situação encaixa claramente com o que aponta Norberto Bobbio, ao mostrar como o "autoritarismo é uma manifestação degenerativa da autoridade", é "uma imposição da obediência e prescinde em grande parte do consenso dos súditos, oprimindo sua liberdade". E também infelizmente flerta com o que traz Hannah Arendt ao afir-

mar que o totalitarismo "não substitui um conjunto de leis por outro, não estabelece o seu próprio consensus iuris, não cria, através de uma revolução, uma nova forma de legalidade"; a política totalitária simplesmente busca, através da ideologia e do terror, suprimir a diferença até que a lei não seja necessária, até que a liberdade não seja nem mais pensada como tal.
Nossas ruas pertencem à Polícia e ao Judiciário ou ao povo?
PENSAR, DIALOGAR, ATUAR, MANIFESTAR – são crimes?
Se sim, senhores juízes, não tragam viaturas, tragam ônibus, porque muita gente estará no MASP no dia 21 de maio, esperando pacificamente mais uma aula pública de violação da Constituição e da Democracia.

Na tarde da véspera da manifestação, a proibição foi comunicada, ao que os organizadores responderam, novamente através do site do Coletivo DAR, convocando uma marcha pela livre expressão e atacando o desembargador responsável pela decisão: "Teodomiro Mendez – não passará! O senhor, e tudo e todos a quem seu autoritarismo tacanho e mal elaborado servem, não irão pautar nossas ações políticas e liberdades cidadãs. Marcharemos. Até que o STF acabe com essa merda. Já está em pauta, aguardamos julgamento. Em marcha".

Com o evento proibido e os ataques da PM, a repercussão foi grande. Em editorial de 24 de maio, intitulado "Direitos espancados", a *Folha de São Paulo* criticou a atuação policial e do poder judiciário: "As cenas de agressão policial a manifestantes da Marcha da Maconha e a jornalistas que cobriam o evento, na avenida Paulista, são resultado da visão embotada de alguns juízes, incapazes de distinguir entre a liberdade de expressão e a apologia ao crime". Para o jornal, "proibições a manifestações pacíficas e sem objetivo declarado de ferir a lei não vão frear o debate". "Servem apenas, como foi o caso em São Paulo, para favorecer a exibição de despreparo das forças de segurança, que agiram com inaceitável truculência, sob o pretexto de cumprir ordem judicial", complementa o editorial.

Já durante a Marcha, em meio a bombas e gás lacrimogêneo, foi convocada nova manifestação para o sábado seguinte, 28 de maio, em protesto contra a violência policial. A marcha terminou em frente a uma delegacia nos Jardins, para onde alguns ativistas foram levados, e a sensação era de vitória, o que se confirmou no dia 28 com o sucesso da Marcha da Liberdade. Neste caso, os organizadores voltaram-se novamente para a busca de apoios mais amplos, e a escolha de um eixo que defendia o combate à atuação militar do Estado e também aos preconceitos e ao moralismo acabou facilitando um maior intercâmbio com organizações de esquerda, que se fizeram presentes na Marcha da Liberdade de forma muito mais ativa e explícita do que na Marcha da Maconha da semana anterior. Grandes bandeiras do PSOL e do PSTU destacavam-se entre os diversos grupos e organizações que se fizeram presentes. A convocação do ato mostrava a intenção em angariar o máximo de apoios possíveis:

> Ciclistas, peçam a legalização da maconha... Maconheiros, tragam uma bandeira de arco-íris... Gays, gritem pelas florestas... Ambientalistas, tragam instrumentos... Artistas de rua, falem em nome dos animais... Vegetarianos, façam um churrasco diferenciado... Moradores de Higienópolis, venham de bicicleta... Somos todos cadeirantes, pedestres, motoristas, estudantes, trabalhadores... Somos todos idosos, pretos, travestis... Somos todos nordestinos, bolivianos, paulistanos, vira-latas. E somos livres! Em casa, somos poucos. Juntos, somos todos. E essa cidade é nossa!

A intenção deu certo, como relata reportagem publicada pelo site *iG*[4] logo após o evento:

> Maconheiros (com muito orgulho e muito amor, segundo eles próprios), ambientalistas, sem-teto, bicicleteiros, skatistas, tabagistas, músicos, atores, cineastas, palhaços, escritores, sem-terra, vítimas da ditadura militar, políticos, defensores da legalização do aborto, usuários de ônibus, gays, integrantes da Fração Trotskista da Quarta Internacional, lésbicas e simpatizantes se reuniram no vão livre do Masp para protestar com flores nos cabelos ao som do samba e do maracatu pelo direito de liberdade de expressão e manifestação.

Tanto em São Paulo como em outras cidades, invariavelmente houve presença de militantes de partidos ou organizações de esquerda entre os organizadores da Marcha da Maconha. No entanto, isso sempre se deu por iniciativa individual dos ativistas, que diferente do que comumente acontece, quando a organização desloca um militante para representá-la, nestes casos a atuação interna dos defensores da legalização da maconha era no sentido de convencer seu grupo a participar da

---

4   Ricardo Galhardo, "Marcha da Liberdade reúne milhares em São Paulo", *iG*. 28 de maio de 2011. Disponível em: <http://coletivodar.org/2011/05/marcha-da-liberdade-reune-milhares-em-sao-paulo/>.

mobilização. Manifestações oficiais de apoio ao evento por parte de grupos de esquerda se tornaram mais frequentes após o fim das proibições das Marchas.

Em 2012, setoriais de Juventude do PT (JPT) e do PSTU emitiram notas em apoio à Marcha da Maconha. Utilizando-se do número da legenda do partido no título da nota, aproveitando o ano eleitoral, o texto produzido pela Juventude do PT aponta que "o foco central do combate às drogas está nos pequenos traficantes e, embora o mercado do tráfico de drogas seja um dos mais rentáveis do mundo, quem mais lucra com a proibição são os grandes narcotraficantes" e defende ser "preciso inverter a lógica de que o problema das drogas se resolve com aumento da repressão".

Ao contrário da direção do partido, a JPT defende na nota a legalização de plantio, produção, comércio e consumo da maconha, o que atingiria "diretamente a raiz do problema, porque assegura o controle do Estado e a fiscalização da sociedade sobre essa atividade econômica. Dessa maneira, desmontamos, por consequência, toda a rede criminosa que se articula pela produção e circulação ilegal das drogas". O texto prossegue ressaltando haver participação petista no interior do movimento, e depois apresenta algumas propostas:

> Recentemente tivemos uma grande conquista, ao termos garantido pelo STF o direito de nos manifestarmos nas ruas defendendo a legalização na Marcha da Maconha! A JPT não está de fora dessas mobilizações, acreditamos que é extremamente legitimo a juventude sair às ruas e defender uma mudança na atual política de drogas. Por isso defendemos:
> - Legalização do plantio, do consumo e da comercialização da Maconha; - Legalização do plantio caseiro para consumo individual; - Livre permissão para o consumo caseiro, respeitada toda legislação que regulamenta crimes convencionais, etc.
> - Plantio para fins comerciais; - Investimento na pesquisa farmacêutica; - Contra o internamento compulsório; - Por uma política de redução de danos dos usuários de drogas como política de saúde de Estado; - Ampla divulgação dos malefícios provocados pelo consumo de drogas, de forma democrática e científica e não amparada em preconceitos, religiosidade e informações unilaterais; - Regulamentação, com participação social, dos espaços e quantidades de consumo em bares, cafés e congêneres; - Rígido controle de qualidade, pela Anvisa

e demais órgãos, da produção e circulação; - Previsão legal de forte punição aos produtores e demais agentes econômicos empresariais que não estiverem em pleno cumprimento de suas responsabilidades trabalhistas e fiscais Todas/os às Marchas! #Legalize13

Já a nota da Juventude do PSTU é intitulada "Por que construímos a Marcha da Maconha?", mesmo sem que haja notícias de que tenha havido, até 2012, engajamento visível do partido na construção do evento. "Para nós da juventude do PSTU, esse tema, longe de ser um debate apenas a respeito das liberdades individuais dos usuários de drogas", afirma o documento, que prossegue: "É parte fundamental das respostas aos problemas da violência urbana, do crime organizado e, centralmente, da criminalização da pobreza. Problemas que atingem principalmente a classe trabalhadora e a juventude negra e pobre, que vivem nas periferias das grandes regiões metropolitanas".

Para o setorial de jovens do PSTU, "o combate às drogas é, na verdade, uma guerra aos pobres, uma ferramenta dos governos para criminalizar a pobreza e a população negra", a "legislação brasileira, alterada no governo do PT, ao deixar a diferenciação entre tráfico e consumo ao arbítrio da justiça e do aparelho repressivo do Estado burguês, aprofunda essa realidade" e a alternativa é o fim da proibição das drogas:

> É preciso mudar imediatamente a política proibicionista do Estado brasileiro. Uma parcela da burguesia, encabeçada no Brasil pelo ex-presidente FHC, passou a defender a descriminalização das drogas ao perceber que a proibição está trazendo problemas ao funcionamento do capitalismo. Esse setor burguês quer fazer do comércio de drogas um mercado como qualquer outro, deixando de remunerar uma burguesia gângster para arrecadar impostos para os governos e receitas para grandes empresas.
>
> Nosso programa, pelo contrário, é uma política antiproibicionista do ponto de vista dos trabalhadores e da juventude pobre. Defendemos, além de descriminalizar o uso e o comércio das drogas ilícitas, legalizar todas as drogas, colocando a grande produção e a comercialização sob o controle do Estado. É fundamental também estender este regime de produção e distribuição às demais drogas hoje legalizadas, como os fármacos, o tabaco e o álcool, impedindo os instrumentos de incitação

ao consumo, principalmente os publicitários. Assim, os lucros derivados da venda das substâncias psicoativas estariam voltados aos interesses da população, como investimentos em Saúde Pública, programas de tratamento de dependentes e campanhas contra o consumo compulsivo.

Em 2012 a Marcha da Maconha de São Paulo voltou a utilizar a estratégia de produzir um manifesto e buscar apoios entre grupos organizados, tendo mais sucesso do que na primeira iniciativa. Com o título de "Basta de guerra: é hora de outra política de drogas para o Brasil", o texto ia além da defesa da livre expressão da manifestação, afinal o fantasma da proibição do evento estava afastado. Mais do que propositivo, o conteúdo do manifesto é provocativo, buscando cutucar os grupos de esquerda a se posicionarem a respeito das políticas de drogas, como se observa em sua parte final:

> Da mesma forma que uma caneta pode escrever lindos poemas ou perfurar uma jugular, os efeitos das diferentes drogas, com suas diferentes culturas de uso, dependem de seu uso. Assim, ao mesmo tempo em que não cabe demonizá-las a priori, como se fossem dotadas de propriedades metafísicas, tampouco é sensato endeusá-las, acreditar que elas por si sejam transformadoras, revolucionárias ou coisa que o valha. Não defendemos que o uso de drogas traga um mundo melhor, mas não deixamos de ver o evidente: a proibição do consumo de algumas delas torna o mundo muito pior.
> Você se importa com o encarceramento em massa? O Brasil já é o terceiro país que mais prende seus cidadãos no mundo, atrás apenas de EUA e China, e dos cerca de 500 mil detidos no país praticamente um quarto deles está nesta situação desumana por conta de crimes relacionados a drogas.
> Você se importa com o racismo e a criminalização da pobreza? A origem da proibição da maconha, e de outras drogas, está altamente conectada com discursos e práticas racistas e xenófobas, em todo o mundo. No Brasil, a primeira lei que criminalizou a maconha tinha como alvo a população negra do Rio de Janeiro, e hoje a maior parte dos afetados pela guerra às drogas tem pele escura e baixas condições econômicas. Enquanto ricos e classe média são identificados como usuários, o pobre é sempre o traficante, com a guerra às drogas servindo

como instrumento estatal de segregação e controle social de populações desfavorecidas.

Você se importa com o sofrimento humano e com o avanço da ciência? A proibição das drogas não só impede tratamento efetivo, de qualidade e público aos que fazem uso abusivo como freia também o desenvolvimento da ciência, que pode ter muitos ganhos com as pesquisas sobre psicotrópicos em geral. Já foi provado cientificamente o valor medicinal da cannabis – e de outras drogas transformadas em "tabu" – no tratamento de diversas enfermidades que sofremos, aliviando seus sintomas e preparando a cura: câncer, AIDS, Mal de Parkinson, depressão, ansiedade, enxaqueca e a lista não para de crescer.

Você se importa com informação de qualidade e prevenção ao uso abusivo? Você se importa com direitos civis e liberdades individuais? Você se importa com a situação da mulher e o encarceramento feminino no Brasil? Você se importa com a corrupção? Você se importa com guerras e conflitos armados ao redor do mundo? Você se importa com a colonização da política e da vida empreendida pelas indústrias armamentista e farmacêutica?

Chegou a hora de ver que isso não interessa só a meia dúzia de maconheiros, chegou a hora de parar de estigmatizar este debate. Chegou a hora de encarar os fatos, olhar nos olhos da realidade e ver que como está não pode ficar. A luta contra o proibicionismo quer colocar seus ombros ao lado de todos que lutam por outro mundo, assim como convidar aqueles e aquelas que dizem um basta à injustiça e à opressão a participar de nossa caminhada. Afinal, quando uma luta avança, nenhuma outra retrocede.

Basta de racismo, moralismo, violência, corrupção e proibição. Queremos o direito à saúde, à informação, ao próprio corpo, à autonomia, à liberdade: é tempo de uma nova política de drogas para o Brasil.

A provocação surtiu efeito, e diversas entidades se posicionaram em apoio. Entre os signatários estão: AJD – Associação dos Juízes para a Democracia, Amparar – Associação de Amigos e Familiares de Presos, ANEL – Assembleia Nacional dos Estudantes Livre, Autônomos & Autônomas Futebol Clube, Coletivo Feminista Três Rosas, Coletivo Feminista Yabá, Juntas e Juntos (grupos estudantis ligados à corrente MES, do PSOL), Movimento Nacional da População de Rua, Movimento Passe Livre – MPL-SP, MTST – Movimento dos Trabalhadores Sem Teto, PSOL-SP, PSTU, Tribunal Popular – O Estado brasileiro no banco dos réus e União de Mulheres de São Paulo.

Eleições presidenciais 2010

Como apontado anteriormente, as eleições presidenciais realizadas em 2010, e que ao final elegeram Dilma Rousseff como a primeira presidente brasileira mulher, são um bom indicativo de como determinados partidos incorporaram, ao menos em parte, as reivindicações e o discurso do movimento antiproibicionista, que passou a ocupar a agenda pública brasileira com mais intensidade por conta do fortalecimento da Marcha da Maconha.

O portal de internet *R7*, da Rede Record, promoveu sabatinas com os candidatos à presidente, e a temática das drogas foi abordada em praticamente todas as entrevistas – mais um indício de como o assunto passou à ordem do dia. Situados mais à esquerda entre os participantes deste pleito, Plínio de Arruda Sampaio, do PSOL, Rui Costa Pimenta, do PCO, José Maria de Almeida, do PSTU e Ivan Pinheiro, do PCB, mostraram posições divergentes em relação a alguns aspectos da guerra às drogas ou a ela em sua totalidade.

"Vou permitir a indústria da maconha no Brasil". Esta frase, dita pelo candidato do PSOL na sabatina[5] mencionada, teve grande repercussão nas redes sociais e mesmo na imprensa. No entanto, a resposta completa, e portanto a posição de Plínio de Arruda Sampaio em relação ao tema, demonstrou uma postura dúbia, além de falta de aprofundamento no debate por parte do candidato, então com quase oitenta anos de idade. Questionado, Sampaio iniciou: "A droga é complicada. A droga é um problemão. O meu partido, o PSOL, está estudando seriamente isso". Ele prosseguiu explicitando a influência da "garotada" do ativismo em sua posição e qualificando o uso de drogas como relacionado à fuga da realidade:

> Formamos um grupo com psicólogos, com o Marcelo Freixo, que é nosso candidato no Rio e é um leão, porque ele ta enfrentando o narco, ta enfrentando o policiamento e a violência nas favelas e etc., ele ta muito preocupado, e alguns pais de família, amigos meus chegados,

---

5   Vídeo disponível em http://noticias.r7.com/brasil/noticias/assista-a-sabatina-de-plinio-arruda-sampaio- 20100727.html

> que têm filhos com problema. Então eu to juntando isso e a garotada, porque a turma do meu partido, os meninos, a rapaziada, chegou pra mim e disse: olha Plínio, isso está sendo um pretexto pra desancar a lenha na juventude, especialmente na juventude negra. E isso é um absurdo, essa coisa policialesca. Então o que eu estou delineando, mas que vai depender do que o meu partido decidir, porque eu não sou candidato de mim mesmo, eu sou candidato do PSOL, isso que é fundamental. O que eu to dizendo: há drogas e drogas. Há drogas que são culturais. Há drogas que já são uma exploração capitalista. Caberia a gente perguntar antes: por que tanta gente foge da realidade? Pois se a realidade ta tão boa, se o país ta tão bom por que tem gente que foge pra se divertir? Porque é uma sociedade enferma.

O candidato não teve tempo de explicar a estranha, talvez inédita, distinção entre "drogas culturais" e aquelas que são "uma exploração capitalista", como se substâncias pudessem explorar alguém, ou como se o consumo de maconha ou ayahuasca tivesse menos suporte cultural do que o de cocaína e crack. Crack aliás que, para Sampaio, não deveria ser legalizado – ao ser questionado por um dos entrevistadores a respeito do "vício", ele respondeu:

> Esse é o crack. A solução que eu estou propondo pro meu partido, não sei se eles vão aceitar. Ainda não ta fechado. Eu acho o seguinte: droga cultural, maconha, aquele elixir do Daime, aquelas coisas, a bebida, a bebida é cultural e é uma droga. Isso aí eu acho que tem que legalizar, é como na Lei Seca dos EUA. O que gera o crime? Você tem uma demanda, proíbe, o cara faz o crime e volta. Então legaliza, a produção é permitida, a circulação é permitida, mas registrada. Cobra imposto inclusive, registrado. Registra quem produz. Quem consome é um caso de atenção médica. Vou permitir a indústria da maconha no Brasil. Agora, o crack não dá. Porque o crack é no primeiro, aí bateu também ficou. Cocaína, a minha turma ta fazendo não... Cocaína a minha turma falou não. O que vai acontecer? Nós vamos reduzir fortemente a repressão e vamos tirar o pretexto.

Este momento chegou a ser constrangedor, pois Sampaio claramente pediu auxílio com o olhar a seus assessores, que estavam atrás das câmeras. Por isso ele diz que "sua turma" disse não, de fato eles estavam dizendo não à defesa da legalização da cocaína naquele instante, mostrando que o debate sobre a questão fora feito de forma tão insuficiente que sequer convenceu o próprio candidato, inseguro em relação à postura a ser defendida publicamente.

Reportagem publicada pela *Folha de São Paulo* em 13 de agosto de 2010 voltaria a dar voz a Sampaio se pronunciando sobre o tema. Com a manchete "Plínio defende a legalização da maconha", o texto relatava intervenção do candidato durante um debate realizado na PUC, no qual ele teria questionado: "que mal faz um baseado?". "Maconha faz mal para quem tem distúrbios psíquicos de fuga porque leva ao consumo de drogas mais fortes, como crack e cocaína. Mas esta pessoa precisa de tratamento médico. Drogas culturais – a maconha assim como a bebida (alcoólica) – devem ser não só liberadas como legalizadas", declarou também.

A participação de Rui Costa Pimenta,[6] do pequeno Partido da Causa Operária (PCO), dissidência do PT, também foi ambígua, mas em outro sentido. Neste caso, o candidato defendeu o fim da proibição das drogas ao mesmo tempo em que relatou que seu partido tem posição contrária a seu consumo. "Apesar dos comunistas serem considerados como antiliberais, a nossa posição é muito liberal. Nós, como partido, doutrinariamente, nos opomos ao uso de drogas. Essa é nossa posição filosófica. Os integrantes do partido são proibidos de usar drogas", declarou, antes de dizer que "do ponto de vista político nós somos favoráveis à legalização das drogas, todas".

Segundo Pimenta, o consumo de "drogas" pode levar "eventualmente" até a expulsão do partido. Maliciosamente, um entrevistador não deixou a oportunidade passar e perguntou se a proibição se estendia também ao álcool, ao que o candidato respondeu de forma lacônica: "Não, álcool não". O entrevistador insistiu, e perguntou se o PCO não considera álcool como droga. "Não, não colocamos na mesma categoria. Aí nós entramos num problema que é o seguinte, o álcool pode ser muito mais controlado do que a droga, que causa dependência com muito mais facilidade", defendeu Pimenta, afirmando que a posição oficial do partido "é pela liberação total das drogas na sociedade. Porque nós achamos que só um controle, a transparência, possibilitaria o controle social desse fenômeno negativo".

Ivan Pinheiro, do PCB, também vê o complexo fenômeno do recurso à alteração de consciência através das substâncias psicoativas apenas numa chave negativa. Em sua participação na sabatina do *R7*, ele afirmou que "as drogas são um instrumento de alienação dos jovens" e que os traficantes as utilizariam

---

6   Disponível em: <http://www.pco.org.br/conoticias/ler_materia.php?mat=22850>.

para "manipular" a juventude. No entanto, afirmou que seu partido é favorável a mudanças em relação ao tratamento dado aos usuários: "Somos a favor da descriminalização do usuário, ele é uma vítima. [Os traficantes] usam terno e gravata, usam ternos, aparecem em colunas sociais. Alguns até frequentam o Congresso. Tráfico é coisa de gente grande".

Após a disputa eleitoral, o debate sobre drogas não fez parte de nenhum documento oficial do PCB, que só abordou a temática em seu setorial de juventude. No V Congresso Nacional da União da Juventude Comunista (UJC),[7] organização de jovens do partido, o assunto foi enquadrado na resolução final dentro do subitem "Debate transversal", que propunha a "realização de debate sobre a questão das drogas: não se pode falar da caracterização da juventude sem falar de sua relação com as drogas". Em contraste com as declarações de Pinheiro apresentadas anteriormente, o documento aponta ser "papel dos comunistas fugir dos discursos alienantes da burguesia e de outros da própria esquerda, que criminalizam o uso afirmando que retira o 'potencial revolucionário dos jovens'" e também "desmistificar estes discursos alienantes e começar a pensar em alternativas de luta, que " vão desde reivindicações por políticas publicas de redução de danos ao aprofundamento sobre a questão da descriminalização de seu uso". A resolução final do VI Congresso da UJC,[8] realizado em 2012, voltou a abordar o tema:

> Nas condições de acirramento da luta de classes no Brasil, compreendemos que as lutas específicas são transversais e se chocam com a lógica do capital. A luta das mulheres, dos negros, das comunidades quilombolas, índios, GLBT, imigrantes e migrantes se chocam com a violência do mercado, seja nas desigualdades de rendimentos, no preconceito e discriminação ou no acesso a serviços elementares, porque o capital precisa transformar todas as necessidades materiais e simbólicas em mercadoria para manter a acumulação, ameaçando a vida e destruindo o meio ambiente.

É com essas diretrizes que devemos associar os movimentos específicos com as lutas gerais que iremos travar. No entanto, compreendemos a necessidade da juventude comunista avançar nos debates específicos e na sua política para

---

7 "V Congresso Nacional da UJC". Disponível em: <http://ujc.org.br/?p=260>.

8 "Informe político: VI Congresso Nacional da União da Juventude Comunista". Disponível em: <http://ujc.org.br/?p=276#more-276>.

estes movimentos. Por isso, faremos um conjunto de seminários com estes e outros temas, como a questão das drogas na sociedade brasileira.

Ainda nas sabatinas do *R7*, José Maria de Almeida, do PSTU, demonstrou postura coerente com a assinatura de seu partido ao manifesto da Marcha da Maconha de São Paulo de 2012, onde se defendia o fim da guerra às drogas. "Nós achamos que a política de combate às drogas não pode ser a atual", declarou. "O resultado nos últimos nove anos foi dobrar a população carcerária, a violência contra a juventude ta aumentando em vez de diminuir – seja do narcotráfico, seja da polícia que invade os morros atirando em todo mundo". A posição foi mantida no restante da campanha. Em 14 de julho,[9] por exemplo, Almeida afirmou, durante evento sobre o Estatuto da Criança e do Adolescente, ser necessário "enfrentar o problema das drogas como uma questão de saúde pública. O Estado tem que legalizar as drogas, atender e tratar os dependentes e tirar a fonte de renda do crime organizado".

Também em 2010, o candidato do PSTU ao governo do Rio de Janeiro Cyro Garcia abordou a temática das drogas em sua campanha. Numa de suas inserções durante o horário eleitoral gratuito, cuja eixo era violência urbana e durava um minuto e dois segundos, Garcia qualifica a política de segurança do governo estadual de Sérgio Cabral (PMDB) como "desastrosa" e critica a violência "policial, do tráfico e das milícias". "A pacificação da cidade é uma farsa. As UPPs não resolvem, ocupar militarmente as comunidades não é solução, prossegue", antes de propor:

> Contra a criminalização da pobreza e a violência defendemos emprego para todos, desmilitarização da PM e unificação das polícias, eleição de delegados pela população, direito de greve, sindicalização e salários justos para os policiais, descriminalização das drogas[10] para acabar com o tráfico de drogas e de armas, cadeia e confisco de bens para os empresários que financiam o tráfico.

Em entrevista concedida a este trabalho, Henrique Carneiro disse acreditar que o período de veto em relação ao debate sobre drogas ficou no passado para

---

9 Laryssa Borges, Candidato do PSTU quer legalizar drogas para combater tráfico", *Terra*, 14 de julho de 2010. Disponível em: <http://noticias.terra.com.br/eleicoes/2010/noticias/0,,OI4566335-EI15315,00- Candidato+do+PSTU+quer+legalizar+drogas+para+combater+trafico.html>.

10 Neste momento aparecem na tela duas fotos da Marcha da Maconha do Rio de Janeiro. O vídeo completo está disponível em: <http://www.youtube.com/watch?v=5aJ0oY0RrOE>.

o PSTU, descendente direto da mesma Convergência Socialista que já proibiu seus militantes de consumirem substâncias ilícitas. "Eu acho que o PSTU já assumiu claramente, do ponto de vista do programa, a noção da legalização de todas as drogas", afirma Carneiro, que finalmente, em 2012, viu suas ideias aceitas em seu partido:

Já a candidata petista Dilma Rousseff, em seu documento "Os treze compromissos programáticos de Dilma Rousseff para debate na sociedade brasileira", não faz qualquer defesa de mudanças nas políticas de drogas proibicionistas mantidas por seu antecessor Lula. No ponto número nove, intitulado "Universalizar a saúde e garantir a qualidade do atendimento do SUS", o documento propõe "especial atenção" ao combate ao uso – e portanto a qualquer uso, não somente abusivo – de drogas: "haverá especial atenção aos programas de saúde mental, especialmente no tratamento do alcoolismo, do consumo de crack e de outras drogas que afetam particularmente nossa juventude".

De fato o tema recebeu, nos primeiros dois anos de mandato de Rousseff, uma especial atenção, com o Plano de Enfrentamento ao Crack,[11] lançado em 2011 e com orçamento previsto de quatro bilhões de reais, constituindo-se como uma das principais iniciativas de sua gestão. Muito criticado por antiproibicionistas e setores ligados aos direitos humanos, o plano prevê, entre outras iniciativas, investimentos em ações supostamente de prevenção realizadas por policiais em escolas públicas, convênios do SUS com comunidades terapêuticas, em sua grande maioria religiosas e violadoras dos direitos humanos,[12] e internação compulsória de usuários.

> Eu me sinto um pouco como um profeta que há trinta anos está pregando no deserto e que agora a profecia se realizou. Então agora eu fico muito feliz porque eu vejo que há realmente uma dimensão política da questão, da causa dos maconheiros, que é de um poderoso movimento social de milhões de oprimidos, que são um elemento chave da articu-

---

11 Renomeado depois de "Crack: é possível vencer".

12 É o que demonstra relatório realizado pelo Conselho Federal de Psicologia a partir de vistorias feitas, em conjunto com o Ministério Público, em 68 comunidades terapêuticas: em todas havia violações de direitos humanos, muitas delas gravíssimas. O relatório completo está disponível em: http://www.pol.org.br/pol/export/sites/default/pol/noticias/noticiaDocumentos/Relatorio_Inspecao_Direitos_Human os.pdf>. Mais informações sobre o tema podem ser vistas em reportagem de Gabriela Moncau para a revista *Caros Amigos*, intitulada "Nem comunidades, nem terapêuticas", na qual exemplos estarrecedores e revoltantes são relatados. O texto está disponível em: <http://www.carosamigos.com.br/index/index.php/politica/2894-nem- comunidades--nem-terapeuticas>.

lação da política da segurança pública, da política da criação de bodes expiatórios, de uma política de criação de rendas de todo tipo na área médica, na área judicial, na própria repressão. E agora a relevância desse tema não só se demonstrou como um fator objetivo da geopolítica internacional, da economia global etc., como se mostrou um fator de mobilização, quer dizer, a minha profecia era: os maconheiros vão às ruas. Basta você fazer o chamado, basta alguém assumir a bandeira e levantar que multidões virão. Um pouco eu tentei fazer isso e já tinha um potencial. Eu acho que inclusive, historicamente, se o PSTU – Convergência na época – tivesse me apoiado, isso teria ocorrido muito antes. Se eu não tivesse feito isso sozinho em 1986, mas tivesse tido um apoio de um aparato e tivesse ficado batendo no negócio, podia ser que até tivesse sido preso, mas teria construído uma referência que teria antecipado a eclosão desse movimento social, que começou em 2003, 2004, né, com a retomada das marchas.

Não por acaso, Rousseff escolheu como sua ministra da Casa Civil a paranaense Gleisi Hoffman, ligada ao lobby religioso e das comunidades terapêuticas. Enquanto Dilma concorria à Presidência, Hoffman disputava vaga no Senado em seu estado, e durante a campanha distribuiu e divulgou um panfleto chamado "Carta ao povo cristão",[13] no qual se coloca frontalmente em conflito com o Estado laico: após dizer que "as igrejas têm grande importância para a vivência dos valores cristãos", Hoffman aponta que "muitas vidas já foram retiradas do álcool, das drogas, da violência e reaproximadas a Deus. Por isso penso que as igrejas podem, e devem, ser parceiras efetivas do Poder Público nos projetos sociais". A sequência do texto fala por si:

> O problema das drogas, por exemplo, é uma realidade que devemos enfrentar juntos. Especialmente o crack, que a cada dia se alastra mais nas grandes e pequenas cidades. É um grave problema de saúde pública que deve ser combatido, unindo medidas de segurança policial, educativas, sociais e, principalmente, cuidados com o desenvolvimento emocional e espiritual das pessoas. Sou contra a liberalização das drogas. Acredito que prejudicam de forma irreparável as relações humanas.

---

13   Disponível em: <http://www.jagostinho.com.br/?p=23797>.

> A bebida alcoólica, que é legalizada, é uma das maiores responsáveis pela agressão doméstica e pela violência nas ruas. Os drogados e viciados não têm limites. É preciso conscientizar nossos jovens de que a felicidade não está em algo externo e passageiro, mas em ter Deus no coração, que traz paz espiritual e emocional.

Como se não bastasse, o texto critica também a legalização do aborto, bandeira histórica das feministas de seu partido, e se mostra no mínimo tolerante, se não favorável, à homofobia: "Assim como não é certo o preconceito em relação ao homossexual, também não é certo a criminalização de um padre ou pastor que, por convicção ou crença, se coloca contra a prática do homossexualismo". Segundo reportagem publicada pela revista *Caros Amigos*,[14] Hoffman "quase se tornou freira" antes de sua entrada no PT, em 1989. Já como ministra de Dilma, a paranaense foi denunciada pelo jornal *Correio Braziliense*,[15] que flagrou um e-mail seu enviado para Alexandre Padilha, ministro da Saúde, cobrando uma "flexibilização" para que comunidades terapêuticas pudessem se cadastrar com maior facilidade no plano de enfrentamento ao crack. Hoffman havia recebido, meia hora antes, e-mail do pastor evangélico Lori Massolin Filho, liderança de comunidades terapêuticas no Paraná, reclamando que algumas exigências do edital não teriam sido abandonadas e estavam dificultando o acesso às verbas.

Se havia dúvidas em relação ao caminho que Dilma Rousseff tomaria no tocante à política de drogas em seu governo elas não demoraram nem um mês para se dissiparem. Escolhido pela presidente como Secretário Nacional de Políticas sobre Drogas, o advogado Pedro Abramovay, antiproibicionista declarado, comandou a secretaria por menos de dez dias, tendo sido demitido supostamente por conta de declarações a favor da implementação de penas alternativas para pequenos traficantes. Reportagem da *Folha de São Paulo* publicada em 22 de janeiro de 2011 narrou o caso da seguinte forma:

---

14 Gabriela Moncau, "'Indústria da loucura' impede avanços", *Caros Amigos*, 11 de janeiro de 2013. Disponível em: <http://www.carosamigos.com.br/index/index.php/politica/2892-industria-da-loucura-impede-avancos>.

15 "Gleisi, Padilha e o pastor", *Correio Braziliense*, 11 de maio de 2012. Disponível em: <http://www.senado.gov.br/noticias/opiniaopublica/inc/senamidia/notSenamidia.asp?ud=20120511&datNoticia=20120511&codNoticia=696565&nomeOrgao=&nomeJornal=Correio+Braziliense&codOrgao=47&tipPagina=1>.

> Conforme a Folha.com antecipou, Abramovay deixa a Senad menos de dez dias depois de irritar o governo ao defender, em entrevista, o fim da prisão para pequenos traficantes. Segundo o Ministério da Justiça, Abramovay pediu desligamento para se dedicar a tarefas acadêmicas na Fundação Getulio Vargas, no Rio de Janeiro. A exoneração deve ser publicada nos próximos dias no "Diário Oficial".
>
> Até dezembro, Abramovay, 30, visto como um jovem "prodígio" no governo Lula, ocupou a Secretaria Nacional de Justiça. Assumiu a Senad no início do mês, quando a secretaria passou para o Ministério da Justiça. O combate ao tráfico é uma das prioridades do governo Dilma e foi promessa de campanha da petista.
>
> Em entrevista ao jornal "O Globo", Abramovay se mostrou favorável a que o governo enviasse ao Congresso um projeto para tornar padrão um entendimento do STF (Supremo Tribunal Federal) que respalda o uso de penas alternativas para a lei de drogas. Isso permitiria a aplicação de penas alternativas a quem se encontre em situação intermediária entre usuário e traficante, desde que fosse primário. A medida ajudaria a aliviar a superlotação carcerária.
>
> A declaração irritou a presidente Dilma Rousseff, que pediu para o ministro José Eduardo Cardozo (Justiça) se manifestasse sobre o tema. O ministro declarou que a posição do secretário era "de cunho pessoal" e afirmou que o governo trabalha na direção oposta. Citou proposta enviada pelo ex-presidente Lula para endurecer a pena de quem participar de organizações criminosas.
>
> Segundo pessoas próximas a Abramovay, ele ficou descontente com a reação do governo, o que ajudou na decisão de deixar o governo.

Em artigo publicado na mesma *Folha*, em 25 de outubro de 2011, o sociólogo Luiz Eduardo Soares abordou o assunto ao avaliar os primeiros meses do governo Dilma no que diz respeito à segurança pública, considerados "decepcionantes" por ele. Para Soares, "a decepção decorre do contraste entre as expectativas suscitadas pelos excelentes nomes escalados para enfrentar o desafio e a postura da presidente, que prefiro descrever a qualificar, por respeito ao cargo e à sua biografia". O sociólogo diz que a nomeação de José Eduardo Cardozo como ministro da Justiça "encheu de esperança até os céticos", e "o primeiro ato do novo ministro justificou o otimismo. Foram convidados Regina Mikki e Pedro Abramovay para as secretarias de segurança e de políticas para as drogas". O artigo qualifica as escolhas como "irretocáveis" e prenunciadoras de avanços.

"Na sequência, mais um alento", prossegue Soares: "em entrevista ao *O Globo*, Pedro mostrava quão perversa vinha sendo a escalada do encarceramento no Brasil, cujas taxas de crescimento já eram campeãs mundiais", apontando também que "desde 2006, o tipo penal que concentrava o foco das ações repressivas correspondia à prática da comercialização de drogas ilícitas sem armas, sem violência, sem envolvimento com organizações criminosas". "Veio a primeira frustração: a presidente ordenou ao ministro que desconvidasse Pedro Abramovay. A ordem presidencial caiu como um raio, fulminando a confiança que se consolidava e expandia".

Por fim, na sequência e como forma de conclusão, Soares narra outro evento, ilustrativo da postura da presidente:

> Enquanto isso, o Brasil continua sendo o segundo país do mundo em números absolutos de homicídios dolosos – em torno de 50 mil por ano –, atrás apenas da Rússia.
>
> Para reverter essa realidade dramática, uma equipe qualificada do ministério trabalhou todo o primeiro semestre na elaboração de um plano de articulação nacional para a redução dos homicídios dolosos, valorizando a prevenção mas com ênfase no aprimoramento das investigações.
>
> Um plano consistente e promissor, que não transferia responsabilidades à União, mas a levava a compartilhar responsabilidades práticas. Em meados de julho, chegou a data tão esperada: o encontro com a presidente. O ministro passou-lhe o documento, enquanto o técnico preparava-se para expô-lo.
>
> Rápida e eficaz, tranquila e infalível como Bruce Lee, a presidente antecipou-se: homicídios? Isso é com os Estados. Pôs de lado o documento e ordenou que se passasse ao próximo ponto da pauta.

PT: debate restrito à juventude

Observa-se um avanço em relação à compreensão e aceitação do debate antiproibicionista entre os setores considerados mais à esquerda no espectro político dos anos 2000, como os partidos PSTU e PSOL e mesmo movimentos sociais como o MTST. Já no caso do Partido dos Trabalhadores, é possível indicar a existência de diferentes posições convivendo em seu interior, como fica claro, por exemplo, na discrepância entre as posições pró-legalização da maconha da ala jovem do partido e os discursos e projetos de sua figura mais poderosa institucionalmente, a presidente Dilma Rousseff.

Como também já apontado anteriormente, as chamadas comunidades terapêuticas representam, no início da década de 2010, um dos principais setores defensores das políticas proibicionistas no Brasil. Em 5 de abril de 2011 foi instalada, em solenidade realizada na Câmara dos Deputados, em Brasília, a Frente Parlamentar Mista em Defesa das Comunidades Terapêuticas, Acolhedoras e Associações de Proteção e Assistência aos Condenados, que contava com 189 deputados federais e 23 senadores no momento de sua fundação. Presidida pelo deputado Eros Biondini, do PTB de Minas Gerais, a Frente tinha em seu lançamento, além de Gleisi Hoffman, evidentemente, mais quatro senadores – Humberto Costa (PE), Lindbergh Farias (RJ), Paulo Paim (RS) e Walter Pinheiro (BA) – e 34 deputados federais do PT. Entre estes, constam os nomes de Paulo Teixeira e Erika Kokay, parlamentares que defenderam a regulamentação do uso medicinal de maconha em audiência[16] realizada pela Comissão de Seguridade Social e Família da Câmara em abril de 2012.

Pode-se concluir que a ambiguidade vai além de casos específicos como o de Teixeira, conhecido por suas posições antiproibicionistas: ela marca o partido em relação ao tema em questão neste trabalho. Assim, enquanto seus colegas participavam de tal articulação, Eduardo Suplicy, senador por São Paulo, declarava, em maio de 2011, ter chegado a hora do Brasil debater a descriminalização da maconha. "Creio ser chegado o momento de o Parlamento discutir o assunto, numa série de audiências públicas, com especialistas contrários e favoráveis à descriminalização, além de estudarmos os exemplos de outros países para, juntamente com toda a população brasileira, decidirmos o caminho que o Brasil deve adotar com relação à descriminalização", declarou Suplicy em discurso realizado na tribuna, complementando: "Interessante notar que na lista das drogas mais nocivas à saúde, publicada pela revista medica *Lancet*, a maconha aparece em 11º lugar, atrás do

---

16 "Petistas defendem uso medicinal da maconha e alertam para preconceito", PT na Câmara, 26 de abril de 2012. Disponível em: <http://www.ptnacamara.org.br/index.php?option=com_content&view=article&id=11211:petistas-defendem-uso-medicinal-da-maconha-e-alertam-para--preconceito-&catid=1:latest-news&Itemid=108>.

álcool e do cigarro, que são vendidos legalmente. Existem países como a Holanda e Portugal, nos quais o consumo de algumas drogas é tolerado".[17]

Além de Suplicy, outra figura de peso no partido seguiu esse caminho, sendo até mais ousada. Em aula magna proferida na Universidade Federal do Rio Grande do Sul em 6 de abril de 2011, Tarso Genro, governador do estado, fez comentários sobre maconha, chegando a comentar: "dizem que é muito saboroso". "Não tenho nenhum preconceito. Na minha época, a gente não fumava maconha, não era porque não tivesse vontade, era porque as condições que a gente vivia e trabalhava na clandestinidade não era preciso adicionar mais nenhuma questão de insegurança", comentou, para alegria dos estudantes presentes. Ele declarou ainda nunca ter visto "ninguém matar por ter fumado maconha".[18] Figura de relevância entre os intelectuais petistas, Emir Sader, por outro lado, qualificou – em texto publicado em seu blog[19] – as drogas ilícitas como uma "doença" difundida pelos Estados Unidos.

Após expor alguns dados sobre a violência na América Latina, Sader utilizou-se dos próprios argumentos estadunidenses, que responsabilizam a demanda por drogas pela violência, para culpar exatamente aos Estados Unidos como responsáveis por este problema, afinal, seriam eles o país mais consumidor de substâncias ilícitas. "Como os norteamericanos imaginaram um país sem os mexicanos – em uma atitude de incitação ainda maior à discriminação – poderíamos imaginar o mundo sem o consumo de drogas por parte dos EUA", propõe, avaliando que assim "o golpe assentado no tráfico de drogas seria decisivo, mesmo que outros itinerários já tenham peso significativo, especialmente a Europa".

> Mas os EUA, o gigantesco indutor mundial da produção e do tráfico de drogas, como sempre fez, deriva as raízes do problema para outros países, buscando na extradição de traficantes e na erradicação por meio de venenos químicos de extensas zonas onde se produz folha de coca para o consumo da sua população, a falsa solução do problema.

---

17 "Suplicy: Brasil precisa debater a descriminalização da maconha", Agência Senado, 31 de maio de 2011. Disponível em: <http://www12.senado.gov.br/noticias/materias/2011/05/30/suplicy-brasil-precisa-debater-a-descriminalizacao-da- maconha>.

18 Tarso Genro, "Nunca vi ninguém matar por ter fumado maconha". *Terra*. 6 de abril de 2011. Disponível em: <http://noticias.terra.com.br/brasil/politica/tarso-genro-39nunca-vi-ninguem-matar--por-ter-fumado-maconha39,04eb97730cbda310VgnCLD200000bbcceb0aRCRD.html>.

19 Emir Sader, "E se os EUA acabassem com o consumo de drogas", 25 de janeiro de 2011. Disponível em: <http://www.cartamaior.com.br/templates/postMostrar.cfm?blog_id=1&post_id=654>.

Se os EUA atacassem sistematicamente a entrada das drogas no seu território, impedissem o envio de armamento sofisticado aos cartéis mexicanos, golpeassem profundamente a milionária rede que aufere lucros gigantescos com o tráfico, prendessem os traficantes e desarticulassem suas redes – o mundo viveria melhor. Mas a sociedade que mais consome drogas no mundo, tornando-se o seu maior mercado consumidor, é uma sociedade essencialmente dependente das drogas para sobreviver, pelo estilo de vida que leva e espalha sua doença para os outros países.

Em 1o de novembro de 2010, no entanto, Sader havia se utilizado de seu blog para comentar artigo de Davis Luhnow publicado no *The Wall Street Journal*, no qual o autor lembrava do mais de um trilhão de dólares gastos na guerra às drogas e de seus péssimos resultados práticos. Após apresentar dados sobre o crescimento dos preços por conta da ilegalidade, ele comenta que "com lucros dessa dimensão, o negócio da droga tem todas as possibilidades de se perpetuar, caso seja atacado como foi até hoje" e finaliza: "A legalização da maconha representaria a perda de metade dos lucros dos cartéis. Além de que, menos presos, menos superlotação e contaminação nas prisões".

Outro nome de destaque no partido a se posicionar sobre o assunto de forma dúbia foi José Dirceu, que em 13 de janeiro de 2012 publicou o artigo "Para salvar a ação na cracolândia",[20] no qual comentava as ações militares do governo estadual paulista no combate aos usuários de crack do centro da cidade. Inicialmente o ex-ministro da Casa Civil aponta que "na raiz dos erros da ação, vigora a visão equivocada e parcial de que o enfrentamento é apenas uma questão de polícia", pois "se trata de um problema social que não será solucionado com repressão aos usuários, como, aliás, demonstra a experiência mundial no combate às drogas". Ele prossegue, no entanto, referendando o combate ao comércio de drogas ilícitas e tratando o uso como doentio: "Afinal, o usuário está doente e precisa de tratamento, e o tráfico se combate com ações de inteligência — ou ficaremos restritos aos fornecedores da ponta do tráfico, não aos chefes do crime organizado"."O crack é um problema de todos e disputas políticas só trarão prejuízos à população. Se munir esforços, a droga seguirá sua rota de ascensão. E não podemos deixar isso acontecer", conclui Dirceu.

Bem menos influente na política partidária, o advogado carioca André Barros já se candidatou diversas vezes a cargos eletivos tendo a legalização da maconha como bandeira principal. Na votação de 2012, quando concorreu a vereador no Rio

---

20 José Dirceu, "Para salvar a ação na cracolândia", 13 de janeiro de 2012. *O Globo*. Disponível em: <http://oglobo.globo.com/pais/noblat/post.asp?cod_post=426195&ch=n>.

de Janeiro, ele obteve 1.823 votos em uma campanha que destacava sua atuação como advogado da Marcha da Maconha na cidade. Em entrevista ao site do coletivo antiproibicionista Cultura Verde,[21] de Niterói, Barros declarou que "as drogas e todo o sistema penal são apenas para prender, torturar e matar os pobres e reprimir os movimentos sociais" e defendeu fazer da Câmara dos Vereadores "um centro de debates sobre a legalização da maconha, pois inclusive existe uma Comissão Permanente de Drogas que faz apenas o discurso reacionário". Questionado sobre a relação da pauta antiproibicionista com o conjunto de seu partido, afirmou:

> É muito boa, no Rio de Janeiro o único parlamentar que vai à Marcha da Maconha é o Carlos Minc do PT. Em São Paulo, sempre vi apenas a Soninha do PPS e o Paulo Teixeira do PT, agora o Plínio do PSOL apareceu. O Paulo Teixeira do meu partido sempre compareceu às Marchas quando eram no Ibirapuera e a barra era pesada. Agora, o Paulo Teixeira, que é o líder do PT na Câmara dos Deputados, vai apresentar o projeto do Viva Rio, que está sendo divulgado pela TV. No Partido dos Trabalhadores não recebo qualquer patrulha pela defesa da legalização da maconha.

Não há evidências, no entanto, de que a situação do antiproibicionismo no interior do PT seja tão boa quanto avalia Barros. Exemplo claro da falta de definição nas fileiras do partido é a cidade de Diadema, na Grande São Paulo. O assunto ganhou a mídia local por conta da Marcha da Maconha, que, mesmo após a decisão do STF de 2011, que assegurava sua realização, sofreu em 2012 tentativas de proibição por parte da prefeitura da cidade, comandada pelo petista Mário Reali. Após ativistas organizadores da manifestação protocolarem no dia 2 de abril carta questionando a legalidade de tal decisão, a prefeitura respondeu em ofício datado de 18 de abril:[22]

> Venho informar a vossa senhoria que a Prefeitura Municipal de Diadema não autoriza o uso da Praça da Moça para realização da "Marcha da Maconha Diadema", no dia 26 de maio, 13h, na Praça da Moça.

---

21 "CULTURA VERDE ENTREVISTA – André Barros, advogado da Marcha da Maconha e candidato do Rio de Janeiro/RJ", 20 de setembro de 2012. Disponível em: <http://culturaverde.org/2012/09/20/cultura-verde-entrevista-andre-barros-advogado-da-marcha-da-mconha-e--candidato-a-vereador/>.

22 Disponível em: <http://s.conjur.com.br/dl/segunda-negativa-prefeitura-diadema.pdf>.

> Reinteramos [SIC] os motivos apresentados no OF.GP. N097/2012: a "Marcha da Maconha" conflita, colide com as políticas públicas desenvolvidas pela Prefeitura como, por exemplo, o fechamento de bares e similares às 23h, que contribui para reduzir o consumo de bebidas alcoólicas e, por decorrência, os crimes contra a vida, especialmente na faixa etária de 10 a 25 anos.

O evento foi realizado, e a decisão da Justiça que o garantiu ainda recebeu o seguinte comentário de Pedro Canário, em artigo no site *Consultor Jurídico*:[23] "Ao que parece, nem todo mundo entendeu a decisão do Supremo Tribunal Federal que permitiu a realização das marchas da maconha". No fim do ano, Reali perdeu a disputa por sua reeleição, e ainda, estranha e mesmo inacreditavelmente, associou sua ida ao segundo turno a supostas acusações de adversários seus que o criticariam por ser ligado à Marcha da Maconha. É o que diz matéria publicada pelo jornal *Repórter Diário*:[24]

> Após caminhada no bairro Jardim ABC, o candidato à reeleição Mário Reali (PT) afirmou nesta terça-feira (16/10) que Edvan Rodrigues de Souza, o Buiú (PMN) fez o trabalho sujo de Lauro Michels (PV) ao distribuir um folheto que associa a imagem do petista à Marcha da Maconha. Ainda de acordo com o petista, o efeito da publicação foi um dos fatores que levaram a disputa do Paço de Diadema para o segundo turno.

O assunto já vinha sendo discutido na cidade desde o final de 2011, quando organizadores da Marcha divulgaram vídeo de outro petista, o ex-prefeito e então deputado federal José de Filipi Júnior, declarando apoio à realização da manifestação e mesmo ao debate sobre descriminalização do uso de drogas. Uma reportagem publicada pelo *Diário do Grande ABC*[25] em dezembro de 2011 reper-

---

23 Pedro Canário, "Prefeito tenta, em vão, proibir a Marcha da Maconha", *Consultor Jurídico*, 25 de maio de 2012. Disponível em: <http://www.conjur.com.br/2012-mai-25/prefeito-diadema--tenta-vetar-obrigado-liberar-marcha- maconha>.
24 Camila Bezerra, "Para Reali, Biuú fez o trabalho sujo de Michels", *Repórter Diário*. 16 de outubro de 2012. Disponível em: <http://www.reporterdiario.com.br/Noticia/368521/para-reali-buiu-fez-o-trabalho-sujo-de-michels/>.
25 Raphael Rocha, Na região, apenas Filippi apoia marcha da maconha". 10 de dezembro de 2011. Disponível em: <http://www.dgabc.com.br/News/5931188/na-regiao-so-filippi--apoia-a-marcha-da-maconha.aspx>.

cute essas declarações e as contrapõe com as de outros dois deputados federais do partido que têm base na região de Diadema: Vanderlei Siraque e Vicente Paulo da Silva, o Vicentinho, importante liderança sindical do PT.[26] Siraque ressaltou a legalidade da manifestação, mas a criticou de forma deselegante: "Para mim, reivindicação dos trabalhadores por melhores condições é mais relevante do que essa marcha. Qualquer ato está garantido na Constituição, embora eu ache que quem defende esse tipo de marcha faz parte de um bando de aloprado". Já Vicentinho declarou: "Respeito muito o deputado Filippi. Mas sou contra o cigarro, a cerveja, a cachaça, a maconha, a cocaína, o crack ou qualquer outra droga".

A posição encontra eco também entre deputados estaduais paulistas eleitos pelo partido. Em 31 de maio de 2011, poucos dias após a violenta repressão à Marcha da Maconha de São Paulo, foi lançada na Assembleia Legislativa de São Paulo a "Frente Parlamentar de Combate ao Crack e outras drogas", presidida exatamente por um petista, o deputado Donizete Braga. Ao lado de figuras identificadas com a direita, como o ex-policial Major Olímpio e o procurador Fernando Capez, outros onze petistas compõem tal Frente: Ana do Carmo, Antonio Mentor, Edinho Silva (presidente do PT estadual paulista), Enio Tatto, Geraldo Cruz, Gerson Bittencourt, Hamilton Pereira, João Antonio, Marcos Martins e Telma de Souza.

Em entrevista a este trabalho, Gabriel Medina, membro da corrente Democracia Socialista (DS) e candidato a vereador derrotado nas eleições municipais de 2012 em São Paulo, resumiu a situação apontando que "é muito difícil a gente disputar no partido esse debate". Para ele, "a Juventude do PT é a força motora que pode botar o partido em contradição nesse debate. A JPT tem que respeitar as posições partidárias, mas ela tem que ser o principal instrumento de crise, de provocação do partido por uma agenda mais positiva, mais conectada com os anseios da sociedade".

---

26 Braga (2012, p. 179) descreve Vicentinho da seguinte forma: "Filho de trabalhadores rurais sem terra, Vicentinho migrou para São Paulo após transitar por inúmeras ocupações informais em Acarí, no Rio Grande do Norte. Em 1976, logo ao chegar em Diadema, foi contratado pela empresa metalúrgica Tamet como inspetor de qualidade, filiando-se ao Sindicato dos Metalúrgicos de São Bernardo no ano seguinte. Em 1980, trabalhando como inspetor de qualidade na Mercedes-Benz, Vicentinho destacou-se como um dos principais líderes da comissão de mobilização da greve de 1979, elegendo-se, em 1981, vice-presidente do sindicato. Em 1987, ele sucedeu Jair Meneguelli na presidência do Sindicato dos Metalúrgicos de São Bernardo e Diadema, tornando-se presidente nacional da CUT sete anos depois".

Medina cita o exemplo de sua corrente, a DS, na qual, mesmo sendo um dos agrupamentos com maior tradição de debate feminista e de combate às opressões, houve resistências à aprovação de resoluções antiproibicionistas em espaços deliberativos internos:

> Porque uma coisa é a juventude da DS, outra coisa é quando a gente vai ter uma conferência com todo mundo. O debate do feminismo demorou anos pra gente conseguir colocar ele como estratégico, hoje pra nós a construção do socialismo é indissociável da construção do feminismo. A última conferência da DS ela teve mais uma conquista, que foi colocar o debate antirracista como estratégico junto com feminismo. Pra mim um baita avanço porque traz o marxismo pra sociedade brasileira. Não é o marxismo alemão, francês, russo, tamos falando de uma herança colonial. Por exemplo, o debate da homofobia, na DS ele não é um debate. Ele existe, tem presença, tem resolução no congresso que fala desse debate mas tem muita crise como por exemplo o movimento LGBT trabalha. Identidade de gênero, isso não é um negócio bem vindo pros marxistas. Que que é identidade? Problema no conceito, tem problema na discussão, orientação, conceitualmente ainda tem conflito. E o debate das drogas a mesma coisa. Nós conseguimos colocar uma resolução que era aprofundar a discussão sobre a legalização, a descriminalização da maconha. Mas veja, é uma resolução que busca aprofundar a discussão mas ela não... Agora, isso não me impede de defender também, tanto que eu fui na Marcha da Maconha, defendo, to nos processos.

Em relação ao caminho que levou a que a Juventude do partido se engajasse formalmente, com a publicação da nota já citada, na defesa do antiproibicionismo e da Marcha da Maconha, Medina acredita que "inicialmente a coisa da maconha era pauta de um ou outro grupo" e que "agora está presente em todas as correntes da juventude do PT". "Eu acho que o PT tá muito menos envergonhado nessa história", resumiu. Já no que tange especificamente à sua campanha como vereador, na qual se tratava da temática das drogas por um viés distante do proibicionista, o militante da DS ressaltou a disposição em tocar nesses temas e chegou a defender a utilização de uma postura ligada aos ideais da contracultura:

> Eu acho que essa é uma das grandes tarefas da minha campanha, não só provocar um pouco o partido em alguns temas, mas fundamentalmente dialo-

gar com formas de fazer política que o partido não está conseguindo estabelecer nenhuma conexão. O PT tá um partido velho, burocrático, e a juventude do PT é reflexo disso. Porque a juventude do PT como é que é? São os assessores dos parlamentares, são os jovens que tão nas estruturas partidárias, querem disputar a estrutura, e começa a se repetir... Então é isso, é aquela coisa do imaginário do militante de esquerda, fuma charuto, sabe? Tem uma identificação, meio que uma reprodução do que são os quadros velhos. Eu acho que uma candidatura jovem do PT ela tem que ser contracultura. Se ela não provocar isso ela não vai servir também a muita coisa. Nós vamos colocar esse campo no âmbito do eixo das liberdades, que é isso: anti-homofobia, antirracismo, feminismo e a questão duma política de drogas, não só nesse campo, porque eu vou trabalhar inclusive com mais reforço nisso né? Um eixo vai ser esse campo do feminismo, racismo e homofobia, trazendo também a questão da acessibilidade, pra pessoas com deficiência, acho que é um debate importante na cidade né, tem a ver com esses setores que são maiorias consideradas minorias, e um outro debate é esse debate que eu vou integrar com o debate de saúde mental, psicologia, pela coisa da psicologia, luta antimanicomial e drogas.

Também membro da JPT, o baiano Eduardo Ribeiro, o Dudu, atuava na corrente Articulação de Esquerda (AE) antes de fazer parte da fundação da Esquerda Popular e Socialista (EPS), tendência que já nasceu, em 2011, incorporando o discurso antiproibicionista em seus documentos e resoluções. Ele lembra que "dentro da AE, e a partir do espaço que ocupava, onde cheguei a compor a Direção Estadual de Juventude, e daí a Direção Estadual da Juventude do PT da Bahia, havia ainda pouca, quase nenhuma, elaboração sobre o tema das drogas – sendo o que havia parte das elaborações de movimento estudantil para o tema". A participação de alguns quadros da Bahia na organização da Marcha da Maconha em Salvador e as relações com militantes estudantis de outros estados representaram, segundo Dudu, "um ensaio de elaboração sobre o tema, mas que não foi além do próprio jornal interno da tendência, chamado *Página 13*". "Apesar da limitação, a autonomia para a composição do movimento antiproibicionista e elaboração dos temas era visto com bons olhos, sobretudo pela Direção Estadual da tendência na Bahia, que não se furtou a iniciar em sua base o tema", complementa.

Mesmo ressaltando que a temática das drogas vem ganhando espaço no PT por conta da atuação de seus quadros de juventude, Ribeiro salienta que o espaço ocupado "ainda é restrito, tanto em importância nas resoluções quanto em perspectivas estratégicas para a disputa política":

> Inicialmente, ressalto, pela pouca formação no tema, a influência ainda importante de informações transmitidas pelo senso comum, alimentadas pela grande mídia, e a ausência na direção partidária de interesse de ir disputar as políticas públicas sobre drogas, no conjunto da sociedade – o que significa, dentro de um ambiente médio conservador, uma difícil batalha ideológica, menos pragmática.

Em relação à sua participação na Marcha da Maconha de Salvador, movimento onde atua desde seus tempos de militante da AE, Ribeiro afirma que "o preconceito em relação a essa posição a princípio era grande, por não representar um espaço histórico do movimento social popular no Brasil e local onde o Partido dos Trabalhadores tem pouquíssima referência". Segundo ele, "algumas críticas dos mais radicais prendiam-se à idéia de que esse conjunto representa um movimento social classe média, universitária, e com alguma restrição à participação partidária" e "foi o crescimento do movimento fora do partido que deu oportunidade para que o debate também crescesse dentro do PT".

Dudu aponta que a fundação da EPS foi fruto de uma articulação realizada por um "conjunto de organizações políticas à esquerda no PT, uma parte vinda da Articulação de Esquerda, outra de outras agremiações regionais e nacionais (como a Tendência Marxista)" que já trazia como "característica central" uma "ligação importante com movimentos populares, como os movimentos de luta pela terra e pastorais, e possuíam força importante já na atuação partidária e alguma relevância a nível parlamentar e governamental". Ele afirma que em todos esses setores a questão dos direitos civis é encarada com importância, e que a construção da nova tendência "buscou a partir dessa centralidade programática nos movimentos sociais trazer a luta antirracista, anti machista, anti-homofóbica, antiproibicionista".

"Na fundação da EPS, o debate antiproibicionista aparece na expressão de uma das novas frentes em que a tendência deve se empenhar em construir", declarou Ribeiro, que negou qualquer tipo de resistência às discussões antiproibicionistas no momento de formação da tendência. Ele lista quatro tópicos entre os principais na abordagem sobre drogas realizada pelo grupo:

> Os principais temas na tendência tem sido (1) o combate à violência alimentada pelo discurso e métodos proibicionistas, com foco central no genocídio da juventude negra nas periferias de todo o Brasil ocasionado pela idéia de guerra às drogas, (2) a política de redução de danos

como medida importante da convivência saudável com o ambiente de uso de drogas e diminuição dos impactos nas vidas perturbadas por usos abusivos, (3) a defesa de uma política de drogas radicalmente diferente ao modelo atual, com foco na liberdade do corpo, na autonomia do/a usuário/a em relação ao tratamento, com imperiosidade à sua escolha e (4) a necessidade de construir nos movimentos sociais as idéias formuladas para o tema e construir as ações no sentido de influenciar nas políticas públicas sobre drogas no Brasil.

No entanto, Ribeiro ressalta que "o tema não ocupa ainda centralidade nas elaborações da tendência", o que ele explica como resultante de três fatores: em primeiro lugar, a disputa por espaço "com movimentos históricos e pautas consolidadas no interior da esquerda brasileira e no PT"; em segundo a falta de informação sobre o assunto por parte dos militantes e, por fim, "pela restrição de outro conjunto que continua a não acreditar que seja um tema central para a consolidação de um programa à esquerda para a sociedade brasileira".

Segundo ele, "tem crescido a importância do tema no conjunto da juventude do PT que aprovou no seu último congresso uma resolução sobre o tema da internações compulsória e repudiou o investimento público em comunidades terapêuticas", além de decidir a manifestação de apoio à Marcha da Maconha já citada aqui. No entanto, Ribeiro acredita que "a elaboração no entanto ainda sofre pela carência de militantes e dirigentes na política sobre drogas. A juventude tem sido o setor mais ativo nesse debate mas ainda formula pouco e executa ainda menos". Em relação ao conjunto do partido, ele identifica "falta de centralidade" em relação ao tema, e lembra da posição da tendência O Trabalho, que é explicitamente contrária à legalização das drogas.

Em dezembro de 2011 a Juventude da Esquerda Popular Socialista divulgou nota discordando do Plano de Enfrentamento ao Crack do governo federal de Dilma Rousseff. Para o documento, o lançamento do programa se deu "na esteira do crescimento do debate conservador proibicionista" e "parece uma tentativa de acalmar e agradar estes setores conservadores. O próprio nome do programa denuncia isto, ao se adequar mais à visão conservadora do combate total às drogas que a uma discussão séria sobre saúde pública". O texto prossegue apontando preocupação com "a histeria do debate em relação ao crack, com a conceituação do mesmo como epidemia", vendo a equiparação de todas as formas de uso de drogas como dependência como não contribuindo "para o avanço do debate, para o tratamento sério dos dependentes, nem para combater o estigma sofrido pelos usuários de drogas".

> Por fim, preocupa-nos fundamentalmente, a informação divulgada pela mídia de que usuários de crack poderiam ser alvo de internação involuntária através do novo programa do governo. Consideramos a voluntariedade na internação, princípio fundamental para garantir as liberdades individuais e o próprio sucesso do tratamento. Qualquer outra forma de tratamento, só deve ser encarada em casos extremos, sob pena de estarmos incorrendo em mais uma forma de criminalização do usuário. Por casos extremos entendemos, não simplesmente o fato do usuário ser considerado dependente, mas casos que envolvam crianças e adolescentes ou casos em que a não internação do paciente envolva risco claro e iminente à vida do próprio paciente ou à segurança de outras pessoas. De toda forma, qualquer tipo de internação não-voluntária deve ser encarada sempre como último recurso e como solução provisória, sendo suspensa tão logo os riscos iminentes citados acima, cessem.

Esperamos que o governo federal exponha objetiva e detalhadamente como se dará esse processo de internação involuntária através do programa e que garanta ainda os meios para que não haja qualquer tipo de violação às liberdades individuais sob a justificativa de "combate ao crack".

Se a EPS pode ser encarada, ao menos no discurso, como a mais antiproibicionista das tendências petistas, isso não significa que este seja o cenário geral do partido, como visto. Outra corrente de nome Esquerda Marxista pode ser situada no extremo oposto, como fica evidente no artigo "A juventude não precisa de drogas, mas sim de emprego, educação e lazer!", publicado em 1º de julho de 2012 na página da organização na internet.[27] Assinado por João Diego, o texto parte do já citado manifesto "Basta de guerra: por outra política de drogas", escrito pela Marcha da Maconha São Paulo, para apresentar a discordância: "Para eles o uso de drogas não torna o mundo melhor, 'mas não deixamos de ver o evidente:

---

27 João Diego, "A juventude não precisa de drogas, mas sim de emprego, educação e lazer!", 1 de julho de 2012. Disponível em: <http://marxismo.org.br/?q=content/juventude-n%C3%A3o-precisa--de-drogas-mas-sim-de-emprego-educa%C3%A7%C3%A3o-e-lazer>.

a proibição do consumo de algumas delas torna o mundo muito pior'. Aí está o ponto que divergirmos".

"Ao contrário do que afirmam o Movimento da Marcha da Maconha, nós, da Juventude Marxista, acreditamos que a liberação das drogas irá tornar o mundo pior", prossegue Diego. "Para nós, as drogas fazem parte do aparato de dominação da classe burguesa contra os trabalhadores", continua, apontando: "Liberar a maconha ou outras drogas para uso individual não diminuirá o consumo. Prender os dependentes químicos ou os usuários casuais das drogas, também não resolve nada. A liberação ou proibição atacam somente efeitos e não os problemas que não estão relacionados às drogas em si, mas ao motivo pelo qual as pessoas as utilizam, levando-as a um mecanismo de 'fuga'".

> A verdade é que a juventude não precisa de drogas, mas de educação, saúde, esporte e de trabalho. A luta de classes é uma guerra encarniçada dos trabalhadores contra a burguesia. Assim como devemos combater o alcoolismo no movimento operário, combatemos as drogas na juventude e na classe operária.
>
> Como já dissemos, acreditamos que facilitar o acesso às drogas não beneficiará em nada a juventude. Somos favoráveis a todas as medidas que fortaleçam a consciência da classe dos trabalhadores e da juventude, ou que eleve seu nível de vida. A liberação do uso de mais drogas, além das já liberadas como o álcool, só beneficiará a burguesia, os bancos e os negócios sujos de empresários que mantêm laços com o tráfico na lavagem de dinheiro.

PSOL: a favor, contra, mais ou menos...

Atuante na Marcha da Maconha do Rio de Janeiro desde sua primeira edição com este nome, em 2007, o sociólogo Renato Cinco tornou-se em 2013 o primeiro ativista do movimento a assumir um cargo parlamentar, após ser eleito vereador pelo PSOL nas eleições municipais de 2012, no Rio de Janeiro. Isso não significa, no entanto, que o partido seja um lócus de articulação e militância antiproibicionista, mesmo que tenha entre seus membros alguns componentes da Marcha ao redor do Brasil: em verdade até o momento de escrita deste trabalho não havia um posicionamento oficial da organização a respeito da guerra às drogas.

Fundado oficialmente em 5 e 6 de junho de 2004[28] durante seu I Encontro Nacional, o Partido Socialismo e Liberdade nasce a partir de ruptura de algumas lideranças e tendências com o PT.

Dessa organização o PSOL herdou a ênfase prioritária na disputa eleitoral e também o modelo de organização por correntes, sem centralismo democrático. Desta forma, assim como no PT, convivem em seu interior agrupamentos com trajetórias, formulações e opiniões diferentes, o que inevitavelmente gera uma série de conflitos – como por exemplo o "racha" que paralisou o II Congresso da agremiação, realizado em São Paulo no ano de 2009, quando o setor ligado à alagoana Heloísa Helena se retirou do evento após acaloradas discussões sobre a defesa ou não da legalização do aborto.

No I Encontro Nacional foi eleita uma comissão Executiva provisória, que seria referendada por um Congresso a ser realizado posteriormente e também foi escolhida Heloísa Helena como presidente. O partido concentrou-se então na campanha por sua legalização a fim de se credenciar para disputar as eleições de 2006, o que demandou coleta de centenas de milhares de assinaturas ao redor do país. Com isso e com a disputa, que terminou com Helena ficando em terceiro lugar na disputa para a presidência, vencida pela segunda vez por Lula, o I Congresso do partido, previsto inicialmente para o final de 2005, só foi ocorrer em 2007, na cidade do Rio de Janeiro, entre os dias 7 e 10 de junho, momento em que a agremiação tinha 22 mil filiados.

Com todas as atenções voltadas para a escolha de sua direção e para as eleições de 2008, com o tema das possíveis alianças ocupando grande importância, o Congresso de 2007 não abordou a temática das drogas em suas resoluções finais. Heloísa Helena foi referendada como presidente, e o detalhamento de um plano de ação foi deixado para futuras reuniões da Executiva, que se reuniu apenas mais uma vez no ano de 2007, traçando apenas um planejamento de curto prazo. O órgão voltou a se encontrar em fevereiro de 2008, e ali definiu as prioridades do partido para aquele momento, com sua Executiva "conclamando o povo brasileiro" a:

> a) Defender o Brasil, os interesses nacionais, do povo e dos trabalhadores, com propostas claras para enfrentar a crise.

---

28 Um relato detalhado do processo de constituição partido pode ser encontrado em Delmanto e Sada (2008), de onde as informações para este item foram retiradas.

b) Nenhum corte nos gastos sociais. Defesa da saúde, da educação, da segurança pública.

c) Redução das taxas de juros, já que o aumento das mesmas drena os recursos públicos para o capital financeiro.(...)

d) Controle de capitais para que a economia não seja sangrada com a especulação e a remessa de lucros para o estrangeiro.

e) Taxação das grandes fortunas e por uma verdadeira reforma tributária que taxe o grande capital e os especuladores. (...)

f) Por uma CPI da dívida pública para que o povo tenha o conhecimento da composição da dívida, quem ganha e quanto ganha. (...)

g) Contra as privatizações via as PPPs e as novas modalidades. Em defesa da infraestrutura nacional. Não ao aumento das tarifas públicas.

h) Contra o congelamento salarial dos servidores públicos! Em defesa dos direitos dos trabalhadores e contra a repressão e criminalização dos movimentos sociais.

i) Por uma campanha em defesa da Amazônia, contra o desmatamento e as privatizações das florestas. Fora as multinacionais da Amazônia!

j) Prisão aos corruptos e corruptores. Apoio às CPIs de todas as formas de investigação para derrotar esta vergonha nacional. Contra o acordo do PT e do PSDB para fazer abafar o escândalo dos cartões corporativos.

O debate sobre drogas estava, portanto, completamente fora das preocupações principais dos órgãos dirigentes do partido, o que se manteve nos anos seguintes – Renato Cinco declarou, em entrevista realizada pelo Diário Liberdade[29] em 2011, que até aquela data não havia posição oficial da organização a respeito do tema, situação que se mantém até o momento de escrita deste trabalho. No entanto, o II Congresso Nacional do PSOL, realizado em 2009, não pode evitar o assunto por conta da inscrição de um texto, uma "contribuição", nos termos do próprio evento, criticando a guerra às drogas e defendendo o antiproibicionismo, inscrita por 32 membros do partido, em sua maioria jovens de São Paulo, entre eles o autor deste trabalho – que se desligaria da organização pouco tempo depois.

---

29 "Entrevistamos Renato Cinco sobre a repressão às drogas e sua legalização e regulamentação no Brasil", *Diário Liberdade*, 3 de outubro de 2011. Disponível em: <http://www.diarioliberdade.org/index.php?option=com_content&view=article&id=20145:entrevistamos-renato- cinco-sobre-a-repressao-as-drogas-e-sua-legalizacao-e-regulamentacao-no- brasil&catid=248:reportagens&Itemid=131>.

Além das nove "teses" inscritas por correntes e tendências, o Congresso contou com quatro "contribuições":[30] "Formação, articulação e lutas: Os desafios do PSOL perante a fragmentação da esquerda socialista", "Por um partido em que a base tenha voz e vez!", "O presente é de luta, o futuro é da gente!" e "Romper a cortina de fumaça: A necessidade de um debate amplo e sem preconceitos sobre a questão das drogas". Além de serem disponibilizadas impressas a todos os inscritos no evento, cada contribuição recebeu alguns poucos minutos para expor suas ideias no plenário, tendo a defesa do texto antiproibicionista sido realizada por Pedro Nogueira, militante da Marcha da Maconha São Paulo, e Álvaro Neiva, do Rio de Janeiro. Enquanto expunham suas ideias, Heloísa Helena fazia questão de expor sua discordância balançando ostensivamente a cabeça em sinal negativo.

"A proibição de certas drogas constitui um instrumento fundamental da dominação do capital", dizia o texto em sua primeira frase, complementando: "Pauta praticamente ignorada pelo conjunto da esquerda, esse debate é crucial para a luta dos socialistas hoje". O documento chama a atenção de que entre todas as teses inscritas para o I Congresso do partido, apenas duas mencionavam a questão das drogas, e "de passagem".

> Enquanto isso amplia-se o genocídio da população pobre, o imperialismo continua atacando a América Latina e o Governo Lula não apresenta qualquer resposta distinta da cartilha de Washington. Tais fatos fazem com que até a direita já declare o fracasso da "guerra às drogas" – apesar do seu sucesso enquanto repressora de levantes sociais e propulsora de guerras. E a esquerda, onde se situará? Seguiremos reproduzindo preconceitos moralistas e deixando esse debate obscurecido sob a pecha de restrito aos interesses dos (muitos) usuários de drogas ou trataremos de debater o assunto com a seriedade que sua complexidade e importância exigem? Não há dúvidas que o uso descontrolado de drogas pode ser problemático e perigoso, assim como também o são o uso excessivo de televisão ou açúcar, por exemplo, e não é por isso que a solução para esses problemas deva ser estabelecida no âmbito da repressão/criminalização/militarização.

---

30 Disponíveis em: <http://psol50.org.br/blog/2009/05/13/teses-e-contribuicoes-ao-ii-congresso-do-psol/287>.

O texto não apresentava proposições específicas, dizendo que as alternativas deveriam "ser construídas coletivamente de forma a minimizar os efeitos danosos das drogas sem que para isso seus efeitos positivos (medicinais, criativos, sociais e mesmo industriais) sejam anulados nem que milhares de pessoas tenham que morrer a cada dia", e apontava como sua intenção primordial "fomentar um debate praticamente inexistente não só no conjunto da sociedade brasileira quanto dentro da própria esquerda", que era qualificada como "muitas vezes ainda atada não só a esquemas pré-concebidos de militância institucional mas também a preconceitos que exatamente ela deveria combater, enquanto propositiva de um projeto alternativo de sociedade". "Esperamos que o PSOL possa ser parte desse necessário processo de reflexão/conscientização, passo importante na construção de um mundo mais livre, justo e sem opressões de qualquer espécie", finalizava a contribuição.

Esse Congresso, que acabou definindo Plínio de Arruda Sampaio como candidato à presidência pelo partido nas eleições de 2010, foi bastante conflituoso e, como apontado anteriormente, praticamente não terminou, após permanecer paralisado depois de um setor ter deixado o espaço de plenária. Como a volta só ocorreu no dia seguinte ao conflito, atrasando a programação, muitas propostas de resoluções não foram votadas, inclusive uma proposta por estes militantes que inscreveram a contribuição, na qual a guerra às drogas e o proibicionismo eram definidos como prejudiciais e a abertura do debate era defendida. Supostamente as resoluções seriam encaminhadas à primeira reunião do Diretório Nacional realizada após o Congresso, o que nunca chegou a acontecer. Nas resoluções finais do evento não há nenhuma menção à questão das drogas, com a palavra "narcotráfico" aparecendo apenas na "Resolução sobre a campanha nacional em defesa do deputado estadual Marcelo Freixo (RJ)", que dizia:

> A atividade parlamentar do companheiro Marcelo Freixo, deputado estadual do PSOL no Rio de Janeiro, deve ser reivindicada por todo o partido. Sua luta contra o poder das milícias e do narcotráfico enraizados nas instituições e na política do estado tem sido referência para um amplo setor do povo carioca e brasileiro, flagelado pela violência, fortalecendo o clamor da sociedade civil organizada na luta contra as milícias e o crime organizado. A sua intervenção tem atraído a ira das organizações criminosas, que o tem ameaçado de morte e tentado de todas as formas de intimidação para enfraquecê-lo.

Realizado em 2011, o III Congresso do partido novamente contou com uma contribuição sobre o tema, que tinha inclusive o mesmo nome da inscrita dois anos antes. O texto[31] aparenta ter sido inscrito de última hora, afinal é praticamente idêntico ao produzido no Congresso anterior, com apenas o primeiro parágrafo e a conclusão tendo sido modificados. O número de assinaturas no entanto foi bem maior do que a tentativa anterior: desta vez foram 120 os signatários. "Um partido deve ser um instrumento de organização e interação entre os diversos atores, espalhados pelas várias regiões do país, que lutam por um projeto societário livre da opressão e exploração capitalista", começa o documento, que aponta que "somente um partido que seja simultaneamente socialista e libertário é capaz de enfrentar esse momento histórico com vistas à sua superação".

Ao final, as outras modificações: o grupo signatário propunha a criação de um "Setorial de legalização das drogas", nos moldes dos setoriais de negros, mulheres e jovens que o partido já tinha, e defendia a Marcha da Maconha como " instrumento de inserção política da juventude, que ali tem contato com pautas como opressão étnica e de classe, corrupção, justiça, democracia e Estado, saúde pública, direitos humanos, entre outras inerentes ao debate da legalização". Visando convencer os membros do partido da importância da atuação no interior da Marcha, o documento insinuava inclusive que esse seria um bom espaço para se angariar novos membros para o PSOL:

> Em contato com militantes orgânicos, muitos desses jovens, recém despertos para o ativismo político, entram em contato com outras questões, como a luta de classes, as questões socioambientais, as questões libertárias, questões de gênero, LGBT, democratização da comunicação e da cultura etc. Eis, portanto, um bom espaço para o partido dialogar com as mentes e corações da juventude.

Dessa vez houve espaço para aprovação de resoluções a respeito do tema, mesmo que não na plenária principal do evento, e sim na realizada no interior do setorial de juventude do partido, que referendou a criação de um espaço específico para a discussão sobre a legalização das drogas – após este congresso este setorial teve pouca atuação prática, restringindo-se a discussões virtuais. Eis as resolu-

---

31 Disponível em <http://psolriodasostras.wordpress.com/artigos/romper-a-cortina-de-fumaca-%E2%80%93-a- necessidade-de-um-debate-amplo-e-sem-preconceitos-sobre-a-questao-das--drogas/>.

ções completas definidas pela juventude do PSOL em 2011 – elas não constam do compilado de resoluções finais do encontro disponibilizado oficialmente pelo partido em seu site:

> Resoluções sobre política de drogas aprovadas na reunião do Setorial de Juventude durante o III Congresso Nacional do PSOL:
> 1- O PSOL entende que a "guerra às drogas" imposta ao mundo pelo governo Nixon é um instrumento de criminalização da pobreza através da ação seletiva do aparelho de estado que reprime o tráfico nas comunidades pobres. O PSOL entende que uma nova política de drogas que vise a defesa da saúde da população passa pela legalização e regulamentação da produção, comercialização e usos das drogas hoje ilícitas. Uma nova política de drogas deve ser focada na informação, redução dos danos e tratamento de eventuais dependentes.
> 2- O PSOL entende que a luta pela legalização da maconha é uma tática fundamental para a construção de uma nova política de drogas. Apoiamos a Marcha da Maconha e promoveremos todos os esforços no sentido de conquistar a legalização e regulamentação, produção, comercialização e usos da maconha. O PSOL estudará os modos de utilizar sua legitimidade constitucional diante do STF para garantir o uso religioso e medicinal da maconha.

O III Congresso representou a consolidação de uma importante mudança na correlação de forças do partido internamente, simbolizada sobretudo pela retirada de Heloísa Helena do cargo principal da agremiação, que passou a ser ocupado pelo deputado federal Ivan Valente. Em entrevista publicada em 2010, Valente foi questionado pelo blog *Política e verdade*:[32] "Qual a sua opinião sobre a legalização dos jogos de azar, cassinos e drogas, e quais os impactos que isso pode causar na geração de empregos e na arrecadação do governo? Os impactos sociais podem ser negativos?", ao que respondeu, em um plural majestático que não deixa claro se diz respeito ao conjunto do PSOL, a seu próprio mandato ou a ele mesmo

---

32 "Política e Verdade pergunta – Ivan Valente". 29 de setembro de 2010. Disponível em: <https://politicaeverdade.wordpress.com/tag/legalizacao-de-drogas/?u=http%3A%2F%2Fpoliticaeverdade.wordpress.com%2F2010%2F09%2F29%2Fpolitica-e-verdade-pergunta-ivan-valente%2F&src=sp>.

apenas, dizendo-se contrário a legalização mas a favor de tratamento diferenciado a cada tipo de droga e da descriminalização do usuário de maconha:

> Somos contra essas legalizações. Na votação na Câmara sobre a legalização dos bingos, por exemplo, o PSOL foi contra por entender que uma parte significativa desses setores têm relações com esquemas de lavagem de dinheiro e com o crime organizado. Em relação às drogas, é preciso tratar de forma diferenciada cada tipo e descriminalizar progressivamente o usuário da maconha.

Já sua antecessora se posicionava de forma mais incisiva sobre o assunto, diante do qual sempre se portou de forma explicitamente proibicionista. Em 27 de junho de 2011, por exemplo, Heloísa Helena publicou, no site da Fundação Lauro Campos, administrada pelo PSOL, texto intitulado bem a seu estilo verborrágico: "Miséria humana e roubalheira política sustentam o Poder". Nele ela aponta o consumo de drogas como redutor do espírito de contestação, ao apontar que "nas festas da manipulação política – e no consumo desvairado das drogas lícitas ou ilícitas por muitos do povo – está o antídoto perfeito da rebeldia social!".

Em 8 de agosto desse mesmo ano, também no mesmo site, Helena foi ainda mais incisiva quando, no artigo "Impunidade para quem?", apontou a existência de "milhões de seres humanos em nosso país (Alagoas ostenta os piores indicadores sociais) que nasceram em comunidades vulneráveis socialmente nas periferias e são condenados à miséria humana (que é infinitamente mais infame que a pobreza absoluta)" e bradou:

> Foram condenados a perderem seus nomes e a ingenuidade da identidade infantil, pois logo cedo foram "incluídos" como aviãozinho, fogueteiro, mula do pequeno e maldito tráfico de drogas – conduzido por pequenos bárbaros – para fomentar a imensa riqueza de uma canalha muito rica e poderosa, que vive muito distante das favelas e movimentam bilhões de dólares com as drogas psicotrópicas lícitas ou não.

Somente por esse trecho seria possível até se relativizar tais declarações, afinal ela poderia estar criticando apenas o "maldito tráfico de drogas", e não o consumo destas. O artigo "Alcoolismo", de 30 de maio de 2011, publicado portanto dois dias após a realização da Marcha da Liberdade em São Paulo, é exemplar a respeito da postura da ex-senadora alagoana. Tendo como objeto "uma droga psicotrópica – o álcool – socialmente aceita e irresponsavelmente estimulada pela intensa publicidade diária nos meios de comunicação", Helena aponta que a "promiscuidade política dirigida pela irresponsabilidade e omissão criminosa na Administração Pública", o "caos nos serviços públicos" e o "aumento na circulação das drogas ilícitas" seriam responsáveis pela formação de "imensos exércitos de mão-de-obra escrava com os pobres para o mundo maldito do narcotráfico".

> Primeiro gostaria de alertar – especialmente aos que gostam de se apresentar como cretinos contumazes – que a breve análise que farei sobre o tema não está fundamentada em nenhuma concepção religiosa e muito menos no velho moralismo farisaico que desprezo. Quem quiser construir seus "paraísos artificiais" ou "férias químicas de si mesmo e do mundo medíocre" que o faça... mas sem hipocrisia ou discurso cínico e pretensamente avançado, e de preferência tirando as patas das crianças e jovens!

Esse texto teve desdobramentos em outro, publicado em 11 de julho de 2011 no blog *Acerto de contas*, em artigo de nome "Contra a legalização de mais drogas psicotrópicas!".[33] Sua proposta? "Não legalizar e botar pra quebrar no crime organizado e no narcotráfico esteja ele onde estiver (especialmente nos Palácios de Riqueza e Poder que ganham bilhões na ilegalidade e ganharão muitos mais na legalidade!)". Antes de qualificar como "reacionária" a defesa da legalização das drogas ilícitas, o que serviria em sua opinião "para que a nossa juventude esteja entupida de 'maravilhosos' momentos de dependência química, distanciados do mundo real e incapacitados para a construção de qualquer projeto social pautado na verdadeira democracia popular!", ela afirma:

> A minha intenção, nas poucas linhas que tenho disponível para assunto tão complexo, está relacionada ao debate nacional sobre a legalização de novas drogas psicotrópicas que atuam diretamente no Sistema Nervoso Central e alteram sua atividade de forma depressora, estimulante ou perturbadora e sempre promovendo efeitos agudos e crônicos, físicos e psíquicos. Não estou falando "apenas" de fugir do mundo concreto para vivenciar relaxamento e hilaridade mesmo nas desgraças,

---

33   Disponível em: <http://acertodecontas.blog.br/artigos/contra-a-legalizao-de-mais-drogas-psicotrpicas/291>.

de perda de memória de curto prazo, delírius persecutórios, alucinação, problemas respiratórios, redução de testosterona, surtos psicóticos, perturbações auditivas e visuais, náuseas e vômitos, desorientação, perda do auto controle, convulsões, síncope cardíaca, degeneração de nervos periféricos, paralisia, amputação, depressão respiratória e cardíaca, coma, morte! Temos que lembrar também dos violentíssimos e dolorosos processos de abstinência tanto em relação ao usuário desesperado pela dependência química como para a família e entes queridos... seres humanos que se tornam capazes de matar ou morrer porque fisiologicamente seu organismo necessita da substância química! Sem esquecer que o organismo humano se torna cada vez mais tolerante à quantidade utilizada e precisa de doses cada vez maiores ou de outras drogas mais potentes para produzir os efeitos desejados.

Para Helena, a defesa da regulamentação do mercado destas substâncias não passaria de cinismo:

> E... não sejamos cínicos, pois estamos numa economia capitalista globalizada e capaz de promover gigantescas, livres e "criativas" redes de comércio para atingir sem risco milhões de consumidores potenciais no Brasil e assim faturar muitos bilhões de dólares a mais do que faturam hoje na ilegalidade. Depois, quando a desgraça estiver instalada, entrará a conversa fiada que gera emprego no campo, na cidade, na indústria e que economicamente arrecada dinheiro pelos impostos e que o Governo vai controlar a qualidade do produto e impedir a venda para menores de 18 anos (kkkkkk... tem que rir pra não infartar!) e outros mais blá blá blá...Ora, os Governos não conseguem nem controlar os mosquitos da dengue, nem assegurar leito hospitalar para mulheres com as mamas em neoplasia maligna apodrecida externamente, não garantem tratamento e recuperação aos usuários de hoje imagine se serão capazes assegurar fiscalização, monitoramento e controle na comercialização do livre mercado ou o tratamento para milhares de novos usuários de drogas psicotrópicas!! No final das contas o elogiado mercado interno de massas em nosso país será o alvo consumidor, seja nas comunidades pobres e vulneráveis socialmente ou manipulando os aspectos psicológicos característicos à infância e juventude em todos os setores da sociedade ou promovendo novidades químicas entre adultos mesmo!

No momento de escrita desse trabalho, Helena perdeu grande parte de sua força no interior do partido, restringindo-se a ocupar o cargo de vereadora na cidade de Maceió. Especula-se que irá deixar o PSOL para entrar em uma nova legenda a ser fundada por Marina Silva, ex-PT e candidata a presidente pelo PV. Em comum entre as duas não só o sexo e o rompimento com o PT: Silva também é proibicionista, como demonstra, por exemplo, reportagem do portal *Terra* publicada em 2010, na qual a ex-ministra do Meio Ambiente diz nunca ter consumido sequer bebidas alcoólicas em sua vida e ser contrária à legalização da maconha.[34]

Essa perda de espaço de Helena acontece em paralelo a um certo ascenso das posições antiproibicionistas no interior do PSOL, o que salta aos olhos quando se analisa o principal eixo de atuação do partido, a disputa eleitoral. Além de Renato Cinco, o partido contou com diversos outros candidatos defensores de mudanças na política de drogas brasileiras nas eleições municipais de 2012. É caso, por exemplo, de Cecília Feitosa, Marco Duarte, Mathias Rodrigues, Ricardo Takayuki e Mel Marquer, candidatos a vereador nas cidades de Fortaleza (CE), São Gonçalo (RS), Santa Maria (RS), Uberlândia (MG) e Rio das Ostras (RJ), respectivamente – nenhum deles chegou perto de ser eleito.

Com o slogan "Caretice oprime, violenta e mata: Basta de invisibilização das opressões!", a campanha de Marquer tinha discurso ousado e voltado sobretudo aos jovens. Depois de apresentar considerações sobre a violência contra a mulher e contra a população LGBT, um panfleto da candidata tocava na questão das drogas, apontando que "a reprodução do ideal de guerra às drogas é ineficiente, gera corrupção, criminaliza a pobreza, restringe o direito do indivíduo sobre o próprio corpo" e propondo "dar outro direcionamento ao tratamento público da questão, trabalhando no sentido da educação e das políticas de redução de danos". "Contra o conservadorismo, a caretice, a violência física e simbólica, a invisibilização das opressões vote Mel Marquer 50.420.[35] PSOL: partido que não desiste e não se vende", concluía o material.

Os outros quatro candidatos citados foram entrevistados às vésperas da eleição pelo coletivo Cultura Verde em seu site. Bióloga formada pela Universida-

---

34 "Nunca fumei maconha e nunca bebi", diz Marina Silva". *Terra*. 15 de junho de 2010. Disponível em: <http://noticias.terra.com.br/eleicoes/2010/noticias/0,,OI4568755-EI15315,00-Nunca+fumei+maconha+e+nunca+bebi+diz+Marina+Silva.html>.

35 O horário 4h20, ou 16h20, é simbólico para os adeptos da chamada "cultura canábica", sendo associado ao consumo de maconha.

de Federal do Ceará, Cecilia Feitosa declarou na entrevista[36] que sua candidatura se comprometia com "o combate à criminalização e extermínio da juventude, sobretudo pobre e negra, na periferia" e por isso pretendia "efetivar ações que contribuam com o debate antiproibicionista e ações que busquem a redução de danos no uso de drogas na esfera da cidade". Ela avalia "a atual política de drogas" como responsável por elevar a população carcerária, "que em geral tem uma mesma cor e tem uma mesma origem social. Só termina por elevar o quadro de aprofundamento da violência de um modelo de sociedade, já por si violento". O proibicionismo é definido como instrumento para as "classes dominantes criarem mecanismos que legitimem o seu uso da violência para a contenção dos insatisfeitos com a ordem e insurgentes para com ela, por ameaçar a manutenção de um status quo" e a candidata defende, em nome do partido, "uma outra política de drogas, com formas de contribuir com a redução de danos no uso, no combate ao tráfico e à violência" e a legalização da maconha.

Já o assistente social e psicólogo Marco Duarte,[37] militante da causa LGBT no Rio de Janeiro e um dos fundadores do PT, qualificou a temática das drogas como "tabu" e defendeu que "não se pode ter uma leitura preconceituosa e discriminatória desta situação, que requer um debate sério, qualificado e fundamentado, sem moralismos e censura religiosa a priori". Defendeu que a questão seja tratada, "em particular, os usuários", de forma "desvinculada da política de criminalização da pasta de segurança pública como uma questão de saúde coletiva e individual nas ações intersetoriais que lhe impõem, na dobra com a educação, a assistência social e os direitos humanos".

> Como candidato antiproibicionista, antimanicomial, LGBT, do movimento em defesa da saúde/saúde mental, da educação pública e dos direitos humanos, vejo as candidaturas desses setores oprimidos e explorados, segregados, discriminados, destituídos de direitos e objeto de todas as formas de intolerância, e subjugados aos ditames das gestões

---

36 "CULTURA VERDE ENTREVISTA: Cecilia Feitoza, bióloga e candidata antiproibicionista de Fortaleza/CE", 1 de outubro de 2012. Disponível em: <http://culturaverde.org/2012/10/01/cultura-verde-entrevista-cecilia-feitoza- sociologa-e-candidata-antiproibicionista-de-fortalezace/>.

37 "CULTURA VERDE ENTREVISTA: Marco Duarte, professor e candidato antiproibicionista de São Gonçalo/RJ", Cultura Verde, 1 de outubro de 2012. Disponível em: <http://culturaverde.org/2012/10/01/cultura-verde-entrevista-marco-duarte-pesquisador-e-candidato-antiproibicionista-de-sao-goncalorj/>.

públicas privatizantes, corruptas e repressivas, como importantes no cenário público, para que possamos debater com qualidade e competência políticas, fazendo disputa ideológica, mostrando de forma pedagógica as contradições presentes, dialogando com a população sobre o tema das drogas, dos seus usuários, da criminalização da pobreza e dos movimentos sociais, da higienização do espaço público, da "guerra" as drogas e a questão do mercado. Ou seja, é um momento ímpar que as candidaturas orgânicas a essas lutas possam fazer valer dos debates e promover rodas de conversa no sentido da desestigmatização e da descriminalização dos usuários, ampliando o debate sobre a legalização da maconha como tática, discutindo a ampliação dos serviços públicos de saúde e saúde mental, através da rede de atenção psicossocial. Colocar em debate o financiamento público e o gasto público com as ditas guerras, o recolhimento e internações compulsórias frente a política pública de saúde mental, etc. Ou seja, temos toda a capacidade de fazer valer um momento de debate sobre o que defendemos independente do processo eleitoral, esse é só mais um momento de militância.

Mathias Rodrigues, de 21 anos, estudante de comunicação social em Santa Maria, era outro dos candidatos antiproibicionistas e declarou[38] ver a proibição das drogas como "parte fundamental para a manutenção desse sistema que combatemos, tanto pelos lucros exorbitantes gerados para o narcotráfico quanto pela perspectiva de controle sob a população mais marginalizada e isenção de um real tratamento desse problema" e definiu a luta pela legalização das drogas como colocando "em questão o capitalismo, e por isso é por nós apoiada e fomentada".

Por fim, o Cultura Verde entrevistou também Ricardo Takayuki, professor e mestrando em Ciências Sociais, para quem "a ideologia criada pela chamada 'Guerra às drogas' atinge quase que na sua totalidade as camadas sociais mais vulneráveis e isto incluem os pobres e movimentos sociais", com o "sistema" utilizando-se "desta guerra para eliminar aqueles que trazem problemas ao capitalismo".

Único vitorioso entre os antiproibicionistas, Renato Cinco não se restringiu a proposições relativas sobre drogas, dando grande ênfase também

---

[38] "CULTURA VERDE ENTREVISTA – Mathias Rodrigues, candidato antiproibicionista de Santa Maria/RS", Cultura Verde, 2 de outubro de 2012. Disponível em: <http://culturaverde.org/2012/10/02/cultura-verde-entrevista-mathias- rodrigues-candidato-antiproibicionista-de--santa-mariars/>.

à denúncias sobre violações de direitos humanos na esteira dos megaeventos a serem realizados na cidade do Rio de Janeiro. No entanto, como não poderia deixar de ser, não se furtou a abordar a temática, tendo produzido inclusive um panfleto específico sobre o assunto, que dizia:

> BASTA DE GUERRA AOS POBRES! Por outra política de drogas na cidade do Rio
> Desde 2004, Renato Cinco se dedica à luta pelo fim da "guerra às drogas" que vem produzindo o genocídio da juventude negra e pobre. Por isso participa da organização da Marcha da Maconha e do Movimento pela Legalização da Maconha (MLM).
> Nestas eleições, queremos debater como a Municipalidade é importante para a política de drogas e como a ação da Prefeitura do Rio é perversa. De um lado, não investe na rede de saúde pública para garantir a atenção integral dos usuários de álcool e outras drogas. De outro, promove o recolhimento compulsório de pessoas em situação de rua, fato largamente denunciado pelo seu caráter arbitrário, discriminatório e violento. Por uma nova política de drogas no Rio, defendemos a Redução de Danos, adotada com sucesso em muitas partes do mundo e pouco desenvolvida na nossa cidade; a ampliação da rede de Centros de Atenção Psicossocial para Álcool e outras drogas (CAPSad) e a criação dos Consultórios de Rua.
> Por outro lado, é preciso lutar contra a repressão policial que atual de acordo com a classe social e com a cor da pele, segregando, reprimindo e criminalizando os pobres, com a desculpa da "guerra às drogas". Esta política fracassou, é apenas mais uma ferramenta para manter a desigualdade social. Defendemos a legalização da maconha e queremos discutir a política de drogas no país, sem hipocrisia, para reduzir drasticamente a violência gerada pela proibição das drogas.
> Pela legalização! Nossa luta é em defesa da vida, da liberdade e da justiça social.

Candidatos a vereador em São Paulo e Aracaju, Givanildo Manoel, o Giva, ativista do Tribunal Popular, e o estudante Alexis Pedrão também mencionaram a questão das drogas em sua campanha, mesmo que com menos ênfase do que os exemplos citados anteriormente. Em um material de divulgação de quatro páginas, cujo título principal é "Uma voz de muitas lutas", Giva faz uma avaliação bastante negativa da conjuntura política e social da cidade de São Paulo. Entre os pontos do diagnóstico, há menção ao crack, encarado como problema e sem distinção entre usuários e dependentes:

> Um dos eixos para justificar a repressão seria o combate às drogas. "É nítido o aumento de usuários de crack nas periferias. Principalmente após a intervenção do Estado na região da Luz os usuários foram espalhados pela cidade sem nenhuma política de saúde pública, tratando a questão como caso de polícia. Não há nenhuma perspectiva de tratamento e de recuperação do usuário. O usuário é criminalizado através da política de internação compulsória.

Havia também outro panfleto, menor, com alguns tópicos defendidos pela candidatura. Além de "fim dos despejos", "não à homofobia", "contra a superlotação carcerária" e "respeito à população de rua", entre outras bandeiras, o panfleto apresenta o item "Drogas", que propõe: "Drogas como tema de saúde pública, não como caso de polícia. Pela legalização e políticas de redução de danos".

Já Pedrão cita a questão das drogas entre suas "propostas e ideias para a juventude", elencadas na terceira das quatro páginas de um folheto distribuído na campanha.[39] Entre os nove pontos encontram-se reivindicações como "construção de cinemas e teatros públicos", "fim da proibição das torcidas organizadas", "passe livre para estudantes" e "construção de uma nova política de drogas baseada na garantia de direitos e descriminalização".

Figura de destaque no partido, o carioca Marcelo Freixo não colocou a discussão sobre política de drogas como eixo central em sua campanha para a prefeitura do Rio de Janeiro, na qual foi derrotado no segundo turno pelo reeleito Eduardo Paes (PMDB). Se não é, portanto, conhecido por posição firme antiproibicionista, tampouco se alinha aos proibicionistas. Em entrevista concedida à revista *Trip*,[40] publicada ao final de 2011, Freixo avaliou que "a lógica repressiva às drogas é uma catástrofe no mundo. O resultado da política de repressão das drogas é o aumento do consumo e da violência. Esse é um debate fundamental de caminhar para o campo da saúde". "Enquanto for ilegal esse é um debate exclusi-

---

39 Disponível em: <http://pt.calameo.com/read/000808641f8a3aa966d16>.
40 Denis Russo Burgierman, "Marcelo Freixo: O deputado é o inimigo número 1 das milícias e dos corruptos do Rio de Janeiro". *Trip*, ed 206, 21 de dezembro de 2011. Disponível em: <http://revistatrip.uol.com.br/revista/206/paginas-negras/marcelo-freixo.html>.

vamente policial e isso é uma barreira gigantesca. Eu sei o problema que é. Perdi muitos amigos por conta de drogas. Quem tem alguém drogado em casa sabe o drama que é", prosseguiu. Na continuação, o repórter questiona: "Seja crack ou seja álcool?", ao que ele responde: "Seja o que for, pode ser droga legal ou ilegal, não dá para ser insensível. A gente só vai ganhar esse debate na hora que a sociedade entender, inclusive os setores mais conservadores, que esse não é um discurso de estímulo à droga". Por fim, Freixo comentou: "Não pode ser um debate assim: eu sou progressista e você é moralista. Quem ganha com isso é o comércio ilegal".

Outro personagem importante do partido, o deputado federal Chico Alencar, também já demonstrou disposição em discutir a legalização das drogas, o que se vê por exemplo no artigo "Violência urbana: para um enfrentamento sistêmico",[41] publicado em 10 de dezembro de 2010 no site da Fundação Lauro Campos. Antes de apontar que "a experiência piloto das UPPs deve ser analisada em suas virtudes, potenciais e insuficiências" e defender o "debate sobre drogas ilícitas e sua legalização e controle, na ótica da saúde pública e da redução de danos", Alencar faz uma análise do comércio de psicoativos ilícitos:

> É preciso entender a economia do tráfico de armas e drogas como próspero negócio capitalista e transnacional. Há que se desvendar suas conexões internacionais, hierarquias, os "barões" do atacado e os agentes do varejo, com sua "burguesia" favelada e a exploração de seus toscos "soldadinhos". Há também o amálgama psicossocial, que os valores dominantes do individualismo consumista exaltam. Eles perpassam todas as classes sociais: a atratividade do 'poder' (das armas clandestinas, em muitos casos), o exibicionismo ostentatório e banalização da sexualidade, símbolos de afirmação na sociedade do mercado total. Há, nas coberturas dos condomínios da riqueza e no alto dos morros para onde a pobreza foi empurrada, uma geração fascinada por esses 'embalos'. Só que altamente letais para os sem-escola, que não são bandidos e sim estão na marginalidade do banditismo pela oportunidade mais fascinante, ou única, que lhes foi oferecida.

Também deputado federal pelo PSOL, o ex-participante do reallity show Big Brother Brasil JeanWillys, cujo mandato enfoca-se sobretudo na defesa dos di-

---

41 Violência urbana: para um enfrentamento sistêmico". Chico Alencar, 10 de dezembro de 2010. Disponível em http://socialismo.org.br/2010/12/violencia-urbana-para-um-enfrentamento-sistemico/

reitos de homossexuais, já defendeu publicamente a legalização da maconha, apesar de não ter feito nenhuma iniciativa institucional que questione o proibicionismo. Em entrevista ao programa baiano de televisão *Brasil Urgente*, concedida em maio de 2012, Willys declarou ser a favor da descriminalização da erva, após ser questionado por um jornalista. "A regulamentação da maconha ela é fundamental para o enfrentamento do narcotráfico, das mortes todas decorrentes do narcotráfico", defendeu, apontando que "a gente só pode fazer política pública para conter todos os possíveis danos que nascem do consumo de maconha se ela for legalizada, assim como a gente faz com o caso do álcool hoje – tem a Lei Seca, tem uma série de políticas para conter os danos do álcool exatamente porque ele é regulamentado". O jornalista perguntava também se o deputado já havia consumido a demonizada planta, e ele não pestanejou em responder com sinceridade e tranquilidade: "Se eu já fumei maconha? Já fumei maconha na minha época de faculdade, já fumei sim. Experimentei como todo mundo faz, como forma da descoberta sua, do corpo, das possibilidades, das liberdades".

Proibicionismo ecoa também entre movimentos sociais e grupos "autônomos"

Observa-se, portanto, na esquerda brasileira contemporânea a existência tanto de crescentes posicionamentos antiproibicionistas quanto a persistência de outros opostos. A persistência de ideais proibicionistas, no entanto, não é exclusividade de partidos políticos e ou de movimentos mais identificados com formas políticas mais ortodoxas. Há também casos verificados entre movimentos sociais, seja em moldes mais tradicionais, como os em defesa da moradia, seja em formas pretensamente mais arrojadas, como é o caso dos jovens do Ocupa Sampa.

Eternizada em um videoclipe do principal grupo de rap brasileiro, os Racionais MC's, a ocupação de um prédio na avenida Mauá, conhecida como Ocupação Mauá, na região da Luz, é um exemplo de restrição ao consumo de drogas entre os movimentos de moradia. É o que relata reportagem de Tadeu Breda:[42]

> As regras na ocupação Mauá são rígidas, e algumas não podem ser infringidas de jeito nenhum. Usar drogas, por exemplo, está terminantemente proibido – e dá expulsão. "Pegou usando? Alguém viu? É

---

42 Tadeu Breda, "Por dentro do quotidiano dos sem-teto", *Outras Palavras*, 12 de julho de 2012. Disponível em: <http://www.outraspalavras.net/2012/07/12/por-dentro-do-quotidiano-dos-sem-teto/>.

rua", explica Ivaneti Araújo, 39, militante do Movimento Sem-Teto do Centro (MSTC) desde 1998 e coordenadora geral do edifício. "Só que a gente não exclui ninguém: é a pessoa que está se excluindo, porque a assinatura das famílias mostra que estão de acordo com as normas."

A situação não se restringe a movimentos sociais mais tradicionais, como os de sem-teto: um exemplo é a manifestação depois transformada em movimento, sob o nome de Ocupa Sampa. Ainda com o nome de "Acampa Sampa", posteriormente mudado, o movimento surgiu a partir de um chamado feito pelos "Indignados" espanhóis, que propuseram, via internet, o dia 15 de outubro de 2011 como uma data internacional de mobilizações anticapitalistas – chamado que foi atendido em mais de novecentas cidades, de 82 países. Em São Paulo, a movimentação se deu no Vale da Anhagabaú, onde foi montado um acampamento e onde eram realizadas atividades e assembleias.

O autor deste trabalho participou do início das mobilizações, e acabou envolvido exatamente em debates acerca do consumo de drogas – lícitas e ilícitas – no espaço do acampamento, assunto debatido no artigo "Drogas: o proibicionismo nos movimentos sociais" (DELMANTO, 2011), que discute sobretudo a proibição do consumo de bebidas alcoólicas. O texto explica que a decisão foi "polêmica, e ainda carece de novos debates para ser, digamos, 'ajustada', já que o consenso não foi pleno, inclusive por parte deste que os escreve". A princípio, estabeleceu-se que o uso de "drogas" no interior do acampamento estava proibido, e drogas ali eram entendidas como álcool e substâncias ilícitas.

> A proibição consensuada no que diz respeito ao uso de drogas ilícitas é mais facilmente defensável: seu porte e consumo sujeitaria o movimento à ação repressora policial. Isso traria consequências para o projeto político que se tenta implementar. Mas e quanto ao álcool, por exemplo? O que justifica que uma iniciativa de ativismo com fins de transformação social busque legislar sobre e reprimir a priori condutas individuais de seus membros? Por que um movimento social deve agir partindo de mistificações e com as mesmas premissas de disciplinamento e intervenção sobre os corpos com as quais trabalha o Estado a ser combatido?

Um dos argumentos apresentados no momento para tal definição, definido pelo artigo como "o mais frágil", era alinhado ao que poderia ser resumido como o espírito do "sacrifício militante" ou da "sobriedade ativista": "Não podemos estar drogados (música de terror ao fundo). Se queremos mudar o mundo, a droga (esse terrível ente dotado de vida própria) pode corroer nossos acordos e relações, pode nos levar à ruína na qual nunca cairíamos sem um ente externo e maligno". Outro enfoque, considerado "mais consequente, mesmo que ainda questionável" pelo texto foi levantado principalmente pelas feministas, "que dizem que o uso de álcool acirra o comportamento violento masculino, cujo alvo invariavelmente são as mulheres". Assim como em Chiapas, no México, o Exército Zapatista de Libertação Nacional (EZLN) proibiu consumo de álcool (o que não quer dizer que ele não ocorra) a partir de uma demanda das mulheres, a defesa era a de que o álcool gera violência, principalmente de gênero.

"Mais ou menos elaborados, creio que estes dois conjuntos de argumentos esbarram no mesmo equívoco: a fetichização das substâncias alteradoras de consciência, como se seus efeitos não variassem de acordo com seus usos", prossegue o texto, "uma substância, qualquer que seja, não detém vida própria, podendo servir tanto de veneno como de remédio, como o conceito de farmácon nos lembra".

Da mesma forma como o "combate ao crack" fetichiza a substância e convenientemente obscurece processos sociais muitos mais amplos — ou alguém defende que desaparecendo o crack a vida das populações de rua estaria melhor? —, a responsabilização de uma substância como o álcool como geradora de problemas como a violência de gênero serve apenas para que a questão não seja encarada com a seriedade e a profundidade que necessita, além de ser uma "fórmula mágica" que prima pela coerção e não pela solução dialogada, definida caso a caso, dos problemas concretos.

Certamente, em determinadas conjunturas o uso do álcool em determinadas formas — e novamente é preciso fugir das generalizações, e diferenciar por exemplo cachaça de vinho, cerveja de tequila, cada um tem sua história e cultura de uso — potencializa a violência. Mas é o álcool que a cria? Um homem que se dá o direito de agredir uma mulher quando alcoolizado deixará de submetê-la ao seu entendimento machista e opressor da realidade somente por estar "sóbrio"? Ou eleger o álcool como responsável pelo problema não serve simplesmente para evitar o debate de fundo, que deve questionar por que esse tipo de comportamento existe, mesmo no seio do movimento social?

E mesmo que sim, que fosse comprovada a conexão absoluta entre álcool e violência, a proibição resolve o problema? Não estamos partindo aí da mesma premissa proibicionista, a de que a repressão à oferta extingue a demanda? Uma solução impositiva como essa só tende a jogar o problema para baixo do tapete, uma vez que aquele que quiser realmente fazer uso dessas substâncias pode simplesmente fazê-lo em outros ambientes ou de forma escondida. Ou daremos consequência a esta decisão e criaremos uma política absoluta de monitoramente e policiamento dos indivíduos?

Tal argumentação não sensibilizou os ativistas do movimento, sendo que em uma de suas diversas ações de rua, realizada na avenida Paulista, uma garota portava um cartaz, escrito à caneta, com os dizeres: "O Ocupa Sampa não usa drogas".

"Este texto foi originariamente colocado como comentário, mas a sua importância política é tão grande que o *Passa Palavra* decidiu convertê-lo em artigo. Esperamos assim estimular o debate sobre questões técnicas da luta social". Esse aviso precedia o artigo "Doze condições da luta social", publicado pelo site *Passa Palavra*, autodefinido como "grupo de orientação anticapitalista, independente de partidos e demais poderes políticos e econômicos, formado por colaboradores de Portugal e do Brasil, cujo intuito maior é o de construir um espaço comunicacional que contribua para a articulação e a unificação prática das lutas sociais". Assinado por "Débora", o texto[43] buscava avaliar as condições práticas da atuação política nas periferias urbanas brasileiras, e em dado momento acabava tocando na questão das drogas: "As lutas são sempre iniciadas por pessoas que possuem uma boa carreira moral na quebrada – nos termos de Goffman –, precisam ter moral junto aos demais, respeito (viciados, vagabundos, putas e golpistas estão previamente excluídos)". Mais adiante, outra observação: "O respeito com os valores populares precisa ser grande. Não há espaço para militância ateísta nem hedonismo puro e simples".

Essas menções geraram debate sobre o assunto nos comentários do texto, iniciado com um comentarista anônimo, que simplesmente destacou o trecho que diz "viciados, vagabundos, putas e golpistas estão previamente excluídos" e assinou como "Moralismo". O marxista português João Bernardo, nome mais conhecido entre os articulistas do site, comentou logo a seguir:

---

43 Débora, "Doze condições da luta social", *Passa Palavra*, 25 de setembro de 2012. Disponível, com todos os comentários, em: <http://passapalavra.info/?p=64743>.

> Este texto — e aqui reside muito do seu interesse — não se baseia em predilecções subjectivas mas em constatações de facto. Por isso, seria interessante perguntar por que motivo aquela vastíssima camada da classe trabalhadora exclui de antemão "viciados, vagabundos, putas e golpistas". E não só nas quebradas do Brasil mas, pela minha experiência, noutros lugares distantes e mesmo noutras épocas igualmente distantes. Já agora, seria interessante também perguntar por que motivo tantos estudantes de esquerda — das universidades públicas, não das privadas — mitificam e romantizam "viciados, vagabundos, putas e golpistas".

Logo após, a própria autora interveio, se dizendo "a favor da descriminalização das drogas", mas apontando que "entre os populares", e portanto se distanciando deles, "a coisa é mal vista e, nas lutas sociais, viciados são excluídos porque não são poucos os casos em que causam problemas. Muitas vezes adeptos de um individualismo exacerbado colocam em risco o coletivo, trazem atritos desnecessários". "Me parece que viciados, vagabundos, putas e egoístas são vistos com desconfiança porque eles previamente não se veem como iguais aos populares, se sentem melhores, diferentes, mais livres, isso e aquilo, mais corajosos e, nisso tudo, menos propensos a trabalharem e dividirem tarefas e responsabilidades como os demais", prossegue Débora, que qualifica essas categorias como "gente de vida fácil": "Os trabalhadores já são explorados pelos patrões, não gostam de ter que carregar outros mais nas costas, gente de vida fácil". Em resposta às observações de João Bernardo, ela comentou:

> Nas universidades públicas a mitificação dos viciados, das putas, vagabundos e golpistas surge num contexto em que trabalhadores em formação procuram retardar ao máximo a própria proletarização e não pretendem se ver como proletários. Por outro lado, a vida nesse meio permite não só se vender como não proletário mas ainda conviver com outros viciados, vagabundos, putas e golpistas que vêem de meios econômicos mais abastados, o que mais reforça o auto engano. Depois de alguns anos a realidade cai para cada um.

Mais adiante, alguém que assinou como "Zé", apontou: "O vício altera o caráter, pois o que orienta o viciado, em última instância, é a busca pelo objeto do qual é dependente. Os proletários sabem muito bem das consequencias de se assentar uma luta sobre viciados". Pouco tempo depois, surge um comentário assinado por "Gustavo", que busca rebater essas colocações, afirmando:

O debate seguiu movimentado, e abordando sobretudo questões relativas à aceitar ou não a religiosidade popular, sobretudo a pentecostal, excluindo-se portanto a possibilidade de "militância ateísta". O autor deste trabalho, no entanto, interveio comentando, nos termos informais adequados a este tipo de espaço virtual de troca de ideias: "Acho que o Gustavo apontou bem ao lembrar do tabaco. E os VICIADOS em cigarro? E os VICIADOS em religião? Em televisão? Não seria o caso de problematizarmos um pouco mais o senso comum não?". O comentário prossegue apontando que a autora teria colocado esses pontos em relação a "putas, vagabundos e viciados" "como análise, não necessariamente como defesa, mas acho problemático referendarmos isso apenas por ser algo 'da quebrada'" e questiona se o procedimento seria o mesmo diante da homofobia ainda dominante no senso comum, nas periferias e nos centros das cidades brasileiras. "Me parece mais interessante tentarmos equilibrar o 'respeito aos valores populares' preconizado pela autora com o combate aos preconceitos e opressões, seja em que região da cidade for".

> A própria escolha do termo VICIADO é tão ideológica quanto optar por invasão ao invés de ocupação – e como lembrado acima, também puta e não trabalhador(a) do sexo. É o mesmo que a grande imprensa vem fazendo ao classificar como ACOLHER a INTERNAÇÃO, o recolhimento, de supostos dependentes químicos, obviamente moradores de rua, e obviamente já tachados como viciados.
> Por fim, em relação especificamente a questão da descriminalização das drogas ser "mal vista" na periferia, como aponta Débora no comentário, também acho que é algo a, se não questionar, ao menos relativizar. Em primeiro lugar é só vermos o lugar que a maconha tem na música rap, expressão cultural importante dos "valores populares". Em segundo, o alto e incontestável consumo entre os setores populares, e aí não só de maconha, de outras substâncias lícitas e ilícitas também – mesmo que para com crack haja sim forte desconfiança. Em terceiro, temos feito diversas atividades na periferia de São Paulo sobre drogas, e não tenho visto essa rejeição toda não. Cito não só a articulação com grandes nomes do RAP na Marcha da Maconha (como Sandrão, Rapppin Hood e Thaíde) como atividades como participações no Sarau do Binho e da Vila Fundão, junto a Ampa-

rar na Cohab Jardim Bonifácio, junto ao CEDECA Interlagos, no Jardim Ângela, etc – nestes lugares o consentimento em torno da necessidade de alteração das políticas de drogas é muito grande, e na minha opinião crescente. Assim, na minha opinião seria melhor problematizar alguns pré-conceitos do que simplesmente reproduzi-los.

Cerca de uma hora depois de publicado este comentário, nova intervenção de João Bernardo:

> Intrometo-me de novo neste debate para contar duas coisas, que talvez sejam úteis para quem ler com olhos de ler, como diz uma expressão portuguesa. A primeira passou-se no sul de Portugal, no Alentejo, em 1975, no auge da revolução. O proletariado agrícola alentejano ocupou os latifúndios não para fazer uma reforma agrária no sentido reivindicado por exemplo no Brasil, repartindo-os em pequenas propriedades, mas para os manter cultivados colectivamente. Foi a criação das Unidades Colectivas de Produção, uma das expressões mais avançadas da revolução portuguesa. Numa dessas UPPs as mulheres conseguiram introduzir nos estatutos um limite para o consumo de vinho por cada homem. A história era a de sempre, os homens embebedavam-se e, chegada a noite, não dava para fazer mais nada com as mulheres senão espancá-las. Pois sabem qual o limite que as mulheres fixaram como razoável? Note-se que a aguardente, o equivalente português da cachaça, não estava incluída. E note-se também que o vinho alentejano é muito forte, 14,5 graus, podendo chegar a 15 graus. O limite que as mulheres conseguiram impor a cada homem foi de cinco litros de vinho por dia.
> É com pessoas assim que se fazem as revoluções e não com figuras de cartão recortadas dos manuais nem com os fantasmas dos nossos desejos.

Logo após, uma pessoa que assina como "Simone" respondeu diretamente ao autor deste trabalho, comentando: "Júlio, eu desconfio que o público que você encontrou tão receptivo à discussão das drogas não seja igual ao de todas as quebradas!"."Por onde eu ando não vejo, de forma alguma, nenhuma mãe, tia ou avó relativizar o uso da maconha e, principalmente, do crack e do álcool por seus filhos, netos e familiares em geral", complementou, ao que obteve a resposta de que o comentário respondido buscava relativizar, e não negar, a afirmação de que a descriminalização das drogas era mal vista nas periferias. O autor prossegue:

> Agora repare que tanto a sua abordagem sobre o crack em seu comentário quanto, de outra forma, a que permeia o texto que estamos comentando, estão permeadas pelo enfoque em apenas uma das facetas que envolve essa substância. Se por um lado é inegável que o crack é uma substância cuja dependência é bastante sofrida, por outro devemos lembrar não só que ela é mais danosa sobretudo entre setores de maior vulnerabilidade – nos levando à conclusão a meu ver óbvia de que o problema está na condição social mais do que na droga – como que qualquer pesquisa séria aponta que o índice de dependência no uso de crack não é majoritário, ou seja, há muita gente que usa e segue desempenhando sua vida social sem o menor problema. Esse lado do consumo fica invisível diante de abordagens que só se enfocam no VICIADO, o que me parece tão prejudicial quanto se falar DA DROGA sem pensar nos efeitos de sua proibição, sendo um deles, no limite, a própria existência do crack, ele mesmo um produto da proibição das drogas.

Simone respondeu novamente, afirmando que "quando Débora diz que 'viciados', 'putas' etc. não têm 'moral'/poder para iniciarem qualquer trabalho na quebrada, ela está dizendo que estes sujeitos não conseguem o respeito, a confiança precisamente porque a comunidade é permeada pelos, e reproduz também, preconceitos que cercam essas questões; a desconfiança moral nesses casos impediria qualquer aliança ou parceria para uma ação política". "Dizer que deveríamos levar em consideração este ou aquele aspecto do tema é pouco elucidativo, pois o texto não levanta as exceções à regra", prossegue. A discussão teve ainda a intervenção de "Antonio Costa":

> Como foi colocado em um artigo deste site o Brasil é o segundo maior consumidor do mundo em cocaína. Difícil imaginar que boa parte da militância, seja de classe média, ou da "quebrada" não a esteja consumindo. Vale o mesmo para o álcool, grande parcela dos militantes se reúnem em botecos para confraternizar. Concordo com o Júlio quando alerta para os perigos de tais generalizações preconceituosas. Desconheço militância na "quebrada" ou não que se consiga ir adiante com moralismos deste nível. E colocar as putas talvez seja a maior. Bem lembrada a questão do João Bernardo de que as lutas se fazem com as pessoas concretas com suas vícios, e o que se coloca é como ir adiante nos seus limites.

Para tal Laércio toca em um ponto central, parcelas da esquerda tem se dedicado a ver na periferia e na "quebrada" a nova meca da classe revolucionária, tendo uma visão limitada porque ignorante e parcelada da luta de classes. A não ser que se queira entender a miserabilidade como este critério. Aí entra outra contradição e limitação deste pensamento e da esquerda de forma mais ampla que é não conseguir trabalhar com os caras mais fudidos neste sistema. Os moradores de rua (normalmente entendidos hoje como sinônimo de viciados ou lumpém), são totalmente ignorados pela esquerda, mas o serão também pela direita? Antes que me acusem, não digo que são o novo sujeito revolucionário.

A discussão não avançou para além disso no que diz respeito ao debate sobre drogas, mas exemplifica como mesmo entre os setores mais "libertários" ou "autônomos" do movimento social há posições diferentes e conflitantes a respeito de consumo e políticas de drogas. Vale ressaltar ainda que tal site permaneceu aberto a contribuições sobre o tema, tendo o autor deste trabalho publicado ali posteriormente o artigo "Drogas: Estado, (anti)proibicionismo, (anti)capitalismo" (DELMANTO, 2012).

Considerações Finais
Mobilizar para a revolução as energias da embriaguez

Em *O mal-estar na cultura*, Sigmund Freud (2010, p. 60) aponta que "a vida, tal como nos é imposta, é muito árdua para nós, nos traz muitas dores, desilusões e tarefas insolúveis. Para suportá-la, não podemos prescindir de lenitivos", que seriam de três tipos distintos: "distrações poderosas que nos façam desdenhar nossa miséria, satisfações substitutivas que a amenizem e entorpecentes que nos tornem insensíveis a ela".

Tomando a aspiração à felicidade como finalidade e propósito da vida humana, Freud distingue dentro deste âmbito uma meta positiva e uma negativa: "por um lado, a ausência de dor e desprazer, por outra, a vivência de sensações intensas de prazer" (*Ibidem*, p. 62), e pontua que os métodos "mais interessantes" para evitar o sofrimento são aqueles que buscam influenciar o organismo. Para o pai da psicanálise, "o método mais grosseiro, mas também o mais eficaz de se obter tal influência, é o químico, a intoxicação" (*Ibidem*, p. 66); assim,

> o êxito dos tóxicos na luta pela felicidade e no afastamento da desgraça é tão apreciado como benefício que tanto indivíduos quanto povos lhe concederam um lugar fixo na sua economia libidinal. Não se deve a eles apenas o ganho imediato de prazer, mas também uma parcela ardentemente desejada de independência em relação ao mundo externo.

Como salienta Becker (2008, p. 34), "tanto especialistas quanto leigos interpretam comumente o uso de drogas como uma 'fuga' de algum tipo de realidade que o usuário supostamente considera opressiva ou insuportável". O uso de psicoativos é concebido, nessa visão, como "uma experiência em que todos os aspectos penosos e indesejados da realidade passam para o segundo plano e não precisam ser enfrentados". "A realidade é, claro, compreendida como se espreitasse nos bastidores, pronta para dar um chute no traseiro do usuários assim que ele ou ela aterrissar", conclui Becker, provocativo.

Em diferentes matizes e formulações, este trabalho demonstrou ao longo de seus capítulos ter sido essa a interpretação historicamente dominante no interior da esquerda brasileira sobre a motivação que explicaria a difusão e a presença do uso de drogas em distintas formações sociais humanas. Mesmo que, como ressaltado no capítulo anterior, tenha havido avanços no sentido de incorporação das formulações antiproibicionistas no interior de agrupamentos e setores da esquerda em nosso país, a hipótese da "fuga" perpassa diversos deles em diferentes períodos.

Este trabalho apresenta diferentes exemplos desse entendimento. Militante da luta armada, tendo atuado nos grupos Colina, VPR e VAR-Palmares, José Roberto Rezende vê a alteração de consciência como "válvula de escape", "alternativa para uma participação política impossível", e aponta que "a fuga da participação política podia levar à droga". A visão é compartilhada por Frei Betto, que, em artigo também citado anteriormente, afirmou ser de "uma geração que, na década de 1960, tinha vinte anos. Geração que injetava utopia na veia e, portanto, não se ligava em drogas. Penso que quanto mais utopia, menos drogas". Como bem resumiu Alex Polari, vivia-se nos anos de chumbo a dicotomia entre "heroísmo X alienação, como era visto por nós, que optamos pela luta armada; caretice X liberação, como era visto por eles, que entraram noutra" – ou luta ou drogas, fuga.

Ao comentar sobre um ex-companheiro que "virou hippie", Alfredo Sirkis lembra que "fingíamos compreensão, mas no fundo desprezávamos aquela fraqueza, aquela incapacidade de fazer jus ao papel histórico reservado para a nossa geração", e salienta também que sua organização, a VPR, desaconselhava "o contato com áreas de desbundados, gente que abandona a luta para ficar em casa puxando maconha". Para o grupo Molipo, o consumo de "tóxicos" representava "alienação social", um "escapismo cabotino que só interessa à Ditadura" – não à toa, Antonio Risério apontou: "para nós, naquele momento, a esquerda tradicional, assim como o intelectualismo acadêmico, era a estrada sinalizada, com barreiras e postos de vigilância ideológica a cada dezena de quilômetros".

"Não sei se a esquerda brasileira refletiu sobre a política de drogas: se ela conseguiu encarar a droga de uma forma que não fosse a inversão simétrica da repressão da direita", observou Gabeira, e esse comentário certamente pode ser estendido para além dos tempos de luta armada, em que a esquerda armada e disciplinada primava pelo sacrifício militante e por formas de controle e coerção que, tendo a liberdade como fim, abdicavam dela como meio. Se entre a "esquerda alternativa" teve menos eco, não por discordância mas por omissão, a hipótese da fuga permaneceu permeando a trajetória de esquerda no Brasil nos anos 1980, como demonstra a trajetória do Partido dos Trabalhadores.

O jornalista Perseu Abramo, importante nome na história do Partido dos Trabalhadores, também trafegou por esse caminho, avaliando, em texto de 1988, que a "insatisfação generalizada" provocaria reações como "competição social desenfreada, cooptação a projetos empresariais e autoritários, carreirismo yuppista, consumismo ostensivo, alienação social e militante declarada". "Quando não, a fuga pela via das drogas", complementa. "Temos claro que o seu consumo representa menos uma necessidade para o movimento de massas do que o resultado, para a juventude, da crise econômica e social do regime", acreditava, por sua vez, a direção da Convergência Socialista, que apontava também que "muitos consomem drogas para reaver a sensibilidade e as emoções que, sem elas, já não podem expressar. Esse artifício – o uso de drogas para sentir – indica o quanto o homem se separou de sua própria espécie". "Entretanto, mesmo essa busca individual de ruptura dessa condição é alienada, por não apontar contra as suas causas (a existência da sociedade capitalista) e sim contra os seus reflexos", concluía o agrupamento trotskista.

Assim como a Convergência, outro grupo trotskista, a OSI – da qual derivou a corrente O Trabalho, até hoje proibicionista – chegou a proibir o consumo de drogas entre seus militantes, que corriam risco de expulsão se infringissem tal regra. Se no restante do PT a mesma veemência não era encontrada, tampouco formulações alternativas foram apresentadas, o que resultou em uma prática política marcada, desde os anos 1980, como demonstram os documentos e resoluções citados neste trabalho, pela ambiguidade: ao mesmo tempo em que fazia considerações genéricas sobre a necessidade de deslocar a questão das drogas da segurança pública para a saúde, o partido invariavelmente propunha o combate ao narcotráfico como forma de se lidar com o tema.

Ambiguidade que se fica menos presente em Dilma Rousseff, claramente proibicionista, permeia também a trajetória do ex-presidente Lula, principal figura da história do partido, quando falou sobre o tema, e até de uma organização que nasce a partir de desavenças no interior do PT, o PSOL, que mesmo tendo parte de sua juventude engajada na organização de Marchas da Maconha ao redor do país ainda convive com posições contrárias à legalização, como a de Ivan Valente anteriormente citada, e ao consumo de drogas, como as também citadas declarações de Heloísa Helena, que assim como Valente já presidiu o partido. Plínio de Arruda Sampaio, que chegou a defender a legalização da maconha em sua campanha presidencial de 2010, também segue os colegas nesse aspecto: "há drogas e drogas. Há drogas que são culturais. Há drogas que já são uma exploração capitalista", apontou, antes de concluir: "Caberia a gente perguntar antes: por que tanta gente foge da realidade? Pois se a realidade ta tão boa, se o país ta tão bom por que tem gente que foge pra se divertir? Porque é uma sociedade enferma".

Até entre grupos considerados como pertencentes ao espectro distante do partidário esse entendimento se faz presente, como os exemplos do movimento de moradia e do Ocupa Sampa demonstram. Mesmo que não possa ser descartada a priori como forma de entendimento para todas as formas de usos de substâncias alteradoras de consciência, esta hipótese de "fuga da realidade" como chave explicativa do uso de drogas é insuficiente e limitadora para a análise de uma questão de tamanha complexidade. A intenção destas linhas finais deste trabalho não é refutá-la, mas trazer à tona outras possíveis motivações e outros papéis do recurso à alteração de consciência na contemporaneidade, buscando contribuir para uma compreensão mais ampla deste fenômeno presente na humanidade desde tempos imemoriais.

Se não pode necessariamente ser descartada para todas as formas de consumo das diferentes drogas, a hipótese da fuga da realidade como generalizante deve ser olhada com desconfiança, uma vez que busca generalizar diversos usos de diversas substâncias – feitos por diversos tipos de pessoas inseridas em ainda mais diversos contextos sociais – dentro da mesma chave explicativa. Eduardo Viana Vargas (2006) aponta que para a compreensão da "tenacidade do uso não medicamentoso de drogas" geralmente são colocadas as questões "por que as pessoas usam drogas?" ou "o que significa usar drogas?", para as quais as respostas invariavelmente seguem um padrão:

> O porquê ou o significado do uso de drogas são regularmente imputados a uma falta ou fraqueza, física e/ou moral, psíquica e/ou cultural, política e/ou social. Dito de um modo mais prosaico, habituamo-nos

> a pensar que o consumo de drogas seria uma resposta a uma crise ou a uma carência qualquer: consomem-se drogas porque faltam saúde, afeto, cultura, religião, escola, informação, dinheiro, família, trabalho, razão, consciência, liberdade etc.

As pessoas utilizariam "drogas" diante das faltas que o mundo impõe, optando concomitantemente por fugir dele. Pioneiro no estudo sobre consumos de drogas no Brasil, Gilberto Velho refuta essa premissa, não necessariamente por seu conteúdo mas por classificar "as pessoas em função de sua relação com os tóxicos" (1998). Partindo do pressuposto de que não existe um uso de drogas por si, sendo este apenas definido pela forma como cada indivíduo se relaciona com a substância, Velho analisou em *Nobres & Anjos* a utilização de "tóxicos" como "apenas um ponto de partida para tentar fazer uma análise sistemática de certos estilos de vida e visões de mundo que estariam associados a esse comportamento considerado, em princípio, pela sociedade abrangente, como transgressor, anormal etc.". Velho faz questão de enfatizar a necessidade de se compreender a diversidade do universo dos usuários de drogas:

> Esse universo, no entanto, está longe de ser homogêneo ou monolítico, e é problemática a afirmativa da existência de um sentimento de solidariedade entre as pessoas que usam tóxicos. As diferenças internas, em termos do tipo de tóxico utilizado, faixa etária, características de estrato social, vão marcar, em muitas situações, fronteiras bastante nítidas. E é por isso que falo em estilos de vida e quero enfatizar a necessidade de perceber esse universo como altamente diversificado. Portanto, a utilização de tóxicos não vai criar uma categoria única, mas sim uma constelação de grupos que têm em comum uma atividade clandestina e ilegal. (1998, p. 16)

Vargas (2006) prefere proceder a investigação sobre o assunto a partir de perguntas diferentes das colocadas anteriormente. Em vez de questionar "por que se usa drogas?", ele acredita que são necessários questionamentos que deem conta do caráter singular deste uso: "'Bateu?', 'rolou?', 'fez?' são questões que os usuários se colocam e que visam à ocorrência de acontecimentos singulares: o 'barato', a 'viagem', a 'onda' da droga. Mas o que é o 'barato', a 'onda', a 'viagem'? É difícil dizer, é difícil expressar, é difícil representar, pois são eventos que 'rolam', que se desenrolam com a experiência, que acontecem mediante experimentação". Deste modo, a lógica do uso de drogas deve ser inserida para Vargas dentro da ordem do "evento", noção que deve ser utilizada

> para evitar a redução da ação ao idioma da dominação, as infindáveis querelas entre indivíduo e sociedade, ou entre sujeito e estrutura como senhores da ação, bem como o gesto iconoclasta que parte o mundo em fatos e fetiches e não oferece alternativa além das posições opostas e complementares do realismo e do construtivismo, ou da dialética que pretende conciliar as duas posições ao preço de escavar ainda mais fundo o fosso que as separa. Latour sugere que, no lugar da escolha cominatória entre um sujeito que fabrica e fatos dados desde o início, ou dos torvelinhos dialéticos que pretendem superá-la, cabe se colocar aquém dessa fratura e seguir os movimentos que nos fazem fazer algo que nos surpreende, já que "sempre que fazemos alguma coisa nós não estamos no comando, somos ligeiramente surpreendidos pela ação". (*Ibidem*).

Vargas questiona: quem é o senhor do "barato", da "onda", da "viagem"? O indivíduo? A substância? A sociedade? O organismo? Para ele não é nenhum deles, "pois a 'onda' não tem senhor nem servo, controlador ou controlado: ela ocorre ou não ocorre, 'rola' ou não 'rola'. Ela é da ordem do evento". Não se trataria então de saber "'quem é o senhor da 'onda', mas se ela passa ou não, acontece ou não. Problematizando ao modo de Tarde, a questão decisiva não é ser ou não ser drogado, mas saber se há ou não há 'onda', e o que ela carreia ou faz passar".

Essa premissa é levada em conta mas parcialmente refutada por Maurício Fiore (2010), que parte do entendimento das drogas constituídas não só como objetos de atenção estatal mas enquanto "objetos de saber e prática social". Fiore qualifica como "pertinente" a visão desse consumo como evento, mas acredita que ela deve ser encarada com "cuidado", pois pode ignorar que o uso de drogas "é um continum na vida dos indivíduos: não se deixa de ser um estudante branco, oriundo da classe média paulistana, quando se acende um cigarro de maconha e, ao mesmo tempo, não são todos os estudantes brancos de classe média que fumam maconha".

A preocupação com esta pluralidade dos usos de drogas deve ser prioritária para a elaboração de hipóteses quanto às suas motivações. O uso de drogas não se dá desvinculado do contexto social mais amplo, mas tampouco se dá necessariamente determinado por ele em detrimento de particularidades dos indivíduos e de seus contextos específicos – nas palavras de MacRae (2004), "as características do mundo social não podem ser separadas dos processos interpretativos pelos quais o mundo é constituído, realizado e explicado". Como bem define Gilberto Velho (FIORE, 2008, p. 129), "estudar drogas é estudar a sociedade", e certamente este estudo deve primar pelo entendimento de que nenhuma sociedade é composta de elementos e motivações homogêneos. Continua Velho:

> O uso de drogas é um fenômeno universal, em todas as sociedades existe alteração do estado de consciência, toda sociedade lida com isso, pode lidar mais ou menos deliberadamente, pode lidar através de rituais explícitos, claros, ou talvez não necessariamente tão explícitos; mas em qualquer sociedade, através de música, através de festa, através de religião, há situações nítidas de alteração de estado de consciência sistemáticas, com passagens de um estado para o outro. Isso é um fenômeno universal e quando você vai estudar drogas na sociedade moderna e contemporânea, você vai estudar uma dimensão dessa problemática mais geral; como, na sociedade moderna e contemporânea, se utiliza a droga, que grupos utilizam, como utilizam, como veem o uso da droga, como negociam o uso da droga com outros grupos (*Ibidem*).

Partilhando desses entendimentos e delimitações, não se pretende aqui classificar todos os diferentes usos possíveis de drogas na contemporaneidade nem apresentar estudos etnográficos sobre algum deles, mas apenas pontuar hipóteses de motivações para esses usos que estejam para além da que coloca a todos dentro da chave explicativa de "fuga da realidade", e tentar apontar quais "modos de engajamento com o mundo" (VARGAS, 2008) tais comportamentos podem ou não evidenciar.

Graças gratuitas como portas na muralha

"Os homens sempre desejaram habitar o sonho, ainda mais se ele for feliz", lembra Tales Ab'Saber (2012, p. 75), que complementa apontando ser possível "que esse seja um impulso básico, interior, a toda grande aventura e também uma das dimensões primordiais de toda cultura":

> Sempre quisemos comer as flores de lótus e os raios de sol e de mel que alimentavam os antigos gurus em sua meditação, ou ver transmutado o

pão e o vinho na carne e no sangue de Deus, o cordeiro, em nós... Sempre buscamos dançar, namorar e pescar nas praias das ilhas e nos céus dos paraísos artificiais, onde encontraríamos Baudelaire e Rimbaud, talvez, bebendo ou lutando com os piratas de Walt Disney (por que não?), ou entrarmos na lógica avessa, escorregadia e deleuziana da toca do coelho, visitarmos a Cocanha e a terra sem mal, guardarmos viva a memória do ópio e da boca de Baco em nós, ou saltarmos, nas costas do tigre, no céu livre da história, movidos a imagens-pensamentos e a conceito, na companhia de Benjamin, em um sopro de haxixe nas ruas de Marselha...

Em seu famoso ensaio *As portas da percepção*, Aldous Huxley (1995) qualifica como "extremamente improvável" que a humanidade possa existir sem o recurso aos "paraísos artificiais". Inicialmente ele parece estar filiando-se à interpretação do uso de drogas como porto-seguro diante de uma realidade por demais opressora:

> A maioria dos homens e mulheres leva uma vida tão sofredora em seus pontos baixos e tão monótona em suas eminências, tão pobre e limitada, que os desejos de fuga, os anseios para superar-se, ainda por uns breves momentos, estão e têm estado sempre entre os principais apetites da alma. A arte e a religião, os carnavais e as saturnais, a dança e a apreciação da oratória, tudo isso ter servido, na frase de H. G. Wells, de Portas na Muralha.[1] (*Ibidem*, p. 35)

No entanto, ao prosseguir sua análise deste "impulso universal e permanente para a auto-transcendência", ele aponta que a necessidade por drogas (e aqui está falando não só das ilícitas) não pode ser dominada simplesmente pelo recurso de proibição, de fechamento de certas "Portas na Muralha": "A única polí-

---

1   Freud (2010) também dá para religião e arte tratamento análogo ao dado para o uso de drogas, quando aponta por exemplo que "quem é sensível à influência da arte não tem palavras suficientes para louvá-la como fonte de prazer e consolo para a vida. No entanto, a suave narcose em que a arte nos coloca não é capaz de produzir mais do que uma fugaz libertação das desgraças da vida, e não é forte o bastante para fazer esquecer a miséria real". (grifo meu) Ainda em *As portas da percepção*, Huxley volta ao tema quando diz que "o que nós só vemos sob a influência da mescalina pode, a qualquer tempo, ser visto pelo artista, graças a sua constituição congênita. Sua percepção não está limitada ao que é biológico ou socialmente útil".

tica razoável seria abrir outras portas melhores, na esperança de induzir o ser humano a trocar seus velhos maus hábitos por práticas novas e menos prejudiciais". Algumas dessas novas portas seriam "de natureza social e tecnológicas, outras religiosas ou psicológicas e outras mais seriam dietéticas, atléticas e educacionais". Ainda assim, conclui ser "inevitável que perdure, apesar de tudo, a necessidade de frequentes excursões químicas para longe da intolerável personalidade e dos repulsivos arredores de cada um" (Ibidem, p. 37).

Ou seja, para o escritor dos clássicos romances *Admirável mundo novo* e *A ilha*, mesmo em uma sociedade que ofereça aos seus membros uma ampla gama de atrativos que possibilitem a travessia da muralha da angústia social, ainda assim permaneceria inscrita nos homens a necessidade da auto transcendência, e neste caso não necessariamente como fuga de um mundo opressor mas sim como escape de sua própria personalidade, de seus próprios impulsos. Assim como Huxley, Henrique Carneiro (2002) vê as drogas como "necessidades humanas", "parte indispensável dos ritos da sociabilidade, da cura, da devoção, do consolo e do prazer".

Ao analisar sua experiência com mescalina, Huxley qualifica-a como uma "graça gratuita", que permite uma libertação da "rotina e da percepção ordinária" na qual a contemplação é permitida e a noção de tempo se esvai (Ibidem, p. 42), propiciando a vivência de um "perpétuo presente, criado por um apocalipse em contínua transformação" – é a "visão sacramental da realidade" (Ibidem, p. 9). Entendimento bastante próximo ao de Jonathan Ott (2000), que se apropria de Willian Blake para qualificar esse tipo de vivência como o descobrimento do "infinito em todas as coisas". Ao lado dos filólogos Carl Ruck e Danny Staples, do estudioso de cogumelos Gordon Wasson e do etnobotânico Jeremy Bigwood, Ott é um dos cunhadores do termo "enteógeno", neologismo derivado de uma antiga palavra grega que significa "trazer o divino para si".

Lembrando que, entre a extensa gama de substâncias alteradoras de consciência, existem aquelas que se distinguem dos efeitos inebriantes, excitantes ou sedativos, Carneiro (2005) cita o conjunto de plantas e de substâncias sintéticas que produzem "efeitos psicoativos muito peculiares e característicos". Tais substâncias, vulgarmente conhecidas como alucinógenas, como por exemplo LSD, mescalina e psilocibina, "quase não produzem efeito fisiológico", com a natureza fundamental de seu efeito sendo psíquica. O historiador prossegue:

> No último século e meio, os estudos sobre as substâncias alucinógenas abrangeram tanto os usos sagrados tradicionais em diferentes culturas,

como o uso contemporâneo internacional, onde diferentes consumos de tais drogas produziram diversos fenômenos dentro de uma ampla cultura da droga, que inclui o surgimento de novas religiões e de círculos científicos de pesquisa e experimentação, além de uma influência estética disseminada e de um uso recreacional popular, que supera a cultura exclusiva do álcool como lubrificante social.

Ressaltando o papel da particularidade de cada indivíduo frente a experiências psicoativas, Aldous Huxley alerta para a necessidade do uso se dar num estado de ausência de angústias (*Ibidem*, p. 13). Mesma advertência feita por Charles Baudelaire (2007, p. 24), em seu *Poema do haxixe*:

> Suponho que você teve a preocupação de escolher bem o seu momento para esta expedição aventurosa. Toda orgia perfeita necessita de um perfeito repouso. Você sabe, além disso, que o haxixe cria o exagero não apenas do indivíduo, mas também da circunstância e do meio; você não tem deveres a cumprir que exijam a pontualidade e a exatidão; nenhuma tristeza de família; nenhuma dor de amor. É preciso ter cuidado. Esta infelicidade, esta inquietude, esta lembrança de um dever que reclama a sua vontade, sua atenção a um momento determinado soarão como um dobre de fundos em meio à sua embriaguez e envenenarão seu prazer. A inquietação será transformada em angústia; a tristeza, em tortura.

Alertando para as precauções a serem tomadas pelos indivíduos dispostos a empreender a experiência com os psicoativos, Baudelaire e Huxley afastam-se do discurso fetichista que trata as substâncias como detentoras de propriedades aprioristicas, seus efeitos dependem não só do ambiente no qual está envolvido o indivíduo como do estado psicológico deste. Preocupação na qual Vargas (2008) também se enquadra, ao propor uma consideração sobre as drogas através de uma "categoria complexa e polissêmica que recobre e reúne, por vezes de modo marcadamente ambíguo, como também isola e separa, tantas vezes de modo instável, matérias moleculares as mais variadas":

> Essas matérias moleculares constituem objetos sócio-técnicos que, embora sempre possam ser distinguidos conforme as modalidades de uso (matar, tratar, alimentar, por exemplo), não comportam diferenças

intrínsecas absolutas ou essenciais, mas sempre e somente diferenças relacionais. Pois sucede às drogas (e aos medicamentos e alimentos) o mesmo que às armas (ou ferramentas): tais objetos sócio-técnicos permanecem integralmente indeterminados até que sejam reportados aos agenciamentos que os constituem enquanto tais. (*Ibidem*, p. 41).

Ortopedia social da sociedade de normalização e usos possivelmente contestadores

Em *A verdade e as formas jurídicas*, Michel Foucault parte da estatização da justiça penal na Idade Média para localizar, na virada do século XVIII para o XIX, o surgimento do que chama de "sociedade disciplinar", rótulo com o qual classifica a sociedade contemporânea. É neste momento que se efetiva uma mudança no aparelho jurídico-penal, que passa a tomar o criminoso como inimigo interno, a partir da noção de periculosidade, e que "tem em vista menos a defesa geral da sociedade que o controle e a reforma psicológica e moral das atitudes e do comportamento dos indivíduos" (FOUCAULT, 2002, p. 85).

Como aponta o filósofo francês, "toda a penalidade do século XIX passa a ser um controle, não tanto sobre se o que fizeram os indivíduos está em conformidade ou não com a lei, mas ao nível do que podem fazer, do que são capazes de fazer, do que estão sujeitos a fazer, do que estão na iminência de fazer". A noção de periculosidade define que o indivíduo deve ser encarado pela sociedade não pelos seus atos, mas por suas virtualidades,[2] que devem ser vigiadas através do controle de seus comportamentos.

É instituída uma "ortopedia social" que se desenvolve em meio a uma série de instituições que enquadram o indivíduo ao longo de sua existência, de forma a controlar e corrigir suas virtualidades (*Ibidem*, p. 86). Essa trama de relações disciplinares erige-se para além das leis, para além das regras como a vontade do soberano: "as disciplinas vão trazer um discurso que será o da regra, não o da regra jurídica derivada da soberania, mas o da regra natural, isto é, da norma" (FOUCAULT, 1999, p. 45). E a jurisprudência para essas disciplinas é a

---

2   Diferente de crimes como homicídio ou roubo, onde há danos e vítimas precisos, a tipificação penal dos crimes de drogas é de um delito de risco, de "consumação antecipada" que se cumpre sem a necessidade concreta de se provar um prejuízo a alguém determinado. Nas palavras de Escohotado (2008), a orientação do direito aqui é proteger o sujeito dele mesmo.

do saber clínico, numa normalização que passa a colonizar os procedimentos da lei. A isso, Foucault chamou de "sociedade de normalização".

> As normalizações disciplinares vêm cada vez mais esbarrar contra o sistema jurídico da soberania; cada vez mais nitidamente aparece a incompatibilidade de umas com o outro; é cada vez mais necessária uma espécie de discurso árbitro, uma espécie de poder e de saber que sua sacralização científica tomaria neutros. E é precisamente do lado da extensão da medicina que se vê de certo modo, não quero dizer combinar-se, mas reduzir-se, ao intercambiar-se, ou enfrentar-se perpetuamente a mecânica da disciplina e o princípio do direito. O desenvolvimento da medicina, a medicalização geral do comportamento, das condutas, dos discursos, dos desejos, etc., se dão na frente onde vem encontrar- se os dois lençóis heterogêneos da disciplina e da soberania.
> (*Ibidem*, p. 46)

Vargas (2008) identifica um aumento constante na produção de drogas medicamentosas no século XX, especialmente a partir da década de 1940, o que é chamado por Dupuy e Karsent (VARGAS, 2008) de "invasão farmacêutica". Citando Foucault, Vargas lembra que esse processo é parte constituinte de outro "mais amplo de medicalização dos corpos e da vida, processo esse contemporâneo ao desenvolvimento do capitalismo em fins do século XVIII e início do século XIX". No início do século XX praticamente nenhuma droga era objeto de controle, menos ainda de criminalização, e Vargas mostra que não é por coincidência que a criminalização de algumas substâncias tenha se dado em conjunção com tal invasão farmacêutica e com o crescimento da importância social das atividades biomédicas. "Também não é à toa que a restrição no sentido do vocábulo drogas tenha sido contemporânea desses processos. Daí que, em todos esses casos, as políticas de repressão a partir de então tornadas hegemônicas em torno das drogas consideradas ilícitas tiveram, nominalmente, um duplo fundamento: médico e jurídico" (VARGAS, 2008, p. 54).

Ele prossegue notando que embora as políticas oficiais sejam desde então marcadas pela repressão e pela guerra às drogas, as relações que as sociedades contemporâneas têm mantido com essas substâncias são ambíguas, uma vez que a repressão convive com o consumo de drogas, no sentido amplo do termo, não só difundido como incitado. A partir deste análise, Vargas identifica como o uso de determinados psicoativos articula-se com diferentes modos de engajamento com o mundo, com modalidades de uso

> pautadas pelo princípio de que "a boa morte" é aquela que deve ser, tanto quanto possível, adiada no tempo, isto é, pelo princípio segundo o qual a vida deve ser vivida em extensão; e que também estamos diante, dessa vez no caso dos usos não medicamentosos de drogas, de modalidades de uso de drogas que atualizariam outros modos de engajamento com o mundo, modos esses que se pautariam por considerar a vida, não mais em extensão, mas em intensidade. (*Ibidem*, p. 56)

No âmbito de uma sociedade medicalizada e normatizada, a cisão entre drogas lícitas e ilícitas leva a que estas sejam encaradas como a encarnação do Mal, enquanto aquelas – a despeito de terem também bons e maus usos possíveis – são apontadas apenas como passíveis de trazerem o Bem. Se Foucault vê nos dias de hoje uma sociedade disciplinar, Vladimir Safatle (2008) tem mais proximidade com a definição de "sociedade do consumo". Se o mundo da produção capitalista estava vinculado à ética do ascetismo, da acumulação, o mundo do consumo pediria uma "ética do direito ao gozo" (*Ibidem*, p. 126). O discurso capitalista atual precisa "da procura pelo gozo que impulsiona a plasticidade infinita da produção das possibilidades de escolha do universo do consumo. Ele precisa da regulação do gozo no interior de um universo mercantil estruturado". Não mais a repressão ao gozo, mas o gozo como imperativo (*Ibidem*, p. 128).

Safatle cita Marcuse, que vê uma expropriação do inconsciente como neutralização social do conflito entre princípio de prazer e princípio de realidade através de uma "satisfação administrada". A incitação ao gozo é elemento central na lógica de reprodução mercantil do capitalismo, nesse novo investimento que não é mais de controle-repressão e sim de controle-estimulação (FOUCAULT,1981, p. 147). Essa incitação permanente ao gozo gera culpa por não poder jamais ser plenamente saciada, e a hipótese de Isleide Fontenelle (2010) é de que essa culpa é suprida pelo próprio capitalismo em forma de mercadoria.

Sendo o imperativo do gozo por definição "impossível de se cumprir", e estando a sociedade diante de culturas nas quais "as ideias de felicidade e saúde psíquicas se reduzem a projetos de conforto, segurança e auto-afirmação", este projeto de bem-estar se realiza através do recurso à medicação (KEHL, 2009, p. 219), num processo cíclico no qual o desconforto é criado e suprido pelo apelo constante às mercadorias, sejam elas bens de consumo ou medicamentos que vão apaziguar sua insatisfação por não poder ter todos os bens de consumo que estão disponíveis. Como aponta Maria Rita Kehl,

> sob efeito da medicação, o sujeito não se indispõe contra si mesmo nem interroga as razões de seu mal-estar: vai pelo caminho mais curto, que consiste em tornar-se objeto de seu remédio. O sujeito e sua medicação formam uma unidade indivisível: eis aí, afinal, uma promessa de realização do indivíduo – que, entretanto, não esconde a relação de dependência (da medicação, da droga, do álcool, etc.) que a sustenta. (*Ibidem*)

Enquanto estimula o gozo como imperativo, o capitalismo atual acaba criando consumos abusivos das drogas legais que ele idealiza e também das drogas ilícitas que ele demoniza, ambos para suprir essa lacuna, essa culpa, essa falha que o indivíduo atribui a si mesmo. Interessante que dentro dessa análise, Maria Rita Kehl retoma em outros termos a reflexão de Huxley sobre a diferente forma de assimilação do tempo durante experiências psicoativas, referindo-se neste caso ao consumo de maconha:

> A experiência, perdida para nós, de viver e trabalhar em um ritmo não ordenado pela produtividade permitia que o abandono dos sujeitos à temporalidade guardasse uma proximidade grande com o tempo do sonho, embalado por outra experiência que também se perdeu: a experiência do ócio, ou do tédio vivido sem angústia, como puro tempo vazio a ser preenchido pela fantasia. De todas as experiências subjetivas que a história deixou para trás, talvez a mais perdida, para o sujeito contemporâneo, seja a do abandono da mente à lenta passagem das horas: tempo do devaneio, do ócio prazeroso, dedicado a contar e a rememorar histórias. Uma experiência que os jovens buscam recuperar através do uso de certas drogas não-excitantes como a maconha, que fumam sozinhos ou em grupos – nesse caso, a troca de experiência ajuda a atenuar a angústia ante o retorno da temporalidade recalcada. (*Ibidem*, p. 164)

Ab'Saber (2012, p. 28) afirma que "nossa busca intensa de experiências sobre a mais profunda instabilidade e insatisfação fazem de nossos corpos a bala que avança rumo ao futuro" – futuro que já poderia ser vislumbrado como vazio diante da "velocidade desumana" imprimida ao tempo presente pelo sistema-mercadoria.

"A produção e reprodução do capital é a que rege nosso desejo cotidiano, forja nosso ser, nossas mediações técnicas abstratas e sem fim", prossegue, lembrando que "um dia existiu uma forte tradição crítica moderna que concebia a revolução como o parar do tempo. Talvez ela esteja mais viva e necessária do que nunca".

Paradoxalmente, o consumo de drogas pode tanto ser gerado por um sistema que toma o gozo como imperativo como contestá-lo em seus ideais de produtividade e disciplina. Mesmo as drogas ilícitas são mercadorias e partilham das regras do mercado capitalista em sua produção e distribuição, ainda que o controle do mercado nesse caso específico se dê pela violência. No entanto, algumas formas de uso de algumas dessas drogas podem ser enquadradas em condutas de contestação, seja em sua intenção ou na forma como podem trazer em si outras formas de sociabilidade não pautadas – ou menos pautadas – pela mercadoria. Como aponta Carneiro (2005),

> a autonomia crítica da consciência exigiu o acesso ao arsenal do saber herbário e da tecnologia psico-farmacoquímica como um dos direitos do espírito humano na busca do conhecimento de si próprio. A resposta política do Ocidente a essa demanda pelas chaves vegetais e químicas da consciência até hoje, contudo, foi negativa. O proibicionismo reinou sempre, inicialmente sob a égide da Igreja e, mais tarde, da Medicina. A Igreja Católica proibiu os frutos das árvores do conhecimento, como o ópio, os cogumelos amanita ou a cannabis, herança combatida do paganismo euroasiático e, durante a colonização moderna, desencadeou uma campanha para extirpar as "idolatrias" indígenas, e particularmente as suas plantas sagradas. A América proveu o mundo, entretanto, com algumas das mais fantásticas substâncias extraídas de plantas: a mescalina do cacto, a psilocibina do cogumelo, a harmalina do cipó, as triptaminas da leguminosa jurema, e o LSD análogo da trepadeira ipoméia.

Escohotado (2008) acredita que, como meios de pensar e sentir de forma diferenciada, os "veículos ilícitos de ebriedade" são capazes de afetar a vida cotidiana, o que num mundo no qual "a esfera privada é cada vez mais teleguiada" poderia representar "potencialmente uma revolução" ao proporcionar uma mudança na vida cotidiana. Vladimir Safatle, por sua vez, aponta que de Marcuse para cá o sistema evoluiu de forma que podemos falar hoje não mais em sociedade da satisfação administrada e sim em uma "sociedade de insatisfação administrada" (SAFATLE,

p. 133), pois seria possível identificarmos uma "ironização absoluta dos modos de vida". Os sujeitos não estariam mais chamados a identificarem-se com "tipos ideais construídos a partir de identidades fixas e determinadas", mas sim inseridos num contexto em que suas identidades podem moldar-se de acordo com o estímulo de consumo e no qual o próprio sistema se apresenta de maneira "auto irônica e crítica". Ele cita Guy Debord, que em *A sociedade do espetáculo* já dizia que a própria insatisfação se transforma em mercadoria, para concluir que "a frustração com o universo fetichizado da forma-mercadoria e de suas imagens ideais possa transformar-se também em uma mercadoria". Sob esse ponto de vista, cabe questionar em que medida é possível uma contestação através de substâncias que não só respondem à culpa causada pelo imperativo do gozo como são em si mercadorias altamente lucrativas, coisa que certamente continuariam a ser em caso de uma regulamentação de sua ilicitude. Não seria o primeiro exemplo de um comportamento "desviante" ou "contestatório" absorvido pela ordem que tenta contestar.

Usos pragmáticos, científicos e criativos

É exatamente a partir desta dicotomia entre um uso possivelmente contestatório e outro qualificado como "pragmático" que Almeida e Eugenio (2008) partem para traçar um paralelo entre o recurso às "drogas" no contexto da contracultura dos anos 1960 e 1970 e o uso de psicoativos em festas de música eletrônica contemporâneas. Propõem um "paralelo entre as modalidades de hedonismo praticadas nos 1970" e "as que observamos hoje entre jovens integrantes de um segmento que, possivelmente, podemos encarar como a versão atual da 'roda intelectual-artístico-boêmia carioca' de que falava Velho".

Através de entrevistas com pessoas que viveram ambientes de consumo de drogas supostamente contestatórios durante a ditadura militar brasileira, as autoras apontam que naquele contexto "o recurso às drogas revestia-se de uma aura transgressiva, fazia-se ato de resistência, era ingrediente fundamental de uma cruzada íntima para produzir 'A Mudança'", transformação singular que buscaria romper com valores familiares e visões de mundos consideradas conservadoras. "As drogas eram, pois, recrutadas como agentes transformadores do eu, muitas vezes aliadas à psicanálise, para fazer face à família, ao Estado e à escola, que por sua vez operavam como agentes de verificação e marcação explícita do que vinha a ser considerado transgressão" (ALMEIDA e EUGENIO, 2008, p. 387).

Já nestes grupos específicos analisados na contemporaneidade, no qual o recurso às drogas (especialmente ecstasy e cocaína) se daria de forma "pragmática", visando efeitos específicos, as autoras observam esse uso "como instrumentos na produção da fruição, da vibe da festa" para a qual concorrem também a música, as companhias, os estímulos visuais das luzes negras e coloridas e do ambiente, as roupas extravagantes etc. A relação com os psicoativos seria atravessada por "cálculo e controle", erigindo-se como "ato de fruição" "despido de bandeiras ou de caráter reativo. Cabe ao sujeito governar-se de modo adequado, assim como cabe a ele estabelecer os próprios limites". Esta "geração MTV" é vista pelas autoras "não sob a égide do valor de ruptura – os pais deles já o fizeram – mas sim sob o valor da continuidade" (Ibidem, p. 389).

Os exemplos contrapostos pelas autoras nos ajudam a ver como o recurso ao uso de psicoativos não pode ser dissociado do contexto no qual é realizado. Se nos anos 1960 e 1970 ele tinha determinada conotação para determinado grupo, nesse caso a "transgressão", no mesmo período poderia haver diversas outras conotações. E se hoje os valores contra culturais parecem ser menos reivindicados pelos jovens, de todo modo há diversos usos que não se restringem à suposta "fuga da realidade", como o uso "pragmático" apontado por Almeida e Eugenio – jovens que se utilizam de drogas para obterem efeitos determinados em períodos também muito determinados, depois dos quais seguem suas vidas normalmente.

Henrique Carneiro (2008) vê diversos outros usos possíveis quando aponta LSD, DMT, MDMA como "algumas das principais substâncias que podem oferecer instrumentos de êxtase para usos estéticos, cognitivos, psicoterapêuticos, religiosos,[3] sensuais, poéticos ou lúdicos com um potencial muito efetivo no combate à depressão, ansiedade, angústia e outras dores da alma". Para o historiador, "a diferença entre essas moléculas psicodélicas e os produtos da indústria psicofarmacêutica reside na sua forma de circulação".[4]

---

3   Huxley (1995, p. 39) vê conexões "imemoriais" entre uso de drogas e religião. Atualmente, são diversos os cultos nos quais se recorre a alguma espécie de psicoativo, sendo os mais famosos provavelmente as religiões que fazem uso da Ayahuasca e a utilização de maconha pelos rastafáris.

4   Falando especificamente dos psicodélicos, Carneiro (2005) define, em outro artigo, que "as diversas formas de uso dos psicodélicos têm se constituído como um campo original de conhecimento e de produção cultural, onde a psicologia, a farmácia, a medicina, a história, a literatura e a antropologia uniram-se para buscar compreender o papel das plantas e dos sintéticos produtores de estados de êxtase e que tiveram um papel histórico determinante como produtos de grande valor comercial, religioso e cultural".

Um exemplo é dado por Ab'Saber (2012, p. 91), que vê a banda inglesa de rock The Beatles como, através de seu "famoso registro lírico, elegante e experimental", responsável por elevar "o pop ao estatuto definitivo de algo digno de ser pensado". Para o autor, durante os anos 1960 esses jovens músicos "foram capazes de pensar o objeto droga na sua maior amplitude e precisão, desenhando de modo quase analítico, rigoroso e estético a própria linguagem da mais plástica, espetacular e sensorial de todas as drogas":

> O modelo do ácido lisérgico parece ter aparecido para eles com a sua própria dimensão material, mineral ou química, e o que se tentou dar conta em Sargent Pepper's Lonely Hearts Club Band é, de maneira reflexiva, irônica e até mesmo épica, no sentido claramente brechtiano e moderno do termo, o modo com que a própria coisa funciona, a natureza de pensabilidade da forma lisérgica. Inventou-se ali todo um sistema estético sobre o objeto droga de modo mais ou menos semelhante como o que Freud operou com a forma sonho, como uma forma que produz, na sua própria formatação, um amplo tipo de conhecimento humano.

Além dos usos lembrados por Carneiro, fortalece-se cada vez mais o entendimento das potencialidades medicinais e científicas de diversos psicoativos, desde a maconha ao LSD, passando pela Ayahuasca. No caso da maconha, por exemplo, Malcher-Lopes e Ribeiro (2007, p. 65) apontam que "atualmente os canabinóides estão entre as melhores perspectivas de sucesso no tratamento de diversos males severos para os quais ainda não há tratamento adequado". Com a descoberta de moléculas análogas aos princípios ativos da maconha dentro do cérebro humano vislumbra-se uma "guinada científica" (*Ibidem*, p. 8) que mostra grandes potenciais:

> Neste início de século XXI, acredita-se que os canabinóides possam estar envolvidos na remodelação dos circuitos neuronais, na extinção de memórias traumáticas, na formação de novas memórias e na proteção de neurônios. O sistema endocanabinóide é fundamental no controle da resposta imune, apetite, sono, estresse, emoção, dor, locomoção, funções cardiovascular e broncopulmonar, pressão intra ocular, inflamação e reprodução, entre outros aspectos da fisiologia e do comportamento. A desregulação do sistema canabinóide pode estar envol-

vida nas causas da depressão, dependência psicológica, epilepsia, esquizofrenia e doença de Parkinson. Essa exuberante variedade de efeitos indica que os canabinóides agem no entroncamento de muitas vias metabólicas diferentes, funcionando como um coringa bioquímico de inúmeras faces. Isso indica que, se por um lado existem os perigos do abuso da maconha, por outro existe um enorme potencial terapêutico.

No caso mesmo dos psicodélicos – ou alucinógenos – diversas vertentes de pesquisadores fizeram uso dessas substâncias como coadjuvantes em tratamentos, algumas delas obtendo resultados encorajadores: Carneiro (2005) cita como casos exemplares o "sucesso excepcional" na recuperação de alcoólicos e em pacientes terminais e prossegue:

> Nos anos 1960, Alberto Fontana adotou, na Argentina, psicodélicos em terapia psicanalítica. Na Tchecoslováquia, Stanislav Grof começou um trabalho de pesquisas, que foi desenvolvido posteriormente na Califórnia, como investigação dos estados perinatais, utilizando psicodélicos em experiências de regressão. No Brasil, houve uma utilização científica de LSD no final dos anos 1950 e início dos anos 1960, inclusive com experiências sobre criatividade, vertente já explorada desde Havelock Ellis e, mais recentemente, por Stanley Krippner, nos Estados Unidos, mas que foram abortadas pela interdição legal de experimentação científica com psicodélicos.

Schenberg (2010) retoma a origem do termo "psicodélico", cunhado pelo psiquiatra britânico Humphry Osmond, em carta ao escritor e amigo Aldous Huxley, unindo os termos gregos "ψυχή" (psyche, mind) e "δῆλος"(delos, manifesting), resultando em "Que manifesta a mente" antes de elencar alguns dos flancos de pesquisas mais frutíferos no momento, como uso de psilocibina para aliviar sofrimento de pacientes com câncer terminal, o uso de MDMA para tratamento de transtorno de Estresse Pós-Traumático e Transtorno Obsessivo Compulsivo e "a descoberta de que doses diminutas (menores do que a dose psicoativa) de DOI, análogo sintético do LSD, podem interferir com o sistema imune e a resposta inflamatória, abrindo avenidas inéditas para tratamento de desordens alérgicas e doenças autoimunes".

Villaescusa (2006) aponta resultados "promissores" do uso de LSD nos seguintes campos: alcoolismo, depressão, ansiedade e dor em doentes terminais, desenvolvimento pessoal e criatividade, misticismo e espiritualidade, reinserção social de delinquentes, tratamento de neurose em terapia individual e grupal, disfunções sexuais e doenças psicossomáticas.

"Não se deve reduzir a questão das drogas a uma dimensão simplista: usá-las ou não", afirma Passetti (1991, p.89). "Na literatura há inúmeros exemplos de obras criadas a partir de experiências com haxixe, ópio, maconha, mescalina, láudano e álcool, entre outras", prossegue o autor, que cita Baudelaire, que teria dito que as drogas só produzem estados de espírito interessantes em pessoas que já são interessantes, "porque imaginações grosseiras produzem visões grosseiras". Além de Baudelaire, Passetti apresenta trechos de Fernando Pessoa, De Quincey, Keats, John Lennon, Caetano Veloso, Gilberto Gil, Antonin Artaud e William Burroughs, entre outros, para ressaltar o papel do uso e da reflexão sobre psicoativos como parte da criação artística.

Na compilação de textos e fragmentos *Haxixe*,[5] de Walter Benjamin (1984, p. 41), o pensador alemão salienta mais um aspecto presente em certos consumos de substâncias psicoativas, o fato de que certas drogas "aumentarem consideravelmente o prazer da convivência entre parceiros, a tal ponto que não é raro manifestar-se uma espécie de misantropia entre eles": lidar com alguém que não participe desse tipo de práticas pode chegar a ser "tão penoso quanto inútil" para esse grupo de pessoas. "Óbvio que esse encantamento não deriva apenas da conversação", conclui.

Em outros momentos dos fragmentos apresentados na obra, Benjamin (1984, p. 36) formula diversas formas de se pensar a alteração de consciência, chegando, por exemplo, a ver no haxixe "aquela dissipação da própria existência que conhecem os apaixonados";

> Quero crer que o haxixe sabe persuadir a natureza a conceder-nos, de modo menos egoísta, aquela dissipação da própria existência que conhecem os apaixonados. Quando amamos, nossa existência escorre pelos dedos da natureza como moedas de ouro que ela não consegue reter, e que deixa passar para poder empunhar um novo rebento; aqui também, sem qualquer esperança ou expectativa, com as mãos abertas, ela nos atira de encontro à existência.

---

5   Curiosamente, a edição desse livro publicada pela Editora Brasiliense apresenta tradução de Flávio de Menezes e Carlos Nelson Coutinho, intelectual falecido em 2012 e cuja trajetória sempre esteve ligada ao pensamento marxista mais ortodoxo.

Mobilizar para a revolução as energias da embriaguez

Em "Surrealismo: o último instantâneo da inteligência europeia", o alemão Walter Benjamin (1987) aborda esse movimento nascido na França ao final da segunda década do século XX e que levou "a 'vida literária' até os limites extremos do possível", sendo, na visão do autor, muito mais do que um movimento meramente "artístico" ou "poético", visões classificadas por ele como simplistas. "A vida só parecia digna de ser vivida quando se dissolvia a fronteira entre o sono e a vigília, permitindo a passagem em massa de figuras ondulantes", aponta a respeito das origens do grupo, prosseguindo: "e a linguagem só parecia autêntica quando o som e a imagem, a imagem e o som, se interpenetravam, com exatidão automática, de forma tão feliz que não sobrava a mínima fresta para inserir a pequena moeda a que chamamos 'sentido'".

"Lenin chamou a religião de ópio do povo, aproximando assim essas duas esferas muito mais do que agradaria aos surrealistas", continua Benjamin, para quem a "superação autêntica e criadora da iluminação religiosa" se daria através de uma "iluminação profana, de inspiração materialista e antropológica", processo no qual drogas como haxixe e ópio, entre outras, poderiam servir de "propedêutica" – como forma de introdução, de estímulo. O alemão se aproxima nesse ponto da formulação do estadunidense Terence McKenna (PINCHBECK, 2007, p. 320), para quem os psicodélicos eram "catalisadores do inconformismo social", "agentes descondicionadores" que poderiam, portanto, ser parte dessa iluminação profana que propõe Walter Benjamin.

Para Benjamin, "em todos os seus livros e iniciativas, a proposta surrealista tende ao mesmo fim: mobilizar para a revolução as energias da embriaguez", essa seria sua "tarefa mais autêntica". "Sabemos que um elemento de embriaguez está vivo em cada ato revolucionário", prossegue o pensador alemão, não sem ressaltar que "isso não basta", já que esse elemento teria "caráter anárquico": "Privilegiá-lo exclusivamente seria sacrificar a preparação metódica e disciplinada da revolução a uma práxis que oscila entre o exercício e a véspera da festa. A isso se acrescenta uma concepção estreita e não-dialética da embriaguez".

"De nada nos serve a tentativa patética ou fanática de apontar no enigmático o seu lado enigmático; só devassamos o mistério na medida em que o encontramos no cotidiano, graças a uma ótica dialética que vê o cotidiano como impenetrável e o impenetrável como cotidiano", defende Benjamin, que exemplifica buscando aprofundar a reflexão:

> Por exemplo, a investigação mais apaixonada dos fenômenos telepáticos nos ensina menos sobre a leitura (processo eminentemente telepático) que a iluminação profana da leitura pode ensinar-nos sobre os fenômenos telepáticos. Da mesma forma, a investigação mais apaixonada da embriaguez produzida pelo haxixe nos ensina menos sobre o pensamento (que é um narcótico eminente) que a iluminação profana do pensamento pode ensinar-nos sobre a embriaguez do haxixe. O homem que lê, que pensa, que espera, que se dedica à flânerie, pertence, do mesmo modo que o fumador de ópio, o sonhador e o ébrio, à galeria dos iluminados. E são iluminados mais profanos. Para não falar da mais terrível de todas as drogas – nós mesmos – que tomamos quando estamos sós.

Em seu inédito artigo "O marxismo e as drogas", Henrique Carneiro destaca que "a importância econômica, política e moral do fenômeno contemporâneo do proibicionismo foi insuficientemente ressaltada, contudo, no debate sociológico em geral e no marxista, em particular", também não sendo "suficientemente estudado e analisado pelas ciências humanas contemporâneas de um ponto de vista de uma teoria crítica e revolucionária".

Para Carneiro, a maior parte da sociologia marxista, influenciada pelo regime soviético e pelos partidos comunistas, "condenou as drogas, na época psicodélica dos anos sessenta do século passado, como sendo expressão de um exacerbado fetichismo da mercadoria, uma forma de escravização dos sujeitos humanos a objetos e, portanto, uma forma de alienação ou 'reificação', ou seja, uma coisificação".

Lembrando-se de Antonio Gramsci e Walter Benjamin como exceções, como se observa nas citações presentes neste trabalho, o historiador observa que "a famosa frase de Marx a respeito da religião como o 'ópio do povo', serviu para uma condenação ao mesmo tempo das drogas e do sentimento religioso".

> Na verdade, essa frase da introdução à Crítica da Filosofia do Direito em Hegel sempre foi mal citada, pois sempre apresentada fora do seu contexto. Marx considerava a religião nesse texto como "as flores imaginárias" que adornam os grilhões que acorrentam a humanidade. Mas a condenação não se dirige às flores em si mesmas. Ao contrário, é para se quebrarem as cadeias e se apanharem as flores reais que é

> necessária a crítica à religião, para dissipar a sua ilusão consoladora, para que o homem, desenganado, possa abandonar as crenças no além para encarar a realidade de frente.
> Marx subestimou, entretanto, a força do imaginário das flores – as formas da "fantasia e da consolação" – e, portanto, o poder da imaginação –, no seu sentido psicológico mais profundo, aquele que Freud apontou como sendo um substrato da condição humana: evadir-se da dor da realidade por meio da "fruição da beleza", a qual contém uma qualidade "tenuemente intoxicante". "A arte nos induz a uma suave narcose", escreveu Freud, e de fato, a qualidade narcísica da narcose (e de onde o seu parentesco etimológico) é a de permitir um refúgio diante das agruras do mundo. Ou, como nas palavras de Marx, sobre a religião, "é o soluço da criatura oprimida, o coração de um mundo sem coração, o espírito de uma situação carente de espírito".

Carneiro prossegue defendendo não ser casual tal analogia entre droga e religião, uma vez que ambas buscariam fornecer "o grau último da consolação, do anestesiamento, da analgesia moral e física" e questiona: "Ora, não serão tais consolos para a dor algumas das necessidades humanas mais prementes? Poderia se dar um uso não evasivo, ilusório ou consolador para as drogas, poderiam estas serem instrumentos de conhecimento e prazer, através de um uso lúcido? Teria a religião desenvolvido um arsenal cultural que poderia ser desprendido de sua função social de força promotora do conformismo?".

Benjamin, citado por Pinchbeck (2007, p. 96), vislumbrava a aparição do capitalismo não só como um despertar tecnológico e racional, mas sobretudo como um "novo dormir" cheio de sonhos e perigosas forças místicas de ordem diferente das superadas pelo novo sistema. O culto da razão e do empirismo científico poderiam ocultar mas jamais destruir seus antecessores místicos, com a ideologia mecanicista do modernismo sendo, na realidade, uma substituição do transe extático dos antigos pelo da mercadoria.

Crítica do capitalismo e sua religião, a mercadoria, a esquerda brasileira permaneceu por muitos anos com o entendimento, fortalecido nos anos 1960 e descritos anteriormente por Carneiro, das drogas apenas como forma de alienação ou fuga da realidade, identificadas com o próprio capitalismo. Mesmo que os anos 2000 tenham representado considerável avanço neste sentido, principalmente por conta do ascenso do movimento social antiproibicionista, ocorrido por fora e até em confronto com as organizações tradicionais de oposição ao status quo, ainda não está ausente da tradição e do presente da esquerda brasileira uma visão fetichista das substâncias tornadas ilícitas há cerca de um século, vistas não na complexidade que suas muitas possibilidades de uso e experimentação apresentam, mas apenas na mesma chave negativa propagada pela moral proibicionista.

Agindo assim, não só a fundamental crítica aos nefastos efeitos sociais e políticos do proibicionismo permaneceu, quando muito, relegada ao último escalão das preocupações dos grupos e indivíduos propositores de outro mundo, mas também as energias da embriaguez mantiveram-se afastadas da revolução, distante do que propunha Benjamin. Perdeu potencial de iluminação profana o êxtase, perdeu potencial de transformação a revolução. Ganharam o proibicionismo, a injustiça, o preconceito, a violência, a opressão. Consciente de suas limitações, este trabalho espera contribuir para que a esquerda consiga escolher melhor de que lado lutar, processo felizmente já em curso.

Bibliografia

AB'SABER, Tales A. M. *A música do tempo infinito*. São Paulo: Cosac Naify, 2012.

AGAMBEN, Giorgio. *Estado de exceção*. São Paulo: Boitempo, 2004.

ALMEIDA, Maria Isabel Mendes de; EUGENIO, Fernanda. *Paisagens Existenciais e Alquimias Pragmáticas: uma reflexão comparativa do recurso às "drogas" no contexto da contracultura e nas cenas eletrônicas contemporâneas*. IN: LABATE, Beatriz; GOULART, Sandra et al (orgs). *Drogas e cultura: novas perspectivas*. Salvador: EDUFBA, 2008.

ALMEIDA; VIEIRA; CANCELLI (orgs.) *Resoluções de encontros e congressos (1979-1998)*. São Paulo: Diretório Nacional do PT; Fundação Perseu Abramo, 1998.

ARANTES, Paulo Eduardo. "Cavalaria Global". In: *Margem Esquerda*, n. 4, São Paulo, Boitempo, 2004.

ARANTES, Paulo Eduardo. *Extinção*. São Paulo: Boitempo, 2007.

ARAÚJO, Maria Paula Nascimento. *A utopia fragmentada: as novas esquerdas no Brasil e nomundo na década de 1970*. Rio de Janeiro: Editora FGV, 2000.

ARBEX JR., José. *Narcotráfico, um jogo de poder nas Américas*. São Paulo: Moderna, 2005.

AUGUSTO, Sérgio, JAGUAR (orgs.). *O melhor do Pasquim – Antologia 1969-1971*. Volume 1, Rio de Janeiro: Desiderata. 2006.

BANDEIRA, Moniz; MELO, Clovis; ANDRADE, A. T. *O ano vermelho: a Revolução Russa e seus reflexos no Brasil*. Rio de Janeiro: Civilização Brasileira, 1967.

BATISTA, Vera Malaguti. *Difíceis ganhos fáceis: drogas e juventude pobre no Rio de Janeiro*. Rio de Janeiro: Revan, 2003.

BATISTA, Vera Malaguti. *O Tribunal de Drogas e o Tigre de Papel*. Mundo Jurídico, 2004. Disponível em: <http://www.mundojuridico.adv.br>.

BAUDELAIRE, Charles. *Paraísos artificiais: o haxixe, o ópio e o vinho*. Porto Alegre: L & PM, 2007.

BAUMAN, Zygmunt. *Vidas desperdiçadas*. Rio de Janeiro: Zahar, 2005.

BECKER, Howard. *Outsiders: estudos de sociologia do desvio*. Rio de Janeiro: Zahar, 2008.

_____. *Segredos e truques da pesquisa*. Rio da Janeiro: Zahar, 2008.

BENJAMIN, Walter. *Haxixe*. São Paulo: Brasiliense, 1984.

_____. "Sobre o conceito de história". IN: *Magia e técnica, arte e política*, v. 1. São Paulo: Brasiliense, 1987, p. 222-232, 323. (Coleção Obras Escolhidas)

_____. *Surrealismo: o último instantâneo da inteligência europeia*. In: In: Obras escolhidas. Vol. 1. Magia e técnica, arte e política. São Paulo: Brasiliense, 1987, p. 21-35.

BOITEUX, Luciana; CASTILHO, Ela Wiecko. *Tráfico de drogas e constituição*. Rio de Janeiro, Brasília: Projeto Pensando o Direito – UFRJ, UFB, 2009.

BRAGA, Ruy. *A política do precariado*. São Paulo: Boitempo, 2012.

BRANFORD, Sue; ROCHA, Jan. *Rompendo a cerca: a história do MST*. São Paulo, Casa Amarela, 2004. BUARQUE DE HOLLANDA, Heloísa; PEREIRA. Caros Alberto M. (orgs). *Patrulhas ideológicas*. São Paulo: Brasiliense, 1980.

BURGIERMAN, Denis Russo. *O fim da guerra: a maconha e a criação de um novo sistema paralidar com as drogas*. São Paulo: Leya, 2011.

CAPISTRANO FILHO, David. *Santos: mil dias de governo popular*. São Paulo: Brasil Urgente, 1991.

CARDOSO, Marcos Antônio. *Movimento Negro em Belo Horizonte: 1978-1998*. Belo Horizonte: Mazza Edições, 2002.

CARNEIRO, Henrique. "A odisséia psiconáutica: a história de um século e meio de pesquisa sobre plantas e substâncias psicoativas". IN: LABATE, Beatriz; GOULART, Sandra (orgs.). *O Uso ritual das plantas de poder*. Campinas: Mercado de Letras, 2005.

_____. "As necessidades humanas e o proibicionismo das drogas no século XX". *Revista Outubro*, IES, São Paulo, v. 6, 2002.

_____. "Autonomia ou heteronomia nos estados alterados de consciência". IN: LABATE, Beatriz; GOULART, Sandra *et al* (orgs). *Drogas e cultura: novas perspectivas*. Salvador: EDUFBA, 2008.

_____. *Bebida, abstinência e temperança na História antiga e moderna*. São Paulo: Senac, 2010.

_____. *Filtros, Mezinhas e Triacas: as drogas no mundo moderno*. São Paulo: Xamã Editora, 1994.

_____. *O marxismo e as drogas*. Inédito, cópia do autor.

_____. "Transformações do signficado da palavra "droga": das especiarias coloniais ao proibicionismo contemporâneo". IN: CARNEIRO, Henrique; VENÂNCIO, Renato Pinto (orgs.). *Álcool e drogas na história do Brasil*. São Paulo: Editora PUC-Minas, Alameda, 2005.

CAVALCANTE, Berenice. *Certezas e ilusões: os comunistas e a redemocratização da sociedade brasileira*. Rio de Janeiro: EDUFF, PROED, 1986.

CEBRID – Centro Brasileiro de Informações sobre Drogas Psicotrópicas. *II Levantamento 324 Domiciliar sobre uso de drogas psicotrópicas no Brasil: esutdo envolvendo as 108 maiores cidades do país*. 2005. Disponível em: <http://200.144.91.102/cebridweb/default.aspx>.

_____. *Livreto informativo sobre drogas psicotrópicas*. Publicado e distribuído pela SENAD, Secretaria Nacional Antidrogas.

CUNHA JÚNIOR, Henrique. *Textos para o movimento negro*. São Paulo: Edicon, 1992.

DANIEL, Herbert. *Passagem para o próximo sonho*. Rio de Janeiro: Codecri, 1982.

DAVENPORT-HINES, Richard. *The pursuit of oblivion: A global history of narcotics*. Nova Iorque: W. W. Norton & Company, 2002.

DELMANTO, Júlio. "Drogas: Estado, (anti)proibicionismo, (anti)capitalismo". *Passa Palavra*, 18 de setembro de 2012. Disponível em: <http://passapalavra.info/?p=64433>.

_____. "Drogas: o proibicionismo nos movimentos sociais". Outras Palavras, 19 de outubro de 2011. Disponível em: <http://rede.outraspalavras.net/pontodecultura/2011/10/19/culpar-as-substancias-o-proibicionismo--dentro-do-movimento-social/>

_____. "O combate ao crack e a cultura do medo". *Revista Teoria e Debate*, ed. 97, fevereiro de 2012. Disponível em: <http://www.teoriaedebate.org.br/edicoes/2433>.

DELMANTO, Júlio; MAGRI, Marco. "O enfoque na mudança de mentalidade como arma para suplantar o proibicionismo". IN: CONSELHO REGIONAL DE PSICOLOGIA 6ª REGIÃO (org.). *Álcool e outras drogas*. São Paulo: CRPSP, 2011.

DELMANTO, Júlio. "Os respingos da razão entorpecida na esquerda". *Brasil de Fato*, 3 de fevereiro de 2012. Disponível em: <http://www.brasildefato.com.br/node/8745>.

DELMANTO, Júlio; SADA, Juliana. *Psol, uma hipótese*. Trabalho de Conclusão de Curso. São Paulo: Faculdade Cásper Líbero, 2008.

DERRIDA, Jacques. *A farmácia de Platão*. São Paulo; Iluminuras, 1997.

DIAS, Lucy. *Enquanto corria a barca*. São Paulo: Senac, 2003.

DOMINGUES, Petrônio. "Movimento negro brasileiro: alguns apontamentos históricos". *Tempo*, v. 12, n. 23, Niterói, 2007. Disponível em: <http://www.scielo.br/scielo.php?script=sci_arttext&pid=S1413-77042007000200007>.

_____. "Movimento negro brasileiro: história, tendências e dilemas contemporâneos". *Dimensões*, v. 21, Programa de Pós Graduação em História, UFES, 2008.

ESCOHOTADO, Antonio. A proibição: princípios e consequências. IN: RIBEIRO, Maurides de Melo; SEIBEL, Sérgio Dario. *Drogas: hegemonia do cinismo*. São Paulo: Memorial, 1997.

_____. *História general de las drogas*. Madri: Espasa-Calpe, 2008.

FALCÃO, Frederico José. *Os homens do passo certo: o PCB e a esquerda revolucionário no Brasil (1942-1961)*. São Paulo: Editora José Luís e Rosa Sundermann, 2012.

FELTRAN, Gabriel de Santis. "Margens da política, fronteiras da violência: uma ação coletiva das periferias de São Paulo". *Revista Lua Nova*. São Paulo: n. 79, p. 201-233, 2010.

FIORE, Maurício. *Consumo de substâncias psicoativas: sujeitos substâncias e eventos*. Trabalho apresentado à VIII Reunião de Antropologia do Mercosul, Buenos Aires, setembro de 2009 (mimeo).

_____. "O consumo de psicoativos como campo de pesquisa e de intervenção política. Entrevista concedida por Gilberto Velho". IN: LABATE, Beatriz; GOULART, Sandra *et al* (orgs.). *Drogas e cultura: novas perspectivas.* Salvador: EDUFBA, 2008.

FIORE, Maurício. *Uso de "drogas": controvérsias médicas e debate público.* Campinas: Mercado de Letras; Fapesp, 2007.

FONTENELLE, Isleide. *Fetiche do eu autônomo: consumo responsável, excesso e redenção como mercadoria.* 2010 (mimeo).

FONTES, Virgínia. *O Brasil e o capital-imperialismo: teoria e história.* Rio de Janeiro: EPSJV, Editora UFRJ, 2010.

FOUCAULT, Michel. *A microfísica do poder.* Rio de Janeiro: Graal, 1981.

_____. *A verdade e as formas jurídicas.* São Paulo: NAU Editora, 2002.

_____. *Em defesa da sociedade.* São Paulo: Martins Fontes, 1999.

_____. "Tecnologias de si". *Verve*, São Paulo, n. 6, p. 321-360, 2004.

_____. *Vigiar e punir.* Petrópolis: Vozes, 1977.

FRATESCHI, Paulo; SILVEIRA, Sérgio Amadeu da (orgs). *Questão de segurança: o PT, a polícia, as prisões.* São Paulo: Brasil Urgente, 1990.

FREUD, Sigmund. *O mal-estar na cultura.* Porto Alegre: L & PM, 2010.

GABEIRA, Fernando. *O crepúsculo do macho.* Rio de Janeiro: Codecri, 1981.

_____. *O que é isso, companheiro?* Rio de Janeiro: Codecri, 1979.

GLASSNER, Barry. *Cultura do medo.* São Paulo: Francis, 2003.

GRAMSCI, Antonio. *Americanismo e fordismo.* São Paulo: Hedra, 2008.

GREEN, James. *Além do carnaval: a homossexualidade masculina no Brasil do século XX.* São Paulo: Editora da Unesp, 2000.

_____. "Mais amor e mais tesão":a construção de um movimento brasileiro de gays, lésbicas e travestis". *Cadernos Pagu*, Campinas, n. 15, 2000.

GORENDER, Jacob. *Combate nas trevas – A esquerda brasileira: das ilusões à luta armada.* São Paulo: Ática. 1987.

HARVEY, David. "El 'nuevo' imperialismo: sobre reajustes espacio-temporales y acumulación 326 mediante desposesión". *Revista Viento Sur*, dezembro de 2003.

HENMAN, Anthony. "A guerra às drogas é uma guerra etnocida". IN: HENMAN, Anthony; PESSOA JR., Osvaldo. *Diamba Sarabamba: coletânea de textos brasileiros sobre a maconha*. São Paulo: Ground, 1986.

HENMAN, Anthony; PESSOA JR. Osvaldo. *Diamba Sarabamba: coletânea de textos brasileiros sobre a maconha*. São Paulo: Ground, 1986.

HOBSBAWM, Eric. *A era do capital*. Petrópolis: Vozes, 2000.

HOBSBAWM, Eric. *Globalização, Democracia e Terrorismo*. São Paulo: Companhia das Letras, 2007.

HUXLEY, Aldous. *As portas da percepção – Céu e inferno*. São Paulo: Globo, 1995.

IASI, Mauro Luís. *As metamorfoses da consciência de classe: o PT entre a negação e o consentimento*. São Paulo: Expressão Popular, 2006.

ISACSON, Adam. "Las Fuerzas Armadas de Estados Unidos em la 'guerra contra las drogas'". IN: YOUNGERS, Colleta; ROSIN, Ellen (orgs.). *Drogas y democracia en América Latina*. Buenos Aires: Biblos, 2005.

KARAM, Maria Lúcia. "A lei 11.343/06 e os repetidos danos do proibicionismo". IN; LABATE, Beatriz; GOULART, Sandra et al (orgs). *Drogas e cultura: novas perspectivas*. Salvador: Edufba, 2008.

_____. *Drogas ilícitas e globalização*. Comunicação apresentada no fórum "Democracia, direitos humanos, guerra e narcotráfico", Rio de Janeiro, 2003. Disponível em: <http://www.narconews.com/Issue30/artigo785.html>.

KONDER, Leandro. *A democracia e os comunistas no Brasil*. Rio de Janeiro, Edições Graal, 1980.

KEHL, Maria Rita. *O tempo e o cão: a atualidade das depressões*. São Paulo: Boitempo, 2009.

LABROUSSE, Alain. *Geopolítica das drogas*. São Paulo: Desatino, 2010.

LEITE, Rosalina de Santa Cruz. "Brasil Mulher e Nós Mulheres: origens da imprensa feminista brasileira", *Estudos Feministas*, v. 11, n. 1, Florianópolis Jan./Jun. 2003. Disponível em: <http://www.scielo.br/scielo.php?pid=S0104-026X2003000100014&script=sci_arttext>.

LENO, Mauro. *Maconheiro tem problema de memória: história do movimento pró legalização da cannabis no Brasil*. Anais do XXVI Simpósio Nacional de História – ANPUH, São Paulo, julho de 2011.

LÖWY, Michael. "O capitalismo como religião". *Folha de São Paulo*, 18 de setembro de 2005.

_____. *Walter Benjamin: aviso de incêndio – uma leitura das teses "Sobre o conceito de história*. São Paulo: Boitempo, 2005.

LUCA DE TENA, Belén. *La guerra de la cocaína*. Madrid: Editorial Debate, 2000.

MACIEL, Luiz Carlos. *Geração em transe: memórias do tempo do tropicalismo*. Rio de Janeiro: Nova Fronteira, 1996.

MACRAE, Edward. *A construção da igualdade: identidade sexual e política no Brasil da "Abertura"*. Campinas: Editora da Unicamp, 1990.

MACRAE, Edward; SIMÕES, Júlio. "A subcultura da maconha; seus valores e rituais entre setores socialmente integrados". IN: BAPTISTA, M.; CRUZ, M. S.; MATIAS, R. (orgs.). *Drogas e Pós-modernidade*. Rio de Janeiro: EdUERJ, 2003, p. 95-107.

MACRAE, Edward. "Abordagens qualitativas na compreensão do uso de psicoativos". IN: *Drogas: tempos, lugares e olhares sobre seu consumo*. TAVARES, L. A.; ALMEIDA, AR. (orgs.). Salvador: EDUFBA; CEETAD/UFBA, 2004, p. 27-48

_____. "Aspectos socioculturais do uso de drogas e políticas de redução de danos". IN: XIV Encontro Nacional da Associação Brasileira de Psicologia Social, 2007, Rio de Janeiro. *Anais de resumos e de trabalhos completos do XIV Encontro Nacional da ABRAPSO*. Rio de Janeiro: ABRAPSO, 2007. v. 1. Disponível em: <http://www.neip.info/downloads/edward2.pdf>.

MALCHER-LOPES, Renato; RIBEIRO, Sidarta. *Maconha, cérebro e saúde*. Rio de Janeiro: Vieira & Lent, 2007.

MARX, Karl. *O capital: crítica da economia política*. São Paulo: Nova Cultural, 1988.

MÉSZÁROS, Istvan. "Desemprego e precarização: um grande desafio para a esquerda". IN: ANTUNES, Ricardo (org.). *Riqueza e miséria do trabalho no Brasil*. São Paulo: Boitempo, 2006.

MISSE, Michel. *Malandros, marginais e vagabundos & a acumulação social da violência no Rio de Janeiro*. 1999. Tese (Doutorado) – Instituto Universitário de Pesquisas do Rio de Janeiro.

_____. O movimento: A constituição e reprodução das redes do mercado informal ilegal de drogas a varejo no Rio de Janeiro e seus efeitos de violência. IN: BAPTISTA, M.; CRUZ, M. S.; MATIAS, R. (orgs.). *Drogas e pós-modernidade: faces de um tema proscrito*. Rio de Janeiro: EdUERJ, 2003.

MOREIRA DA SILVA, Antonio Fernando de Lima. *Histórico das drogas na legislação brasileira e nas convenções internacionais*. Belo Horizonte: Instituto Brasileiro de Direito e Política de Segurança Pública (IDESP), 2011. Disponível em: <http://www.idespbrasil.org/?r=artigo/visualizar&id=62>.

MORENO, Nahuel. *A moral e a atividade revolucionária (moral bolche ou moral espontaneísta)*. Disponível em: <http://www.marxists.org/portugues/moreno/1969/moral/cap01.htm>.

MOTT, Luis. "A maconha na história do Brasil". IN: HENMAN, Anthony; PESSOA JR. Osvaldo (orgs.). *Diamba Sarabamba: coletânea de textos brasileiros sobre a maconha*. São Paulo: Ground, 1986.

NASCIMENTO, Elisa Larkin. "O movimento social afro-brasileiro no século XX: um esboço sucinto". IN: *Cultura em movimento: matrizes africanas e ativismo negro no Brasil*. São Paulo: Selo Negro, 2008.

NOGUEIRA, Marco Aurélio. *PCB: vinte anos de política – documentos 1958-1979*. São Paulo: Livraria Editora Ciências Humanas, 1980.328

NOGUEIRA, Marco Aurélio; CAPISTRANHO FILHO, David; GUEDES, Cláudio (orgs). *O PCB em São Paulo: documentos (1974-1981)*. São Paulo: Livraria Editora de Ciências Humanas, 1981.

OLIVEIRA, Francisco de. O ornitorrinco. IN: *Crítica a razão dualista/ O ornitorrinco*. São Paulo: Boitempo, 2003.

_____. "Política numa era de interderminação: opacidade e reencantamento". IN: OLIVEIRA, Francisco de; RIZEK, Cibele Salba (orgs.). *A era da indeterminação*. São Paulo: Boitempo, 2007.

OLIVEIRA, Gláucia da Silva Destro de. "Construção, negociação e desconstrução de identidades: do movimento homossexual ao LGBT", *Cadernos Pagu*, n. 34. Campinas, jan/jun 2010.

OKITA, Hiro. *Homossexualismo: da opressão à libertação*. São Paulo: Proposta Editorial, 1980.

OTT, Jonatthan. *Pharmacotheon: drogas enteogénicas, sus fuentes vegetales y su história*. Barcelona: La Liebre de Marzo, 2000.

PARTIDO COMUNISTA DO BRASIL. *Em defesa dos trabalhadores e do povo brasileiro: documentos do PC do Brasil de 1960 a 2000*. São Paulo: Anita Garibaldi, 2000.

PARTIDO DOS TRABALHADORES. *Partido dos Trabalhadores: Resoluções de Encontros e Congressos & Programas de Governo – 1979-2002*. São Paulo: Fundação Perseu Abramo e Diretório Nacional do PT, 2005.

PASSETTI, Edson. *Das fumeries ao narcotráfico*. São Paulo, EDUC, 1991.

PESSOA JR, Osvaldo. "A liberação da maconha no Brasil". IN: HENMAN, Anthony; PESSOA JR. Osvaldo (orgs.). *Diamba Sarabamba: coletânea de textos brasileiros sobre a maconha*. São Paulo: Ground, 1986.

PINCHBECK, Daniel. *Uma historia de las drogas: un viaje al corazón del chamanismo contemporáneo*. Barcelona: RBA Libros, 2007.

PINTO, Célia Regina Jardim. *Uma história do feminismo no Brasil*. São Paulo: Fundação Perseu Abramo, 2003.

POLLO-ARAÚJO, Maria Alice; MOREIRA, Fernanda Gonçalves. "Aspectos históricos da Redução de danos". IN: NIEL, Marcelo; SILVEIRA, Dartiu Xaiver da (orgs.). *Drogas e redução de danos: uma cartilha para profissionais de saúde*. Programa de Orientação e Atendimento a Dependentes (PROAD), Unifesp e Ministério da Saúde, 2008.

QUARTIM DE MORAES, Maria Lygia. "O encontro marxismo-feminismo no Brasil". IN: RIDENTI, Marcelo; REIS FILHO, Daniel Aarão (orgs.). *História do marxismo no Brasil: partidos e movimentos após os anos 1960*, v. 6 Campinas: Editora da Unicamp, 2007.

_____. *Vinte anos de feminismo*. 1996. Tese (Livre docência), IFCH – Unicamp. Disponível em: <http://www.pagu.unicamp.br/sites/www.pagu.unicamp.br/files/MLygia4.pdf>.

RAMONET, Ignacio. *Fidel Castro: biografia a duas vozes*. São Paulo: Boitempo. 2006.

REIS FILHO, Daniel Aarão. *A revolução faltou ao encontro – os comunistas no Brasil*. São Paulo: Brasiliense, 1989.

REIS FILHO, Daniel Aarão; RIDENTI, Marcelo. *História do marxismo no Brasil: Partidos e movimentos após os anos1960*, v. 6. Campinas: Editora da Unicamp, 2007.

REIS FILHO, Daniel Aarão; SÁ, Jair Ferreira de (orgs.). *Imagens da revolução, documentos políticos das organizações clandestinas de esquerda dos anos 1961-1971*. São Paulo: Expressão Popular, 2006.

REZENDE, José Roberto; BENEDITO, Mouzar. *Ousar lutar: memórias da guerrilha que vivi*. São Paulo: Boitempo, 2000.

RIBEIRO, Maurides de Melo; SEIBEL, Sérgio Dario (orgs.). *Drogas, hegemonia do cinismo*. São Paulo: Fundação Memorial da América Latina, 1997.

RIDENTI, Marcelo. Esquerdas armadas urbanas: 1964-1974. IN: RIDENTI, Marcelo; REIS FILHO, Daniel Aarão (orgs.). *História do marxismo no Brasil: partidos e movimentos após os anos 1960*, v. 6. Campinas: Editora da Unicamp, 2007.

_____. "Política pra quê? Atuação partidária no Brasil contemporâneo". São Paulo: Atual, 1992.

RISÉRIO, Antonio. "Em torno da contracultura", *Terra*, 18 de abril de 2008. Disponível em: <http://terramagazine.terra.com.br/interna/0,,OI2751184--EI6608,00- Em+torno+da+contracultura.html>.

ROBINSON, Rowan. *O grande livro da cannabis: guia completo de seu uso industrial, medicinal e ambiental*. Rio de Janeiro: Zahar, 1999.

RODRIGUES, Thiago. *Narcotráfico, uma guerra na guerra*. São Paulo, Desatino, 2003.

_____. "Narcotráfico e as guerras presentes". *Inter Relações*, n. 23, Faculdade de Relações Internacionais da FASM. Disponível em: <http://www.cenariointernacional.com.br/ri/default3.asp?s=artigos2.asp&id=8>.

_____. "Narcotráfico e repressão estatal no Brasil", contribuição para o verbete "Brésil". IN: LABROUSSE, Alain (org.). *Dictionnaire Géopolitique des drogues*. Bruxelas: DeBoeck, 2003. Disponível em: <http://www.neip.info/downloads/artigo2.pdf>.

_____. *Política e drogas nas Américas*. São Paulo: Educ, Fapesp, 2004.

_____. "Tráfico, guerra, proibição". IN: CARNEIRO, Henrique, FIORE; Maurício; GOULART, Sandra, et al (orgs.). *Drogas e Cultura: novas perspectivas*. Salvador: Edufba, 2008.

ROSIN, Eileen; YOUNGERS, Coletta (orgs.). *Drogas y democracia en América Latina – el impacto de la política de Estados Unidos*. Buenos Aires: Wola e Editorial Biblos, 2005.

SABINA, Maria (org.). *Maconha em debate*. São Paulo: Brasiliense, 1985.

SADER, Eder. *Quando novos personagens entraram em cena: experiências e lutas dos trabalhadores da Grande São Paulo 1970-1980*. Rio de Janeiro: Paz e Terra, 1988.

SAFATLE, Vladimir. *Cinismo e falência da crítica*. São Paulo: Boitempo, 2008.

SANTOS, Laymert Garcia dos. "Brasil contemporâneo: estado de exceção?." IN: OLIVEIRA, Francisco de; RIZEK, Cibele Salba (orgs.). *A era da indeterminação*. São Paulo: Boitempo, 2007.

SANTOS, Thandara. "Mulheres e drogas: contra o proibicionismo, por nossos corpos". Site da Marcha Mundial das Mulheres, 14 de setembro de 2012. Disponível em: <http://marchamulheres.wordpress.com/2012/09/14/mulheres-e-drogas-contra-o-proibicionismo-por- nossos-corpos/>.

SARTI, Cynthia Andersen. "O feminismo brasileiro desde os anos 1970: revisitando uma trajetória". *Estudos Femininos*, v. 12, n. 2, Florianópolis, maio/ago. 2004. Disponível em: <http://www.scielo.br/scielo.php?script=sci_arttext&pid=S0104-026X2004000200003>.

SCHENBERG, Eduardo. *Ciência psicodélica no século XXI*. Disponível em: <http://neip.info/index.php/content/view/2469.html>.

SCHWARZ, Roberto. "Ainda o livro de Kurz". *Novos Estudos, Cebrap*, n. 37, novembro de 1993.

SCHWARZ, Roberto. "Verdade Tropical: um percurso de nosso tempo". IN: SCHWARZ, Roberto. *Martinha versus Lucrécia – Ensaios e entrevistas*. São Paulo: Companhia das Letras, 2012.

SECCO, Lincoln. *História do PT*. Cotia: Ateliê Editorial, 2011.

SILVA, Antonio Ozaí da. "Contribuição à história do marxismo no Brasil (1987-1994) – II: O marxismoleninismo:entre a negação a afirmação da tradição stalinista; o Partido Comunista Brasileiro". *Espaço Acadêmico*, n. 55, dezembro de 2005. Disponível em: <http://www.espacoacademico.com.br/055/55pol.htm>.

_____. *História das tendências no Brasil*. São Paulo: Proposta Editorial, 1987.

_____. "Origens e ideologia do Partidos Socialista dos Trabalhadores Unificado (PSTU)", *Espaço Acadêmico*, ano I, n. 3, agosto de 2001. Disponível em: <http://www.espacoacademico.com.br/003/03trotskismo.htm>.

SILVEIRA, Dartiu Xavier da. "Reflexões sobre a prevenção do uso indevido de drogas". IN: NIEL, Marcelo; SILVEIRA, Dartiu Xaiver da (orgs.). *Drogas e redução de danos: uma cartilha para profissionais de saúde*. Programa de Orientação e Atendimento a Dependentes (PROAD), Unifesp e Ministério da Saúde, 2008.

SIMÕES, Júlio Assis; FACCHINI, Regina. *Na trilha do arco-íris: Do movimento homossexual ao LGBT*. São Paulo: Fundação Perseu Abramo, 2008.

SIRKIS, Alfredo. *Carbonários*. São Paulo: Círculo das Letras, 1980. S

ODELLI, Marcelo. *Aproximando sentidos: Formação de Professores, Educação, Drogas e Ações Redutoras de Vulnerabilidade*. Tese (Doutorado) – PUC-SP, 2006.

SZASZ, Thomas. *Nuestro derecho a las drogas*. Barcelona: Editorial Anagrama, 2001.

TATIT, Luiz. *Todos entoam: ensaios, conversas e canções*. São Paulo: Publifolha, 2007.

TELES, Maria Amélia de Almeida. *Breve história do feminismo no Brasil*. São Paulo: Brasiliense, 1999.

TELLES, Vera da Silva. "Nas dobras do legal e do ilegal: ilegalismos e jogos de poder nas tramas da cidade", *Dilemas: Revista de Estudos de Conflito e Controle Social*, v. 2, n. 5-6, jul./dez. 2010, p. 97-126.

TORON, Alberto Zacharias. "Alguns aspectos sócio-jurídicos da maconha". IN: HENMAN, Anthony; PESSOA JR. Osvaldo, *Diamba Sarabamba: coletânea de textos brasileiros sobre a maconha*. São Paulo: Ground, 1986.

TRAD, Sérgio. "Controle do uso de drogas e prevenção no Brasil: revisitando sua trajetória para entender os desafios atuais". IN: NERY FILHO, Antônio et al. *Toxicomanias: incidências clínicas e socioantropolicas*. Salvador: Cetad, Edufba, 2009.

TRASPADINI, Roberta. "Drogas: consumo (in)consciente". *Brasil de Fato*, 1 de fevereiro de 2012. Disponível em: <http://www.brasildefato.com.br/node/8722>.

TREVISAN, João Silvério. *Devassos no paraíso*. Rio de Janeiro: Record, 2000.

VARGAS, Eduardo Viana. "Fármacos e outros objetos sócio-técnicos: notas para uma genealogia das drogas". IN: LABATE, Beatriz; GOULART, Sandra et al (orgs.). *Drogas e cultura: novas perspectivas*. Salvador: Edufba, 2008.

VARGAS, Eduardo Viana."Uso de drogas: alter-ação como evento". *Revista de Antropologia da Universidade de São Paulo*, v. 49, n. 2, jul./dez. 2006, p. 581-623.

VELHO, Gilberto. *Nobres & Anjos: um estudo de tóxicos e hierarquia*. Rio de Janeiro; Fundação Getúlio Vargas, 1998.

VICENTE, Terezinha. "Feminismo e legalização das drogas?", Site do *Brasil de Fato*, 14 de novembro de 2011. Disponível em: <http://www.brasildefato.com.br/node/11152>.

VIDAL, Sérgio. *Falta alguma coisa na história da maconha no Brasil e no mundo?*. ENCOD – European Coalition for Just and Effective Drug Policies, 14 de abril de 2008. Disponível em: <http://www.encod.org/info/Falta-alguma-coisa-na-historia-da.html>.

VILLAESCUSA, Manuel. *Aplicaciones de la LSD en psicoterapia: una historia interrumpida*. 2006. Disponível em: <http://neip.info/index.php/content/view/2469.html>.

WACQUANT, Loic. *As duas faces do gueto*. São Paulo: Boitempo, 2008.

_____. *Punir os pobres: a nova gestão da miséria nos Estados Unidos*. Rio de Janeiro: Revan, 2007.

ZACCONE, Orlando. *Acionistas do nada: quem são os traficantes de drogas?* Rio de Janeiro: Revan, 2007.

ZIBECHI, Raul. *Os frutos do Plano Colômbia*. Programa de las Américas, 2008. Disponível em: <http://www.ircamericas.org/port/5121 332>.

ZIZEK, Slavoj. "El espectro de la ideologia". IN: ZIZEK, Slavoj (org.). *Ideologia: un mapa de la cuestión*. Buenos Aires: Fondo de Cultura Económica, 2008.

ZIZEK, Slavoj. *Em defesa das causas perdidas*. São Paulo: Boitempo, 2011.

Entrevistas

Caterina Koltay, 17 de julho de 2012

Eduardo Ribeiro, 22 de julho de 2012

Eugenio Bucci, 7 de março de 2012

Fábio Mesquita, 10 de abril de 2012

Frei Betto, 22 de março de 2012

Gabriel Medina, 23 de julho de 2012

Henrique Carneiro, 4 de julho de 2012

José Arbex Jr., 27 de março de 2012

Liszt Vieira, 29 de agosto de 2012

Marcos Rolim, 27 de julho de 2012

Osvaldo Pessoa Júnior, 16 de julho de 2012

Sonia Coelho, 2 de julho de 2012

Arquivos consultados:

Centro de Documentação e Memória da Universidade Estadual Paulista – CEDEM – Unesp:
- Brasil Mulher (1975-1979)
- Fundo Luta Armada
Jornal *Sem Terra* (1981-2008)
- *Mulherio* (1981-1988)
- *Nós Mulheres* (1976-1978)
- Revista *Sem Terra* (1997-2008)
Centro Sérgio Buarque de Hollanda – Fundação Perseu Abramo:
- Coleção Movimentos Sociais
- Coleção Tendências e Partidos Internos ao PT
- Fundos institucionais

Abragradecimentos

Alô, alô, Henrique Carneiro: não poderia começar por outro. Pela confiança, pela trajetória, pelo exemplo, pelo arquivo, pela força, pela revisão, pela amizade. Aquele abraço! Alô Silvia Miskulim, alô Michel, aquele abraço!

Alô, alô, cada um que é ou foi do Coletivo DAR: nossa vitória não será por acidente, aquele abraço! Alô, toda linda Marcha da Maconha, aquele abraço! Alô, geral do NEIP, da Abesup, do GEDS, da Frente Drogas e Direitos Humanos, do CID, da ONG É de Lei, da FUMA, aquele abraço! Todos coletivos antiproibicionistas, aquele abraço! Feministas, LGBTs e negros em movimento, aquele abraço!

Alô, Sayão, Vinagre, Gordon, Robertinha, Bruno, Raquel: aquele abraço! Alô, Guga, Meka, Pedrão, Jaque, Vinícius Tabaco, pra mim são régua e compasso: aquele abraço! Alô, alô, Maurícios (Fiore e Reimberg), Baba, Thiago, Raiana, Heitor, Fernando, Mina, Carol Ribeirinha, Zeca, Zazá, Gari: aquele abraço!

Alô, alô, Paulo Arantes e todos participantes do seminário das quartas na USP, em especial Gustavo, aquele abraço! Alô, Juliana, Taís, Vera Telles, aquele abraço! Alô, Marina Mattar, companheira de pau, pedra e caminhos sem fim, aquele abraço! Alô, Carol Freitas, é um caco de vidro, é a vida, é o sol, Carol, aquele abraço!

Alô, alô, Francisco Alambert e Lincoln Secco, grato pela ajuda na qualificação, aquele abraço! Alô, alô, Juliana e Renata, brigadão pelas transcrições, aquele abraço! Alô, alô, pessoal da Biblioteca Florestan Fernandes, do Cedem-Unesp e da Fundação Perseu Abramo, fundamentais, aquele abraço! Alô, entrevistados deste trabalho: brigado pela paciência, aquele abraço!

Alô, Agustin Oroz, Alberto Toron, Aline Godoy, Álvaro Neiva, Bia Labate, Cadu Torcato, Cândida Guariba, Carlão Paulino, Cristiano Maronna, Daniel Adolpho, Dartiu Xavier, Dênis Petuco, Douglas Engelke, Eduardo Schemberg, Edward MacRae, Fábio Mesquita, Ilana Mountian, Isa Bentes, João e Cadu do Hempadão, José Henrique Torres, Leo Cordeiro, Luciano Thomé, Luis Fernando Tófoli, Luiz Eduardo Soares, Maria Lúcia Karam, Marília Capponi, Osvaldo Pessoa Jr., Paulo Malvasi, Pedro Punk, Rafael Gil, Rafael Dias, Rafael Zanatto, Rafa Presto, Raul Ferreira, Renato Cinco, Rodrigo Alencar, Rodrigo Vaz, Rubens Adorno, Sandra Goulart, Sérgio Vidal, Sidarta Ribeiro, Tadeu Breda, Terezinha Vicente, Thiago Rodrigues, Thika, Vitão Sá, Wagner Joey, aquele abraço! Alô, Adalton Marques, Karina Biondi, aquele abraço! Alô, Casa Mafalda e Autônomos FC, alô, Bloco do Beco, Katu, Tamu Vivo, aquele abraço!

Alô, alô, família: Dile, Pai, Zélia, Ivan, Tânia, Jojô, Spensy, Tico, Rosinha, Peninha (in memoriam). Meu caminho pelo mundo tem seus traços, aquele abraço!

Alô, alô, Gabi: com amor, da cabeça aos pés, aquele abraço!

Esta obra foi impressa em São Paulo pela Graphium no verão de 2016. No texto foi utilizada a fonte Adobe Jenson Pro em corpo 11 e entrelinha de 15 pontos.